全国高等医学院校成人学历教育规划教材

供护理学专业专科用

外科护理学

主　编　庞　冬　朱宁宁

主　审　路　潜

副主编　张东云　沙凯辉　孙玉倩

编　委（按姓名汉语拼音排序）

关持循（大连大学护理学院）　　　王文杰（湖北医药学院）
刘　曼（青岛大学医学院）　　　　武江华（泰山医学院）
刘春蕾（泰山医学院）　　　　　　杨　萍（北京大学护理学院）
路　潜（北京大学护理学院）　　　尹崇高（潍坊医学院）
庞　冬（北京大学护理学院）　　　张东云（湖北医药学院）
沙凯辉（滨州医学院）　　　　　　周雪妃（蚌埠医学院）
邵广宇（首都医科大学）　　　　　朱宁宁（蚌埠医学院）
孙玉倩（华北理工大学护理与康复学院）

秘　书　杨　萍

北京大学医学出版社

WAIKE HULIXUE

图书在版编目（CIP）数据

外科护理学 / 庞冬，朱宁宁主编．—北京：
北京大学医学出版社，2015.5
全国高等医学院校成人学历教育规划教材
ISBN 978-7-5659-1097-5

Ⅰ．①外…　Ⅱ．①庞…②朱…　Ⅲ．①外科学 - 护理 - 学 - 成人高等教育 - 教材　Ⅳ．① R473.6

中国版本图书馆 CIP 数据核字（2015）第 071458 号

外科护理学

主　　编：庞　冬　朱宁宁
出版发行：北京大学医学出版社
地　　址：（100191）北京市海淀区学院路 38 号　北京大学医学部院内
电　　话：发行部 010-82802230；图书邮购 010-82802495
网　　址：http://www.pumpress.com.cn
E-mail：booksale@bjmu.edu.cn
印　　刷：莱芜市圣龙印务有限责任公司
经　　销：新华书店
责任编辑：赵　欣　郭　颖　　责任校对：金彤文　　责任印制：李　啸
开　　本：850mm×1168mm　1/16　印张：23　字数：646 千字
版　　次：2015 年 5 月第 1 版　2015 年 5 月第 1 次印刷
书　　号：ISBN 978-7-5659-1097-5
定　　价：49.00 元

版权所有，违者必究

（凡属质量问题请与本社发行部联系退换）

出版说明

随着我国逐步完善终身教育体系、建立全民学习型社会，高等医学院校成人学历教育已成为我国教育体系中的重要板块，并具有办学多层次、多渠道、多形式等特点。接受成人学历教育的学生有临床实践经验，对补充知识和提升岗位胜任力需求强烈，对知识的认识和选择的目的性更强。这就对成人学历教育教材的内容适用性提出了更高要求。教材编写在满足人才培养目标补差教育的基础上，应提升职业技能和岗位胜任力，并适合自学；使学生对知识、技能不仅知其然还知其所以然，温故而知新，成为理论、实践均过硬的高素质人才。

北京大学医学出版社为更好地配合教育部新时期继续医学教育改革、服务于成人学历教育、探索教材建设新模式，在对高校继续医学教育广泛、系统的教学和课程调研后，启动了"全国高等医学院校成人学历教育（专升本、专科层次）规划教材"的组织编写工作，并得到了全国众多院校的积极响应，一大批多年从事医学成人学历教育的优秀作者参与了本套教材的编写工作，其中很多作者具有临床工作经验。首批规划了36种教材，其中医学基础课教材9种（供临床、护理、药学、检验、影像等专业用），护理学专业教材27种（专升本17种，专科10种）。经教材编审委员会研讨、主编人会议集体讨论确定了整套教材的指导思想和编写特色，为保证教材质量、服务教学打下了坚实的基础。

本套教材主要具有以下特点：

1. **找准教材定位** 以"三基、五性、三特定"为基础，减少学科间的内容重复，优化编排体例。精选适合成人学历教育的内容，夯实基础知识，与临床接轨，基础密切联系临床，兼顾创新性培养和学科进展。

2. **适应自主学习** 结合临床岗位胜任力需求，护理学专业课教材"学习目标"多数采用"布卢姆"教育目标分类模式，按"识记、理解、应用"等不同层次列出。章后"小结"简明、清晰，便于学生归纳总结。"自测题"可供学科考试、执业资格考试及卫生专业技术资格考试的应试参考。教材配套有网络学习资源，利于学生立体化学习。

3. **渗透情境案例** 护理学专业课教材酌情压缩了医疗部分内容，突出护理。以引导式、递进式案例模拟临床护理情境，与教材内容、临床实践深度整合，提升学生系统性的临床思维。

4. **扩展知识阅读** 恰当处理新知识新进展，加入"知识链接"，展现新理论、新技术，以及与其他相关学科的联系，有效达到知识更新与交融、激发进一步学习兴趣的目的。

本套教材得到了全国40余所高校的高度重视和大力支持，凝聚了众多作者多年教学的精华和心血，于2015年陆续出版。在此对各有关高校和全体作者一并表示衷心的感谢！

希望广大师生多提宝贵意见、反馈使用信息。您对本套教材有任何建议或意见，请发送email至：textbook@163.com，以期在教材修订时进一步改进、完善。

全国高等医学院校成人学历教育规划教材目录

序号	教材名称	版次	主编			适用层次	适用专业
1	人体解剖学	1	金昌洙	章惠英		专升本	临床、护理、药学、检验、影像等
2	组织学与胚胎学	1	唐军民	苏衍萍		专升本	临床、护理、药学、检验、影像等
3	生理学	1	薛明明	张延玲		专升本	临床、护理、药学、检验、影像等
4	生物化学与分子生物学	1	德伟	王杰	李存保	专升本	临床、护理、药学、检验、影像等
5	病理学	1	陶仪声	张忠		专升本	临床、护理、药学、检验、影像等
6	病理生理学	1	商战平			专升本	临床、护理、药学、检验、影像等
7	病原生物学	1	于爱莲	强华		专升本	临床、护理、药学、检验、影像等
8	医学免疫学	1	王月丹			专升本	临床、护理、药学、检验、影像等
9	病原生物与免疫学	1	于爱莲	王月丹		专科	临床、护理、药学、检验、影像等
10	护理学基础	1	尚少梅	邢凤梅		专升本	护理学
11	健康评估	1	孙玉梅	吕伟波		专升本	护理学
12	临床护理药理学	1	肖顺贞	杨俭	李湘萍	专升本	护理学
13	内科护理学	1	李明子	罗玲		专升本	护理学
14	外科护理学	1	路潜			专升本	护理学
15	妇产科护理学	1	陆虹	何荣华		专升本	护理学
16	儿科护理学	1	梁爽	林素兰		专升本	护理学
17	急危重症护理学	1	张海燕	甘秀妮		专升本	护理学
18	社区护理学	1	李春玉	薛雅卓		专升本	护理学
19	护理伦理与法规	1	唐启群	张武丽	崔香淑	专升本	护理学
20	护理心理学	1	徐云	田喜凤		专升本	护理学
21	护理管理学	1	谢红	刘彦慧		专升本	护理学

续表

序号	教材名称	版次	主编	适用层次	适用专业
22	康复护理学	1	马素慧 林 萍	专升本	护理学
23	老年护理学	1	刘 宇 陈长香	专升本	护理学
24	精神科护理学	1	许冬梅	专升本	护理学
25	护理教育学	1	孙宏玉 孟庆慧	专升本	护理学
26	护理研究	1	章雅青 马小琴	专升本	护理学
27	护理学基础	1	景钦华 邢凤梅	专科	护理学
28	健康评估	1	李晓慧 李亚玲	专科	护理学
29	内科护理学	1	张建欣	专科	护理学
30	外科护理学	1	庞 冬 朱宁宁	专科	护理学
31	妇产科护理学	1	柳韦华 金子环	专科	护理学
32	儿科护理学	1	林晓云	专科	护理学
33	急危重症护理学	1	吴晓英	专科	护理学
34	社区护理学	1	张先庚	专科	护理学
35	护理管理学	1	黄 新 杨秀木	专科	护理学
36	康复护理学	1	林 萍 马素慧	专科	护理学

注：教材1～8也可根据教学需要供专科层次参考

全国高等医学院校成人学历教育规划教材编审委员会

顾　　　问	王德炳　　郑修霞
主 任 委 员	程伯基　　肖纯凌
副主任委员	（按姓名笔画排序）

王维民　付　丽　刘志跃　袁聚祥　陶仪声

秘 书 长　孙宏玉　王凤廷
委　　　员　（按姓名笔画排序）

马小琴	马小蕊	王　杰	王凤廷	王爱敏
王维民	王慧生	田喜凤	付　丽	冯学斌
毕晓明	刘　扬	刘　娟	刘志跃	刘金国
孙宏玉	牟绍玉	李　杰	李文涛	李国华
李建光	李春玉	肖纯凌	何长江	余小惠
张先庚	张翠娣	陈　勇	陈宏志	陈海英
陈翠萍	岳树锦	赵　岳	袁聚祥	陶仪声
黄　新	章雅青	程伯基	谢　晖	强巴丹增
鲍秀芹	蔡景一	廖春玲	缪世林	颜世义
潘庆忠				

  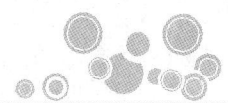

前　言

外科护理学是阐述和研究如何对外科患者进行整体护理的一门临床护理学科，是护理学的重要分支。外科护理学是护理学专业学生的必修课程。本书适用于成人学历教育护理学专业专科学生使用，也可供其他层次教学参考。

本书针对成人学历教育护理学专业专科学生边工作边学习的特点和需求，结合国内护理教育和临床实践现状选择编写内容，安排编写结构和体例，强调内容的适用性和实用性，注重基础理论、基本知识和基本技能。全书以护理程序为主线设计编写，按照护理评估、主要护理诊断/合作性问题和护理措施三部分组织学习内容。针对教学对象的特点，将疾病的发病概况、病因、病理或病理生理首先在各章节的无标题概述中进行简述；考虑到护理人员进行护理决策和干预的需要，将临床表现、辅助检查、与疾病相关的健康史、心理社会状况和治疗原则等内容放入护理评估部分编写。主要护理诊断/合作性问题均参考北美护理诊断协会制订的条目列出。根据外科护理工作的特点，将护理措施主要分为非手术治疗护理/术前护理、术后护理和健康教育三部分，其中健康教育部分主要针对出院患者和健康人群。在编写中，考虑到护理目标和护理评价部分应针对具体患者制订，因此在编写时略去。

为了方便学习，在各章主要内容前采用"布卢姆教学目标分类"列出学习目标，在章节后给出小结和自测题。这样便于学生在学习过程中把握重点和难点内容，在学习结束时对其进行回忆和总结，通过自测题来检验学习效果并进一步加深印象。另外，在每章中给出至少1个典型病例，这个病例的病情不断推进，与学习内容相结合，引导学生在学习过程中结合临床实际情况不断思考，便于对知识的理解和记忆。为帮助学生对疾病和护理有更深刻的理解，拓展知识面，在各章还给出知识链接，介绍与疾病相关的基础医学知识和新进展。书后还列出了部分英文专业名词，便于学生在阅读外文文献时参考。

由于时间仓促和自身水平所限，本书难免有不足之处，恳请广大师生针对使用过程中发现的问题，给予批评指正。

北京大学护理学院的路潜教授作为主审，在本书编写过程中提供了大量宝贵的指导性意见和建议，并帮助修改、校订。本书的编写也得到了北京大学护理学院领导和同事，尤其是内外科护理学教研室教师的关心和帮助。在此一并表示衷心感谢！

庞　冬　朱宁宁
2015年1月

目 录

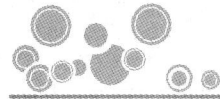
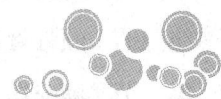

第一章 绪论 …………………… 1
  一、外科学及外科护理学的范畴 … 1
  二、外科学和外科护理学的发展 … 1
  三、外科护理学的学习方法 ……… 2

第二章 水、电解质、酸碱平衡失调
     患者的护理 …………… 4
 第一节 水和钠的代谢紊乱 ……… 4
  一、缺水与缺钠 ………………… 4
  二、水中毒 ……………………… 7
 第二节 钾代谢平衡失调 ………… 8
  一、低钾血症 …………………… 8
  二、高钾血症 …………………… 9
 第三节 酸碱平衡失调 …………… 11
  一、代谢性酸中毒 ……………… 11
  二、代谢性碱中毒 ……………… 13
  三、呼吸性酸中毒 ……………… 13
  四、呼吸性碱中毒 ……………… 14

第三章 外科营养支持患者的护理
     ………………………… 18

第四章 外科休克患者的护理 … 26

第五章 麻醉患者的护理 ……… 34

第六章 围术期患者的护理 …… 44
 第一节 手术前期患者的护理 …… 45

 第二节 手术中期患者的护理 …… 48
  一、布局与环境 ………………… 48
  二、手术室物品消毒灭菌 ……… 49
  三、手术患者的准备 …………… 50
  四、手术人员的准备 …………… 51
  五、手术室护士主要岗位与配合 … 54
  六、术中无菌操作原则及无菌器械桌
     准备 ………………………… 55
 第三节 手术后期患者的护理 …… 56

第七章 外科感染患者的护理 … 62
 第一节 浅部软组织化脓性感染 … 63
  一、疖 …………………………… 63
  二、痈 …………………………… 64
  三、急性蜂窝织炎 ……………… 65
  四、急性淋巴管炎和急性淋巴结炎
     ………………………………… 65
 第二节 手部急性化脓性感染 …… 66
 第三节 全身性感染 ……………… 68
 第四节 破伤风 …………………… 69

第八章 损伤患者的护理 ……… 75
 第一节 创伤 ……………………… 75
 第二节 烧伤 ……………………… 79
 第三节 毒蛇咬伤 ………………… 85

第九章 颅内压增高患者的护理
     ………………………………… 90

目录

第十章　颅脑损伤患者的护理 … 98
　　第一节　头皮损伤 ……………… 98
　　第二节　颅骨骨折 ……………… 101
　　第三节　脑损伤 ………………… 102

第十一章　颅内肿瘤患者的护理
　　………………………………… 108

第十二章　甲状腺疾病患者的护理
　　………………………………… 114
　　第一节　甲状腺功能亢进 ……… 114
　　第二节　单纯性甲状腺肿 ……… 119
　　第三节　甲状腺肿瘤 …………… 121

第十三章　乳房疾病患者的护理
　　………………………………… 125
　　第一节　急性乳腺炎 …………… 125
　　第二节　乳腺癌 ………………… 126
　　第三节　乳腺囊性增生病 ……… 131

第十四章　胸部损伤患者的护理
　　………………………………… 134
　　第一节　概述 …………………… 134
　　第二节　肋骨骨折 ……………… 138
　　第三节　气胸 …………………… 139
　　第四节　血胸 …………………… 140

第十五章　肺癌患者的护理 …… 144

第十六章　食管癌患者的护理 … 152

第十七章　腹股沟疝患者的护理
　　………………………………… 159

第十八章　腹部损伤患者的护理
　　………………………………… 166

第十九章　胃癌患者的护理 …… 172

第二十章　肠梗阻患者的护理 … 179

第二十一章　急性阑尾炎患者的
　　　　　　护理 ………………… 185

第二十二章　直肠肛管疾病患者的
　　　　　　护理 ………………… 192
　　第一节　痔 ……………………… 192
　　第二节　直肠肛管周围脓肿 …… 195
　　第三节　肛瘘 …………………… 197
　　第四节　肛裂 …………………… 199

第二十三章　大肠癌患者的护理
　　………………………………… 203

第二十四章　原发性肝癌患者的护理
　　………………………………… 212

第二十五章　胆道感染、胆石症患者
　　　　　　的护理 ……………… 219
　　第一节　急性胆囊炎、胆囊结石 … 220
　　第二节　慢性胆囊炎、胆囊结石 … 224
　　第三节　急性胆管炎、胆管结石 … 225

第二十六章　胰腺癌患者的护理
　　………………………………… 230

第二十七章　周围血管疾病患者的
　　　　　　护理 ………………… 236

第一节　原发性下肢静脉曲张 …… 236
第二节　血栓闭塞性脉管炎 ……… 241

第二十八章　泌尿系统损伤患者的
　　　　　　护理 ……………… 246
第一节　肾损伤 …………………… 246
第二节　膀胱损伤 ………………… 249
第三节　尿道损伤 ………………… 251

第二十九章　尿石症患者的护理
　　　　　　……………………… 255

第三十章　良性前列腺增生症患者的
　　　　　　护理 ……………… 263

第三十一章　泌尿系统肿瘤患者的
　　　　　　护理 ……………… 270
第一节　肾癌 ……………………… 270
第二节　膀胱癌 …………………… 272

第三十二章　骨折患者的护理 … 278
第一节　概述 ……………………… 278
第二节　常见四肢骨折 …………… 286
　一、锁骨骨折 …………………… 286
　二、肱骨髁上骨折 ……………… 287
　三、桡骨远端伸直型骨折 ……… 288
　四、股骨颈骨折 ………………… 289
　五、股骨干骨折 ………………… 290
　六、胫腓骨干骨折 ……………… 292
第三节　脊柱骨折和脊髓损伤 …… 293
　一、脊柱骨折 …………………… 293
　二、脊髓损伤 …………………… 294

第四节　骨盆骨折 ………………… 296

第三十三章　关节脱位患者的护理
　　　　　　……………………… 301
第一节　概述 ……………………… 301
第二节　肩关节脱位 ……………… 304
第三节　肘关节脱位 ……………… 305
第四节　髋关节脱位 ……………… 306

第三十四章　颈椎病患者的护理
　　　　　　……………………… 309

第三十五章　腰椎间盘突出症患者的
　　　　　　护理 ……………… 316

第三十六章　骨与关节感染患者的
　　　　　　护理 ……………… 322
第一节　化脓性骨髓炎 …………… 322
　一、急性血源性骨髓炎 ………… 322
　二、慢性血源性骨髓炎 ………… 325
第二节　化脓性关节炎 …………… 326
第三节　骨与关节结核 …………… 328

第三十七章　骨肉瘤患者的护理
　　　　　　……………………… 334

自测题参考答案 …………………… 341

中英文专业词汇索引 ……………… 351

主要参考文献 ……………………… 354

第一章 绪 论

> **学习目标**
>
> 通过本章内容的学习，学生应能：
> ◆ **识记**
> 1．复述外科护理学的概念。
> 2．简述外科学和外科护理学的发展过程。
> ◆ **理解**
> 解释外科学与外科护理学之间的关系。
> ◆ **运用**
> 应用外科护理学的学习方法学习本课程。

一、外科学及外科护理学的范畴

外科学的范畴是在医学历史发展中逐渐形成并不断发展变化的。目前通常将外科诊治的疾病分为5类：①畸形，如唇腭裂、心脏房间隔缺损等先天畸形，或烧伤后瘢痕挛缩、骨折对合不良等后天畸形；②损伤，如肝脾破裂、骨折；③感染，如急性胆囊炎、急性乳腺炎等非特异性感染，破伤风、气性坏疽等特异性感染；④肿瘤，如乳腺纤维腺瘤、骨软骨瘤等良性肿瘤，胃癌、肺癌等恶性肿瘤；⑤组织解剖及功能异常，如甲状腺功能亢进、肠梗阻、疝等。随着医学的发展，外科治疗的疾病也不断变化。如过去晚期肝硬化只能在内科治疗，现在可以采取肝移植手术治疗；又如，过去顽固性消化性溃疡、甲状腺功能亢进都需要手术治疗，而现在非手术疗法已经可以取得良好效果。

外科护理学（surgical nursing）是阐述和研究如何对外科患者进行整体护理的一门临床护理学科，是基于医学科学的整体发展而形成的，是护理学的重要分支。它包含医学基础理论、外科学基础理论、专科护理学基础理论和技术，还包括护理心理学、护理伦理学和社会学等人文科学知识。外科护理学的范畴也随着外科学的变化而变化。

二、外科学和外科护理学的发展

我国在商代的甲骨文中就有关于"疥""疮"等的记载。在周朝，外科医生被称为"疡医"，主治肿疡、溃疡、金疡（外伤）和折疡（骨折）。秦汉时期，我国最早的一部医书《黄帝内经》就有"痈疽篇"的外科论述。汉末的华佗（141—203年）已经使用麻沸汤为患者进行死骨剔除术、剖腹术等的麻醉。中国最早的外科学专著是南北朝龚庆宣整理的《刘涓子鬼遗方》，其中的金疡专论反映了当时处理创伤的情况。唐代孙思邈所著《备急千金要方》（652年）中介绍的下颌关节脱位整复手法与现代医学的手法类似。明代时我国中医外科学蓬勃发展，陈实功、孙志宏等名医留下不少外科著作，如《外科正宗》《简明医彀》。清末高文晋所著《外科图说》（1834年）是一本以图释为主的中医外科学著作。中华民族一代代先辈用自己的勤劳与智慧，积累了丰富的实践经验，使中医外科学逐渐形成体系。至今，中医更多地沿着传统外科医疗的模式发展。

近代西方医学中的外科学奠基于19世纪40年代，一些科学技术的发明与创新促进了外科学的发展。1846年，美国的Morton首先使用乙醚作为全身麻醉剂，从此乙醚麻醉被广泛应用于外科手术。同年，匈牙利的Semmelweis首先提出在检查产妇前用漂白粉水洗手，遂使他所治疗的产妇死亡率从10%降到1%，从此开始了抗菌技术。1901年美国的Landsteiner发现血型，1915年德国的Lewisohn提出了混加枸橼酸钠溶液使血液不凝固，输血随后被广泛应用于临床，以解决手术出血问题。1929年，英国的Fleming发现了青霉素，1935年德国的Domagk提倡用磺胺类药物，此后各国研制出各种抗菌药物，开辟了外科学发展的新时代。

现代护理学始于同一时期，其发展也与外科学的发展相辅相成，密不可分。1853年克里米亚战争爆发，现代护理学创始人佛罗伦斯·南丁格尔在前线医院看护伤病员的过程中成功应用清洁、消毒、换药、包扎伤口、改善休养环境等护理手段，注重伤员的心理调节、营养补充，使伤病员死亡率从42%降到2.2%，充分证实了护理工作在患者治疗过程中的独立地位和意义，由此建立了护理学，并延伸出外科护理学。

自20世纪50年代起，外科学进入迅速发展阶段。低温麻醉和体外循环、显微外科技术、生物工程技术、微创外科技术、人类基因组、机器人外科手术以及3D打印等高新技术的广泛开展和完善，外科越来越细的专业化分科，以及循证医学在总结和推广临床经验中的作用，都使外科学面临着腾飞的机遇。

现代外科学传入我国已有百余年的历史，但在旧中国一直处于落后水平。建国后，我国外科学建立了比较完整的体系，外科医师队伍不断壮大。不仅外科技术得到了广泛普及，而且心血管外科、显微外科和器官移植等新的外科领域也蓬勃开展，中西医结合治疗胆道结石、粘连性肠梗阻、小夹板固定治疗骨折等方法都取得了良好效果，在烧伤救治、断肢再植、肿瘤防治等众多领域的治疗和研究都处于国际先进水平。

外科治疗的成功离不开精湛的外科护理技术，外科学领域的进展也促进了外科护理专业的快速发展。如整体护理观被广泛认可和应用，护理人员的专业化越来越明显，护理工作的领域从医院扩展到社区和家庭。随着我国护理人才队伍建设的逐步完善，以及与国外护理同仁交流的日益频繁，近年来我国护理学科蓬勃发展，护理队伍水平与国际水平的差距也在逐渐缩小。尤其是2011年3月8日，我国国务院学位办新的学科目录设置中将护理学从临床医学中分化出来，设立为一级学科，为护理学科提供了更大的发展空间。外科护理学作为护理学的重要分支，也将不断在研究和实践领域向更专、更细、更深的方向发展。

三、外科护理学的学习方法

（一）树立良好的职业思想

国际护士会指出，护士的四项基本职责包括促进健康、预防疾病、恢复健康、减轻痛苦。因此，学习外科护理学的目的就是在实践中运用外科护理学的基本知识和技能，全心全意为人类的健康服务。

外科患者的病情往往发生突然，复杂多变，有效抢救时间短，而麻醉和手术也会给患者带来一定的生命危险。因此，外科护理工作的特点是急诊多，抢救多，卧床患者多，治疗任务繁重，患者住院时间有限。在外科医生常常忙于手术的情况下，护理人员作为与患者接触最密切的医务人员，应树立高度的责任心，勤思考，多实践，为了在工作中能够及时有效地救治患者而努力学习。

（二）在现代护理观指导下学习

人是生理、心理、社会、文化等多方面因素构成的统一体。世界卫生组织将健康定义为：

"健康不仅是身体没有疾病和缺陷，还要有完整的心理状态和良好的社会适应能力"。1977年美国恩格尔（G. L. Engel）提出的生物-心理-社会医学模式拓宽了护士的职能，要求护士不仅是护理的提供者，而且是决策者、管理者、沟通者、研究者和教育者。因此在学习过程中，应贯彻整体护理的理念，不仅关注患者的具体疾病，还应关注其身心健康；不仅关注患者本身存在的护理问题，还应关注其家庭和社会支持系统；不仅治病，还应针对患者的问题进行健康指导，消除其焦虑情绪，增强信心，提高其对疾病的自我管理能力，使其从被动接受护理转向主动参与和配合护理。

护理程序是护士在为护理服务对象提供护理照顾时所应用的工作程序，是一种系统地科学地确认问题和解决问题的工作方法和思想方法。在学习外科护理学过程中，也应按照护理程序的五个步骤进行。首先评估患者情况，然后分析和诊断其现存的和潜在的护理问题，根据科学依据制订护理计划，实施护理措施，最后评价实施效果，必要时对护理措施进行适当的调整。这套工作程序可以使护理人员在工作中保持思维严谨，思路清晰，工作有条不紊，有的放矢。

（三）坚持理论联系实际

外科护理学是一门实践性很强的应用性学科，因此学习外科护理学必须遵循理论与实际相联系的原则。除了掌握好理论知识，还应参加实践，多学习，多观察，多动手，结合临床病例进一步印证和强化书本知识。通过独立思考，将临床经验和理论知识、操作技能紧密结合，提高发现问题、分析问题和解决问题的能力，以不断扩展专业知识，提高业务水平。

（四）注重知识更新

随着医学科学的迅猛发展，外科手术和治疗技术不断取得新的突破，对外科护理学科的发展也提出了更高的要求。外科护士不仅应学好书本上的知识，更应该多阅读近期文献，参加学术交流，应用研究成果，甚至开展科学研究，以便更新护理知识，不断学习和发展新的护理理论和技术。另外，循证护理学的出现对传统的临床实践经验总结产生了很大的冲击，基于证据的指南为在临床工作中选择和实施适当的护理措施提供了科学依据，这些都将有利于提高外科护理工作的效果。只有紧跟时代的发展方向，不断从前沿学科中汲取知识，才能抓住机会，有所创新。

（庞　冬）

第二章 水、电解质、酸碱平衡失调患者的护理

学习目标

通过本章内容的学习，学生应能：

◆ **识记**

1．分别复述三种缺水、水中毒、低钾血症、高钾血症、四种酸碱平衡失调的定义。
2．分别列举三种缺水、水中毒、低钾血症、高钾血症、四种酸碱平衡失调的常见病因。

◆ **理解**

1．比较三种缺水和水中毒的临床表现和治疗原则。
2．比较低钾血症和高钾血症的临床表现和治疗原则。
3．比较四种酸碱平衡失调的临床表现和治疗原则。

◆ **运用**

评估水、电解质、酸碱平衡失调患者并为其制订护理计划。

第一节 水和钠的代谢紊乱

水和钠在体液平衡中总是密切关联的，水与钠丢失的比例不同，引起的病理生理变化和临床表现也不同。常见的水和钠的代谢紊乱主要有等渗性缺水、低渗性缺水、高渗性缺水以及水中毒四种。

一、缺水与缺钠

等渗性缺水（isotonic dehydration）是指水和钠等比例丢失，细胞外液渗透压可保持正常，血清钠在正常范围。等渗性缺水是外科临床中最常见的缺水类型，又称急性缺水或混合性缺水。其主要原因是消化液的急性丧失及体液严重丧失，前者如大量呕吐、肠瘘，后者如急性肠梗阻、剧烈腹泻等。由于水钠等比例丢失，细胞内、外液渗透压无明显变化，故细胞内液量一般无变化。但体液失衡时间较久，细胞内液外移后随细胞外液一起丢失，可致细胞内缺水。

低渗性缺水（hypotonic dehydration）是指缺水少于缺钠，细胞外液渗透压降低，血清钠浓度降低。低渗性缺水又称慢性缺水或继发性缺水，常因钠丢失过多，如反复呕吐、长期胃肠减压、慢性肠梗阻等消化液持续性丢失，大创面的慢性渗液；钠的补充不足，如应用排钠利尿剂时未适当补充钠盐，等渗性缺水治疗时只补水未补钠等原因引起。缺水早期，细胞外液渗透压降低，抗利尿激素分泌减少，肾小管对水的重吸收减少，故尿量增加。晚期因血容量减少，醛固酮和抗利尿激素分泌均增加，尿量则减少。

知识链接

体液的组成和平衡调节

体液由细胞内液和细胞外液两部分组成，后者包括血浆和组织间液。正常成年男性的体液量约占体重的60%。体液主要包括水和电解质。水主要来自饮水、食物水以及由糖、蛋白质、脂肪等营养物质在体内氧化生成的代谢水或称内生水。正常成人24h液体出入量为2000～2500ml。细胞外液最重要的阳离子是Na^+，阴离子是Cl^-、HCO_3^-、蛋白质；细胞内液最重要的阳离子是K^+、Mg^{2+}，阴离子是HPO_4^{2-}、蛋白质。细胞内、外液的渗透压相似。正常血清钠的浓度为135～145mmol/L，血清钾的浓度为3.5～5.5mmol/L。

体液平衡调节主要是通过渗透压和血容量的变化来激发神经-内分泌系统的调节。体液的渗透压是通过下丘脑-垂体-抗利尿激素系统来维持，血容量是通过肾素-血管紧张素-醛固酮系统来维持的。与渗透压相比，血容量对机体更重要，因此当血容量锐减时，人体将牺牲渗透压而优先恢复血容量。

高渗性缺水（hypertonic dehydration）是指缺水多于缺钠，血清钠大于150mmol/L，细胞外液渗透压增高。高渗性缺水又称原发性缺水，常因水分摄入不足或水分丧失过多，前者如高温环境下饮水不足、长期禁食、昏迷；后者如气管切开、大量出汗、烧伤暴露疗法、糖尿病时高渗性利尿、尿崩症等。由于细胞外液渗透压升高，故细胞内的水移向细胞外，导致细胞内缺水；抗利尿激素分泌增加，肾小管重吸收水增加，使尿量减少，尿比重增高。

【护理评估】

（一）临床表现

1. 等渗性缺水

（1）缺水表现：尿少，皮肤、黏膜干燥，眼窝凹陷，通常不口渴或口渴不明显。由于短时间内丢失大量体液，血容量不足症状尤为突出。当体液丧失量达体重5%时可出现血容量不足表现；当体液丧失量达体重的6%～7%时，可出现休克。

（2）缺钠表现：表现为食欲缺乏、恶心、软弱乏力。

2. 低渗性缺水

（1）轻度缺钠：血清钠为130～135mmol/L，患者出现疲乏、头晕、手足麻木，无口渴。尿多，尿中含Na^+减少。

（2）中度缺钠：血清钠为120～129mmol/L，除上述症状外，患者出现食欲缺乏、恶心呕吐、脉搏细速、血压不稳或下降、脉压减小、浅静脉萎陷、视物模糊、直立性低血压等周围循环衰竭表现。尿量减少，尿中几乎不含Na^+和Cl^-。

（3）重度缺钠：血清钠在120 mmol/L以下，患者出现肌肉痉挛性抽痛，腱反射减弱或消失，神志不清、木僵甚至昏迷，常出现休克。

3. 高渗性缺水

（1）轻度缺水：缺水量占体重的2%～4%，仅有口渴，其他表现不明显。

（2）中度缺水：缺水量占体重的4%～6%，患者极度口渴，尿少，比重增加，皮肤弹性差，口唇干燥，眼窝下陷，常有烦躁不安、四肢无力。

（3）重度缺水：缺水量超过体重的6%。除上述症状外，意识障碍更为明显，出现躁狂、幻觉、谵妄、昏迷等。

（二）辅助检查

血常规检查可见红细胞计数、血红蛋白、血细胞比容均升高。等渗性缺水时血清Na^+、Cl^-无明显改变，尿比重增加。低渗性缺水时血清Na^+浓度低于135mmol/L，尿比重常在1.010以下，尿中Na^+和Cl^-减少甚至几乎消失。高渗性缺水时血清Na^+浓度高于150mmol/L，尿比重增加。

（三）与疾病相关的健康史

1. 年龄　老年人常伴有各种慢性病和各类用药史，且机体对疾病的代偿能力相对较弱，易发生缺水。
2. 体重　若体重在短期内迅速减轻，多提示有水钠缺失。
3. 生活习惯　包括近期饮食、液体摄入和运动后大量出汗等。
4. 治疗情况　有无大量输液、补钾、利尿剂等用药史，是否接受气管切开、胃肠减压、烧伤暴露疗法等。
5. 既往史　有无呕吐、肠外瘘、急性肠梗阻、剧烈腹泻、大面积烧伤、大创面渗液、糖尿病、尿崩症等。

（四）心理社会状况

轻度缺水往往不会引起患者及家属过多关注，但严重缺水则可能引起严重后果，造成患者及家属的紧张和担忧。由于缺水通常存在原发疾病，因此除了注意患者及家属对缺水的认识程度以及适应程度，还应留意原发疾病对患者的影响。

（五）治疗原则

1. 处理原发病因　若能消除病因，缺水可很快纠正。
2. 纠正体液容量不足及渗透压的变化

（1）等渗性缺水：静脉滴注平衡盐溶液或等渗盐水。因平衡盐溶液内的电解质含量与血浆相仿，故较等渗盐水更为理想。常用的有乳酸钠和复方氯化钠溶液（1.86%乳酸钠溶液和复方氯化钠溶液之比为1∶2）的混合液，以及碳酸氢钠与等渗盐水（1.25%碳酸氢钠溶液和等渗盐水之比为1∶2）的混合液两种。因等渗盐水中Cl^-含量比血清Cl^-含量高，大量输入后可能引起高氯性酸中毒。在纠正缺水后，排钾量会有所增加，血清K^+也因细胞外液量增加而被稀释，注意预防低钾血症。

（2）低渗性缺水：静脉输注高渗盐水或含盐溶液。轻中度缺水给予等渗盐水即可，重度应补充高渗盐水。

（3）高渗性缺水：鼓励患者饮水，不能口服者需静脉补液，如5%葡萄糖溶液或0.45%氯化钠溶液。

【主要护理诊断/合作性问题】

1. 体液不足　与水分丢失过多或水、钠摄入不足有关。
2. 潜在并发症：低血容量性休克、高氯性酸中毒、低钾血症。

【护理措施】

1. 病情观察　密切观察生命体征、神志和感觉情况、尿量、皮肤黏膜状况、周围静脉充盈情况等，及时发现低血容量性休克表现。记录24h液体出入量，了解血常规、血气分析、血清电解质等实验室检查结果，必要时监测中心静脉压。补液后观察治疗效果。
2. 补液护理

（1）补液种类：根据患者缺水缺钠类型，遵医嘱给予不同溶液，以纠正细胞外液量的不足。对等渗性缺水患者避免大量输入等渗盐水，以防高氯性酸中毒。

（2）补液量：包括生理需要量、已经损失量和继续损失量三部分。

1）生理需要量：一般成人每日需要水分2000～2500ml，氯化钠4.5g，氯化钾3～4g，葡萄糖 100～150g 或以上，故可补给 5% 葡萄糖生理盐水 500～1000ml，5%～10% 葡萄糖溶液 1500ml，酌情补给 10% 氯化钾溶液 20～30ml。

2）已经损失量：或称累积失衡量，即制订补液计划前估计已经丢失的体液量。应根据缺水或缺钠的程度估计失水量或失钠量，一般分 2 日补足。

3）继续损失量：或称额外损失量，包括丢失的消化液、胸（腹）腔内积液或胃肠道积液等。此部分损失量的补充原则是"丢多少、补多少"，通常安排在次日补给。

(3) 补液原则：①先晶后胶，即应先输注晶体液，后输注胶体液；②先盐后糖，即先输注盐水，后输注葡萄糖溶液；③先快后慢，即输液速度应先快后慢，将补液总量分次完成；④见尿补钾，即每小时尿量大于 40ml 时才能遵医嘱经静脉补钾。

3. 健康教育　向患者讲解体液平衡的重要性，指导患者适量饮水，正确补液。

二、水中毒

水中毒又称稀释性低血钠，较少见。常见原因有：①排出减少，如严重感染、创伤、大手术等引起患者处于应激状态，抗利尿激素分泌增加；②摄入过多，如肾功能不全但未限制水分摄入，重度缺钠时大量输入了不含电解质的液体。因机体摄入水总量超过排出量，水分在体内潴留，引起血浆渗透压下降和循环血量增加。

【护理评估】

(一) 临床表现

1. 急性水中毒　发病急，因脑细胞肿胀可引起颅内压升高，表现为头痛、乏力、嗜睡、意识不清、躁动、抽搐、昏迷等，甚至引起脑疝。

2. 慢性水中毒　症状不典型，可有嗜睡、头痛、软弱无力、恶心呕吐、体重增加等表现。

(二) 辅助检查

实验室检查见红细胞计数、血红蛋白量、血细胞比容和血浆蛋白量均降低。血清钠低于正常，可至 120mmol/L 以下。

(三) 与疾病相关的健康史

注意评估患者是否因严重感染、创伤、大手术等原因而处于应激状态，有无肾功能不全，有无过多输入水分，有无休克及肝、肾、心功能不全等病史。

(四) 心理社会状况

患者多数起病急，头痛明显，患者及家属会出现焦虑和恐惧情绪。水中毒常继发于某些疾病，因此患者和家属也常对原发疾病的严重程度有所担忧。

(五) 治疗原则

立即停止水分摄入。必要时还需用利尿剂促进水分排出，如渗透性利尿剂 20% 甘露醇或 25% 山梨醇 200ml 在 20min 内静脉滴完，或静脉注射袢利尿剂，如呋塞米（速尿），以减轻脑细胞肿胀和增加水分排出。

【主要护理诊断/合作性问题】

1. 体液过多　与水分摄入过多、体内水分潴留有关。
2. 潜在并发症：颅内压升高。

【护理措施】

1. 水中毒的预防　对于水中毒，其预防显得更重要。

(1) 严格按计划补液，防止输液过多、过快。

(2) 对肝、肾、心功能不良的患者应严格限制水分摄入，同时积极治疗原发病。

(3) 疼痛、失血、休克、创伤和大手术等因素容易引起抗利尿激素分泌过多，对此类患者应避免输液过量。

（4）洗胃时应使用生理盐水，勿用大量清水。

2. 配合治疗　遵医嘱给予利尿剂排出多余的水分。对甘露醇、山梨醇等利尿剂应快速滴注。

3. 密切观察病情　观察患者的生命体征、意识状态、尿量、皮肤黏膜状况、颈静脉充盈情况等，记录24h出入量，了解血常规、血气分析、血清电解质等实验室检查结果，及时发现颅内压升高表现。

第二节　钾代谢平衡失调

一、低钾血症

低钾血症（hypokalemia）是指血清钾浓度低于3.5mmol/L。常见原因有：①长期进食不足，如昏迷、吞咽困难、禁食以及肠内营养时补钾不足；②钾丢失过多，如呕吐、腹泻、胃肠减压、消化道外瘘等情况下经消化道失钾增多，长期使用排钾性利尿剂及肾上腺皮质激素等致经肾丢失钾增多；③钾向细胞内转移，如大量输注胰岛素和葡萄糖时，或代谢性、呼吸性碱中毒时，可引起低钾血症。

【护理评估】

（一）临床表现

1. 肌无力　是最早出现的症状。患者首先出现四肢软弱，以后可延及躯干甚至呼吸肌，导致呼吸困难或窒息。患者还可有软瘫、腱反射减弱或消失。

2. 消化道功能障碍　因胃肠道平滑肌张力降低导致胃肠道蠕动减慢，患者可有腹胀、畏食、恶心、肠鸣音减弱，严重时可有麻痹性肠梗阻。

3. 心脏功能异常　患者可有心悸、心律不齐、血压下降，严重时出现心室颤动。

4. 代谢性碱中毒　血钾过低时可导致代谢性碱中毒，此时尿却呈酸性，即反常性酸性尿。

（二）辅助检查

血清钾浓度低于3.5mmol/L。部分患者的心电图呈T波低平或倒置，ST段降低，QT间期延长，可出现U波（图2-1）。

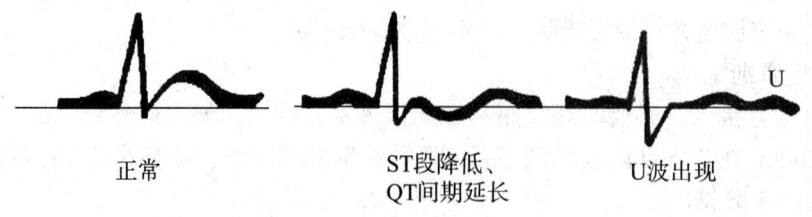

图2-1　低钾血症的心电图表现

（三）与疾病相关的健康史

评估患者是否有禁食、呕吐、腹泻、胃肠减压等消化液丢失，是否使用利尿剂或肾上腺皮质激素，是否大量使用葡萄糖及胰岛素等。

（四）心理社会状况

低钾血症患者可出现乏力、翻身困难甚至软瘫，患者及家属常担心病情严重，预后不良。由于受到每日总量和滴速限制，病情严重者补钾需要时间较长，患者及家属可有焦躁和不耐烦等情绪反应。

(五）治疗原则

1. 积极治疗原发病。
2. 根据缺钾程度补钾。通常采用分次补钾和边治疗、边观察的方法，故常需3～5天的治疗。可通过口服或静脉补钾。静脉补钾常用10%氯化钾溶液，每日补充3～6g氯化钾。

【主要护理诊断/合作性问题】

1. （如厕、进食、卫生）自理缺陷　与缺钾所致的软弱无力相关。
2. 有受伤的危险　与缺钾出现软弱无力、眩晕有关。
3. 潜在并发症：心律失常、呼吸困难或窒息。

【护理措施】

1. 病情观察　监测患者的血钾、呼吸、血压、心率、心律、心电图以及意识状况等，及时发现心律失常、呼吸困难或窒息等并发症征象。
2. 口服补钾　鼓励能经口进食者口服补钾，氯化钾是常用的口服药物，但易出现胃肠道反应，必要时可改用枸橼酸钾以减少胃肠道刺激。指导患者选择含钾量高的食物种类，如蛋类、豆类、鱼类、水果等。
3. 静脉补钾　遵医嘱静脉补钾时，应保证尿量正常，注意输液浓度、速度、用量等要求。

（1）尿量正常：静脉补钾前应先了解肾功能，因肾功能不良可影响钾离子排出。每日尿量需大于600ml，或每小时尿量大于40ml，才能保证安全静脉补钾。

（2）浓度不高：静脉输液钾浓度不能大于0.3%，禁止直接静脉推注氯化钾，以免引起血钾突然升高导致心搏骤停。

（3）速度勿快：成人静脉滴注速度每分钟不宜大于60滴。

（4）总量限制、严密监测：定时监测血钾浓度，并及时调整每日补钾总量，一般禁食患者，每日补钾量为2～3g，重症缺钾者24h补钾不宜超过6～8g。

4. 生活护理　协助患者如厕、进食和保持个人卫生，及时满足其基本生理需求，病情严重者应有专人陪护。
5. 预防外伤　建立安全保护措施，如移开环境中的危险物品和障碍物，加床档保护，适当约束及加强监护等，嘱患者下床活动时应有他人协助。
6. 促进排便　鼓励有胃肠道症状的患者多饮水、进食富含纤维素的食物，给予腹部按摩，以保持排便通畅。出现便秘时，给予缓泻剂。
7. 健康教育　指导患者认识钾代谢平衡的重要意义，注意平衡饮食，保障钾的正常摄入。告知患者及家属尽量口服补钾，若需要静脉补钾，则不能自行调节滴速。长期使用排钾利尿剂的患者，应监测血钾情况。

二、高钾血症

高钾血症（hyperkalemia）指血清钾浓度超过5.5mmol/L。高钾血症的主要原因包括：①钾摄入过多，如口服或静脉补钾过多，大量输库存血等；②肾排泄功能减退，如急慢性肾衰竭，应用螺内酯（安体舒通）、氨苯蝶啶等留钾利尿剂，盐皮质激素不足等；③细胞内钾外逸，如大量溶血、缺氧、酸中毒、休克、组织损伤、中毒反应等。

【护理评估】

（一）临床表现

早期无特异性症状。患者可有四肢及口唇周围麻木，感觉异常，并逐渐由兴奋状态转为抑制状态，继而出现肌肉颤动、肌肉无力，甚至影响呼吸肌运动等。血钾过高的刺激作用使微循环血管收缩，可引起皮肤苍白、发冷、血压下降等。由于心肌应激能力下降，患者常有心率缓慢或心律失常，最危险的是可能导致心搏骤停。

(二)辅助检查

血清钾高于 5.5mmol/L。当血清钾高至 7mmol/L 时,患者常有心电图的异常变化,表现为 T 波高而尖,QT 间期延长,继之 QRS 波增宽,PR 间期延长(图 2-2)。

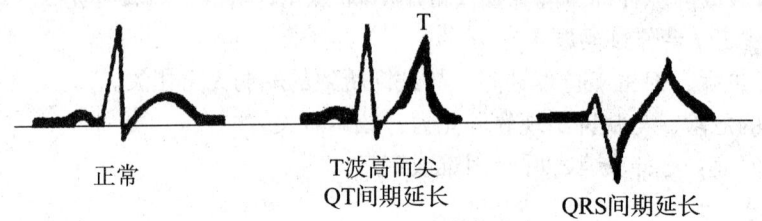

图 2-2　高钾血症的心电图表现

(三)与疾病相关的健康史

评估患者是否进行过补钾治疗,具体补钾方法,是否有肾功能障碍,是否有大量溶血、缺氧、酸中毒等使钾向细胞外转移的病史。

(四)心理社会状况

高钾血症常起病快,患者可有心搏骤停的危险,易引发患者及家属的焦虑和恐惧。

(五)治疗原则

高钾血症患者有心搏骤停的危险,因此一旦明确诊断应积极治疗。

1. 去除诱因　去除诱发高血钾的原因。
2. 禁钾　停止使用一切含钾药物和食物。
3. 抗钾　心律失常者,使用 10% 葡萄糖酸钙 20ml 静脉推注,直接对抗过量的钾对心肌的抑制作用。
4. 转钾　静脉输注 5% 碳酸氢钠溶液,或静脉滴注 25% 葡萄糖溶液及胰岛素,使钾进入细胞内。肾功能不全不能输液过多时,可用葡萄糖酸钙、乳酸钠溶液和葡萄糖溶液,加入胰岛素做缓慢静脉滴入。
5. 排钾　①口服阳离子交换树脂,以从消化道带走钾,为防止便秘、粪块阻塞,可同时口服山梨醇或甘露醇导泻;②透析疗法,可采用血液透析或腹膜透析,用于上述治疗无效或严重高血钾患者。

【主要护理诊断/合作性问题】

1. 活动无耐力　与高血钾时骨骼肌活动抑制有关。
2. 潜在并发症:心律失常。

【护理措施】

1. 饮食指导　指导患者避免进食含钾量高的食物。
2. 配合治疗　嘱患者停用含钾药物;对心律失常者,遵医嘱使用钙剂对抗过量的钾对心肌的抑制作用;对透析患者做好相关护理工作。
3. 病情观察　监测患者的血钾情况、心率、心律、心电图,及时发现并发症的发生。一旦出现心律失常应及时报告医师处理。若出现心搏骤停应立即进行心肺脑复苏。
4. 健康教育　告知肾功能减退或长期使用留钾利尿剂的患者,应限制含钾食物和药物的摄入,定期复查血钾,以预防高钾血症的发生。

第三节 酸碱平衡失调

一、代谢性酸中毒

代谢性酸中毒是外科临床上最常见的酸碱平衡紊乱，指体内酸性物质积聚或产生过多，或 HCO_3^- 丢失过多。常见致病因素有：①代谢性产酸过多，如严重损伤、腹膜炎、休克等出现组织缺血缺氧，可使丙酮酸及乳酸大量产生，发生乳酸性酸中毒，在外科很常见。糖尿病患者或长期不能进食者体内脂肪分解过多，形成大量酮体，可引起酮症酸中毒；②碱性物质丢失过多，见于腹泻、肠瘘、胆瘘、胰瘘等，经粪便、消化液丢失的 HCO_3^- 过多；③肾功能不全，由于肾小管功能障碍，不能将体内产生的 H^+ 排出或对 HCO_3^- 的再吸收减少。

酸碱平衡及调节

正常人体的血液 pH 为 7.35～7.45。机体通过血液缓冲系统、肺和肾三种途径来维持机体正常的酸碱水平。血液缓冲系统的调节作用发生最迅速，但也最有限，其中以血浆中 HCO_3^-/H_2CO_3 缓冲系统最重要，缓冲能力最强。HCO_3^- 的正常值为 24mmol/L（22～27mmol/L），H_2CO_3 平均为 1.2mmol/L，二者比值为 20:1，此时 pH 可在 7.4。当体内酸性物质过多时，HCO_3^- 可结合 H^+ 产生 H_2CO_3，继而分解为 H_2O 和可以通过呼吸排出的 CO_2。当碱性物质过多时，H_2CO_3 可结合 OH^- 产生 HCO_3^- 和 H_2O。肺主要通过呼出 CO_2，使 $PaCO_2$ 下降来调节血中的 H_2CO_3，其调节量大，但只对碳酸、酮体等挥发性酸有效。肾在酸碱平衡调节中的作用最重要，但调节速度最慢，一切非挥发性酸和过剩的碳酸氢盐都必须经肾排出。

男性，56 岁，因胃穿孔、急性弥漫性腹膜炎入院。

体检：T 39.2℃，P 102 次/分，R 24 次/分，BP 80/50mmHg。精神差，嗜睡，眼窝下陷，颜面潮红，口唇干燥，呼吸深快，呼吸气体有烂苹果味。腹膜刺激征阳性，膝反射减弱。

实验室检查：血清 Na^+ 148mmol/L，血清 K^+ 4.7 mmol/L，pH 7.21，HCO_3^- 12mmol/L。

问题与思考：

该患者护理评估内容有哪些？

【护理评估】

（一）临床表现

1. **呼吸系统表现** 由于肺代偿加强，加速二氧化碳呼出，使 $PaCO_2$ 下降，呼吸深快（Kussmaul 呼吸）是代谢性酸中毒患者最突出的表现，呼吸肌收缩明显，呼吸频率甚至可高达 40～50 次/分，呼出气中带有酮味。

2. **心血管系统表现** 由于酸中毒时 H^+ 浓度增高,刺激毛细血管扩张,患者可有面部潮红、口唇樱红色。H^+ 浓度增高还可抑制心肌收缩功能和周围血管对儿茶酚胺的敏感性,故患者多见心律失常、急性肾功能不全和休克,一旦产生则很难纠正。

3. **中枢神经系统表现** 酸中毒抑制脑细胞代谢活动,可有疲乏、头昏、嗜睡、烦躁不安、腱反射减弱或消失等,甚至出现昏迷。

(二)辅助检查

血气分析可见 pH 低于 7.35,HCO_3^- 明显下降,$PaCO_2$ 正常或下降。尿液呈强酸性,但合并高血钾时尿液可呈碱性。

(三)与疾病相关的健康史

评估患者是否存在损伤、感染、休克等产酸增多的病因,是否有腹泻、肠瘘、胆瘘、胰瘘等碱性肠液丢失病史,是否有肾功能不全。

(四)心理社会状况

代谢性酸中毒常伴随原发疾病产生,对呼吸、循环和神经系统功能影响明显,患者及家属多担心疾病预后不良。

(五)治疗原则

1. **治疗原发病** 去除引起代谢性酸中毒的原因是最根本的治疗。去除病因后,轻症(血浆 [HCO_3^-] 为 16~18mmol/L)患者可自行纠正。

2. **重症代谢性酸中毒**(血浆 [HCO_3^-] < 10mmol/L)时,须立即补充碱性液体。目前 $NaHCO_3$ 溶液是临床上最常用的纠正酸中毒的药物。治疗原则是边治疗边观察,逐步纠正酸中毒。5%$NaHCO_3$ 是高渗液,过快输入可导致高钠血症,使血浆渗透压升高。酸中毒时血清钙、血清钾均升高,故常掩盖低钙血症和低钾血症。酸中毒被纠正之后,离子化的 Ca^{2+} 减少,患者可发生手足抽搐。过快地纠正酸中毒还能引起大量 K^+ 转移至细胞内,引起低钾血症。

> **案例 2-1B**
>
> 该患者被明确诊断为胃穿孔、急性腹膜炎、代谢性酸中毒。
> **问题与思考:**
> 此时对该患者的护理要点有哪些?

【主要护理诊断/合作性问题】

1. 心排血量减少 与代谢性酸中毒有关。
2. (有)口腔黏膜改变(的危险) 与代谢性酸中毒呼吸深快有关。
3. 潜在并发症:意识障碍,心律失常,高钠、低钙或低钾血症。

【护理措施】

1. **配合治疗** 遵医嘱使用碱性溶液,纠正酸中毒。注意不可过快提高 HCO_3^- 治疗,以免发生高钠血症、低钙血症、低钾血症。

2. **病情观察** 定时监测并记录患者的生命体征、出入量、意识状况、血气分析结果等。补充碱性药物后要密切观察血清钙、血清钾变化。遵医嘱使用钙剂及含钾药物,预防和处理因治疗引起的低钙或低钾血症。

3. **口腔护理** 用漱口液清洁口腔,用润唇膏或用棉签蘸水后湿润口唇,避免口腔黏膜干燥、损伤。

二、代谢性碱中毒

代谢性碱中毒是由于体内 H^+ 丢失或 HCO_3^- 增多所致。常由以下原因引发：①胃酸丧失过多，如幽门梗阻、严重呕吐、长期胃肠减压等，可丧失大量的 H^+ 及 Cl^-。②碱性物质摄入过多，如长期服用碱性药物，可中和胃内盐酸，使肠液中的 HCO_3^- 增多；大量输注库存血，抗凝剂入血后可转化成 HCO_3^-，也可致碱中毒。③钾缺乏时，K^+ 从细胞内移至细胞外，引起细胞内酸中毒和细胞外碱中毒。④利尿药的作用，呋塞米、依他尼酸抑制肾近曲小管对 Na^+ 和 Cl^- 的重吸收，可引发低氯性碱中毒。

【护理评估】

（一）临床表现

一般无明显症状，有时可有呼吸变浅变慢，或神经精神方面的异常，如谵妄、精神错乱或嗜睡等。严重时，可因脑和其他器官的代谢障碍而发生昏迷。可伴低钾血症、低钙血症表现。

（二）辅助检查

血气分析提示 pH 和 HCO_3^- 升高，$PaCO_2$ 正常或升高。

（三）与疾病相关的健康史

注意评估患者是否有胃酸丢失病史，是否长期应用碱性药物或利尿剂，有无低钾血症等。

（四）心理社会状况

代谢性碱中毒常伴随原发疾病产生，对呼吸功能、神志影响明显，患者及家属常出现明显焦虑和恐惧。

（五）治疗原则

1．治疗原发病是关键，解除病因后碱中毒很容易治愈。

2．积极处理低钾血症、低钙血症等并发症。

3．纠正碱中毒，减少 HCO_3^-。胃液丧失所致的代谢性碱中毒只需补充等渗盐水或葡萄糖盐水即可纠正。严重者（血浆 HCO_3^- 浓度 45～50mmol/L，pH＞7.65）可使用稀释的盐酸溶液。纠正碱中毒不宜过于迅速，也不要求完全纠正。

【主要护理诊断/合作性问题】

1. 有受伤的危险　与代谢性碱中毒导致意识障碍有关。

2．潜在并发症：意识障碍、低钾血症、低钙血症。

【护理措施】

1．配合治疗　遵医嘱给患者输注药物以纠正碱中毒。治疗严重碱中毒患者时，稀释性盐酸溶液需经中心静脉滴入，切忌经周围静脉输入，否则一旦溶液渗漏会造成软组织坏死。输液时滴速不可过快，以免造成溶血等不良反应。每 4～6h 监测血气及血电解质，必要时第 2 天可重复治疗。遵医嘱给患者应用含钙、钾药物。

2．病情观察　定时监测并记录患者的生命体征、出入量、意识状况、血气分析、血清电解质结果等。

3．防止受伤　做好患者安全防护，避免发生意外损伤。

三、呼吸性酸中毒

呼吸性酸中毒是由肺部通气或换气功能减弱，致使体内产生的 CO_2 不能充分排出，或吸入 CO_2 过多而引起的高碳酸血症。一切引起肺泡通气及换气功能减弱的疾病，如呼吸道梗阻、肺广泛纤维化、肺气肿、呼吸机使用不当、中枢神经系统损伤、全麻过深、镇静剂使用过量等，均可引发此症。

【护理评估】

（一）临床表现

患者可有呼吸困难、乏力、气促、发绀、头痛、胸闷，严重者可有血压下降、谵妄、昏迷等。严重脑缺氧可致脑水肿、脑疝，甚至呼吸骤停。严重酸中毒时，血钾浓度升高，导致心肌应激性改变而出现心律失常、心室颤动等。

（二）辅助检查

血气分析可见血 pH 降低，$PaCO_2$ 增高，血浆 HCO_3^- 升高或正常。

（三）与疾病相关的健康史

评估患者呼吸功能，检查是否有呼吸中枢抑制、呼吸道梗阻、胸廓活动受限等病史，是否有呼吸机使用不当、全麻过深等治疗因素。

（四）心理社会状况

呼吸性酸中毒患者有明显呼吸困难、头痛，患者及家属常有明显焦虑和恐惧。

（五）治疗原则

1．治疗原发病。

2．积极改善通气功能 如解除呼吸道梗阻、辅助呼吸、使用呼吸兴奋药等，必要时可作气管插管或气管切开术并使用呼吸机。

【主要护理诊断/合作性问题】

1．低效性呼吸型态 与呼吸中枢受抑制、呼吸道梗阻、呼吸机使用不当有关。

2．潜在并发症：高钾血症、脑水肿、脑疝、心律失常。

【护理措施】

1．配合治疗 改善患者通气状况，如协助医师解除呼吸道梗阻、调节呼吸机参数、行气管插管或气管切开等。由于高浓度吸氧可减弱呼吸中枢对缺氧的敏感性，加重呼吸抑制，故应给予低流量吸氧。

2．病情观察 定时监测并记录患者的生命体征、出入量、意识状况、血气分析、血清电解质结果等，及时发现高钾血症、脑水肿、脑疝、心律失常等并发症征象并积极处理。

四、呼吸性碱中毒

呼吸性碱中毒系肺泡通气过度，体内生成的 CO_2 排出过多，以致血中 $PaCO_2$ 减低，引起的低碳酸血症。凡可导致通气过度的疾病均可引起呼吸性碱中毒，如休克、高热、昏迷刺激呼吸中枢发生过度换气；用呼吸机辅助通气或手术麻醉期辅助呼吸时，呼吸过深过快，潮气量过大，且持续时间过长；中枢神经系统外伤或疾病也可引起换气过度。

【护理评估】

（一）临床表现

多数患者呼吸急促，出现碱中毒后手足和口周麻木或针刺感，肌肉颤动和手足抽搐。患者常有心率加快。危重患者发生急性呼吸性碱中毒常提示预后不良，或将发生急性呼吸窘迫综合征。

（二）辅助检查

血气分析可见血 pH 升高，$PaCO_2$ 和 HCO_3^- 下降。

（三）与疾病相关的健康史

评估患者呼吸功能，检查患者是否有引起过度通气的原因。

（四）心理社会状况

呼吸性碱中毒患者常出现呼吸过快，肌肉应激性增加，患者及家属常担心病情严重，预后不良。

（五）治疗原则

1. 积极治疗原发病。

2. 减少 CO_2 呼出　如使用纸袋呼吸、适量应用镇静剂或调整呼吸机参数等。

【主要护理诊断/合作性问题】

1. 低效性呼吸型态　与呼吸过深过快有关。

2. 潜在并发症：意识障碍。

【护理措施】

1. 配合治疗　遵医嘱正确给药，积极治疗原发病。指导患者深呼吸、放慢呼吸速度，教会患者使用纸袋呼吸，即用长筒、长袋罩住口鼻呼吸，以便增加呼吸道无效腔，减少 CO_2 直接呼出，维持正常的气体交换型态。

2. 病情观察　定时监测并记录患者的生命体征、出入量、意识状况、血气分析、血清电解质结果等。

小结

一、水钠代谢紊乱

1. 缺水与缺钠

（1）等渗性缺水：在外科最常见。病因是消化液急性丢失以及体液大量丢失。患者既有缺水表现又有缺钠表现。治疗原发病并补充平衡盐或等渗盐水。应加强补液护理及病情观察。

（2）低渗性缺水：病因是钠丢失过多和补充不足。缺钠程度不同，患者表现各异，休克出现早。治疗原发病并补充等渗盐水或高渗盐水。应加强补液护理及病情观察。

（3）高渗性缺水：病因是水丢失过多和（或）摄入不足。缺水程度不同，患者表现各异。治疗原发病并补充水分或低渗盐水。重点是补液护理及病情观察。

2. 水中毒　病因是排出减少和（或）水摄入过多。急性水中毒可导致脑水肿。在治疗原发病的基础上立即禁水和利尿脱水。应积极预防水中毒，配合药物治疗，密切观察病情。

二、钾代谢紊乱

1. 低钾血症　原因有摄入量不足、钾排出过多、细胞内钾分布异常等。肌无力为早期表现，可合并酸碱失衡，心电图可有典型改变。积极治疗原发病并补钾。护理中重点做好口服补钾和静脉补钾。

2. 高钾血症　原因有钾摄入过多、排出减少以及细胞内钾外逸。主要表现为神经肌肉传导阻滞，最危险的是可能导致心脏停搏，心电图可有典型改变。治疗包括去除诱因、禁钾、抗钾、转钾和排钾。护理重点是饮食指导、配合治疗和病情观察。

三、酸碱平衡失调

1. 代谢性酸中毒　病因包括酸性物质产生过多、碱性物质丢失过多、肾排酸减少。呼吸深快是患者最突出的表现。治疗原发病是根本，重症代谢性酸中毒患者需要输注碱性溶液。护理中应做好配合治疗、病情观察和口腔护理。

2. 代谢性碱中毒　病因有酸性物质丢失过多、碱性物质输入过多、低钾血症、利尿剂的应用等。呼吸浅慢，并有神志改变。在治疗原发病的同时，重者输注稀释性盐酸溶液。护理中应关注酸性溶液的输注方法。

3. 呼吸性酸中毒　一切引起肺泡通气及换气功能减弱的疾病均可导致。临床表现不典型。应治疗原发病，改善肺通气。注意病情观察、低流量吸氧。

4. 呼吸性碱中毒　由于通气过度所致。一般无明显症状。治疗原发病，减少CO_2的呼出。注意指导患者纸袋呼吸。

自测题

一、单选题

1. 治疗等渗性脱水患者时应首选的液体是
   A. 5%葡萄糖溶液
   B. 平衡盐溶液
   C. 5%葡萄糖盐水
   D. 3%氯化钠溶液
   E. 0.45%氯化钠溶液

2. 高渗性脱水时，患者首先表现为
   A. 口渴
   B. 黏膜干燥
   C. 食欲缺乏
   D. 尿量减少
   E. 皮肤弹性降低

3. 低钾血症患者最早出现的临床表现是
   A. 肠蠕动减慢
   B. 肌无力
   C. 心动过缓
   D. 恶心、呕吐
   E. 反常性酸性尿

4. 给成人经静脉补钾前，要求尿量至少为
   A. 10ml/h
   B. 20ml/h
   C. 40ml/h
   D. 50ml/h
   E. 60ml/h

5. 外科临床上最常见的酸碱平衡紊乱是
   A. 代谢性酸中毒
   B. 代谢性碱中毒
   C. 呼吸性酸中毒
   D. 呼吸性碱中毒
   E. 代谢性酸中毒合并呼吸性酸中毒

6. 代谢性酸中毒患者最突出的表现是
   A. 头痛、头晕
   B. 嗜睡
   C. 尿呈酸性
   D. 血压偏低
   E. 呼吸深快、有酮味

7. 可导致代谢性碱中毒的情况是
   A. 肠瘘
   B. 长期禁食
   C. 急性腹膜炎
   D. 幽门梗阻、反复呕吐
   E. 高热时过度换气

二、案例题

女性，67岁，疑因进食不洁食物后频繁呕吐、严重腹泻1天，伴随少尿、头晕、乏力、四肢软弱无力，口渴不明显，发病后一直未进食进水。体检：T 37.3℃，P 82次/分，R 16次/分，BP 90/60mmHg，表情淡漠，口唇干燥，眼窝凹陷，皮肤弹性差。实验室检查示红细胞计数、血红蛋白、血细胞比容升高，血清Na^+ 140mmol/L，K^+ 3.2mmol/L。尿比重增加。血气分析pH 7.48。心电图检查示T波低平，ST段降低，可见U波。诊断为等渗性缺水和低钾

血症。

请问：

(1) 该患者的哪些信息分别支持等渗性缺水和低钾血症的诊断？

(2) 该患者目前主要的护理诊断/合作性问题是什么？

(3) 该患者护理过程中应遵循何种补液原则？

(4) 为该患者静脉补钾时有哪些注意事项？

（庞　冬）

第三章 外科营养支持患者的护理

> 学习目标
>
> 通过本章内容的学习，学生应能：
> ◆ 识记
> 1. 说出肠内营养、肠外营养、完全胃肠外营养的定义。
> 2. 列举临床常用的营养评估指标。
> ◆ 理解
> 1. 比较肠内与肠外营养支持的优缺点。
> 2. 解释肠内与肠外营养支持常见并发症的发生原因。
> ◆ 运用
> 评估营养支持患者并为其制订护理计划。

外科患者常存在不同程度的营养问题，这会影响患者对手术的耐受力，并对其术后康复产生不良影响。因此，应当根据患者的营养状况和实际需要，给予恰当的营养支持（nutritional support，NS）。营养支持分为肠内营养（enteral nutrition，EN）与肠外营养（parenteral nutrition，PN）支持两种。前者是将营养物质经胃肠道途径供给患者，后者是将营养物质经静脉途径供给患者，其中患者所需的全部营养物质都经静脉供给称为完全胃肠外营养（total parenteral nutrition，TPN）。与肠外营养支持相比，肠内营养对营养素的吸收和利用更符合生理，给药方便，费用低廉，同时也有助于维持肠黏膜结构和屏障功能的完整性，而且无严重并发症。因此，凡胃肠道功能正常或存在部分胃肠道功能者，在营养支持时应首选肠内营养。

【护理评估】

（一）临床表现

评估患者原发疾病相关症状、体征。营养不良患者可能出现毛发脱落、指甲无光、皮肤干燥、肝大、心界缩小、肌力减弱、水肿或腹水等情况，应重点检查，并注意与其他疾病相鉴别。

（二）辅助检查

1. 人体测量

（1）体重：是既方便又实用的评价营养状况的重要指标。实测体重为标准体重的80%～90%为轻度营养不良，70%～80%为中度营养不良，低于70%为重度营养不良。临床常用标准体重计算公式为：标准体重（kg）＝身高－105（cm）。此外，1周内体重下降大于1%～2%，1个月内下降大于5%，3个月内下降大于7.5%，或半年内下降大于10%，都具有临床意义。

案例 3-1A

男性，60岁。3个月前出现进食哽噎感，进食干硬食物难以下咽，近2周症状较前明显加重，进半流食也出现吞咽困难。1个月来体重下降 8.5kg。

体检：身高 170cm，体重 54kg。双下肢可见凹陷性水肿。

实验室检查：血红蛋白 106g/L，血清清蛋白 30g/L，血清转铁蛋白 1.3g/L，血清前清蛋白 125 mg/L。

问题与思考：

该患者护理评估内容有哪些？

(2) 体质指数（body mass index，BMI）：BMI= 体重（kg）/ 身高^2（m^2），理想值为 18.5 ～ 23.9，< 18.5 为消瘦，≥ 24 为超重。

(3) 三头肌皮褶厚度（triceps skin fold，TSF）：是间接测定机体脂肪储存的指标。正常男性为 11.3 ～ 13.7 mm，女性为 14.9 ～ 18.1 mm。若低于正常值的 10% 则提示营养不良。

(4) 臂肌围（arm muscle circumference，AMC）：用于判断骨骼肌或体内瘦体组织群量。AMC（cm）= 上臂中点周长（cm）− 3.14 × TSF（cm）。正常男性为 22.8 ～ 27.8 cm，女性为 20.9 ～ 25.5 cm。

2. 实验室检查

(1) 血清清蛋白：血清清蛋白小于 35g/L 常提示肌肉组织已经耗竭到一定程度，开始消耗内脏蛋白；31 ～ 34g/L 表明内脏蛋白轻度消耗，26 ～ 30g/L 为中度消耗，≤ 25g/L 为重度消耗。因清蛋白半衰期为 20 天，故不能及时反映患者营养状态的变化。

(2) 血清转铁蛋白：正常值为 2.0 ～ 3.0g/L。1.5 ～ 2.0g/L 表明内脏蛋白轻度消耗，1.0 ～ 1.5g/L 为中度消耗，< 1.0g/L 为重度消耗。血清转铁蛋白半衰期为 8 天，在反映内脏蛋白变化方面较白蛋白敏感。

(3) 血清前清蛋白：正常值大于 180mg/L。160 ～ 180mg/L 为轻度营养不良，120 ～ 150mg/L 为中度，< 120mg/L 为重度。血清前清蛋白半衰期为 2 天，能反映短期内的营养状态变化。

(4) 淋巴细胞总数：是反映细胞免疫状态的一项简易参数。周围血液中淋巴细胞总数 = 周围血白细胞总数 × 淋巴细胞百分数，正常值应大于 1.5×10^9/L，$(1.2 \sim 1.5) \times 10^9$/L 为轻度减少，$(0.8 \sim 1.2) \times 10^9$/L 为中度减少，小于 0.8×10^9/L 为重度减少。注意在严重感染时，该指标的参考价值受影响。

（三）与疾病相关的健康史

应了解患者疾病史、手术史等，外科的诸多疾病可能影响患者的进食，同样，手术也会在一定程度上影响患者营养素的摄入。某些病症，如呕吐、肠瘘、肾病综合征等可使营养丢失增加，而长期发热、外科大手术、创伤、大面积烧伤、感染、肿瘤可使营养需要量增加。此外，还要注意患者的膳食习惯及近期进食状况。

（四）心理社会状况

患者常因原发疾病导致代谢增加或不能正常进食而出现营养问题，常因此出现心理问题。部分患者需要较长时间进行营养支持，应注意评估患者及家属对营养支持重要性和必要性的认识程度，以及对营养支持的接受程度。

（五）治疗原则

1. 营养支持的基本指征与适应证 ①近期体重下降大于正常体重的 10%；②血清清蛋白小于 30g/L；③连续 7 天以上不能正常进食；④已明确为营养不良；⑤可能产生营养不良或手

术并发症的高危患者。出现上述情况之一者，应提供营养支持治疗。有胃肠道功能并可利用的患者均可实施肠内营养支持；无胃肠道功能或胃肠道功能不全均是应用肠外营养支持的适应证。

2. 肠内营养

（1）肠内营养剂

1）大分子聚合物：适用于胃肠功能正常或基本正常者。包括自制匀浆膳和大分子聚合物制剂两种。

2）要素膳：是以氨基酸混合物或蛋白质水解物为氮源，以不需要消化或很容易消化的糖类为能量，混以矿物质、维生素及少量必需脂肪酸的完全膳食。也有以脂肪提供热量20%～30%的高脂肪要素膳。其特点是成分明确，营养全面，无需消化或稍加消化即可吸收利用，残渣极少。缺点是价格较高，渗透压高。较适用于消化功能减弱的患者。

3）特殊配方制剂：针对特殊疾病患者，在常用配方中添加或去除某种营养素以满足其特殊的代谢要求的专用配方。

4）组件制剂：也称不完全制剂，是以某种或某类营养素为主的营养制剂，可以对完全制剂进行补充或强化，以增强该成分的比例。如蛋白质组件、脂肪组件、糖类组件、维生素及矿物质组件等。

（2）输入途径：有经口和管饲两种途径，多采用管饲。

1）鼻胃管：适用于短期肠内营养、胃肠功能良好的患者。

2）鼻肠管：有鼻十二指肠管和鼻空肠管两种，适用于需长期肠内营养治疗且胃功能不良或消化道术后需胃肠减压者又需营养支持时。

3）经胃造瘘或空肠造瘘：可在术时或经内镜放置。适用于需较长时期肠内营养支持的患者。

（3）输注方式

1）间歇性输入法：适用于胃功能良好及经鼻胃管或胃造瘘管行胃内营养者。优点是操作方便，费用低廉。缺点是较易引起误吸以及恶心、呕吐、腹胀、腹泻等胃肠道症状。

2）持续性注入法：适用于胃肠道耐受性差或导管尖端位于十二指肠的患者。优点是可减少误吸危险性，降低胃肠道症状的发生。缺点是限制活动，花费较高。

3）循环间歇性注入法：介于以上二者之间，利用重力或肠内营养输液泵滴注，但每日仅持续10余小时。

（4）并发症

1）机械并发症：包括造瘘管滑脱及堵塞、鼻咽部和食管黏膜损伤等。

2）感染并发症：①误吸和吸入性肺炎，是肠内营养最严重的并发症。多见于经鼻胃管喂养者。②造口渗漏感染，多是因为造口局部愈合不良，引起胃肠内容物自导管周围漏入腹腔，从而导致腹腔内感染；或溢出皮肤外，导致皮肤发红、糜烂等。常见于严重营养不良者、老年人及糖尿病患者等。

3）胃肠道并发症：是肠内营养最多见的并发症。主要有恶心、呕吐、腹胀、腹泻、便秘等。其中，腹泻最常见，原因包括：①营养液输注速度过快或温度过低；②应用高渗性食物；③乳糖酶缺乏者应用含乳糖的营养液；④肠腔内脂肪酶缺乏，脂肪吸收障碍；⑤细菌污染营养液；⑥低蛋白血症和营养不良，患者小肠吸收能力下降；⑦同时应用某些治疗性药物。

4）代谢并发症：包括水电解质失衡、血糖紊乱等。

3. 肠外营养

（1）肠外营养制剂

1）葡萄糖：是肠外营养主要的热能来源，有节约蛋白质的作用。成人的代谢能力为每日每千克体重4～5 g，过快或过量输注可导致高血糖、糖尿，甚至高渗性非酮性昏迷，且部分葡萄糖可转化为脂肪沉积于肝，导致脂肪肝，故每天葡萄糖的供给总量不宜超过300～400 g，占总能量的 50%~60%。为促进合成代谢和葡萄糖的利用，可按比例添加胰岛素。

2) 脂肪：是肠外营养的另一重要能源，以脂肪乳剂的形式供给。脂肪乳剂可供给人体必需脂肪酸和三酰甘油（甘油三酯），维持细胞结构和人体脂肪组织恒定，防止单用糖类引起的必需脂肪酸缺乏症。脂肪乳剂的供给量占总能量的 20%~30%，成人每天每千克体重 1~2g。脂肪与葡萄糖共同供能，更符合生理。

3) 氨基酸：是肠外营养配方中唯一的氮源，是供给机体合成蛋白质及其他生物活性物质的氮源，而不是用来供给机体能量。复方氨基酸溶液都按一定模式配比而成，可归纳为两类：平衡型与非平衡型。前者所含必需与非必需氨基酸的比例符合人体基本代谢所需，适用于多数营养不良患者；后者针对某一疾病的代谢特点而设计，兼有营养支持和治疗的作用。每天提供的氨基酸量为每千克体重 1~1.5g，占总能量的 15%~20%。

氨基酸

氨基酸是构成人体蛋白质的基本单位，有 20 种。其中，9 种氨基酸不能在机体合成或合成的量不能满足机体需要，必须由外界提供，称为必需氨基酸，包括异亮氨酸、亮氨酸、赖氨酸、甲硫氨酸、苯丙氨酸、苏氨酸、色氨酸、缬氨酸、组氨酸。有些氨基酸本身属于非必需氨基酸，但在严重感染、手术、创伤等应激状态下，人体对其需求远远超过内源性合成的能力，严重缺乏时可影响多脏器的代谢功能，故称之为"条件必需氨基酸"，较具代表性的有谷氨酰胺（glutamine, Gln）和精氨酸（arginine, Arg）。目前营养治疗中对这两种氨基酸的作用也予以了一定重视。在一般的氨基酸制剂中不含有谷氨酰胺，目前已制成较稳定的含丙氨酸或甘氨酸的谷氨酰胺二肽用于临床。

4) 维生素：按其溶解性可分为水溶性和脂溶性两大类，均为复方制剂。每支注射液中含有正常人各种维生素的每日基本需要量。

5) 电解质：需适当补充钾、钠、氯、钙、镁及磷等电解质。

6) 微量元素：每支复方注射液含锌、铜、锰、铁、铬、碘等多种微量元素，含正常人每天需要量。

（2）输注途径

1) 周围静脉输注：适用于营养支持在 2 周以内，用量少，或因单纯肠内营养不能满足需要而需同时辅以静脉营养的患者。因周围静脉较细，不能耐受较高的渗透压，浓度超过 10% 的葡萄糖溶液易引起静脉炎。

2) 中心静脉输注：适用于 2 周内不能应用肠内营养，或因需要的热量高而难以由周围静脉营养提供者。常经颈内静脉或锁骨下静脉穿刺置入至上腔静脉，也可经头静脉、贵要静脉等置入中心静脉。

（3）输注方式

1) 全营养混合液（total nutrient admixture, TNA）方式：即在无菌条件下，将氨基酸、脂肪乳剂、葡萄糖溶液、电解质、维生素、微量元素等营养素混匀配制在静脉输液袋中。优点包括①可以较佳的热氮比和多种营养素同时进入体内，增加节氮效果，加快氮平衡的恢复；②简化输液过程，节省护理时间；③降低并发症的发生率；④减少单瓶输注时反复更换输液瓶所伴随的污染机会。

2）单瓶输注：在无条件以 TNA 方式输注时，可以使用。但由于各营养素输入不同步可造成某些营养素的浪费。此外，若单瓶输注葡萄糖溶液或脂肪乳剂，可因单位时间内进入体内的葡萄糖溶液或脂肪酸量较多而增加代谢负荷，甚至并发与此相关的代谢性并发症，故应适当控制速度。

（4）并发症

1）技术性并发症：主要有气胸、血胸、胸导管损伤、空气栓塞、导管位置不当、静脉血栓形成等。其中，空气栓塞是最严重的并发症，可发生于穿刺或更换输液容器时，或拔除搁置日久的导管后皮下隧道未闭时。少量空气进入循环可无症状，大量时患者可出现呼吸困难、发绀及意识障碍。

2）代谢并发症：包括低血糖、高血糖及高渗性非酮性昏迷、电解质紊乱、微量元素缺乏、肝功能损害等。其中，高渗性非酮性昏迷最为严重，因血糖过高，使血浆渗透压显著升高，患者出现多尿、口渴、头痛甚至昏迷。

3）导管性脓毒症：与置管技术、导管使用及导管护理有密切关系。患者突然出现寒战、发热，重者可致感染性休克。此时，应拔除导管并将导管尖端送细菌培养。

患者明确诊断为食管癌，拟行手术治疗，术前因营养不良先予以营养支持。

问题与思考：

1．目前适宜的营养支持方法是什么？

2．可能出现哪些并发症？

3．如何观察和护理？

【主要护理诊断/合作性问题】

1．有误吸的危险　与患者咽反射消失、管道位置不好、一次喂入过多等有关。

2．（有）口腔黏膜改变（的危险）　与胃管刺激、黏膜干燥等有关。

3．腹泻　与营养液的配方、浓度、温度、输注速度、置管位置等有关。

4．潜在并发症　感染、高血糖症和低血糖症、水电解质失衡、高渗性非酮性昏迷、肝功能损害、空气栓塞等。

【护理措施】

（一）肠内营养支持相关护理措施

1．防止误吸的发生

（1）选择合适的体位：伴有意识障碍、胃排空延迟、经鼻胃管或胃造瘘灌注者，喂食期间或喂食后 1h 抬高床头 30°～45°，以减少误吸的危险。

（2）明确管道位置：输入食物前评估管道位置是否正确。

（3）估计胃残留量：灌注前及灌注期间，定期抽吸并估计胃内残留量，若残留量大于 150 ml，应延迟或暂停灌注，必要时给予胃动力药，以促进胃排空。

（4）病情观察：在喂食过程中，监测呼吸状态；咳嗽、呼吸短促都是误吸的指征。若患者突然出现呛咳、呼吸急促或咳出类似营养液的痰液，应停止输注食物，立即吸出气管内的液体或食物，鼓励患者咳嗽、排痰，必要时进行气管内吸引。

2．保持营养液输入通路在位、通畅

（1）妥善固定：妥善固定营养液输入管道。每天检查固定于鼻部的胶布或腹部造瘘管出口处的缝线，如有松动，立即更换，或通知医师处理。胃或空肠造瘘口处应每 2～3 天换药，次，并注意检查有无消化液流出腐蚀皮肤。

（2）避免阻塞：滴注的食物最好用过滤器过滤，避免食物渣滓过大阻塞造瘘管。每次注入食物后，用 20ml 温开水冲洗管道，以免管道堵塞。若有口服药，应研碎用水冲淡后灌入。

（3）若出现阻塞，可试用胰酶溶液冲洗。

3．预防腹泻的发生

（1）注意输注量和速度：开始时输入速度要慢，浓度要低。一般经空肠喂养起始速度为每小时 20～40ml，如无不适，每日可按每小时 20ml 的速度递增，最大不超过每小时 120ml。

（2）输入营养液的温度应适宜：应接近体温，因温度太低，易刺激肠蠕动而引起腹泻。

（3）注意观察患者肠鸣音、排便的次数和性状，便频、便稀均是不耐受管喂饮食的表现。

（4）避免营养液污染、变质：营养液应现用现配，配好的营养液在室温下放置不能超过 8h，在 4℃ 冰箱内保存时间不超过 24h，避免因放置时间过长而变质。

4．其他护理

（1）做好口腔、鼻腔护理：观察口腔黏膜有无干燥、破溃，经鼻插管迫使患者张口呼吸，患者易出现口干，应鼓励患者用鼻呼吸。如医嘱许可，鼓励其进食、进水。也可以通过含服口含片来刺激唾液分泌。注意口鼻腔的清洁。每日定期行口腔护理，必要时用液状石蜡润滑鼻孔。

（2）注意造口周围皮肤观察及护理：保持局部清洁、干燥，及时换药。

（3）病情观察：定期测体重评估患者营养状况，观察生命体征，尤其是体温及呼吸情况，定期测定血糖、血电解质等指标。

（二）肠外营养支持相关护理措施

1．保持营养导管在位、通畅　定期巡视，保证输液通畅。输注结束时，使用肝素液封管，以防导管内血栓形成。妥善固定输液管道，避免导管受压、扭曲或滑脱。

2．预防感染

（1）置管过程中应严格遵守无菌原则，穿刺点应定期换药。密切观察插管局部情况，一旦发生感染迹象，应及时拔除导管。

（2）定期更换管道及静脉营养袋。

（3）营养液现用现配，配好后若不能马上输入，放在 4℃ 冰箱内冷藏。

（4）不要在配好的静脉营养液中添加任何成分。禁止通过静脉营养导管输入其他药物、输血、取血标本或测中心静脉压。

（5）如果疑有导管性脓毒症发生，应及时拔管，重新放置，并对导管尖端做细菌培养及药敏试验。如果发生感染，遵医嘱输入抗菌药。

3．预防空气栓塞

（1）锁骨下静脉穿刺时，置患者于头低平卧位，屏气，使上腔静脉充盈。

（2）置管成功后及时、妥善连接输液管道。输液过程中，不要让液体走空。如果液体走空，要终止输液，将空气抽出后方可继续输入。输液结束，应旋紧导管塞。

（3）若疑有空气栓子，应嘱患者取左侧卧位，头低脚高。通知医师，并协助医师用大注射器从导管吸出空气。必要时准备开胸手术。

4．维持血糖水平稳定

（1）以适当的速度输入静脉营养液。如果输液中断，可输入 10% 的葡萄糖溶液，直至重新开始输入静脉营养液。

（2）随时监测血糖水平，保持血糖在 6.67～8.89 mmol/L，尿糖在 ±～++。

（3）怀疑低血糖时，可让患者口服或遵医嘱静脉推注葡萄糖溶液。

(4) 出现高渗性非酮性昏迷时,应停输葡萄糖溶液或含有高糖的营养液,输入低渗或等渗氯化钠溶液,以降低血浆渗透压,同时输入胰岛素,以降低血糖水平。

5. 严密观察病情

(1) 全身情况：有无脱水、水肿,有无发热、黄疸等。

(2) 了解患者对营养支持的反应,如体重、血浆蛋白水平等。

(3) 观察并记录出入量,监测血糖水平、血清电解质水平、血气分析、肝肾功能等。

小 结

1. 营养支持的基本原则　凡胃肠道功能正常或存在部分胃肠道功能者,在营养支持时应首选肠内营养。

2. 营养状况评估　应综合病史、体格检查、实验室检查等诸多方面,不同的评价指标反映的营养问题可不相同,故应综合多方面因素进行判断。

3. 肠内营养支持的并发症　包括机械性、代谢性和胃肠道并发症。应加强腹泻及误吸的观察与护理。

4. 肠外营养支持的并发症　包括技术性和代谢并发症以及导管性脓毒症。应加强空气栓塞、高渗性非酮性昏迷、导管性脓毒症的观察和护理。

自测题

一、选择题

1. 女性,55 岁,经鼻胃管行肠内营养支持,灌注营养液时应将患者置于
   A．半坐卧位
   B．左侧卧位
   C．右侧卧位
   D．垫枕平卧位
   E．去枕平卧位

2. 男性,65 岁,因短肠综合征,拟行长期肠外营养支持,其营养管留置部位应是
   A．手部静脉
   B．足部静脉
   C．股静脉
   D．上腔静脉
   E．下腔静脉

3. 外科患者营养不良的特点是
   A．以蛋白质不足为主
   B．以能量不足为主
   C．维生素及矿物质摄入不足
   D．蛋白质－能量不足
   E．脂肪摄入不足

4. 在完全胃肠外营养中最佳的能源是
   A．复合氨基酸
   B．维生素
   C．脂肪乳剂及葡萄糖溶液
   D．矿物质
   E．微量元素

5. 无菌环境下配制的要素膳,其在 4℃ 冰箱内的有效时间应小于
   A．4h
   B．8h
   C．12h
   D．24h
   E．36h

6. 全胃肠外营养支持患者可能发生的最严重的代谢并发症是
   A．低血糖
   B．脂肪肝

C．肝功能损害
D．高渗性非酮性昏迷
E．高血糖
7．以下关于肠外营养的护理正确的是
    A．首选中心静脉途径
    B．可经静脉营养管输血
    C．不要经中心静脉导管取血
    D．怀疑导管性脓毒症时，应用抗菌药
    E．葡萄糖、氨基酸和脂肪乳最好单独输注
8．反映机体脂肪或能量贮备的人体测量指标是
    A．体重
    B．体质指数
    C．三头肌皮褶厚度
    D．上臂周径
    E．臂肌围

二、案例题

男性，56岁，因绞窄性小肠梗阻行小肠部分切除、肠吻合术。术中留置中心静脉导管。术后次日开始经中心静脉导管输注全营养混合液。术后第2日在输注营养液约1000ml时，出现口渴、头痛、神志不清、尿量增多。

请问：
（1）该患者目前发生了什么并发症？
（2）此种并发症应如何处理？

（路　潜）

第四章 外科休克患者的护理

学习目标

通过本章内容的学习，学生应能：

◆ 识记

1．复述休克的概念。
2．概述休克患者的临床表现和治疗原则。

◆ 理解

解释休克的辅助检查项目及意义。

◆ 运用

评估休克患者并为其制订护理计划。

休克（shock）是指机体受到强烈的致病因素侵袭后，导致有效循环血量锐减、组织血液灌流不足所引起的以微循环障碍、代谢障碍和细胞受损为特征的病理性综合征。

外科休克发生的原因主要是失血、脱水、血浆丢失、严重创伤等。按原因分类有低血容量性休克、感染性休克、心源性休克、过敏性休克和神经源性休克等类型，最常见的类型是低血容量性休克和感染性休克。

休克发病急骤，进展迅速，各类休克的共同病理生理基础是有效循环血量锐减和组织灌注不足。由于组织灌注不足和细胞缺氧，机体能量极度缺乏。而持续的缺血、缺氧，细胞可发生变性、坏死，导致内脏器官功能障碍，如急性呼吸窘迫综合征（acute respiratory distress syndrome，ARDS）、急性肾衰竭（acute renal failure，ARF）、心肌坏死、心力衰竭、脑水肿、颅内压增高、急性胃黏膜糜烂、应激性溃疡、上消化道出血、肠源性感染等。若未能及时发现及治疗，细胞损害广泛，可导致多器官功能障碍综合征（multiple organ dysfunction syndrome，MODS）或多系统器官衰竭（multiple system organ failure，MSOF），发展成为不可逆性休克而引起死亡。

【护理评估】

（一）临床表现

1．休克代偿期　又称休克早期。当人体有效循环血量锐减时，机体通过加压反射、儿茶酚胺、肾素-血管紧张素分泌增加、选择性地收缩外周和内脏的小血管使循环血量重新分布等一系列代偿机制进行调节和矫正，血压仍可维持正常。患者神志清醒，因缺氧导致烦躁不安；外周血管收缩，可出现面色苍白，皮肤湿冷，脉搏增快，呼吸增快，血压基本正常，但脉压缩小，尿量正常或减少。若处理及时、得当，休克可很快得到纠正。

2．休克抑制期　又称休克期。如病情未得到控制，组织细胞处于低灌注状态，组织中糖的无氧代谢增强，酸性代谢物质积聚导致酸中毒。患者表情淡漠、反应迟钝；皮肤黏膜发绀或花斑、四肢冰冷；脉搏细速，呼吸浅促，血压进行性下降，尿量减少；浅静脉萎陷，毛细血管充盈时间延长。休克进一步发展，血液浓缩和黏滞性增高，微循环血流缓慢，组织得不到有效的血液灌注，细胞自溶并损害周围其他细胞，以致组织及器官乃至多个器官受损或功能衰竭。患者表现为意识模糊或昏迷；全身皮肤、黏膜明显发绀，甚至出现瘀点、瘀斑，四肢厥冷；脉搏微弱、血压测不出，呼吸微弱或不规则，体温不升；无尿；并发弥散性血管内凝血者，可出现皮肤黏膜、鼻腔、牙龈、内脏出血等。若出现进行性呼吸困难、烦躁、发绀，虽给予吸氧仍不能改善时，提示并发急性呼吸窘迫综合征。患者常继发多系统器官衰竭而死亡（表4-1）。

案例 4-1A

女性，47岁，被汽车撞伤20min后急诊入院。患者浅昏迷，P 116次/分，R 26次/分，BP 50/30mmHg。立即查血常规、血型，紧急配血，给予双通道静脉输入平衡盐、代血浆，静脉滴注止血药物等处理。

X线检查：左侧肩胛骨、肱骨头粉碎性骨折，左侧髂骨翼、髋臼及股骨粗隆间粉碎性骨折。

床旁B超检查：腹腔内无实质脏器破裂。

颅脑CT检查：未发现颅内血肿及脑挫裂伤。

问题与思考：

该患者护理评估内容有哪些？

表4-1 休克患者的身体评估要点和程度

分期	休克代偿期		休克抑制期
程度	轻度	中度	重度
神志	神志清楚，伴有痛苦表情，精神紧张	神志尚清楚，表情淡漠	意识模糊，神志不清，昏迷
口渴	明显	很明显	非常明显，可能无主诉
皮肤黏膜色泽温度	开始苍白 正常，发凉	苍白 发冷	显著苍白，肢端青紫 厥冷（肢端更明显）
脉搏	100次/分以下，尚有力	100～120次/分	速而细弱或摸不清
血压	收缩压正常或稍高，舒张压增高，脉压缩小	收缩压为70～90mmHg，脉压小	收缩压<70mmHg或测不到
周围循环	正常	表浅静脉塌陷，毛细血管充盈迟缓	毛细血管充盈更迟缓，表浅静脉塌陷
尿量	正常	尿少	尿少或无尿
估计失血量	<20%（<800ml）	20%～40%（800～1600ml）	>40%（>1600ml）

（二）辅助检查

1. 实验室检查

（1）血、尿和便常规：失血时红细胞计数、血红蛋白值降低；感染时可有白细胞计数和中性粒细胞比例增高。尿比重增高常表明血液浓缩或容量不足，消化系统出血时粪便隐血试验阳性或呈黑便。

（2）血生化检查：如肝功能检查、肾功能检查、动脉血乳酸盐、血糖、血电解质等检查。

（3）凝血功能检查：包括血小板、出凝血时间、凝血酶原时间、凝血因子Ⅰ及其他凝血因子检查。

(4) 动脉血气分析：休克时，因缺氧和无氧代谢，可出现 pH 和 PaO_2 降低，而 $PaCO_2$ 明显升高。若 $PaCO_2$ 超过 45～50mmHg（5.9～6.6kPa）而通气良好，提示严重肺功能不全。$PaCO_2$ 高于 60mmHg（8kPa）、吸入纯氧后仍无改善，提示有急性呼吸窘迫综合征。

(5) 动脉血乳酸盐测定：正常值为 1.0～1.5mmol/L。休克时间越长，血流灌注障碍越严重，动脉血乳酸盐浓度也越高，提示病情严重，预后不良。

(6) 血浆电解质测定：测定血钾、钠、氯等可了解体液代谢或酸碱平衡失调的程度。

(7) 胃肠黏膜内 pH（pHi）监测：正常值为 7.35～7.45。可反映胃肠灌注和供氧情况，发现有无隐匿性休克。

2. 影像学检查　创伤患者应视受伤部位做相应部位的影像学检查以排除骨骼、内脏或颅脑的损伤。B 超检查有助于发现部分患者的感染灶和引起感染的原因。

3. 血流动力学监测

(1) 中心静脉压（central venous pressure, CVP）：正常值为 5～12cmH$_2$O（0.49～1.18kPa）。CVP 低于 5cmH$_2$O（0.49kPa）表示血容量不足，高于 15cmH$_2$O（1.47kPa）表示有心功能不全、静脉血管床过度收缩或肺循环阻力增加，高于 20cmH$_2$O（1.96kPa）提示充血性心力衰竭。

(2) 肺毛细血管楔压（pulmonary capillary wedge pressure, PCWP）：正常值为 6～15mmHg（0.8～2.0kPa）。小于 6mmHg 反映血容量不足，增高提示肺循环阻力增加，大于 30mmHg（4.0kPa）提示有肺水肿。

(3) 心排血量（cardiac output, CO）和心脏指数（cardiac index, CI）：对心源性休克十分重要。成人 CO 正常值为 4～6L/min。CI 正常值为 2.5～3.5L/(min·m^2)。休克时，CO 多见降低，但有些感染性休克时可见增高。

4. 后穹隆穿刺　育龄妇女，有月经过期史时应做后穹隆穿刺，如抽到不凝血液疑为异位妊娠破裂出血。

（三）与疾病相关的健康史

1. 有无危及生命的紧急情况　患者气道是否通畅、是否有呼吸、是否有体表可见大量出血、是否有脉搏等。

2. 患者发病情况　患者有无腹痛和发热，有无外伤及烧伤史，有无大量失血和失液，有无严重呕吐和腹泻。

3. 患者受伤或发病后的救治情况。

（四）心理社会状况

休克患者起病急，病情进展快，并发症多，加之抢救过程中使用的监护仪器较多，易使患者和家属产生病情危重及面临死亡的感受，出现不同程度的紧张、焦虑或恐惧。护士应注意评估患者及家属的情绪变化、心理承受能力及对治疗和预后的了解程度，并了解引起其不良情绪反应的原因。

（五）治疗原则

尽早去除病因，迅速恢复有效循环血量，纠正微循环障碍，恢复组织灌注，增强心肌功能，恢复正常代谢和防止多器官功能障碍综合征。

1. 急救

(1) 快速判断患者有无危及生命的紧急情况，如有应迅速解除，必要时可使用抗休克裤。

(2) 立刻安置患者于平卧位（非心源性休克可给予休克体位），血压稳定前禁止搬运患者。

(3) 开放气道并保持通畅，松开患者领口，保持患者头仰伸，必要时气管插管。给予大流量吸氧，保持血氧饱和度在 95% 以上。

(4) 立刻建立静脉通路（在较大静脉建立），紧急配血、备血，给予镇静。

(5) 根据病因给予相应治疗：如创伤性休克给予止痛、包扎、固定，感染性休克控制感

染等。

2. 初步容量复苏

（1）补充血容量：是治疗休克最基本和首要的措施，应及时、快速、足量补充，对血流动力学不稳定者双通路输液，并根据监测情况调整输液量和输液速度，避免大量输入低温液体。晶体/胶体比例一般为3∶1，常用晶体液有平衡盐溶液或生理盐水，胶体液有低分子量右旋糖酐、全血或血浆等。近年来也有用3%～7.5%的高渗盐溶液进行复苏治疗，尤其对于有颅脑损伤患者，可减轻组织细胞肿胀并扩容。

（2）应用血管活性药物辅助扩容治疗：血管活性药物主要包括血管收缩剂、扩张剂及强心药物3类。临床常用的血管收缩剂有多巴胺、去甲肾上腺素和间羟胺等，主要用于严重低血压时。常用的血管扩张剂有酚妥拉明、酚苄明、阿托品、山莨菪碱等，必须在血容量已基本补足而患者发绀、四肢厥冷、毛细血管充盈不良等循环障碍未见好转时才考虑使用。如血容量补足，而动脉压仍低、CVP高时，可给予强心药物以增强心肌收缩力、减慢心率、增加心排血量，常用药物有多巴胺、多巴酚丁胺和毛花苷丙（西地兰）等。

（3）纠正酸碱平衡失调：处理酸中毒的根本措施是快速补充血容量，改善组织灌注，适时和适量地给予碱性药物。轻度酸中毒患者，随扩容治疗时输入平衡盐溶液所带入的一定量的碱性物质，以及组织灌流的改善，无需应用碱性药物即可得到缓解。对酸中毒明显、经扩容治疗不能纠正者，需应用碱性药物，如5%碳酸氢钠溶液纠正。

（4）改善微循环：休克发展到弥散性血管内凝血阶段，早、中期（凝血阶段）需应用肝素抗凝治疗。弥散性血管内凝血晚期（纤溶亢进阶段），可使用抗纤溶药，如氨甲苯酸、氨基己酸、抗血小板黏附和聚集的阿司匹林、双嘧达莫（潘生丁）和低分子量右旋糖酐等。

3. 其他　尽快恢复有效循环血量后，及时处理原发病变。病情危重者，应边救治、边检查、边诊断。控制感染，处理原发感染灶和应用抗生素。对于严重休克及感染性休克的患者可使用皮质类固醇治疗。纠正水、电解质、酸碱平衡紊乱，防治并发症及MODS。

休克的进一步治疗

休克的治疗过程，既有缺血性损伤，也有再灌注损伤；既可以导致免疫功能抑制，也可以促发炎症介质释放；既可以出现凝血物质稀释和缺乏，也可以促使凝血系统活化进而导致血液高凝。进一步救治中需要加强气道管理、稳定血流动力学状态，纠正不同类型心律失常，消除感染源，保持内环境稳定，纠正弥散性血管内凝血，根据情况使用血液制品，预防深静脉血栓、应激性溃疡等并发症。

【主要护理诊断/合作性问题】

1. 体液不足　与大量失血、失液有关。
2. 体温异常　与感染、组织灌注不足有关。
3. 气体交换受损　与微循环障碍、缺氧和呼吸型态改变有关。
4. 有感染的危险　与免疫力降低、抵抗力下降、侵入性治疗有关。
5. 有受伤的危险　与微循环障碍、烦躁不安、意识不清、疲乏无力等有关。

案例 4-1B

该患者明确诊断为多发性骨折伴休克，经扩容治疗后，神志未清醒，测血压 70/50mmHg，中心静脉压为 5cmH₂O。

问题与思考：
1. 该患者进一步的护理重点是什么？
2. 应如何监测患者病情变化？

【护理措施】

（一）监测病情

休克患者病情危重、变化快，应每 15～30min 监测血压、脉率、呼吸 1 次。一般患者收缩压＜90mmHg、脉压＜20mmHg 可判断发生休克。可用休克指数 [脉率/收缩压（mmHg）] 判定有无休克及休克程度，休克指数为 0.5 多提示无休克，1.0～1.5 提示有休克，＞2.0 提示严重休克。注意尿量、颜色、比重、pH，每小时记录 1 次尿量，如每小时在 15ml 以下或无尿，应及时报告医生处理。注意观察意识状态、末梢循环（皮肤温湿度、冷热情况、皮肤黏膜颜色、是否潮湿、甲床颜色、毛细血管充盈情况）、颈静脉和周围静脉充盈情况、CVP 等。提示患者休克好转的指标包括：神志清楚、安静、四肢温暖、末梢循环良好，尿量 40～50ml/h，脉搏有力、＜110 次/分，收缩压＞90mmHg，脉压＞20mmHg，呼吸均匀、20 次/分，PaO_2 ＞ 10.66 kPa，血细胞比容＞35%，血浆电解质和酸碱平衡基本正常。

（二）维持体液平衡

迅速建立 2 条以上静脉输液通道，大量快速补液（除心源性休克外）。休克患者一般先快速输入晶体液，后输胶体液，以减少晶体液渗入血管外第三间隙。一般失血性休克首选输注全血，烧伤导致的休克首选血浆。严重休克患者常有心肌、肾等损害，因此要根据心肺功能、失血失液量、血压及 CVP 调整输液量和速度（表 4-2）。尤其在抢救过程中，应有专人准确记录输入液体的种类、数量、时间、速度等，并详细记录 24h 出入量以作为后续治疗的依据。

表 4-2　中心静脉压与补液的关系

CVP	BP	原因	处理原则
低	低	血容量严重不足	充分补液
低	正常	血容量不足	适当补液
高	低	心功能不全/血容量相对过多	强心、纠正酸中毒、舒张血管
高	正常	容量血管过度收缩	舒张血管
正常	低	血容量不足/心功能不全	补液试验*

*补液试验：取等渗盐水 250ml，于 5～10min 内经静脉注入。如血压升高而 CVP 不变，提示血容量不足；如血压不变而 CVP 升高 3～5cmH₂O，提示心功能不全

（三）改善组织灌注

1. **取休克体位**　置患者于仰卧中凹位，头和躯干抬高 20°～30°，下肢抬高 15°～20°，以利膈肌下移促进肺扩张，并可增加回心血量，改善重要内脏器官的血供。

2. **使用抗休克裤**　使用抗休克裤时，先加压下肢后加压腹部，先加压一侧肢体后双侧，先给予低压后高压。使用过程中，严密观察患者的生命体征，监测抗休克裤压力变化，注意观

察患者足部颜色变化和动脉搏动。休克纠正后，应由腹部开始缓慢放气，同时严密观察血压、脉搏及病情变化，并增快输液速度。

3. 遵医嘱使用血管活性药物　使用血管活性药物时应从低浓度、慢速度开始，并用心电监护仪每 5～10min 测 1 次血压，血压平稳后每 15～30min 测 1 次。若发现注射部位红肿、疼痛，应立即更换滴注部位，并给予封闭疗法，以免发生皮下组织坏死。

4. 维持正常体温　每 4h 测 1 次体温，一般室内温度以 20℃ 左右为宜。注意采用加盖棉被、毛毯和调节病室内温度等措施进行保暖，切忌用热水袋、电热毯等方法提升患者体表温度。失血性休克患者输入低温保存的库存血前应注意将库存血置于常温下复温后再输入。

（四）维持有效的气体交换

1. 密切观察病情　观察患者的呼吸频率、节律、深浅度及面唇色泽变化，动态监测动脉血气，了解缺氧程度及呼吸功能。若发现患者呼吸频率＞30 次 / 分或＜8 次 / 分，提示病情危重。若患者出现进行性呼吸困难、发绀、氧分压＜8kPa，吸氧后无改善，则提示已出现呼吸衰竭或 ARDS，应立即报告医师，积极做好抢救准备和协助抢救。

2. 维持呼吸道通畅，避免误吸和窒息　对于神志不清的患者，应将其头偏向一侧或置入通气管，以防舌后坠或呕吐物、气道分泌物等误吸引起窒息。及时清除呼吸道分泌物和呕吐物等，以防误吸而导致肺部感染。在病情允许的情况下，鼓励患者定时做深呼吸，协助拍背并鼓励其有效咳嗽、排痰。对气管插管或气管切开者应及时吸痰，定时观察患者的呼吸音变化。

3. 改善缺氧状况　经鼻导管给氧，氧浓度为 40%～50%，氧流量为 6～8L/min。严重呼吸困难者，应协助医生行气管插管或气管切开，尽早使用呼吸机辅助呼吸。

（五）观察和防治感染

1. 严格按照无菌技术原则执行各项护理操作。

2. 遵医嘱合理应用抗菌药。

3. 对于意识障碍患者，应使其头偏向一侧，及时清除呼吸道分泌物和呕吐物等，以防误吸。鼓励患者定时深呼吸，定时翻身、拍背，并协助患者咳嗽、咳痰，必要时进行雾化吸入，以利于痰液稀释和排出。

4. 加强口腔护理和留置尿管的护理，预防感染。

5. 有创面或伤口者，注意观察，及时清洁和更换敷料，保持创面或伤口清洁干燥。

（六）预防意外损伤

保持床单清洁、平整、干燥。病情许可时，每 2h 为患者翻身、拍背 1 次，按摩受压部位的皮肤，预防压疮的发生。对于烦躁或神志不清的患者，应加床旁护栏以防坠床。输液肢体宜用夹板固定。必要时，以约束带固定四肢于床旁，避免患者将输液管道或引流管等拔出。

（七）健康教育

1. 继续原发疾病治疗或康复，加强对原发病的观察，定期复查。

2. 加强对引起休克疾病的预防，避免各种意外伤害的发生，学会受伤后的紧急救助方法。

1. 病因　各种导致有效循环血量锐减、组织血液灌流不足的因素均可引起休克，外科最常见原因是低血容量性休克和感染性休克。

2. 临床表现　根据病情的发展分为休克代偿期和抑制期，可以通过一看（神志、表情、口渴情况、皮肤黏膜色泽、毛细血管充盈时间）、二摸（四肢浅静脉、脉

搏、肢端温度)、三测(动脉收缩压、脉压)、四量(尿量)来监测休克的临床表现,还可通过CVP、心排血量、动脉血气分析、动脉血乳酸盐含量等监测休克进展。

3. 治疗原则　除休克外,应注意患者有无其他危及生命的情况需进行紧急救治,治疗中应尽早去除病因,迅速恢复有效循环血量,纠正微循环障碍,恢复组织灌注,增强心肌功能,防止脏器功能损伤。

4. 护理　注意监测患者的血压、脉搏、微循环情况及血流动力学情况,尤其注意要迅速补充血容量,维持体液平衡。

自测题

一、选择题

1. 脾破裂容易引起的休克类型是
   A. 心源性休克
   B. 低血容量性休克
   C. 感染性休克
   D. 神经源性休克
   E. 过敏性休克

2. 成年休克患者经治疗后尿量稳定在50ml/h以上,提示
   A. 休克好转
   B. 血容量仍不足
   C. 肾血液灌流量不足
   D. 肾血管收缩仍存在
   E. 已发生急性肾衰竭

3. 女性,36岁,肝硬化,突发大量呕血约1000ml,患者表情淡漠、面色苍白,皮肤湿冷,BP 80/60mmHg,P 110次/分,其表现属于
   A. 虚脱
   B. 晕厥
   C. 休克代偿期,轻度休克
   D. 休克抑制期,中度休克
   E. 休克抑制期,重度休克

4. 某患者,33岁,失血性休克。测CVP 4.8cmH$_2$O,BP 90/55mmHg,应采取的措施是
   A. 减慢输液速度
   B. 加快输液速度
   C. 应用去甲肾上腺素
   D. 应用强心药物
   E. 静脉滴注多巴胺

5. 引起休克患者死亡的主要因素是
   A. 严重感染
   B. 多系统器官衰竭
   C. 严重营养不良
   D. 水、电解质失衡
   E. 酸碱平衡紊乱

6. 对休克患者的护理措施**错误**的是
   A. 仰卧中凹位
   B. 常规吸氧
   C. 给热水袋保暖
   D. 观察每小时尿量
   E. 每10～15min测血压、脉搏1次

二、案例题

女性,47岁,因右上腹剧痛伴寒战、高热2天,皮肤黄染1天入院。患者2天前无明显诱因突发右上腹持续性绞痛、阵发性加剧,并向右肩部放射,伴恶心、呕吐,发病3h后,感畏寒、高热,体温达40℃。次日皮肤发黄,食欲减退,便秘,尿少,色深。体检:T 39.6℃,P 96次/分,律齐,R 22次/分,BP 85/60mmHg。患者神志清楚、精神萎靡,紧张不安,皮肤、巩膜黄染。右上腹有压痛、反跳痛,无腹肌紧张,肠鸣音减弱,移动性浊音(-)。辅助检查:

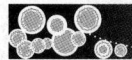

血常规：WBC 19.6×10^9/L，N 0.83，RBC 3.0×10^{12}/L。B 超：胆囊多发结石，诊断为胆囊结石、急性梗阻性化脓性胆管炎。

请问：

（1）该患者的休克类型和目前休克分期分别是什么？

（2）现在的治疗原则是什么？

（3）治疗期间的观察要点有哪些？

（朱宁宁）

第五章 麻醉患者的护理

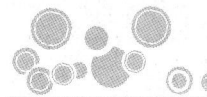 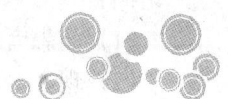

学习目标

通过本章内容的学习，学生应能：
◆ 识记
1. 复述局部麻醉、蛛网膜下腔阻滞、硬脊膜外阻滞、全身麻醉的概念。
2. 列举麻醉前常用药物及其目的。
3. 复述各种麻醉主要并发症的预防和处理措施。
◆ 理解
1. 比较不同麻醉方式的特点。
2. 解释局部麻醉、蛛网膜下腔阻滞、硬脊膜外阻滞、全身麻醉主要并发症的原因。
◆ 运用
评估麻醉患者并为其制订护理计划。

麻醉（anesthesia）是指用药物或其他方法，使患者的整个机体或机体的一部分暂时失去感觉，以达到手术时无痛的目的。麻醉学是研究消除患者手术疼痛，保证患者安全，创造良好手术条件的一门科学。随着外科手术及麻醉学的发展，麻醉的意义已远远超出单纯解决手术止痛的目的，已扩展到镇静镇痛、重症监测和急救复苏等领域。根据麻醉作用部位和所用药物的不同，临床麻醉分为局部麻醉、椎管内麻醉、全身麻醉和复合麻醉等类型。

男性，60岁，因咳嗽、痰中带血丝于当地医院就诊。患者自述咳嗽、咳痰，晨起痰多，黄绿色，有慢性支气管炎病史5年，否认结核病史，吸烟史40年，1～2包/日。胸部CT示右肺上叶后段周围型结节，直径4cm，局部侵犯壁胸膜。明确诊断为右肺癌，拟在全身麻醉下行右肺上叶肺癌根治术。

问题与思考：
该患者麻醉前护理评估的内容有哪些？

【护理评估】
（一）临床表现

评估患者生理状态，包括有无心脏、呼吸、肝、肾等重要脏器系统功能异常的表现，有无脊柱和神经系统异常表现，有无水电解质和酸碱失衡、贫血、营养不良等相应表现。目前临床常用美国麻醉医师协会（American Society of Anesthesiologists，ASA）的病情分级方法判断患者对麻醉和手术的耐受力（表5-1）。

表5-1 ASA病情分级

分级*	健康状况	对麻醉及手术的耐受力
Ⅰ	正常健康	耐受性良好
Ⅱ	有轻度系统性疾病（包括>70岁者或新生儿）	耐受性良好
Ⅲ	有严重系统性疾病，体力活动受限	耐受力减弱，须充分术前准备
Ⅳ	有严重系统性疾病，且经常面临威胁生命的危险	即使充分术前准备，风险性也很大
Ⅴ	不论手术与否，生命难以维持24h的濒死患者	非常危险，不宜行择期手术

*急症病例在每级数字前标"急"或"E"字，表示风险较择期手术高

（二）辅助检查

辅助检查包括血、尿、便常规，出凝血时间，血清电解质，肝肾功能，血糖，胸部X线检查，心电图检查等。

（三）与疾病相关的健康史

了解患者病史记录，有无心、肝、肾等重要器官系统病史、手术麻醉史、麻醉药物过敏史，药物治疗情况、平时体力活动能力和目前的变化，了解患者是否吸烟，麻醉前是否进食，腰背部皮肤有无感染病灶等。

（四）心理社会状况

手术本身是一种有创治疗方法，而麻醉对绝大多数患者来讲更是陌生，因此患者在麻醉前会产生紧张、焦虑甚至恐惧的心理。还有的患者由于缺乏相关知识而对麻醉有所误解，认为麻醉会对人体产生负面影响，因此不愿配合麻醉。这些心理状态会影响患者的生理功能，不利于患者顺利度过围术期。

（五）麻醉方法

根据麻醉作用部位和所用药物的不同，临床麻醉分类如下。

1. 局部麻醉 指将局麻药应用于身体局部，使身体某一部位的感觉神经传导功能暂时阻断，运动神经传导保持完好或有不同程度阻滞，患者局部无痛而神志清醒。

（1）常用药物：可分为两类，包括酯类局麻药，如普鲁卡因、丁卡因等；酰胺类局麻药，如利多卡因、布比卡因、罗哌卡因等。

（2）麻醉方法

1）表面麻醉：将穿透性能强的局麻药直接与黏膜接触，可穿透黏膜，阻滞其内的神经末梢而产生局部麻醉作用，称为表面麻醉。通常根据手术部位不同，选择不同的给药方法：如眼部手术用滴入法，鼻部手术用涂敷法，咽喉、气管手术用喷雾法，尿道手术用注入法。临床常用药物为1%~2%丁卡因或2%~4%利多卡因。

2）局部浸润麻醉：将局麻药沿手术切口分层注入手术区域的组织内，阻滞其内的神经末梢而达到麻醉作用的方法，称为局部浸润麻醉。常用局麻药为0.5%普鲁卡因或0.25%~0.5%利多卡因。

3）区域阻滞：将局麻药注射于手术部位的周围和基底部，使手术野的神经干及神经末梢受到阻滞，以达到完善麻醉作用的方法，称为区域阻滞。适用于肿块切除，如乳房良性肿瘤的切除术、头皮手术等。采用的局麻药和基本操作要点与局部浸润麻醉相同，但注药部位不是在手术切口，而是围绕被切除组织（如体表肿物）做包围性浸润。

4）神经阻滞：将局麻药注射于神经干、丛、节的周围，阻滞其冲动传导，使受该神经支配的区域产生麻醉作用，称为神经阻滞。主要适用于甲状腺手术、气管切开术等。

（3）并发症：常见并发症为局麻药毒性反应和过敏反应。

2. 椎管内麻醉 是将局麻药物注入椎管内的某一腔隙,使部分脊神经的传导功能发生可逆性阻滞的麻醉方法。椎管内麻醉理论上也属于局部麻醉,但因在临床应用及理论基础方面都有其特点,现已成为一种独立的麻醉方法。椎管内麻醉包括蛛网膜下腔阻滞、硬脊膜外阻滞(含骶管阻滞)。

(1) 蛛网膜下腔阻滞:将局麻药注入蛛网膜下腔内,使一部分脊髓、脊神经根等产生可逆性阻滞作用,称为蛛网膜下腔阻滞。因穿刺部位都在腰椎间隙,故简称腰麻。适用于持续 2~3h 以内的下腹部、盆腔、肛门会阴部和下肢手术,如疝修补术、膀胱及前列腺手术、半月板摘除术等。

1) 常用药物:有丁卡因、普鲁卡因、利多卡因等。

2) 麻醉方法:患者一般采用侧卧位,后背与手术台边缘靠齐,以便操作。尽量把腰部向后弯曲,患者双臂抱膝,头向前屈,臀部及双肩应保持与手术台面垂直,这样的位置使棘突间隙开大,以利于穿刺。鞍区麻醉大多采用坐位。成人穿刺部位一般取 $L_{3~4}$ 间隙,即以两髂嵴最高点连线与脊柱交叉处为穿刺点,该处蛛网膜下腔最宽,且脊髓于此已形成终丝,无损伤脊髓之顾虑,小儿脊髓中止在 L_3,故选点最好在 $L_{3~4}$ 间隙以下为妥。穿刺前,患者皮肤需用 0.2% 安尔碘消毒,范围上至肩胛下角,下至 S_2,两侧至腋后线。

3) 并发症:术中并发症主要有血压下降及心律缓慢、呼吸抑制、恶心呕吐等,术后并发症主要有头痛、尿潴留等。

(2) 硬脊膜外阻滞:将局麻药注入椎管内硬脊膜外间隙,阻滞脊神经传导功能,使其所支配区域的感觉和(或)运动功能丧失的麻醉方法,又称为硬脊膜外阻滞。目前多采用连续硬脊膜外阻滞法。从颈部至胸腹部以及四肢手术均可采用此麻醉法。

1) 常用药物:需要毒性作用小、奏效快、弥散性强、穿透性好的麻醉药。常用药物有利多卡因、丁卡因和布比卡因。

2) 麻醉方法:体位、穿刺点选择和消毒范围要求与蛛网膜下腔阻滞相同。

3) 并发症:除蛛网膜下腔阻滞的并发症外,硬脊膜外阻滞还可能有全脊椎麻醉、硬膜外血肿等并发症。

3. 全身麻醉 是麻醉药物作用于中枢神经系统并抑制其功能,以使患者神志消失,周身痛感消失,肌肉松弛和反射抑制的麻醉方法。根据给药途径的不同,分为吸入麻醉、静脉麻醉和静吸复合麻醉。

(1) 常用药物:①吸入麻醉药,包括氧化亚氮、恩氟烷、异氟烷、七氟烷等;②静脉麻醉药,包括硫喷妥钠、氯胺酮、依托咪酯、咪达唑仑等;③肌松药,包括琥珀胆碱、泮库溴铵、维库溴铵等;④麻醉性镇痛药,包括吗啡、哌替啶、芬太尼等。

(2) 麻醉方法

1) 吸入麻醉:先采用开放滴注诱导法或面罩吸入诱导法进行麻醉诱导,然后经呼吸道吸入一定浓度的麻醉药,以维持适当的麻醉深度。其特点为麻醉深浅易于控制,用药比较单纯,药物大都从呼吸道排出,药物消除与肝、肾功能关系不大,麻醉效应与药物剂量相关性好,手术应激减弱,肌肉松弛,术后呼吸抑制危险性小。缺点是所需设备比较昂贵,如无排污措施可造成手术环境污染。

2) 静脉麻醉:在完成麻醉诱导后,采用单次、分次或连续注入的方法,经静脉给药以维持麻醉深度和达到稳定的麻醉状态。其特点是注药方便,诱导迅速,患者舒适,对呼吸道无刺激性,肺部并发症少,药物无燃爆特性,给药合理时苏醒也较快。缺点是有些药物镇痛作用不强,肌肉松弛作用也较差,控制麻醉深度难度较大。

3) 静吸复合麻醉:是目前常用的麻醉方法。这是将静脉麻醉药和吸入麻醉药合用,以产生并维持全身麻醉的方法。

(3)并发症:主要有反流与误吸、呼吸道梗阻、通气量不足、低氧血症、低血压、高血压、心律失常、高热、抽搐和惊厥等。

椎管内麻醉的解剖基础

脊柱由脊椎重叠而成,脊椎由位于前方的椎体和后方的椎弓所组成,中间为椎孔,所有上下椎孔连接在一起即成椎管。正常脊柱有4个生理弯曲,即颈、胸、腰和骶尾弯曲。患者仰卧时,C_3和L_3所处位置最高,T_5和S_4最低,这对蛛网膜下腔阻滞时药液的分布有重要影响。

连接椎弓的韧带与椎管内麻醉关系密切。从外至内分别是棘上韧带、棘间韧带和黄韧带。作椎管内麻醉时,穿刺针经过皮肤、皮下组织、棘上韧带、棘间韧带和黄韧带,即进入硬脊膜外腔。如再刺过硬脊膜和蛛网膜,即达蛛网膜下隙(腔)。

脊髓的被膜从内至外为软膜、蛛网膜和硬脊膜,这三层被膜均沿脊神经根向两侧延伸,包裹脊神经根。软膜和蛛网膜之间的腔隙称蛛网膜下腔,内有脑脊液。硬脊膜与椎管内壁的腔隙称硬脊膜外隙,内有脂肪、疏松结缔组织、血管和淋巴管。

该患者在全身麻醉下行右肺上叶肺癌根治术,术中顺利,安返病房。

问题与思考:
1. 该患者此时应采取何种体位?
2. 为何采取这种体位?

【主要护理诊断/合作性问题】

1. 焦虑/恐惧 与对手术室环境陌生、担心麻醉安全性等有关。

2. 潜在并发症:局麻药毒性反应、过敏反应、血压下降及心率缓慢、呼吸抑制、恶心呕吐、全脊椎麻醉、反流与误吸、呼吸道梗阻、通气量不足、低氧血症、血压异常、心律失常、高热惊厥、腰麻后头痛、尿潴留、硬膜外血肿等。

3. 有受伤的危险 与患者麻醉后未完全清醒或感觉未完全恢复有关。

【护理措施】

(一)麻醉前护理

1. 心理准备 麻醉前应向患者介绍麻醉的重要意义、麻醉方式、麻醉中和麻醉后可能面临的问题、护理措施及配合方法等,解答患者问题,缓解其紧张焦虑的心情。应鼓励患者与家属表达他们对手术治疗的担心及疑虑,以便给患者必要的心理支持及安抚,消除不良情绪,取得患者及家属的密切配合。

2. 纠正或改善病理生理状态 积极配合治疗原发病,治疗贫血和营养不良,纠正水、电解质和酸碱平衡紊乱,抗休克,改善重要脏器功能等。

3. 限制进食进水 为避免胃内容物反流、呕吐或误吸而引起的窒息或吸入性肺炎,一般要求成人择期手术术前常规禁食8~12h，禁水4h。但术前长时间禁食禁水并非必需，而且会导致患者出现焦虑、头痛、缺水、低血容量和低血糖等反应，不利于患者对手术的耐受和术后康复。因此，美国麻醉医师协会在1999年修订的术前禁食指南中指出，任何年龄患者在择期手术前8h可进固体食物；术前6h可进食易消化食物，如面包和牛奶；术前2h可以进食不含乙醇但含少许糖的透明液体，如清水、茶、咖啡、果汁等。婴儿吃配方奶或非母乳者禁食6h，母乳喂养者禁食4h。

4. 麻醉前给药

（1）目的：①使患者在麻醉前情绪稳定，充分配合麻醉，同时也可增强全身麻醉药的效果，减少全身麻醉药用量和局麻药毒副作用。②提高患者的痛阈，缓解原发疾病或麻醉前有创操作引起的疼痛。③抑制呼吸道腺体的分泌功能，减少唾液分泌，以防误吸。④消除因手术或麻醉产生的不良反射，特别是迷走神经反射，以维持血流动力学的稳定。

（2）常用药物及用药方法：根据麻醉方法和病情来选择用药的种类、用量、途径和时间。一般在麻醉前30~60min肌内注射麻醉前用药。精神紧张者术前晚口服镇静药或催眠药，以消除患者的紧张情绪。

1）镇静药：具有镇静、催眠、抗焦虑和抗惊厥作用。常用药物如地西泮，成人2.5~5mg口服。

2）催眠药：具有镇静、催眠和抗惊厥作用。常用药物如苯巴比妥，肌内注射，0.1~0.2g。

3）镇痛药：有镇静和镇痛作用，与全身麻醉药有协同作用，可以减少麻醉药用量。常用药物如吗啡肌内注射0.1mg/kg、哌替啶肌内注射1mg/kg。

4）抗胆碱能药：能阻断M胆碱受体，减少呼吸道和口腔分泌物，解除平滑肌痉挛和迷走神经兴奋对心脏的抑制作用。常用药物如阿托品肌内注射0.01~0.02mg/kg、东莨菪碱肌内注射0.2~0.6mg。

（二）麻醉期间护理

1. 病情观察　严密监测病情变化，评估生命体征、手术进展、麻醉效果、出入量等。

2. 局部麻醉并发症的预防和护理

（1）局麻药毒性反应：局麻药吸收入血液后，当血药浓度超过一定阈值时，就会发生局麻药的全身毒性反应，严重者可致死。

1）常见原因：①一次用药超过最大安全剂量；②局麻药误注入血管内；③注射部位血管丰富，使局麻药吸收加速；④患者体质衰弱，病情严重，对局麻药耐受性差，或者有严重功能障碍。

2）临床表现：①中枢神经系统，早期有精神症状，如眩晕、多语、烦躁不安或嗜睡；中期常有恶心呕吐、头痛、视物模糊；晚期全身肌肉痉挛抽搐，严重者可发生昏迷。②循环系统，轻者出现面色潮红，血压升高，脉搏增快，严重时出现面色苍白，出冷汗，血压下降，脉搏细弱，甚至发生心力衰竭或心搏骤停。③呼吸系统，胸闷、气短、呼吸困难或呼吸抑制，惊厥时有发绀，严重者可以发生呼吸停止和窒息。

3）处理方法：①立即停止注入局麻药，吸氧，补液，待循环稳定后，静脉或肌内注射地西泮5~10mg，抽搐、惊厥者还可加用地西泮、异丙酚等，若效果欠佳，可行气管插管；②有呼吸抑制或停止、严重低血压、心律失常或心搏骤停者，应给予呼吸、循环支持，包括辅助呼吸、应用升压药、心肺复苏等。抢救治疗的同时，应避免患者因躁动而导致的摔伤等意外的发生。

4）预防措施：①小剂量分次注射，一次用药不超过限量，普鲁卡因成人一次限量为1g，丁卡因为40mg（表面麻醉）或80mg（神经阻滞），利多卡因为100mg（表面麻醉）或400mg（神经阻滞），布比卡因和罗哌卡因均为150mg。此限量还应根据具体患者、具体麻醉部位而调整。②注药前必须先回抽确定无血液，以防药物误注入血管内。③给予麻醉前用药，如地西泮或苯巴比妥类。④每100ml局麻药中加入0.1%肾上腺素0.1ml（总量不超过0.5ml），以减慢局麻药物的吸收和延长麻醉作用时间。但指（趾）神经阻滞、心脏病、高血压、甲状腺功能亢进的患者和老年人在局部麻醉时不宜加肾上腺素。

(2) 过敏反应：临床少见。以酯类局麻药过敏者较多，酰胺类极罕见。患者表现为在使用很少剂量局麻药后即出现荨麻疹、咽喉水肿、支气管痉挛、低血压等，严重者可危及生命。如发生过敏反应，应首先终止用药，保持呼吸道通畅并吸氧。维持循环稳定主要靠适当补充血容量，紧急时可适当选用血管加压药物，同时应用糖皮质激素和抗组胺药。由于在非变态反应人群中，用传统的局麻药皮试来预测过敏反应的假阳性率高达40%，因此不必常规进行皮试。麻醉前应询问患者是否有对酯类局麻药过敏史，若有过敏史则应选用酰胺类局麻药。

3. 蛛网膜下腔阻滞并发症的预防和护理

(1) 血压下降、心率缓慢：脊神经阻滞后血管舒张，回心血量减少，心排血量降低是引起血压下降的最常见原因。麻醉平面越广，血压下降越明显，故蛛网膜下腔阻滞后血压的监测极为重要。若麻醉平面超过T_4，迷走神经相对亢进，容易引起心动过缓。血压明显下降时可遵医嘱先快速静脉输液200～300ml，必要时可静推少量麻黄碱。在血压突然下降，而输液通路尚未建立时，可暂时将双下肢抬高，以增加回心血量。心动过缓者可静脉注射阿托品。

(2) 呼吸抑制：如麻醉平面过高，胸段脊神经阻滞，可引起肋间肌麻痹，表现为胸式呼吸微弱，腹式呼吸增强，呼吸抑制，严重时潮气量明显减少，不能发音，甚至发绀。当全部脊神经被阻滞，即发生全脊椎麻醉时，可导致呼吸、心搏骤停。此时应迅速吸氧，必要时气管内插管和人工呼吸。

(3) 恶心、呕吐：多因血压下降或呼吸抑制引起脑缺氧所致，也可因麻醉后肠蠕动增加、手术牵拉内脏或患者对术中辅助用药较敏感引起。为预防恶心、呕吐的发生，麻醉前可应用阿托品降低迷走神经张力，用缩血管药提升血压，吸氧，辅助呼吸，暂停腹腔内牵拉等。

4. 硬脊膜外阻滞并发症的预防和护理

(1) 全脊椎麻醉：是硬脊膜外阻滞最危险的并发症。系因穿刺针误入蛛网膜下腔，将大量局麻药误注入蛛网膜下腔而引起的全脊神经阻滞的现象。患者可在注药后数分钟内出现呼吸困难、血压下降、意识模糊或意识不清，继而呼吸停止，若处理不及时可迅速出现心搏骤停。其预防和护理措施包括：①穿刺时细致谨慎，置入导管后先回抽，应无脑脊液，再以试验剂量用药，确定未误入蛛网膜下腔后方能继续给药；②麻醉过程中密切观察患者的生命体征和意识改变，注意有无出现血压迅速下降、呼吸困难、意识不清甚至呼吸、心脏停搏等全脊椎麻醉表现；③一旦发生立即行面罩给氧或行气管插管人工通气，并积极配合医生行心肺脑复苏，同时加快输液速度，按医嘱给予升压药，维持循环功能。

(2) 局麻药毒性反应：由于硬脊膜外腔内有丰富的静脉丛，因此对药物吸收很快。在此基础上，若导管损伤血管、导管意外进入血管内或一次用药量超过限量，都可引起不同程度的毒性反应。其预防和处理方法同局部麻醉。

(3) 其他并发症：如血压下降、呼吸抑制、恶心呕吐等，参见蛛网膜下腔阻滞的并发症。

5. 全身麻醉并发症的预防和护理

(1) 反流与误吸：全身麻醉时，患者意识丧失、吞咽和咳嗽反射消失、贲门松弛，若胃内容物较多且未及时吸除，易发生反流、误吸，尤其以产科和小儿外科患者最多。无论误吸物为固体食物还是胃液，都可引起急性呼吸道梗阻。完全性呼吸道梗阻可立即导致窒息和缺氧，如不能及时解除梗阻，可危及患者的生命。误吸胃液可引起肺损伤、支气管痉挛和毛细血管通透性增加，导致肺水肿和肺不张。预防措施主要包括减少胃内容物的滞留，促进胃排空，降低胃液的pH，降低胃内压，加强对呼吸道的保护。

(2) 呼吸道梗阻

1）上呼吸道梗阻：指声门以上的呼吸道梗阻。常见原因为机械性梗阻，如舌后坠、口腔内分泌物增多、喉痉挛、喉头水肿等。部分梗阻时表现为呼吸困难、发绀和鼾声，完全梗阻时会有鼻翼扇动和三凹征。发生舌后坠时，应迅速托起患者下颌，放入口咽或鼻咽通气管，用吸痰管或支气管镜下吸痰，必要时气管切开，以保持呼吸道通畅。喉头水肿轻者可静脉注射皮质激素或雾化吸入肾上腺素，严重者应紧急行气管切开。喉头痉挛者有呼吸困难，吸气时有喉鸣音，应立即解除诱因，加压给氧，严重者可用粗针头经环甲膜刺入气管内加压给氧，多数可缓解。预防喉痉挛的方法是避免在浅麻醉时刺激喉头，并给予阿托品以预防喉头副交感神经张力增高。

2）下呼吸道梗阻：指声门以下的呼吸道梗阻。常见原因为气管导管扭曲、导管斜面过长而紧贴在气管壁上、分泌物或呕吐物误吸后堵塞气管及支气管。也可因支气管痉挛引起，多发生在有哮喘史或慢性支气管炎患者。梗阻不严重者除肺部听到啰音外，可无明显症状；梗阻严重者可出现呼吸困难、潮气量降低、气道阻力高、缺氧发绀、心率增快和血压降低，如处理不及时可危及患者生命。一旦发现，立即报告医师并协助处理。

（3）通气量不足：麻醉期间和全身麻醉后都可能发生通气不足，主要表现为CO_2潴留和低氧血症。颅脑手术的损伤、麻醉药、麻醉性镇痛药和镇静药的残余作用，是引起中枢性呼吸抑制的主要原因；术后肌松药的残余作用也可导致通气不足。应协助医师给予机械通气维持呼吸直至呼吸功能完全恢复，必要时遵医嘱给予拮抗药物。

（4）低氧血症：常见原因为麻醉机故障、氧气供应不足、气管内导管插入一侧支气管、呼吸道梗阻、N_2O吸入麻醉引起的弥散性缺氧、肺不张、误吸和肺水肿等。临床表现为呼吸急促、发绀、躁动不安、心动过速、心律失常、血压升高等。当患者吸空气时，SaO_2 < 90%，PaO_2 < 8kPa（60 mmHg），或吸纯氧时PaO_2 < 12kPa（90mmHg），应及时给氧，必要时行机械通气。

（5）低血压：麻醉药引起的血管扩张、术中器官牵拉所致的迷走神经反射、大血管破裂引起的大失血以及术中长时间血容量补充不足或不及时等均可引起低血压。临床表现主要为少尿或代谢性酸中毒，严重者可有器官灌注不足，如心肌缺血、中枢神经系统功能障碍等。当收缩压下降超过基础血压的30%或绝对值低于80mmHg时应及时配合医师处理，调整麻醉状态，遵医嘱快速输注晶体和胶体液，酌情输血，使用升压药等。

（6）高血压：常见原因包括①与并存疾病有关，如原发性高血压、嗜铬细胞瘤、颅内压增高等；②与手术、麻醉操作有关，如手术探查、气管插管等；③通气不足引起CO_2蓄积；④药物所致血压升高，如氯胺酮。术中应加强观察记录，当患者舒张压高于100mmHg或收缩压高于基础值的30%时，应及时配合医师对因、对症处理。

（7）心律失常：浅麻醉、低血容量、贫血、缺氧、手术牵拉内脏（如胆囊）等均可引起心律失常，应配合医师及时处理。严重病例可发生心搏停止，应立即施行心肺脑复苏。

（8）高热、抽搐和惊厥：由于婴幼儿的体温调节中枢尚未发育完善，体温极易受环境温度影响，因此以小儿多见。若不及时处理高热，可引起抽搐甚至惊厥。一旦发生体温升高，应及时物理降温，特别要注意头部降温，以防发生脑水肿。

（三）麻醉后护理

1. 局部麻醉后护理　局麻药对机体的影响较小，故局麻后一般无需特殊处理，若术中用药剂量较大，手术时间较长，应嘱患者在术后休息片刻，经观察无异常后方能离院。

2. 椎管内麻醉后护理

（1）病情观察：麻醉后监测患者生命体征，记录引流液的颜色、性状和量，并评估身体状况，如阻滞部位的感觉、运动和反射功能，以便及时发现感染、神经损伤、血肿等并发症。

（2）吸氧：手术较大者麻醉后常规吸氧。

(3) 体位：蛛网膜下腔阻滞后为预防头痛发生，常规去枕平卧 6～8h。硬脊膜外阻滞后不会引起头痛，但因交感神经阻滞后血压多受影响，因此垫枕平卧 4～6h。

(4) 并发症预防和护理

1) 腰麻后头痛：多发生在麻醉作用消失后 2～7 天，发生率为 3%～30%。因脑脊液自穿刺点外漏至硬脊膜外腔，使脑脊液压力降低和颅内血管扩张引起血管性头痛。穿刺针较粗或反复穿刺者容易发生。头痛特点是抬头或坐起时头痛加重，平卧后减轻或消失。约一半患者的症状会在 4 天内消失，一般不超过 1 周。轻度头痛者应卧床休息，可服用镇痛或镇静类药物，也可采用针灸或用腹带捆紧腹部。头痛严重时可向硬脊膜外腔内注入生理盐水，或 5% 葡萄糖溶液，或右旋糖酐 15～30ml，疗效较好。预防方法是用细针穿刺，避免反复多次穿刺，围术期输入足量液体并防止脱水。

2) 尿潴留：较常见。常由于肛门或会阴部手术后疼痛、支配膀胱的骶神经恢复较慢、不习惯卧位排尿等原因引起。可采用下腹热敷、针灸、肌内注射副交感神经兴奋药卡巴胆碱等治疗。如尿潴留时间过长，则需保留导尿管，再配合针灸治疗，一般 1 周即可恢复。

3) 硬膜外血肿：硬膜外麻醉后若出现麻醉作用持续不退，或消退后再次出现肌肉无力、截瘫等，都是血肿形成压迫脊髓的征兆。一旦发现应及时报告医师，争取在血肿形成后 8h 内手术清除血肿，若超过 24h 则很难恢复。有凝血功能障碍或正在服用抗凝药物者禁用硬脊膜外阻滞。

3. 全身麻醉后护理

(1) 病情观察：麻醉恢复期应常规监测心电图、血压、呼吸和 SaO_2，每 15～30min 记录 1 次，至生命体征平稳可改为 1～2h 记录 1 次或遵医嘱。至少应测定 1 次体温，如有异常应持续监测。如果患者并存肺部疾病，接受了开胸手术或上腹部手术，更应重视其呼吸功能的变化。另外，还应观察患者神志恢复的情况和速度。

(2) 呼吸功能的维护

1) 吸氧：术后常规吸氧 2～3L/min，密切观察呼吸频率和节律。

2) 呕吐、误吸的预防和处理：以吸入麻醉为主、麻醉时间较长者更易发生。麻醉期间应用麻醉性镇痛药可使恶心呕吐的发生率增加。患者术后麻醉未清醒时应取去枕平卧位，头偏向一侧；一旦患者发生呕吐，立即清理口腔等处的呕吐物；误吸发生后，应重建通气道，使患者处于头低足高位，并转为右侧卧位，因多为右侧肺叶受累，迅速用喉镜窥视口腔行气管插管，以便在明视下吸引。

3) 呼吸道梗阻的预防和处理：苏醒前患者发生舌后坠、喉痉挛等易引起呼吸道梗阻，如为气管内麻醉，还有发生喉头水肿的可能。各种呼吸道梗阻均需紧急处理。对舌后坠者应托起下颌，将头后仰，置入口咽或鼻咽通气道；喉头水肿需用地塞米松静脉注射，儿童喉头水肿易迅速发展为完全性呼吸道阻塞，应在床边准备好气管切开包和吸痰器；对于痰液黏稠、量多的患者，应鼓励做有效咳嗽，必要时使用雾化吸入，帮助排痰和预防感染。

(3) 循环功能的维护：全身麻醉后即使患者清醒，残留的药物对机体的影响仍将持续一段时间，因此在药物未完全代谢之前，可随时出现循环方面的异常。患者血压过低常因血容量不足引起，应调节输液、输血速度，应用升压药。如发生心律失常，应以心电图连续监测，遵医嘱使用抗心律失常药物。

(4) 维持正常体温：术后大多数患者由于手术暴露过久、输液、输血等原因，发生体温过低，要注意保暖。无休克者可给 50℃ 以下的热水袋保暖，用干布包好并严格交接班，以防止烫伤。

(5) 防止意外损伤：患者苏醒过程中常出现躁动、不安和幻觉，应注意保护。如见患者眼球活动，睫毛反射恢复，瞳孔稍大，呼吸加快，甚至有呻吟、转动，是即将苏醒的表现，此时最易发生躁动。应专人看护，用床档保护，必要时需加约束带，以防止患者坠床，或不自觉地拔除静脉输液管和各种引流导管，造成意外伤害。

(6) 明确麻醉苏醒情况

1) 采用麻醉后评分法评定患者苏醒进展。①活动：四肢均能活动计2分，能活动2个肢体计1分，不能活动计0分。②呼吸：能深呼吸并咳嗽计2分，呼吸困难或间断计1分，无自主呼吸计0分。③循环：与麻醉前基础血压相比，收缩压变化率在±20%内计2分，20%～50%计1分，>50%计0分。④意识：清醒、回答问题正常计2分，呼其名时会睁眼计1分，呼唤无反应计0分。⑤色泽：面、口唇、指端色泽正常计2分，苍白、灰暗计1分，明显青紫计0分。总分>7分，提示可离开复苏室。

2) 不用评分表者，达到以下标准可转回病房：①神志清楚，有定向力，回答问题正确；②呼吸平稳，能深呼吸及咳嗽，SaO_2>95%；③血压及脉搏稳定30min以上，心电图无严重心律失常和心肌缺血的改变。

小结

一、麻醉前护理

对患者的生理和心理状况进行评估，判断其对手术和麻醉的耐受力。麻醉前应做好患者及其家属的心理护理，纠正或改善患者的病理生理状态，做胃肠道准备，遵医嘱麻醉前给药。

二、局部麻醉

1. 方法　常用药物包括酯类和酰胺类局麻药，麻醉方法包括表面麻醉、局部浸润麻醉、区域阻滞和神经阻滞。

2. 护理　麻醉前应做好心理和生理准备。麻醉期间注意对局麻药毒性反应和过敏反应等并发症的观察和护理。麻醉后一般无需特殊处理。

三、椎管内麻醉

1. 方法　包括蛛网膜下腔阻滞（简称腰麻）和硬脊膜外腔阻滞。

2. 护理　麻醉前做好心理和生理准备。麻醉期间注意对血压下降、心率缓慢、呼吸抑制、恶心、呕吐、全脊椎麻醉、局麻药毒性反应等并发症的观察和护理。麻醉后注意病情观察，吸氧，蛛网膜下腔阻滞后去枕平卧6～8h，硬脊膜外阻滞后垫枕平卧4～6h。注意对头痛、尿潴留、硬膜外血肿等并发症的观察和护理。

四、全身麻醉

1. 方法　按给药途径的不同，可分为吸入麻醉、静脉麻醉和静吸复合麻醉。

2. 护理　麻醉前做好心理和生理准备。麻醉期间注意对反流与误吸、呼吸道梗阻、通气量不足、低氧血症、低血压、高血压、心律失常、高热、抽搐和惊厥等并发症的观察和护理。麻醉后做好病情观察，麻醉未清醒时取去枕平卧位，头偏向一侧，维持呼吸功能、循环功能和正常体温，防止意外损伤，判断麻醉苏醒情况。

自测题

一、选择题

1. 女性，30岁，在局麻下行背部脂肪瘤切除术，局部注射利多卡因500mg后不久出现面色潮红、恶心、视物模糊、血压上升和烦躁不安等表现，首先应考虑其出现了
   A．过度紧张
   B．高血压危象
   C．低血糖反应
   D．局麻药毒性反应
   E．药物过敏反应

2. 腰麻后头痛的主要原因是
   A．术中血压下降
   B．脑脊液外漏
   C．颅内压增高
   D．迷走神经亢进
   E．睡眠不良

3. 硬脊膜外阻滞最严重的并发症是
   A．血压下降
   B．血管扩张
   C．尿潴留
   D．呼吸变慢
   E．全脊椎麻醉

4. 吸入麻醉的特点是
   A．注药方便
   B．药物无燃爆特性
   C．麻醉深度易于调节
   D．药物消除与肝肾功能密切相关
   E．诱导迅速

5. 麻醉前用药常给予抗胆碱能药，其目的在于
   A．消除患者紧张情绪
   B．减少全身麻醉药用量
   C．提高痛阈
   D．减少呼吸道分泌物
   E．产生遗忘作用

二、案例题

男性，40岁，车祸造成脾破裂内出血、休克。该患者在全身麻醉下行剖腹探查、脾切除术，手术顺利，返回病房后发生呕吐和误吸。

请问：此时护理人员应重点采取哪些护理措施？

（孙玉倩　庞　冬）

第六章 围术期患者的护理

学习目标

通过本章内容的学习，学生应能：

◆ 识记
1．复述围术期护理的概念、手术分类。
2．说出各种常见手术区皮肤准备范围。
3．描述手术室的分区、术中无菌操作原则。
4．列出术后常见不适及并发症的预防和处理。

◆ 理解
1．概括手术前患者生理方面的一般常规准备和特殊准备要点。
2．比较巡回护士和器械护士的职责要求。
3．解释术中无菌操作原则。
4．概括手术后患者一般护理要点。

◆ 运用
评估手术前期、中期和后期患者并为其制订护理计划。

围术期（perioperative period）是指从确定手术治疗时起，至与这次手术有关的治疗基本结束为止的一段时间。它包括手术前、手术中和手术后3个阶段。手术前期是指患者决定接受手术到将患者送到手术台。手术期是指从患者被送上手术台到患者手术后送入复苏室（监护室）或外科病房。手术后期是指从患者被送到复苏室或外科病房至患者出院或继续追踪。围术期护理（perioperative nursing care）是指在围术期通过全面、准确评估患者身心状态，充分做好术前准备，采取有效护理措施为患者提供身、心整体护理，提高患者对手术的耐受力，减少术后并发症，促进患者康复。

按照不同的分类方法，可以把手术分为不同类型。按手术目的分类：①诊断性手术，目的是明确诊断；②根治性手术，目的是彻底治愈；③姑息性手术，目的是减轻症状，用于条件限制而不能行根治性手术者，如晚期胆管癌行胆肠吻合术，作用是引流胆汁，解除梗阻性黄疸症状，但不切除肿瘤。按手术时限分类：①急诊手术，指病情危急，需要在短时间内进行必要的准备后迅速手术，以挽救生命，如外伤性肝、脾和肠管破裂等；②限期手术，指手术时间可以选择，但要在一定时间内行手术，否则错过最佳手术时机，如各种恶性肿瘤的根治术；③择期手术，手术时间没有期限限制，可在充分术前准备后进行手术，如腹股沟疝修补术，一般良性肿瘤切除术。手术的具体种类取决于疾病当时的情况，同一种疾病在不同发展阶段，其手术种类可能会不同。如单纯胆囊结石是择期手术，但若并发急性胆囊炎，则变成急诊手术。

第一节 手术前期患者的护理

手术前要对患者进行全面评估,以准确估计患者的手术耐受力,评估是否存在增加手术危险性的因素。然后,应针对患者情况做好充分的术前准备,以保证手术安全和术后的顺利康复。

案例6-1A

男性,45岁,右上腹持续性胀痛不适1个月入院。自述患糖尿病1年,服药控制血糖。

体检:肝右肋下3cm可触及,质硬,边界不清,肝区叩击痛明显。

B超:肝右后叶回声不均匀增强。

血常规:白细胞、红细胞和血小板均减少。

该患者被明确诊断为肝癌,拟在全麻下行肝癌切除术。

问题与思考:

1. 该患者手术前护理评估内容有哪些?
2. 术前护理的重点内容是什么?

【护理评估】

(一)临床表现

评估患者所患疾病的临床表现,进行全面的体格检查,了解有无心血管系统、呼吸系统、消化系统或泌尿系统等重要系统功能异常的表现,以判断所患疾病的严重程度和患者对手术的耐受力。

(二)辅助检查

评估与疾病相关的辅助检查,并完善常规术前检查的结果,例如血、尿、粪便常规,凝血功能,血型及交叉配血试验,血液生化,心电图检查,影像学检查等,以判断患者有无主要内脏器官功能异常、营养不良以及水、电解质、酸碱失衡等危险因素,从而评估患者手术的安全性和术前准备的要点。

(三)与疾病相关的健康史

1. 一般资料 评估患者的年龄、性别、职业、生活习惯、烟酒嗜好等。
2. 现病史 了解本次患病的病因与诱因、时间、病情发展与治疗过程。
3. 既往史 了解有无心血管、呼吸、消化、血液、内分泌等系统疾病史;有无外伤和手术史、过敏史、遗传史、用药史,对于女性患者了解月经史和婚育史等。评估患者有无出血倾向,是否正在接受抗凝治疗或服用阿司匹林、非甾体类抗炎药物等。

(四)心理社会状况

手术前患者产生焦虑、恐惧的原因主要是患者及家属对手术、麻醉的认识不够,担心手术风险、效果及经济负担等。因此,应了解术前患者的心理问题及其原因,了解家庭成员对患者的关心支持程度、家庭经济承受能力,给予耐心解释和心理支持并提供必要的帮助。

【主要护理诊断/合作性问题】

1. 焦虑、恐惧 与恐惧手术、担忧手术风险、经济负担较重等有关。
2. 营养失调(低于机体需要量) 与禁食或摄入不足、机体消耗增加等有关。
3. 知识缺乏 缺乏与手术、麻醉、术前准备等有关的知识。

【护理措施】

（一）心理护理

护士应热情主动迎接患者，根据其性别、年龄、职业、文化程度、宗教信仰等个体特点，用通俗易懂的语言从关怀、鼓励出发，就病情、施行手术治疗的必要性、术前准备、术中配合和术后注意事项等方面耐心解答和指导，消除和缓解患者及家属的焦虑、恐惧心理。

（二）一般准备

1. 饮食与营养　手术创伤可增加机体消耗，术后的饮食限制可导致营养摄入不足，从而影响组织修复和伤口愈合，削弱防御感染的能力。因此应加强饮食指导，鼓励患者摄入富含维生素、蛋白质和能量的食物，必要时遵医嘱给予外科营养支持。

2. 环境与休息　创造安静舒适的病区环境，定时通风换气，保持室内温、湿度适宜，避免强光刺激，消除引起不良睡眠的诱因，病情允许时可适当增加白天活动量，告知放松技巧，促进患者睡眠。

3. 协助完善术前检查　遵医嘱完善术前心、肺、肝、肾及凝血功能等检查，告知患者检查时的注意事项及配合方法。

4. 术前适应性训练　指导患者练习床上二便、术后体位改变方法和肢体功能锻炼方法等。部分患者还需练习术中体位，例如甲状腺手术术前应练习头颈过伸位。

5. 呼吸道准备　告知患者避免到人多的地方走动，注意增减衣物，预防感冒。吸烟者术前2周戒烟。手术前进行深呼吸和有效排痰的训练。深呼吸的正确方法是横膈和腹式呼吸，具体方法是让患者取平卧位、半坐卧位或坐位，屈膝，放松腹部，双手放于两侧肋缘下感觉胸腹部的移动。用鼻吸气使腹部膨隆，坚持几秒钟，然后缩唇吐气同时收缩腹肌。每做5～6次后放松休息，术后每小时做5～10次。咳嗽咳痰的方法是取半坐卧位或坐位，上身稍前倾，双手十指交叉，压在切口部位上方，像夹板一样保护切口。做数次深呼吸，然后微张开口，深吸一口气，从肺部深处向外咳嗽。

6. 胃肠道准备　目的是减少麻醉或手术过程中因呕吐引起窒息或吸入性肺炎；防止术中肛门括约肌松弛后粪便污染手术台；减少肠道细菌数量，降低肠道手术感染率。

（1）饮食控制：成人择期手术前8～12h开始禁食，术前4h开始禁水。胃肠道手术者应术前1～2天进流食。

（2）肠道清洁：非肠道手术者术前1日晚可酌情用肥皂水灌肠一次。结肠或直肠手术前1日行导泻法或清洁灌肠，必要时配合使用肠道抗生素。急诊手术前一般不灌肠。

（3）留置胃管：遵医嘱术日晨放置胃管。急诊手术未禁食者可通过胃管吸出胃内容物，防止出现呕吐和误吸。

7. 输血和补液　大手术因创面较大或失血较多，术前应做好血型鉴定和交叉配血试验，备足术中用血。对凝血功能障碍者应暂缓手术并及时纠正，服用抗凝药者应遵医嘱停药。对有水、电解质和酸碱失衡以及贫血的患者应在术前予以纠正。

8. 预防感染　及时处理已知感染灶，避免与感染者接触，遵医嘱合理使用抗生素。下列情况应预防性应用抗生素：①涉及感染病灶或切口接近感染区域的手术；②肠道手术；③操作时间长、创伤大的手术；④开放性创伤，创面已污染或有广泛软组织损伤，从受伤到清创的间隔时间较长；⑤肿瘤手术；⑥涉及大血管的手术；⑦需要植入人工制品的手术；⑧脏器手术。

9. 手术区皮肤准备　目的是清除皮肤上的微生物、皮脂和污垢，减少细菌的种类和数量，以预防切口感染。充分清洁手术区域皮肤和剃除毛发，若切口不涉及头、面部、腋毛、阴毛，且切口周围毛发比较短少，不影响手术操作，可不必剃除毛发。如毛发影响手术操作，则应全部剪短或剃除。腹部及腹腔镜手术的患者应用棉签蘸汽油清洁脐部。备皮时注意保暖和保护患者隐私。手术前1日协助患者沐浴、洗头、修剪指甲，更换清洁衣服。一般手术区皮肤准备范围包括切口周围至少15cm的区域，不同的手术部位皮肤准备范围见表6-1。

表6-1 常用手术皮肤准备的范围

手术	备皮范围
颅脑手术	剃除全部头发及颈部毛发，保留眉毛
颈部手术	上自唇下，下至乳头水平线，两侧至斜方肌前缘
胸部手术	上自锁骨上部，下至脐部水平，前后胸背均超过中线5cm以上，包括同侧上臂1/3和腋下
腹部手术	上自乳头连线，下至耻骨联合及会阴部，两侧至腋后线；下腹部及腹股沟区手术应包括大腿上1/3的皮肤
肾区手术	上自乳头水平线，下至耻骨联合，前后均过正中线
会阴及肛周手术	上自髂前上棘，下至大腿上1/3，包括会阴及臀部，剃除阴毛
四肢手术	以切口为中心，包括上、下方各20cm以上，一般多准备患侧整个肢体

10. 手术日晨护理 ①全面检查患者术前准备情况，监测生命体征，若出现体温、血压异常或女性患者月经来潮，应及时通知医师，必要时延期手术；②胃肠道及上腹部手术者，术前留置胃管；③术前指导患者排尽尿液或留置导尿，使膀胱处于空虚状态，以免术中误伤；④患者进入手术室前取下义齿、发夹、眼镜、手表等，其他贵重物品妥善保管；⑤手术前30min遵医嘱执行术前用药；⑥备齐手术所需用物与患者一同送入手术室，并进行严格核对及交接。

（三）特殊准备

1. 营养不良 营养不良患者常伴有低蛋白血症，抵抗力低易并发严重感染，还可引起组织水肿，影响切口愈合。因此，术前尽量改善患者营养状况，择期手术最好在术前1周口服或静脉补充热量、蛋白质和维生素。

2. 心血管疾病 ①高血压者应继续服用降压药物，避免停药反跳现象；②血压过高者（＞180/100mmHg）应选用适合的降压药物，使血压维持在一定的水平，但不要求降至正常后才手术；③心律失常者给予抗心律失常治疗，治疗期间观察药物的疗效和副作用；④急性心肌梗死者6个月内不宜择期手术，6个月以上且无心绞痛发作者，在严密监测下可施行手术；⑤心力衰竭者最好在心力衰竭控制3～4周后再进行手术。

3. 呼吸功能障碍 ①对吸烟者，术前2周停止吸烟；②鼓励患者进行呼吸训练，可以减少肺部并发症；③有阻塞性肺功能不全者，应遵医嘱给予支气管扩张药，以改善通气功能，增加肺活量，对哮喘者，若为择期手术则应推迟；④对痰液黏稠者，行雾化吸入或服用药物稀释痰液，利于咳出；⑤对急性呼吸道感染者，择期手术应推迟到治愈后1～2周，若为急症手术则给予抗生素并避免吸入麻醉；⑥对重度肺功能不全合并感染者，采取综合措施，待肺功能改善和感染控制后，再施行手术。

4. 肝疾病 手术创伤和麻醉都将加重肝负荷。对肝功能损害较严重者，如腹水、黄疸等，除急诊手术外，一般不宜手术。术前可从静脉输注葡萄糖溶液以增加肝糖原储备，必要时输注白蛋白、少量多次输注新鲜血液、凝血酶原复合物等，以改善全身情况。有胸、腹水者，在限制钠盐基础上，遵医嘱使用利尿剂。

5. 肾疾病 术前完善肾功能检查，合理控制饮食中蛋白质和盐的摄入量及观察出入液量。重度肾功能损害者在有效透析治疗后方可耐受手术，手术前最大限度地改善肾功能。

6. 糖尿病 糖尿病患者在整个围术期均处于应激状态，手术耐受力差，易发生感染，影响伤口愈合。术前通过饮食可控制血糖者无需特殊处理。口服降糖药治疗者应继续服用至术前晚。平时用胰岛素者，术前应以葡萄糖溶液和胰岛素维持正常糖代谢，在术日晨停用胰岛素。服用长效降糖药如氯磺丙脲者，应在术前2～3日停药。禁食患者从静脉输入葡萄糖溶液加胰岛素，将血糖控制在5.6～11.2mmol/L。

7. 其他　妊娠患者患外科疾病需行手术治疗时，须将外科疾病对母体及胎儿的影响放在首位，如果手术时机可以选择，妊娠中期相对安全。对贫血者，手术前应少量多次输红细胞以纠正贫血。有传染性疾病如病毒性肝炎、梅毒、艾滋病等，应按要求做好标识，医务人员做好自身防护，患者用过的所有物品按消毒技术规范要求严格处理。

第二节　手术中期患者的护理

手术期患者主要是在手术室度过的，因此，手术期护理工作重点是保证患者安全、严格无菌操作和恰当的术中配合，以确保麻醉和手术顺利完成。

一、布局与环境

（一）手术室位置和布局

1. 位置　手术室应选择医院内环境安静、空气清洁的地方，与手术科室、供应室、监护室等相邻，便于患者运送和工作联系。一般选中上层或顶层楼层。

2. 布局　手术室设计强调平面布局和人流、物流的合理、顺畅，以充分发挥手术室的功能，降低交叉感染。设有工作人员出入口、手术患者出入口、无菌物品出入口及污物出口。内分洁净走廊和清洁走廊：洁净走廊供医护人员、患者和无菌物品使用；清洁走廊供术后手术器械、敷料等污物的运送。手术室按洁净度分3个区。

（1）洁净区：洁净要求严格，设在内侧。包括洁净走廊、洗手间、手术间、无菌物品间、药品间、麻醉准备室等。非手术人员禁止入内，此区内的一切人员及活动须严格遵守无菌原则。

（2）准洁净区：设在中间。包括器械室、敷料室、洗涤室、消毒室、清洁走廊、复苏室等。该区是非洁净区进入洁净区的过渡区域，进入者不得大声谈笑或喊叫，凡已手臂消毒或已穿无菌手术衣者，不可进入此区。

（3）非洁净区：设在外侧。包括办公室、会议室、标本室、污物室、值班室、更衣室、医生休息室、手术患者家属等候室等。交接患者处保持安静，患者在此换乘手术室平车进入手术间。

3. 建筑要求　手术间按不同用途设计大小，大手术间面积40～50m^2，中小手术间20～40m^2，体外循环、器官移植等手术因仪器设备多，需50～60m^2。手术间一般封闭无窗、门宜宽大，采用感应自动开启门。地面、墙面、天花板用坚硬、光滑、耐湿、防火、易刷洗、防化学消毒剂材料制成，地面有微小倾斜度，天花板、墙面、地面交界处呈弧形，不易蓄积尘埃。走廊宽度2.2～2.5m，方便平车运送和人员走动。

（二）手术间的装备与设施

手术间数目与手术科室床位比为1∶(20～25)。手术间基本配备有多功能手术床、器械桌、麻醉机、监护仪、无影灯、观片灯、药品柜、踏脚凳等用物。现代手术间还设有中心供氧、中心负压吸引、中心压缩空气、多功能控制面板、观摩设施。另外，骨科手术间配备有C臂机，神经外科手术间备有显微镜等。室温在22～25℃，相对湿度在40%～60%。

（三）洁净手术室

洁净手术室（clean operating room），是指采用空气净化技术，使手术室内的细菌浓度控制在一定范围、空气洁净度达到一定级别，是现代化医院的重要标志。

1. 空气净化技术 是指选用不同的气流方式和换气次数,过滤进入手术室的空气以控制尘埃含量,使空气达到一定级别的净化。空气进入手术室前经过初、中、高效3级过滤器。净化空气的气流方式有3种。①乱流式气流:气流不平衡、方向不单一、流速不均匀,且有交叉回旋的气流。此方法除尘率低,适用于万级以下的手术间,如污染手术间或急诊手术间。②垂直层流:将高效过滤器装在手术室顶棚内,垂直向下送风,两侧墙下部回风。③水平层流:在一个送风面上布满过滤器,空气经过高效过滤,水平流经室内。采用后两者层流方式的洁净手术室又称单向流洁净室,其气流分布均匀,不产生涡流,除尘率高,适用于百级~万级手术室。

2. 洁净手术室的净化标准 空气洁净度以含尘浓度衡量。含尘浓度越低,洁净度越高,反之越低。

3. 洁净手术室适用范围 ①Ⅰ级特别洁净手术室(100级),适用于关节置换手术、器官移植手术及神经外科、心脏外科、眼科等无菌手术。②Ⅱ级标准洁净手术室(1000级和1万级),适用于胸外科、整形外科、泌尿外科、肝胆胰外科、骨外科、卵巢手术和普通外科中的Ⅰ类无菌手术。③Ⅲ级一般洁净手术室(10万级),适用于普通外科(除Ⅰ类无菌手术外)和妇产科等Ⅱ类手术。④Ⅳ级准洁净手术室(30万级),适用于肛肠外科及污染类手术。

(四)手术室环境管理

1. 手术室管理制度 除手术人员外,与手术无关的人员不得擅自进入;进入手术室人员须按规定更换手术室衣、裤、鞋、帽、口罩,不得大声喧哗和随便走动。严格限定参观人数。安排手术时应将无菌手术和有菌手术分开;接台手术先做无菌手术,后做污染或感染手术。

2. 清洁与消毒 建立严格的消毒隔离制度。每日术前用清水擦拭手术间物体表面,术后行清洁和消毒,采用湿式打扫。感染手术术后用500mg/L有效氯消毒液擦拭物表地面。特殊感染手术用一次性物品,术后用1000mg/L有效氯消毒液擦拭物表地面,再清洁。每日术前1h开启净化空调系统,术中持续净化,术毕净化空调系统继续运行,直到恢复该手术间的洁净级别。每日清洁回风口,每周清洗过滤网并彻底清理。每个月做空气细菌培养。

二、手术室物品消毒灭菌

手术过程中使用的所有器械和物品都必须严格灭菌处理,以防伤口感染。灭菌的方法很多,最常用的是高压蒸汽灭菌法,多用于耐高温、耐湿的物品。其他方法有环氧乙烷灭菌法、过氧化氢低温等离子灭菌法、低温甲醛蒸汽灭菌法、干热灭菌法等。

(一)布类用品

包括手术衣、各种手术单及手术包的包布,选择质地细柔且厚实的棉布,以绿色或蓝色为宜。也有一次性无纺布制作并经灭菌处理的手术衣帽、布单等,可直接使用,但不能完全替代棉质布单。手术衣前襟至腰部均为双层,袖口为松紧口,折叠时衣面向里,领子在最外侧。手术单包括大单、中单、手术巾、各种部位手术单、洞巾等。布单类均采用高压蒸汽灭菌,保存时间夏季为7天,冬季为10~14天,过期应重新灭菌。

(二)敷料类

敷料类均采用吸水性强的脱脂棉花和脱脂纱布制作,用于术中止血、拭血及压迫、包扎等,均采用高压蒸汽灭菌。纱布类包括不同大小的纱布垫、纱布块、纱布球及纱布条;棉花类包括棉垫、带线棉片、棉球及棉签。

(三)器械类

手术器械是手术操作必备物品,包括基本器械和特殊器械。常用的基本器械有刀、剪、钳、针、镊和拉钩等,多为不锈钢制成,手术前首选高压蒸汽灭菌。按基本器械的功能分切割器械、抓取器械、持针器、牵引器、吸引器等几大类。术后器械用多酶溶液浸泡刷洗,去除器械上的血渍、油垢,用流水冲净再消毒、干燥。对有关节、齿槽和缝隙的器械,尽量张开或拆卸后进行彻底洗刷。有条件时可用超声清洗、压力清洗。洗净的器械干燥后，用水溶性润滑剂保护，分类打包后高压蒸汽灭菌。特殊器械包括：①内镜类，如膀胱镜、腹腔镜、胸腔镜、纤维支气管镜和关节镜等；②吻合器类，如食管、胃、直肠和血管等吻合器等；③其他精密仪器，如高频电刀、电锯、电钻、激光刀、取皮机、手术显微镜等。可根据制作材料选用不同的灭菌方法，较好的方法是环氧乙烷灭菌。灭菌后的器械应储存在设有空气净化装置、室内空气保持正压、室温在 18～22℃、相对湿度 ≤ 50% 的无菌区内，由专人管理、调配、发放。

（四）缝针及缝线

1. 缝针　有弯、直两种，大小、粗细不同。根据用途及外形分为圆针及三角针两类。圆针对组织损伤小，用于缝合血管、神经、脏器、肌肉等软组织；三角针用于缝合皮肤或韧带等坚韧组织。均可根据待缝合的组织选择适当的种类使用。

2. 缝线　用于缝合各类组织及脏器，粗细各异，缝线用 0 号表示，0 越多线越细。缝线分不可吸收和可吸收两类。①不可吸收缝线：包括丝线、金属线、尼龙线等，不能够被组织吸收，需要拆线；②可吸收缝线：包括天然和合成两种，天然可吸收缝线有肠线和胶原线，合成缝线有聚乳酸羟基乙酸线、聚二氯杂环己酮线等。合成缝线较肠线更容易被吸收、组织反应更轻，现已逐渐被广泛应用。

（五）引流物

外科引流物的种类很多，应根据手术部位、创腔深浅、引流量和性质选用，可按橡胶类物品灭菌或高压蒸汽灭菌处理。

1. 管状引流管　是目前品种最多、应用广泛的引流物。一般的单腔引流管用于创腔引流；双腔（或三腔）引流套管多用于腹腔脓肿和胃、肠、胆或胰瘘等引流；T 形引流管用于胆道减压和胆总管引流；蕈状引流管用于膀胱及胆囊的引流。

2. 乳胶片引流　用于浅部切口和小量渗液的引流。

3. 纱布条引流　用于浅表部位引流。包括凡士林纱条、碘仿纱条等。

三、手术患者的准备

（一）核对

认真做好三查七对，核对患者信息，确保手术部位准确无误，检查所带药品及物品和麻醉前的准备情况。

（二）心理护理

巡回护士应热情接待患者，对手术室环境和医务人员工作内容做适当解释，鼓励患者说出心理感受，进行有针对性的心理疏导，缓解患者的焦虑和紧张情绪。

（三）手术体位准备

手术体位由手术部位所决定。安置手术体位应尽量保证患者的安全和舒适，不影响患者的呼吸和循环，充分暴露手术野，避免血管或神经受压、肌肉扭伤及压疮等并发症发生。

1. 仰卧位　最常见，适用于腹部、颌面部、颈部、骨盆及下肢手术等。患者仰卧于手术床上，头部垫软枕，手臂放在手术台两侧，用中单固定或一侧手臂用拖架固定，用于静脉输液，腿伸直，膝下放一软枕并用较宽的固定带固定膝部，足跟部用软垫保护。

2. 侧卧位　有全侧卧位和半侧卧位，适用于胸、腰部及肾手术。全侧卧位，患者躯干背面与手术台面呈 90°；半侧卧位，患者躯干背面与手术台面呈 30°～50°。为保持侧卧位稳定，应适当固定躯干，在患者背、胸、肋处各垫一软枕，使手术野暴露，双手伸直固定于托手架上，上腿伸直，下腿呈 90°屈曲，两腿间垫以软枕，用固定带固定髋部及膝部。

3. 截石位　适用于肛门、直肠、尿道、阴道等部位手术。患者仰卧，臀部位于手术床尾部边缘，臀下垫一小枕，用腿架使膝关节屈曲，双下肢分开，充分显露会阴部；两腿套上袜套，分别置于两侧搁脚架上，腘窝部垫以软枕，用固定带固定。

4. 俯卧位　适用于脊柱及其他背部手术。患者俯卧于手术床上，头侧向一边，双肘稍屈曲，置于头旁。胸部、耻骨下垫以软枕，使腹肌放松。足背下垫小枕。颈椎部手术时，头面部应置于头架上，口鼻部位于空隙处，稍低于手术床面。腰椎手术时，在患者胸腹部垫一弧形拱桥，足端摇低，使腰椎间隙拉开，暴露手术野，注意保持呼吸通畅。

（四）手术区皮肤消毒

手术区皮肤消毒的目的是杀灭切口及其周围皮肤上的病原微生物。

1. 消毒方法　使用碘酊原液直接涂擦皮肤表面，等稍干后再用70%～80%乙醇脱碘。也可使用浸有聚维酮碘（碘伏）消毒液原液的无菌棉球或其他替代物品局部擦拭2遍，作用至少2min。消毒黏膜或伤口创面时，可使用含有效碘1000～2000mg/L的碘伏擦拭，作用到规定时间。

2. 消毒原则　以切口为中心向四周涂擦；若为肛门、会阴部手术或感染切口，则自外周向感染切口、会阴或肛门处涂擦。已接触污染部位的药液纱块不可再返擦清洁处。

3. 消毒范围　包括手术切口周围15～20cm的区域，术中如可能延长手术切口，应扩大消毒面积。

（五）手术区铺单

皮肤消毒后，由器械护士和第一助手铺盖无菌手术布单，以遮盖身体除手术野外的其他部位。铺单时至少要有4～6层无菌布单，外周最少2层。具体方法如下。

1. 铺皮肤巾　用4块无菌巾（又称切口巾）遮盖切口周围。器械护士把无菌巾折边1/3，第1～3块无菌巾的折边朝向第一助手，第4块无菌巾的折边朝向器械护士自己，并按顺序传递给第一助手。第一助手接过折边的无菌巾，分别铺于切口下方、上方、对侧及自身侧。每块巾的内侧缘距切口线3cm以内，铺下的手术巾若需少许调适，只允许自内向外移动。手术巾的四个交角处分别用布巾钳夹住，露出切口部分。

2. 铺手术中单　将2块无菌中单分别铺于切口的上、下方。铺巾者需注意避免自己的手触及未消毒物品。

3. 铺手术洞单　将有孔洞的剖腹大单正对切口，短端向头部、长端向下肢，先向上方，再向下方分别展开，展开时手卷在大单里面，以免污染。要求短端盖住麻醉架，长端盖住器械托盘，两侧和足端应垂下超过手术台边缘30cm。

四、手术人员的准备

（一）术前一般准备

手术人员进入手术室，先换上专用鞋和洗手衣裤，将上衣扎入裤中。戴专用手术帽和口罩，遮盖头发、口鼻，检查指甲是否过长，皮肤有无感染及破损。

（二）手臂的刷洗和消毒

外科手消毒是指手术人员通过机械性洗刷及化学消毒的方法，去除并杀灭双手及前臂的暂居菌和部分常驻菌，达到消毒皮肤的目的，通常也称为外科洗手法。传统的外科洗手法用肥皂水刷手法，新的手臂消毒法即外科手消毒揉搓法。

1. 肥皂水刷手法　①按普通洗手方法将双手及前臂用肥皂和清水洗净。②用消毒毛刷蘸取消毒肥皂液刷洗双手及手臂，从指尖到肘上10cm。刷手时应特别注意甲缘、甲沟、指蹼等处。刷完一遍，指尖朝上，肘向下，用清水冲洗手臂上的肥皂水。再另换一个消毒毛刷，同法进行第二、三遍刷洗，共约10min。③每侧用一块无菌毛巾从指尖至肘部擦干，擦过肘部的毛巾不可再擦手部，以免污染。④将双手及前臂浸泡在75%乙醇桶内5min，浸泡范围至肘上6cm处。若对乙醇过敏，可改用1∶1000苯扎溴铵溶液浸泡，也可用1∶5000氯己定（洗必泰）

溶液浸泡 3min。⑤浸泡消毒后，保持拱手姿势待干，双手不得下垂，不能接触未经消毒的物品。肥皂水刷手法操作复杂，对手部皮肤损伤较大，现已少用。

2. 外科手消毒揉搓法　彻底洗净手和手臂后，根据各种手消毒剂的用药量和用药方法，取适量手消毒剂，按 7 步洗手法行皮肤消毒揉搓。具体步骤为：①手掌对手掌揉搓；②指尖在手掌中揉搓；③拇指在掌中揉搓；④十指交错手掌对手掌揉搓；⑤十指交错手掌对手背揉搓；⑥双手互握互揉搓指背；⑦手腕至上臂下 1/3 揉搓。

（三）穿无菌手术衣法

1. 传统对开式手术衣穿法　①取无菌手术衣，选择较宽敞处站立，手提衣领打开手术衣；②两手提住衣领两角，衣袖向前，将衣展开，内侧面面对自己；③将衣向上轻轻抛起，双手顺势插入袖中，两臂前伸，不可高举过肩，也不可向左右伸开，以免污染；④穿衣者双手交叉，身体略向前倾，用手指夹起腰带递向后方，由背后的巡回护士接住并系好腰带（图 6-1）。穿好手术衣后，双手保持在腰以上、胸前及视线范围内，并注意双手不能触摸衣服外面或其他物品。

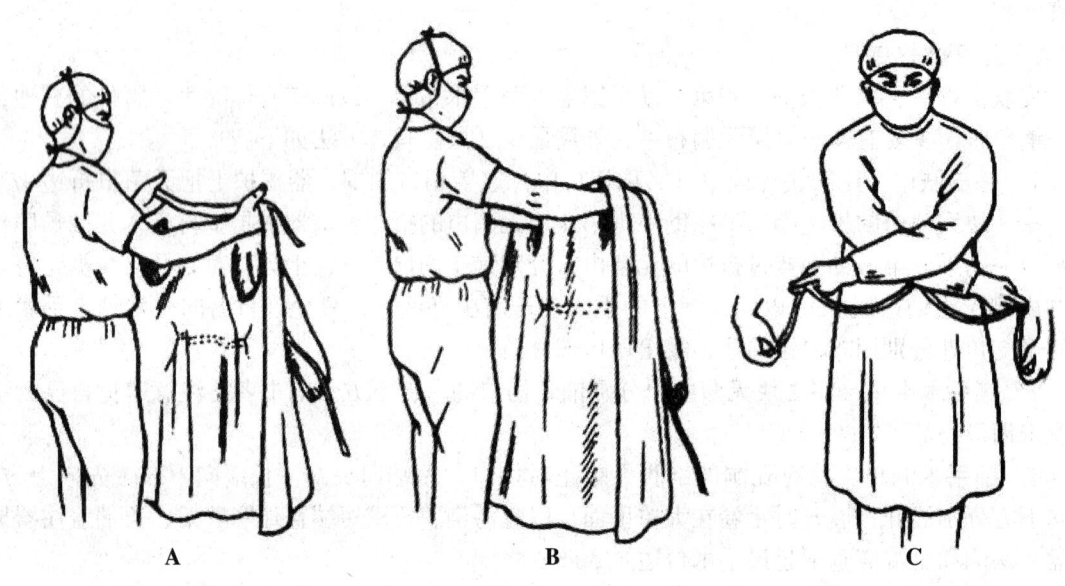

图 6-1　传统对开式手术衣穿法

A．手提衣领两端抖开全衣；B．两手伸入衣袖中；C．提起腰带，由他人系带

2. 全遮盖式手术衣穿法　①取无菌手术衣，选择较宽敞处站立，手提衣领打开手术衣；②两手提住衣领两角，衣袖向前，将衣展开，内侧面面对自己；③将衣向上轻轻抛起，双手顺势插入袖中，两臂前伸，不可高举过肩，也不可向左右伸开，以免污染；④穿衣者戴好无菌手套；⑤解开腰间活结，将腰带递给已戴好手套的手术人员，或由巡回护士用无菌持物钳持腰带绕穿衣者 1 周后交给穿衣者自行系于腰间（图 6-2）。

（四）戴无菌手套法

戴无菌手套又分闭合式和开放式，顺序为先穿手术衣后戴手套。现在临床多采用闭合式戴无菌手套法。

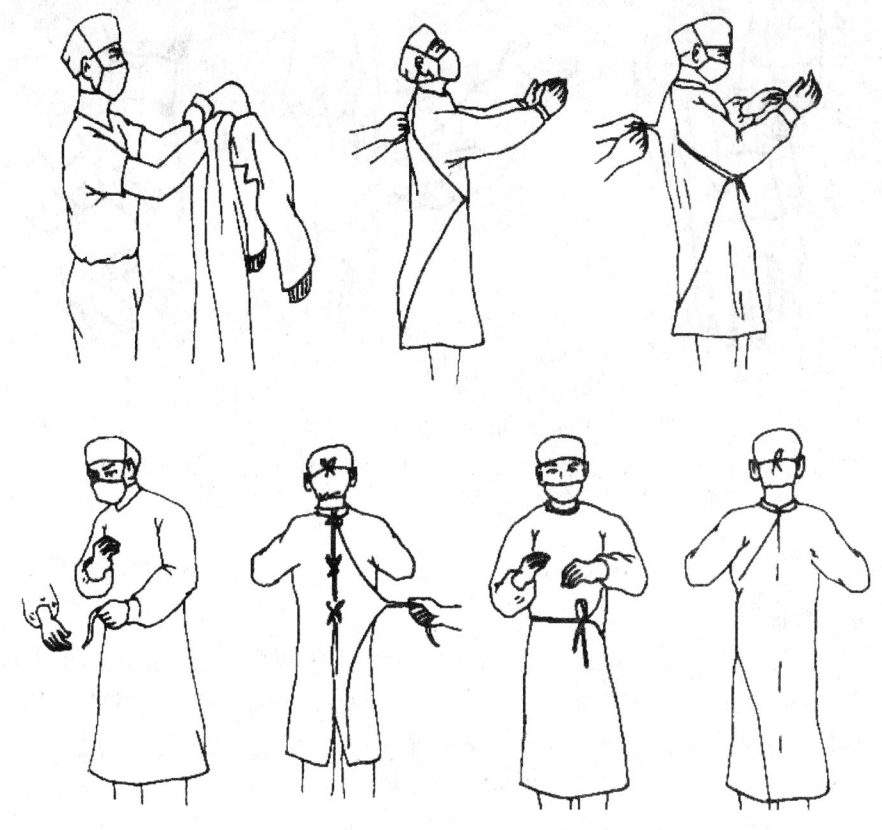

图 6-2 全遮盖式手术衣穿法

1. 闭合式戴无菌手套方法 ①双手伸入袖管后，不要伸出袖口，在袖筒内将无菌手套包装打开平放于无菌台面上。②左手隔着衣袖将左手手套的拇指与袖筒内的左手拇指对正，右手隔着衣袖将手套边反翻向手背，左手五指张开伸进手套（图6-3）。同法戴右手手套。

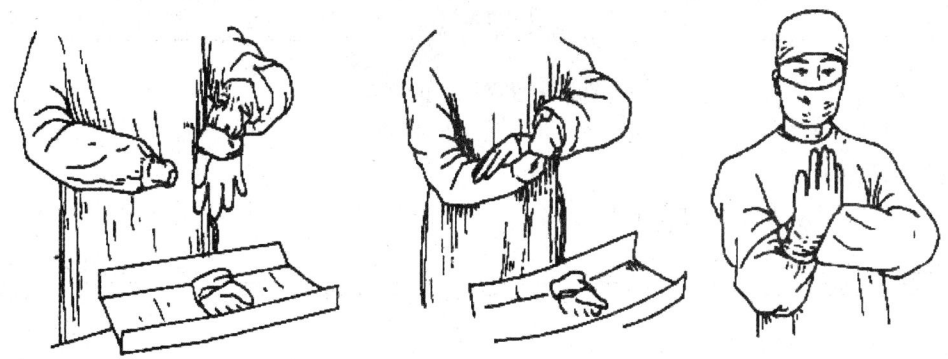

图 6-3 闭合式戴无菌手套法

2. 开放式戴无菌手套方法 ①使用一次性手套，掀开手套袋，捏住手套口向外翻折部分（即手套内面），取出手套，分清左右侧；②左手捏住并显露右侧手套口，将右手插入手套内，戴好手套，注意未戴手套的手避免接触手套外面（无菌面）；③用已戴好手套的右手插入左手手套翻折面的内面（即手套的外面），帮助左手插入手套并戴好；④分别将左右手套的翻折部翻回，并盖住手术衣的袖口，注意已戴手套的手只能接触手套的外面（图6-4）。

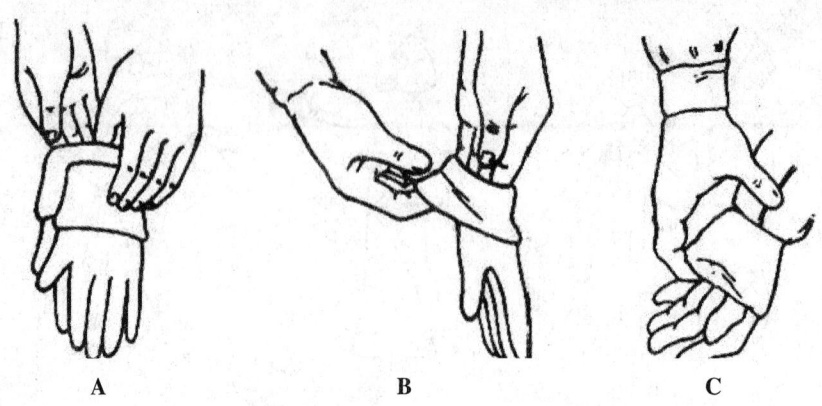

图 6-4 开放式戴无菌手套法
A. 先将右手插入手套内；B. 已戴好手套的右手指插入左手套的翻折部，
帮助左手插入手套内；C. 将手套翻折部翻回盖住手术衣袖口

（五）脱手术衣及手套

1. **脱手术衣法** ①由他人协助脱手术衣法：手术人员双手抱肘，由巡回护士将手术衣肩部向肘部翻转，再向手的方向拉扯脱下手术衣，手套的腕部也随之翻转于手上。②自行脱手术衣法：左手抓住手术衣右肩并拉下，使衣袖翻向外，同法拉下手术衣左肩，脱下手术衣，使衣里外翻，保护手臂及洗手衣裤不被手术衣外面污染。

2. **脱手套法** ①用戴手套的手抓取另一手的手套外面，翻转脱下；用已脱手套的拇指伸入另一手套的里面，翻转脱下。注意保护清洁的手不被手套外面污染。②需连台手术者，若前台为污染手术，应重新刷手。若前台为无菌性手术且手套未破，可不用重新刷手，在巡回护士的协助下先脱下手术衣再脱手套，注意皮肤不与手术衣、手套的外面接触；用75%乙醇泡手5min，或用消毒液揉搓2min，再穿无菌手术衣和戴无菌手套。

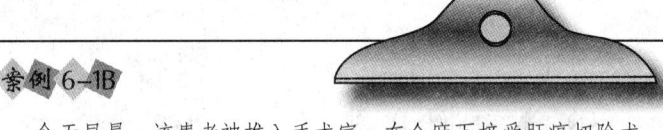

案例6-1B
今天早晨，该患者被推入手术室，在全麻下接受肝癌切除术。
问题与思考：
在手术过程中，巡回护士和器械护士分别要承担哪些职责？

五、手术室护士主要岗位与配合

手术过程中需医护人员的密切配合，包括间接配合和直接配合。间接配合是指护士不直接参与手术，而是在固定的手术间内配合器械护士、手术医师、麻醉医师完成台下的巡视护理工作，由巡回护士完成。直接配合是指护士直接参与手术，配合手术医师完成手术操作，管理器械台，由器械护士（或称洗手护士）完成。

（一）巡回护士

巡回护士的主要任务包括以下内容。①术前访视：手术患者非常需要有一位了解、参与手术全过程、熟悉并信任的护士守候在身边，并获得关心和照顾。因此巡回护士术前1日访视患

者，了解患者的基本情况和特殊问题，做到心中有数，以提前准备术中所需器械和敷料。②术前物品准备：检查手术间内各种物品、药物是否齐全；电源、吸引、供氧装置等设备是否完好；调试好术中用的特殊仪器如电钻、电凝器等；调节好室温及光线。③核对患者信息：热情接待手术患者，与麻醉师、手术医师三方共同进行查对。核对科室、床位、姓名、性别、年龄、住院号、手术部位、手术名称等信息；检查术前准备是否充分、完善，根据情况建立静脉通道。④安置体位：根据麻醉及手术要求安置患者体位并注意看护，以防坠床和术中压疮的发生。⑤清点核对物品：分别于术前、术中关闭体腔前及缝合切口前与器械护士共同准确清点各种器械、敷料和缝针等数目，防止遗留于体腔。⑥术中配合：协助手术人员穿手术衣，观察手术进展，随时调整灯光，供应术中所需物品。配合麻醉医师密切观察病情变化，保证输液、输血通畅。认真填写手术器械清点单，严格执行用药查对，保持手术间安静整洁，监督并纠正手术人员的无菌操作。⑦术后整理：术后协助医师包扎伤口和妥善固定各种引流管；注意患者的保暖，与护送人员交接患者物品；整理手术间并清洁消毒。

（二）器械护士

器械护士的主要任务包括以下内容。①术前准备：提前 15～20min 洗手、穿手术衣和戴无菌手套。整理无菌器械台，将手术器械分类有序摆放，并检查性能及完整性；协助医师进行手术区皮肤消毒和铺手术单等。②清点核对物品：分别于术前、术中关闭体腔前、缝合切口前与巡回护士共同清点各种器械、敷料和缝针等数目，核对后登记；术中增减用物时，应反复核对清楚并记录。术毕再清点 1 次，以防遗留在手术区内。③正确传递用物：按手术步骤传递器械，做到主动、迅速、准确无误。传递器械均以柄端轻击手术者手掌，注意手术刀的刀锋朝上；弯钳、弯剪类将弯端向上；弯针以持针器夹住中后 1/3 交界处；缝线用无菌巾保护好。传递针线时，事先将线头拉出 6～9cm，防止线脱出。④保护器械和用物整洁：保持手术野、器械托盘、器械台、器械及用物干燥、整洁、无菌。器械用毕，迅速取回擦净，做到快递快收。暂时不用的器械放于器械台一角并加盖无菌巾。接触阴道、肠道等污染部位的器械，应分开放置，防止污染扩散。⑤配合抢救：密切关注手术进展，若患者出现大出血、心搏骤停等意外，应沉着冷静、果断及时地与巡回护士一起备好抢救用品，积极配合医师抢救。⑥标本管理：妥善保管术中切下的组织或标本，手术结束督促医师填写病理标本送检申请单和手术患者基本信息登记本，按要求及时送检。⑦包扎和整理：术后协助医师处理、包扎伤口，固定好各种引流管；按要求分类处理手术器械。

六、术中无菌操作原则及无菌器械桌准备

（一）术中无菌操作原则

在手术室的所有人员都应严格执行无菌操作原则，以预防术后切口感染和保证患者安全。

1. 明确无菌范围、建立无菌区域　手术人员刷手后，手及手臂不能接触未经消毒的物品。手术衣穿好后，手臂应保持在腰平面以上，肘部内收，靠近身体，既不可高举过肩，也不可下垂过腰或交叉放于腋下；不可接触手术床边缘以下的布单，凡下坠超过手术床边缘以下的器械、敷料、缝线等一概不能再取回使用；无菌桌仅桌缘平面以上属于无菌区，参加手术人员不得扶持无菌桌的边缘。手术过程中，手术人员要面向无菌区，并在规定区域内活动。

2. 保持物品的无菌状态　无菌区内所有物品都是灭菌的。若手术衣、手套、无菌布单破损、潮湿或疑有污染应立即更换。任何无菌包及容器的边缘均视为有菌，取用无菌物品时须用无菌持物钳夹取，并与无菌区域保持一定距离。

3. 保护皮肤切口　切开皮肤前，先用无菌聚乙烯薄膜覆盖，再经薄膜切开皮肤，以保护切口。切开皮肤和皮下脂肪层后，边缘应以大纱布垫或手术巾遮盖并固定，仅显露手术野。凡与皮肤接触的刀片和器械不可再用，延长切口或缝合前再用75%乙醇消毒皮肤1次。因故暂

停手术时，切口用无菌巾覆盖。

4. **正确传递物品和调换位置** 手术中传递器械及用物时，由器械台正面方向传递。不可从手术人员背后或头顶方向传递。如手术人员调换位置，一人先退后一步，转过身背对背地转至另一位置，以防触及对方背部不洁区。

5. **污染手术的隔离技术** 在进行胃肠道、呼吸道、宫颈等污染手术时，切开空腔脏器前先用纱布垫保护周围组织，并随时吸净外流的内容物，被污染的器械和其他物品应放在专放污染器械的盘内，避免与其他器械接触，污染的持针器及缝针应在等渗盐水中刷洗。全部污染步骤完成后，手术人员应更换无菌手套或用无菌水冲洗，以减少污染机会。

6. **减少空气污染，保持室内洁净** 手术时应关门，减少人员走动。手术参观者不超过2人，不可在室内走动或靠近手术人员或站得过高。室内保持安静。手术人员若咳嗽、打喷嚏无法控制，则将头转离无菌区。口罩潮湿应及时更换。请他人擦汗时，头转向一侧。

（二）无菌器械桌准备

无菌器械桌用于术中放置手术器械，由巡回护士和器械护士共同准备。首先由巡回护士将手术包、敷料包放于桌上，用手打开第一层包布（双层），注意只能接触包布的外面，由里向外展开，手臂不可跨越无菌区。用无菌持物钳打开第二层包布，先对侧后近侧。器械护士穿戴好无菌手术衣和无菌手套后，用手打开第三层包布。铺在台面上的无菌巾共6层，无菌单应下垂至少30cm。将器械按使用先后分类，并有序地摆于器械桌上。放置在无菌桌内的物品不能伸至桌缘外。若无菌单被水或血浸湿，则失去无菌隔离作用，应加盖干的无菌巾或更换。若为备用无菌单（连台手术），应用双层无菌巾盖好，有效期4h。

第三节 手术后期患者的护理

因手术损伤、麻醉、机体的应激反应等因素，术后患者不仅可出现伤口疼痛、腹胀等不适，还可能出现出血、感染等并发症。手术后患者的护理重点是严密观察病情，减轻患者不适，减少并发症，促进患者康复。

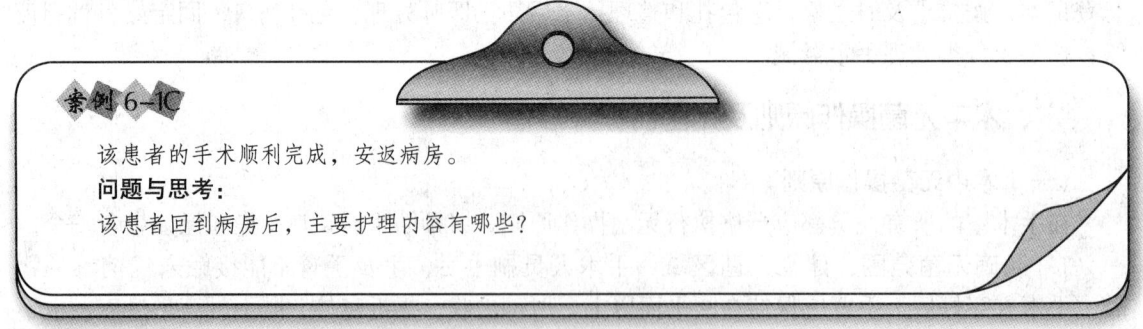

案例 6-1C

该患者的手术顺利完成，安返病房。
问题与思考：
该患者回到病房后，主要护理内容有哪些？

【护理评估】
（一）临床表现

评估患者术后的神志、呼吸和循环功能，肢体运动、感觉及皮肤色泽、温度等，综合判断麻醉苏醒程度。监测体温、脉搏、呼吸、血压、尿量、出入量和伤口愈合情况等，以判断术后恢复情况。评估所置引流管的种类、数目、引流部位，观察引流液的颜色、性状和量。评估有无切口疼痛、恶心呕吐、腹胀、呃逆、尿潴留等术后不适。评估是否发生了出血、术后感染、切口裂开、深静脉血栓形成等术后并发症。

(二)辅助检查

评估实验室检查或影像学检查等结果,判断患者的术后恢复状况,有无并发症发生。

(三)与疾病相关的健康史

评估患者的术中情况及麻醉方式,术中生命体征、出血、输血、补液以及留置引流管情况,以判断手术对机体的影响。

(四)心理社会状况

大多数患者在手术后即能脱离由于手术带来的焦虑和恐惧,并开始关注手术结果和术后康复。但是若患者在术后出现不适或并发症,影响病情康复,仍可能有紧张、焦虑、抑郁等不良情绪。如果手术使患者失去身体的某些部分或造成外观改变,如截肢和肠造口,患者会出现否认、愤怒、哭泣、悲观等情绪反应。

(五)治疗原则

评估术后主要治疗方法。

【主要护理诊断/合作性问题】

1. 疼痛　与手术创伤、切口疼痛有关。
2. 体液不足　与术中出血、失液或术后禁食、呕吐、引流等有关。
3. 低效性呼吸型态　与手术后患者卧床、活动量减少、疼痛、呼吸运动受限和使用镇静剂等因素有关。
4. 营养失调(低于机体需要量)　与术后禁食、分解代谢旺盛及摄入不足有关。
5. 潜在并发症:术后出血、感染、深静脉血栓等。

【护理措施】

(一)一般护理

1. 交接患者　与麻醉医师和手术室护士严格交接班。搬动患者动作要轻而稳,注意保护头颈、伤口、引流管及输液管道,正确连接并妥善固定引流管,注意保护患者隐私。

2. 安置卧位　根据麻醉、手术方式及患者的全身状况、手术部位选择合适的卧位。全身麻醉尚未清醒时应去枕平卧,头偏向一侧,避免发生误吸;蛛网膜下腔阻滞的患者,术后应去枕平卧或头低卧位6~8h,防止因脑脊液外渗所致头痛;硬脊膜外阻滞的患者术后应垫枕平卧4~6h。颅脑手术后如无休克或昏迷,可取15°~30°头高脚低斜坡位;颈、胸部手术后,多采用高半坐卧位,以利于呼吸和有效引流;腹部手术后,多取半坐卧位,以减轻腹壁张力;脊柱或臀部手术后多采用俯卧或仰卧位,应注意呼吸情况。

3. 病情观察　定时监测神志、生命体征、尿量等,观察伤口疼痛、渗血渗液情况,分析循环、呼吸、消化等重要系统的临床表现和测量指标,及时发现并发症并处理。病情重且不稳定或行大手术者应送入重症监护病房。

4. 饮食与营养　禁食期间遵医嘱静脉补充所需的液体和电解质,或给予肠内或肠外营养支持;术后应依据手术部位、麻醉方式和患者病情选择进食种类和进食方式。

(1)非腹部手术:体表、肢体及局麻下的手术,术后即可进食。大手术后全身反应较明显者,需2~3日后方可进食。蛛网膜下腔和硬脊膜外阻滞者,若无恶心、呕吐,术后3~6h即可进食。全身麻醉清醒后,无恶心、呕吐方可进食。

(2)腹部手术:胃肠道手术,待肠蠕动恢复、肛门排气后可开始进少量流质饮食,逐步增加到全量流质、半流质饮食,最后过渡到普食。胃切除术后患者应少量多餐。

5. 切口护理　观察切口有无渗血、渗液、血肿,有无红、肿、热、痛等感染征象,以及切口分类和愈合情况。若敷料污染应及时更换,切口化脓时需切开引流。

(1)切口的分类:分为三类。①清洁切口(Ⅰ类切口):缝合的无菌切口,如乳腺癌根治术切口;②可能污染的切口(Ⅱ类切口):手术时可能带有污染的缝合切口,如结直肠手术切口;③

污染切口（Ⅲ类切口）：邻近感染区或组织直接暴露于感染物的切口，如阑尾穿孔切除术切口。

（2）切口的愈合：分为三级。①甲级愈合：指愈合优良，无不良反应；②乙级愈合：切口处有炎症反应，如红肿、硬结、血肿、积液等，但未化脓；③丙级愈合：切口化脓需切开引流等处理。

（3）拆线时间：①一般头、面、颈部手术后4～5日拆线；②胸部、上腹部、背部、臀部为7～9日拆线；③下腹部、会阴部为6～7日拆线；④四肢为10～12日拆线（近关节处可适当延长）；⑤减张缝线为14日拆线，必要时可间隔拆线。青少年患者拆线时间可适当缩短，年老体弱、营养不良、糖尿病者则酌情延迟。

6. 引流管护理　区分各引流管放置的部位和目的，做好标记并妥善固定，保持引流通畅，观察记录引流液的量、色及性状，注意有无阻塞、扭曲、折叠和脱落并及时处理。告知患者及家属引流管的作用及注意事项，避免发生非计划性拔管。

7. 活动　根据患者的病情和耐受程度，鼓励其早期活动。麻醉清醒后，可鼓励患者在床上活动，如深呼吸、四肢活动、翻身等促进血液循环。病情许可时，鼓励并协助患者离床活动，下床前应固定好引流管，避免突然改变体位，防止发生晕厥或跌倒。如有休克、心力衰竭、出血、极度衰弱和特殊制动要求的患者，不宜早期活动。

8. 心理护理　根据患者社会背景、性格以及手术类型不同，对患者提供个性化的心理支持，克服消极情绪，帮助患者建立良好的心理状态，积极配合治疗和护理工作。

快速康复外科

快速康复外科的概念是指在术前、术中及术后应用各种已证实有效的方法减少手术应激及并发症，加速患者术后的康复。它是一系列有效措施的组合而产生的协同结果，许多措施已在临床应用，如围术期营养支持、重视供氧、不常规应用鼻胃管减压、早期进食、应用生长激素、微创手术等。

快速康复外科一般包括以下几个重要内容：①术前患者教育。②更好的麻醉、止痛及外科技术以减少手术应激反应、疼痛及不适反应。③强化术后康复治疗，包括早期下床活动及早期肠内营养。良好而完善的组织实施是保证其成功的重要前提，快速康复外科必须是一个多学科协作的过程，不仅包括外科医生、麻醉医师、康复治疗师、护士，也包括患者及家属的积极参与。

——快速康复外科的概念及临床意义. 中国实用外科杂志, 2007, 27（2）：131-133.

（二）术后不适的观察和护理

1. 切口疼痛　麻醉消失后，患者可感觉切口疼痛。一般术后1日内疼痛最为剧烈，2～3日后逐渐缓解。护士应关注和评估患者疼痛，行有效的疼痛干预措施。

2. 恶心、呕吐　常见原因包括：①麻醉反应，待麻醉作用消失后症状可消失；②腹部手术后胃肠道的刺激、腹胀等反射性引起恶心、呕吐；③药物因素，如单独静脉输复方氨基酸、脂肪乳剂等；④其他，如颅内压升高、糖尿病酮症酸中毒、低钾、低钠等。护理过程中应观察患者出现恶心、呕吐的时间及呕吐物的量、色、性状并做好记录。协助取合适体位，头偏向一侧，防止发生吸入性肺炎或窒息，遵医嘱使用镇静、镇吐药物。持续性呕吐者，应查明原因并及时处理。

3. 发热　手术后患者体温可略升高，幅度在0.5～1.0℃，一般不超过38℃，术后1～2日逐渐恢复正常，临床称之为外科手术热或吸收热。如果手术后3~6日发热，则提示有感染的可能，遵医嘱行降温处理，配合医师完善胸部X线摄片、B超、血培养等，寻找病因并及时处理。

4. 腹胀　手术后腹胀可随着胃肠功能恢复而缓解，若术后数日仍未排气伴严重腹胀，肠鸣音消失，可能为腹腔内炎症或肠粘连。应根据病情协助患者早期下床活动，促进胃肠功能恢复，病情允许可行低压灌肠促使排便、排气，必要时行胃肠减压。

5. 呃逆　多为暂时性，可能是神经中枢或膈肌直接受刺激所致。早期发生时可压迫眶上缘、抽吸胃内积气和积液、遵医嘱给予镇静或解痉药物。上腹部手术后若出现顽固性呃逆，应警惕是否发生了吻合口或十二指肠残端漏、膈下积液或感染，一旦诊断明确，需及时处理。

6. 尿潴留　若患者术后6~8h未排尿，耻骨上区叩诊有浊音，可确诊为尿潴留，应及时处理。若无禁忌，可协助其改变体位，如站立排尿或如厕，其次帮助患者建立排尿反射，如听流水声、下腹部热敷、按摩等。上述措施均无效时，在严格无菌操作下实施导尿术。

（三）术后并发症的观察和护理

1. 出血　常发生于术后1~2日内。可发生在手术切口、空腔器官及体腔内，若切口敷料被渗湿，或引流液为血性且每小时持续超过100ml即疑为术后出血。应及时检查伤口，若血液持续性涌出，或在拆除部分缝线后看到出血点，可明确诊断。腹部手术后腹腔内出血，早期临床表现可不明显，尤其未放置引流管者，应严密监测生命体征，必要时行腹腔穿刺确诊。对切口出血患者应更换敷料，适当加压包扎。如一旦确诊为术后内出血，应及时通知医师并迅速建立静脉通道快速输液、输血，必要时完善术前准备行手术止血。

2. 切口感染　常发生于术后3~4日。患者多表现为切口疼痛加重伴体温升高、白细胞计数增高，切口有红、肿、热、痛或波动感等。护理措施：①保持伤口敷料清洁干燥，及时换药，严格无菌操作技术；②保持引流管引流通畅；③加强营养，提高患者抗感染能力；④合理使用抗生素；⑤已形成脓肿者，应及时拆除部分缝线或置引流条引流脓液，争取二期愈合。

3. 切口裂开　多见于腹部及邻近关节处。常发生于术后1周左右或拆除皮肤缝线后24h内。主要原因有切口感染、营养不良、突然腹压增加，如用力排便、打喷嚏、咳嗽、呕吐、严重腹胀、切口处关节伸屈幅度过大。切口裂开时患者自觉切口剧痛和松弛感。预防措施：①手术前加强营养支持；②选择适当缝合方法，必要时延长拆线时间；③术后切口外适当用腹带或胸带包扎；④及时处理引起腹内压增高的因素，如腹胀、便秘等；⑤若切口完全裂开，安慰患者保持镇静，立即用无菌生理盐水纱布覆盖切口和腹带包扎，送入手术室重新缝合处理。若有肠管脱出，忌直接还纳，以免造成腹腔内感染。

4. 肺部感染　常发生在胸部和上腹部的手术后，特别是老年人、长期吸烟、术前合并急慢性呼吸道感染者。患者表现为发热，呼吸、心率加快，咳嗽，咳痰无力，氧饱和度降低等，肺部听诊有局限性湿啰音。护理措施：①教会患者保护伤口和有效咳嗽、咳痰方法，即用双手按压切口两侧以保护切口并减轻因咳嗽引起的疼痛，在数次短暂的轻微咳嗽后，再深吸气用力咳嗽、排痰。胸腹部手术后可用胸、腹带包扎，松紧适宜；②协助患者取半坐卧位，病情允许时尽早下床活动，行叩背排痰。对咳嗽无力或不敢用力咳嗽者，可在胸骨切迹上方用手指按压刺激气管，促使咳嗽；③行雾化吸入，2~3次/日；④遵医嘱应用抗生素和祛痰药物，摄入足够的水分。

5. 尿路感染　常见原因是尿潴留、长期留置导尿管或反复多次导尿。患者表现为尿频、尿急、尿痛，伴有或不伴有排尿困难等。护理措施：①术后指导患者尽量自主排尿；②留置导尿期间，保持会阴部清洁；③对尿路感染者，鼓励多饮水，保持每日尿量在1500ml以上；④根据细菌药敏试验结果选用有效抗生素，残余尿在500ml以上者应在无菌操作下留置导尿。

6. 深静脉血栓形成　患者可出现小腿轻度疼痛或有紧束感，或腹股沟区疼痛或压痛，继而患肢出现凹陷性水肿，沿静脉走向有触痛。一旦血栓脱落可引起肺动脉栓塞而死亡。护理措施：①卧床期间行肢体主动和被动运动，病情允许时可鼓励患者早期离床活动，促进静脉回流，防止血栓形成；②高危患者，可皮下注射小剂量肝素抑制血小板凝集，正确穿弹力袜以促进血液回流；③为减轻对血管壁的损伤，使用刺激性强的药物时应稀释后输入，尽量避免在下肢静脉输液。发生深静脉血栓后护理措施：①抬高患肢、制动，局部用50%硫酸镁溶液湿敷；②禁止局部按摩和热敷，以防血栓脱落；③遵医嘱输入低分子量右旋糖酐和丹参溶液，降低血液黏滞度，血栓形成3日以内者，遵医嘱行溶栓和抗凝治疗，定期检测出、凝血时间和凝血酶原时间。

（四）健康教育

1. **饮食** 恢复期患者摄入合理均衡的饮食，避免生硬及辛辣刺激性食物。
2. **用药指导** 需继续治疗者，指导患者遵医嘱正确服药，定期复查肝肾功能。
3. **休息与活动** 保证充足睡眠，活动量应从小到大、循序渐进，根据自身体质及术后恢复情况来制订活动计划，不宜过度疲劳。
4. **就诊和随访** 一般患者于手术后1~3个月到门诊随访1次，了解机体的康复程度及切口愈合情况。出现特殊情况时，及时到医院就诊。

小 结

1. **围术期护理** 包括术前护理、术中护理和术后护理。手术分为择期手术、限期手术、急诊手术三类。

2. **手术前期患者的护理** 对手术前患者应做好：①心理护理；②一般准备，如饮食与营养、环境与休息、协助完善术前检查、术前适应性训练、呼吸道准备、胃肠道准备、输血和补液、预防感染、手术区皮肤准备、术日晨护理等；③特殊准备，主要针对合并糖尿病、高血压等特殊情况患者进行。

3. **手术中患者的护理** 手术室的布局、设置、分区（非洁净区、准洁净区、洁净区）都有严格要求。手术人员必须遵守手术室的管理和消毒灭菌制度。患者的手术体位由手术部位所决定，术前应严格做好手术区皮肤消毒和手术区铺单。参加手术人员必须遵循外科手消毒、穿脱无菌手术衣、戴无菌手套和脱手套的方法要求。术前要严格认真核对患者各项信息，避免错误发生。手术室器械护士和巡回护士做好手术配合，遵循术中无菌操作原则，认真清点手术器械，确保手术顺利完成。

4. **手术后期患者的护理** 主要包括：①一般护理，如交接患者、安置体位、病情观察、饮食与营养、切口护理、引流管护理、活动、心理护理；②术后常见不适的观察和护理，如切口疼痛、恶心呕吐、发热、腹胀、呃逆、尿潴留等的护理；③术后并发症的观察和护理，如出血、切口感染、切口裂开、肺部感染、尿路感染、深静脉血栓形成等的预防和处理。

自测题

一、选择题

1. 不以高压蒸汽灭菌为首选灭菌方法的物品是
   A．布类物品
   B．持物钳
   C．腹腔镜
   D．搪瓷器皿
   E．手术刀片

2. 有关手术患者术后拆线的时间**错误**的是
   A．切口行减张缝合时约14日拆线
   B．头、面、颈部手术后7~10日拆线

C. 下腹部、会阴部手术为6～7日拆线

D. 四肢手术为10～12日拆线

E. 胸部、上腹部、背部、臀部手术为7～9日拆线

3. 无菌器械台的设置要求是

   A. 台面无菌巾共6层，下垂不少于30cm

   B. 台面无菌巾共4层，下垂不少于20cm

   C. 台面无菌巾共2层，下垂不少于30cm

   D. 台面无菌巾共8层，下垂不少于30cm

   E. 台面无菌巾共6层，下垂不少于20cm

4. 手术区备皮范围为包括切口周围的区域

   A. 5cm

   B. 10cm

   C. 15cm

   D. 20cm

   E. 25cm

5. 甲状腺手术患者术中的体位是

   A. 平卧位

   B. 头低位

   C. 侧卧位

   D. 头颈过伸位

   E. 头高脚低位

6. 手术人员穿好手术衣、戴好无菌手套后，双手应保持在

   A. 视线范围内

   B. 胸前，且双肘内收靠近体侧

   C. 交叉于腋下

   D. 高举于头前

E. 腰部

7. 肾手术备皮的范围是

   A. 上自乳头水平线，下至耻骨联合，两侧至腋后线

   B. 上自剑突下，下至耻骨联合，前后均过正中线

   C. 上自乳头水平线，下至髂前上棘水平，前后均过正中线

   D. 上自乳头水平线，下至尾骨连线，前后均过正中线

   E. 上自乳头水平线，下至耻骨联合，前后均过正中线

8. 对合并有心血管疾病的患者手术前准备正确的是

   A. 有心律失常者可不予处理

   B. 高血压者应停服降压药物

   C. 心力衰竭患者在症状控制后2周可手术

   D. 急性心肌梗死患者3个月后可择期手术

   E. 血压过高者应使血压下降并维持在一定水平，但不要求降至正常

9. 对术后发生深静脉血栓患者护理措施中**错误**的是

   A. 抬高患肢、制动，局部用50%硫酸镁溶液湿敷

   B. 局部行按摩和热敷，促进静脉回流

   C. 遵医嘱输入低分子量右旋糖酐和丹参溶液，降低血液黏滞度

   D. 血栓形成3日以内者，遵医嘱行溶栓和抗凝治疗

   E. 溶栓治疗期间，定期检测出、凝血时间和凝血酶原时间

二、案例题

女性，65岁，在全麻下行胆总管切开取石术后第1天。查体：T 37.9℃，P 106次/分，R 24次/分，BP 135/78mmHg。测血氧饱和度为92%。患者诉胸闷、咳嗽、咳痰无力，肺部听诊有局限性湿啰音。

请问：（1）该患者目前最主要的护理诊断/合作性问题是什么？

（2）护理要点是什么？

（张东云）

第七章 外科感染患者的护理

学习目标

通过本章内容的学习,学生应能:

◆ 识记

1．复述外科感染、脓毒症、菌血症的概念。
2．列举外科感染的分类及特点。
3．描述常见外科感染的临床表现及治疗原则。

◆ 理解

比较外科特异性感染和非特异性感染的异同点。

◆ 运用

评估外科感染患者并为其制订护理计划。

外科感染（surgical infection）一般指需要手术治疗的感染性疾病和发作于创伤或手术后的感染。在外科领域中最常见，占所有外科疾病的 1/3～1/2。外科感染一般具有以下特点：①多数为几种细菌引起的混合感染，少数在感染早期为单一细菌所致，以后发展为几种细菌的混合感染。②大部分有明显而突出的局部症状和体征。③感染常集中在局部，发展后可导致化脓、坏死等，使组织遭到破坏，最终形成瘢痕组织而影响局部功能。

按致病菌种类分为非特异性感染和特异性感染。非特异性感染，又称化脓性感染或一般感染，如疖、痈、急性阑尾炎等，常见致病菌有葡萄球菌、链球菌、大肠埃希菌等，其特点是：①同一种致病菌可以引起几种不同的化脓性感染，如金黄色葡萄球菌能引起疖、痈、脓肿等。②不同的致病菌又可引起同种疾病，如金黄色葡萄球菌、链球菌和大肠埃希菌都能引起急性蜂窝织炎、脓肿、伤口感染等。③表现为化脓性炎症的共同特征，即红、肿、热、痛和功能障碍。特异性感染是由特异的致病菌如结核分枝杆菌、破伤风梭菌、产气荚膜杆菌、炭疽芽胞杆菌等引起，其特点是一种致病菌引起一种特定的感染，不同菌引起的感染其病程演变、防治措施各有其特点。

按感染病程分为急性、慢性和亚急性感染。①急性感染：病变以急性炎症为主，病程在 3 周以内。大多数非特异性感染属于此类。②慢性感染：病程超过 2 个月的外科感染，部分急性感染迁延不愈可转为慢性感染。③亚急性感染：病程介于急性与慢性感染之间。

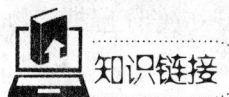

知识链接

外科感染的病理生理

感染发生后，受损细胞变质，释放多种炎症介质和细胞因子，局部出现充血、渗出、组织坏死、增生，部分炎症介质、细胞因子和细菌毒素等进入血流，引起全身性炎症反应。疾病的转归与致病菌毒力、人体抵抗力有关，有3种结局：①当人体抵抗力占优势时，感染局限、吸收或形成脓肿；②当人体抵抗力与致病菌毒力相当时，感染可转为慢性，每当机体抵抗力下降时即可急性发作；③当致病菌毒力占优势时，感染扩散，甚至引起严重的全身感染。

第一节　浅部软组织化脓性感染

一、疖

疖（furuncle）是单个毛囊及其所属皮脂腺的急性化脓性感染，常扩展到皮下组织。多发生于毛囊和皮脂腺丰富的部位，如头、面部、颈部、背部、腋部、腹股沟部及会阴和小腿，致病菌多为金黄色葡萄球菌和表皮葡萄球菌。多个疖同时或反复发生在身体不同部位，称为疖病，常见于营养不良的小儿或糖尿病患者。

【护理评估】

（一）临床表现

初起为红、肿、热、痛的小结节，以后渐增大呈圆锥形隆起，数日后结节中央组织坏死而变软，出现黄白色小脓栓，之后脓栓脱落排出脓液，炎症逐渐消退而痊愈。

疖一般无全身症状，发生在面部"危险三角区"的疖（上唇疖、鼻疖）被挤压或处理不当时，感染容易沿内眦静脉和眼静脉进入颅内的海绵状静脉窦，引起化脓性海绵状静脉窦炎，出现眼部及其周围组织的进行性红肿和硬结，伴有疼痛和压痛，患者有头痛、寒战、高热甚至昏迷，死亡率很高，应引起重视。

（二）辅助检查

1. 血常规检查　发热患者的血常规检查示白细胞计数和中性粒细胞比例增高。

2. 脓液细菌培养　对于疖病患者，可将其疖的脓液做细菌培养及药物敏感试验以明确致病菌种类。

（三）与疾病相关的健康史

评估患者年龄，是否患有糖尿病、低蛋白血症，是否服用免疫抑制剂，有无皮肤不洁、局部擦伤或摩擦、环境温度较高或机体抗感染能力降低等情况。

（四）心理社会状况

患者可担心生长在身体外露部位的疖会影响外表美观。若生长在危险三角区的疖处理不当引起化脓性海绵状静脉窦炎，患者可有担心、焦虑甚至恐惧。

（五）治疗原则

1. 促进炎症消退　初期可用热敷、超短波、红外线等理疗方法，也可将加油调成糊状的中药金黄散、玉露散或鱼石脂软膏敷在患处。

2. 及早排脓　已出现脓栓或有波动感者，在其顶部涂苯酚（石炭酸）或用针头、刀尖切开皮肤，加速脓栓脱落、脓液流出和局部病灶愈合，切忌挤压。

3. 抗菌治疗　若出现发热、头痛，应用有效抗菌药治疗。有糖尿病者还应给予降糖药物或胰岛素治疗。

【主要护理诊断/合作性问题】

1. 潜在并发症：颅内化脓性海绵状静脉窦炎。
2. 知识缺乏：缺乏预防疖发生的知识。

【护理措施】

保持病变局部皮肤的清洁。遵医嘱外敷药物或全身应用抗菌药物。对已溃破或手术切开引流的疖肿，及时换药，保持引流通畅。告诉患者对"危险三角区"的疖肿禁止挤压，以免发生颅内感染。对糖尿病患者应遵医嘱给药，积极控制血糖。

为了预防疖的发生，平时应保持皮肤清洁，避免皮肤外伤；在炎热环境中工作和生活，应避免汗渍过多，勤洗澡并及时更换内衣；积极控制血糖，治疗糖尿病；婴儿更应注意保护皮肤，避免表皮受伤。

二、痈

痈（carbuncle）是多个相邻毛囊及其所属皮脂腺或汗腺的急性化脓性感染，或由多个疖融合而成。痈常发生在颈部、背部等厚韧皮肤处。颈部痈俗称"对口疮"，背部痈俗称"搭背"，致病菌多为金黄色葡萄球菌。本病多见于中老年人，以老年人居多，糖尿病患者也易患痈。

【护理评估】

（一）临床表现

痈呈一片稍隆起的紫红色浸润区，质韧，界线不清，中央部表面有多个凸出点或脓点，疼痛较轻。以后，痈向四周和深部发展，周围呈浸润性水肿，局部淋巴结可有肿大和疼痛，患者多有畏寒、发热、食欲不振等明显的全身症状。随着脓点增大增多，中央部可破溃出脓、坏死脱落，使疮口呈蜂窝状。病变处肉芽组织增生较少见，很难自行愈合。若延误治疗，病变可扩大加重，出现严重的全身感染中毒表现。唇痈可导致颅内化脓性海绵状静脉窦炎，应高度重视。

（二）辅助检查

参见"疖"。

（三）与疾病相关的健康史

参见"疖"。

（四）心理社会状况

由于痈的创面较深较大，患者可担心病情难以控制，甚至合并全身性感染。唇痈者可担心会继发颅内化脓性海绵状静脉窦炎，甚至造成生命危险。

（五）治疗原则

1. 全身治疗　适当休息，加强营养，选用有效抗菌药物。对糖尿病患者应根据病情同时给予胰岛素和控制饮食等治疗。
2. 局部处理　初期与疖治疗相同。如红肿范围大，中央部坏死组织多或全身症状重，应作"+"或"++"形切口切开引流。但唇痈不宜采用。

【主要护理诊断/合作性问题】

1. 体温过高　与病菌感染有关。
2. 疼痛　与炎症刺激有关。

【护理措施】

高热时采用物理降温或遵医嘱给予退热药物，并监测体温变化。疼痛严重者可遵医嘱给予止痛药。其他护理措施参见"疖"。

三、急性蜂窝织炎

急性蜂窝织炎（acute cellulitis）指皮下、筋膜下、肌间隙或深部疏松结缔组织的急性弥漫性化脓性感染。主要致病菌为溶血性链球菌。一般由局部化脓性病灶扩散所致，也可因软组织损伤引起。其特点是扩散迅速，不易局限，与周围组织无明显界线。因发生部位不同，可出现不同的临床表现，并伴有严重全身感染中毒症状。

【护理评估】

（一）临床表现

病变表浅者，局部明显红肿、剧痛，病变区与正常皮肤无明显界线，病变中央常因缺血而发生坏死。深部感染者，皮肤红肿多不明显，但有表面组织水肿和深部压痛，多伴有寒战、发热、头痛、全身无力等全身症状。

口底、颌下和颈部的急性蜂窝织炎在小儿多见，可发生喉头水肿和压迫气管，引起呼吸困难而窒息。由厌氧菌引起的蜂窝织炎在下腹和会阴部较多见，局部可有捻发音，又称"捻发音性蜂窝织炎"，组织和筋膜坏死，脓液恶臭，有中毒症状。

（二）辅助检查

参见"疖"。

（三）与疾病相关的健康史

评估有无皮肤损伤，或手、足等处的化脓性感染，是否受到过局部污染。其他参见"疖"。

（四）心理社会状况

口底、颌下和颈部急性蜂窝织炎患者或其家属可能因担心呼吸困难和窒息而心情紧张。厌氧菌感染者可由于局部捻发音和脓液异味而有自卑感。

（五）治疗原则

抗炎治疗一般先使用新青霉素或头孢菌素类抗菌药物，若怀疑有厌氧菌感染则加用甲硝唑。早期患处应制动，用50%硫酸镁、黄金散或鱼石脂软膏等湿敷。若脓肿形成则需切开引流。口腔底部、颌下急性蜂窝织炎经短期积极的抗炎治疗无效时，应及早吸氧、切开减压引流，以防窒息。对产气性皮下蜂窝织炎的伤口应给予3%过氧化氢溶液冲洗和湿敷，并采取隔离治疗措施。

【主要护理诊断/合作性问题】

1. 体温过高　与病菌感染有关。
2. 潜在并发症：窒息。

【护理措施】

若为四肢的病变，应抬高患肢，以减轻疼痛。进食困难者遵医嘱补液维持营养和体液平衡。对口底、颌下、颈部蜂窝织炎者应注意观察呼吸状况，若有呼吸急促、呼吸困难、窒息等症状，应及时给予吸氧或辅助通气等急救措施。对产气性皮下蜂窝织炎者应采取隔离措施。其他护理措施参见"疖"和"痈"。

四、急性淋巴管炎和急性淋巴结炎

致病菌从破损皮肤或黏膜侵入，或由其他感染病灶（疖、足癣等）侵入，经组织的淋巴间隙进入淋巴管内，引起淋巴管和淋巴结的感染，即为急性淋巴管炎(acute lymphangitis)和急性淋巴结炎(acute lymphadenitis)。常见致病菌为金黄色葡萄球菌和乙型溶血性链球菌。急性淋巴管炎分为网状淋巴管炎（丹毒）和管状淋巴管炎。乙型溶血性链球菌所致皮内网状淋巴管的急性炎症称为丹毒（erysipelas）。

【护理评估】

(一)临床表现

1. 局部表现

(1)急性网状淋巴管炎:致病菌毒性强,扩散快,好发于面部和小腿。局部皮肤出现片状红疹,且鲜红,中心较淡,边缘清楚,略高于正常皮肤,压之褪色,松开即复红,红肿处伴有痒感或烧灼感,有时出现水疱。当红肿向周围扩散时,中央区颜色逐渐消退转为棕黄色,表面脱屑痊愈,不化脓。若病情反复发作可使下肢淋巴管阻塞,发生象皮肿。

(2)急性管状淋巴管炎:常见于四肢,以下肢多见,常因足癣而致。可分浅、深两种。皮下浅层急性淋巴管炎,在病灶表面出现一条或多条"红线",触之硬而有压痛。深层急性淋巴管炎无表面红线,但患肢肿胀,有条形触痛区。

(3)急性淋巴结炎:初期局部淋巴结肿大、疼痛和触痛,与周围软组织分界清楚,表面皮肤正常。轻者常能自愈,感染加重时多个淋巴结可融合形成肿块,疼痛加重,表面皮肤发红、发热。脓肿形成时有波动感,少数可破溃流脓。

2. 全身反应 因致病菌毒力和原发感染程度而不同,可有寒战、高热、头痛、全身不适等症状。

(二)辅助检查

1. 血常规检查 血白细胞计数和中性粒细胞比例增高。

2. 脓液细菌培养 严重淋巴结炎形成脓肿时,穿刺抽得脓液做细菌培养及药物敏感试验。

(三)与疾病相关的健康史

评估患者是否有皮肤或黏膜损伤、口腔溃疡、鼻窦炎、足癣,以及疖、痈、急性蜂窝织炎等原发感染。

(四)心理社会状况

由于病情发展迅速,局部肿痛和发热可影响患者的工作和生活,导致紧张不安。为了预防交叉感染,接触丹毒患者或换药前后需要洗手消毒,患者可有被孤立的感觉。

(五)治疗原则

卧床休息,抬高患肢,积极治疗原发感染病灶。局部外敷黄金散、玉露散,或用50%硫酸镁、呋喃西林溶液湿敷。全身应用有效抗菌药物,局部和全身症状消失后继续用药3~5天,以防复发。急性淋巴结炎未形成脓肿前可暂不处理,形成脓肿后应穿刺抽脓或切开减压引流。

【主要护理诊断/合作性问题】

1. 体温过高 与感染有关。

2. 潜在并发症:脓毒症。

3. 知识缺乏:缺乏预防感染的知识。

【护理措施】

卧床休息,肢体抬高。遵医嘱外敷药物或全身应用抗菌药物。脓肿切开引流后及时伤口换药。在接触丹毒患者或换药后必须洗手消毒,以防交叉感染。日常生活中应注意皮肤清洁,及时处理小创口。积极治疗足癣、溃疡、鼻窦炎等疾病,以预防急性淋巴管炎和淋巴结炎的发生。其他护理措施参见"疖"和"痈"。

第二节 手部急性化脓性感染

手部的急性化脓性感染包括甲沟炎、脓性指头炎、化脓性腱鞘炎、化脓性滑囊炎和掌深间隙感染等,其致病菌多为金黄色葡萄球菌。

【护理评估】
(一)临床表现
1. 甲沟炎 发病初期指甲一侧的皮下组织红肿,并有轻微疼痛,有的可自行消退,有的感染可蔓延至甲根部的皮下和对侧甲沟,形成半环形脓肿。如不切开引流,脓肿向下蔓延可形成甲下脓肿,在指甲下可见到黄白色脓液,使该部指甲与甲床分离,处理不当可成为慢性甲沟炎或指骨骨髓炎。但甲沟炎多无全身症状。
2. 脓性指头炎 初期,指尖有针刺样疼痛,以后组织肿胀,压力增高,疼痛剧烈。当指动脉受压,疼痛转为搏动性跳痛,患肢下垂时加重,剧痛使患者烦躁不安,彻夜难眠。多伴有发热等全身症状。如不及时治疗,末节指骨可因缺血而发生坏死,形成慢性骨髓炎,伤口经久不愈。
3. 化脓性腱鞘炎 病情发展迅速,24h 后患指疼痛及局部炎症反应即较明显,多伴有发热、头痛、不适以及白细胞计数增高等急性炎症表现。典型的腱鞘炎体征为:①患指除末节外,呈明显的均匀性肿胀,皮肤极度紧张;②患指所有的关节轻度弯曲,常处于腱鞘松弛位置,以减轻疼痛;③任何微小的被动伸指运动均能引起剧烈疼痛;④整个腱鞘均有压痛,因腱鞘坚韧,故不出现波动。
4. 化脓性滑囊炎 由于拇指与小指的腱鞘分别与桡、尺侧滑囊相通,因此,此两处化脓性腱鞘炎可迅速发展为桡、尺侧化脓性滑囊炎。因两侧滑囊相同,因此感染可相互播散。尺侧滑囊炎表现为:①小鱼际和小指腱鞘区肿胀、压痛;②小指和环指呈半屈曲状,被动伸直时剧痛。桡侧滑囊炎的表现为:①鱼际和拇指腱鞘区肿胀、压痛;②拇指肿胀、微屈、不能外展和伸直。全身症状似化脓性腱鞘炎。
5. 掌深间隙感染 ①掌中间隙感染:手掌心凹陷消失,出现肿胀、隆起,皮肤紧张、发白;压痛明显,掌背和指蹼肿胀更明显;中指、环指和小指呈半屈曲状态,被动伸直可引起剧痛。②鱼际间隙感染:鱼际和虎口(拇指与示指之间的指蹼)明显肿胀、疼痛和压痛,但掌心凹陷存在;示指与拇指微屈,拇指不能对掌;被动伸直时剧痛。患者均有发热、头痛、脉搏快、白细胞计数增加等全身感染症状,还可继发肘内或腋窝淋巴结肿大和触痛。

(二)辅助检查
1. 血常规检查 全身感染时可有血白细胞计数和中性粒细胞比例增高。
2. X 线检查 感染手指的 X 线摄片可明确有无指骨坏死。
3. 超声检查 手掌的超声检查可显示肿胀腱鞘和积存的液体。

(三)与疾病相关的健康史
评估患者手部有无轻微的刺伤、挫伤、倒刺、剪指甲过深、手足癣等损伤,评估手部受伤的位置、时间、程度、治疗方法等。

(四)心理社会状况
手是从事多种活动的重要器官,手部感染时患处可有剧烈疼痛,病变还可能影响手的功能,严重者可以致残,因此患者和家属可有紧张甚至焦虑情绪。

(五)治疗原则
发病早期可热敷、理疗,外敷鱼石脂软膏、金黄散,酌情使用抗菌药物,脓肿形成后应及时切开引流。

【主要护理诊断/合作性问题】
1. 疼痛 与炎症刺激、局部组织肿胀、压迫神经纤维有关。
2. 潜在并发症:指骨坏死、肌腱坏死、手功能障碍。

【护理措施】
1. 疼痛护理
(1)制动并抬高患肢,有利于改善局部血液循环,促进静脉和淋巴回流,减轻炎性充血、水肿，缓解疼痛。

（2）创面换药时，操作轻柔、仔细，尽量让患者放松。对敷料贴于创面者，可用无菌生理盐水浸泡患指敷料后换药，以减轻疼痛。

（3）指导患者自我缓解疼痛，以分散其注意力为主，如听音乐、看书等。

（4）提供安静、舒适的休息环境，按医嘱及时、准确使用镇定止痛剂。

2. 控制感染的护理

（1）了解患者药物敏感史，遵医嘱及时、准确应用抗菌药物，并根据细菌培养、药敏试验结果及创面变化，及时调整用药。

（2）脓肿切开者，应观察伤口引流情况，引流物的性状、颜色及量等，及时更换敷料。

3. 病情观察

（1）观察手部局部症状，尤其对在炎症进展期疼痛反而减轻者，应警惕腱鞘组织坏死或感染扩散的发生。对经久不愈的创面，应定期做脓液细菌培养及X线摄片检查，以警惕骨髓炎的发生。

（2）严密监测体温、脉搏、血压的变化，及时发现和处理全身性感染。

4. 功能锻炼　炎症开始消退时，指导患者活动患处附近的关节，尽早恢复手部功能。可同时理疗，以免手部固定过久而影响关节功能。

5. 健康教育　注意安全操作，做好劳动保护，尽量避免和减少手部受伤。如果受伤，即使损伤轻微也要及时处理。

第三节　全身性感染

全身性感染是指致病菌侵入人体血液循环，并在体内生长繁殖或产生毒素而引起的严重的全身性感染或中毒症状，通常指脓毒症和菌血症。脓毒症(sepsis)是指伴有全身性炎症反应，如体温、循环、呼吸等明显改变的外科感染的统称；在此基础上，血培养检出致病菌者，称为菌血症(bacteremia)。

全身性感染通常为继发性。引起全身性感染的主要原因是致病菌的数量多、毒力强和(或)人体抵抗力下降。常继发于严重创伤后的感染和各种化脓性感染、体内长期置管和不适当地应用抗菌药物和激素等。常见致病菌包括：①革兰阴性杆菌，常见的有大肠埃希菌、铜绿假单胞菌、变形杆菌等；②革兰阳性球菌，以金黄色葡萄球菌最常见，其次为表皮葡萄球菌和肠球菌；③无芽胞厌氧菌；④真菌，外科真菌感染多属于条件致病菌感染。常基于持续应用抗菌药物，特别是广谱抗菌药物的情况下，真菌过度生长；亦可因疾病严重、应用免疫抑制药、激素等，使机体免疫功能进一步削弱所致。

【护理评估】

（一）临床表现

全身性感染包括三个方面，即原发感染病灶、全身炎症反应和器官灌注不足。共有的表现有：①起病急、病情重、发展快；②出现全身中毒症状，如骤起寒战后高热、头痛、头晕、恶心、呕吐、腹泻、食欲缺乏，甚至出现感染性休克；③心率加快、脉搏细速、呼吸急促或困难；④肝脾可增大，严重者出现黄疸和皮下出血瘀斑等。若病情发展，感染未能控制，则可能出现感染性休克和多器官功能不全甚至衰竭。

（二）辅助检查

实验室检查可见：①血白细胞计数显著增高，常达$(20\sim30)\times10^9$或以上，或降低、核左移、幼稚型增多，出现毒性颗粒。②可有不同程度的氮质血症、溶血，尿中出现蛋白、管型和酮体等代谢失衡和肝肾功能受损的征象。③寒战、高热时做血液细菌或真菌培养，较易发现致病菌。

（三）与疾病相关的健康史

评估患者是否有严重创伤、局部感染及化脓性感染；有无免疫缺陷、营养不良、糖尿病等全身性疾病；有无静脉内留置导管；有无长期应用广谱抗菌药物、免疫抑制剂、皮质激素或抗癌药物等用药史。

（四）心理社会状况

由于起病急、发展快，患者和家属常有焦虑、恐惧等心理反应，因此应评估患者和家属对疾病和拟采取治疗方案的认识程度。

（五）治疗原则

主要是提高患者全身抵抗力和消灭病原菌。具体包括：

1．及时处理原发病灶，去除伤口内坏死或明显挫伤的组织，切开引流。

2．早期、足量、联合应用抗菌药物，对真菌性败血症除应用抗菌药物外，全身应用抗真菌药物。

3．提高全身抵抗力，包括反复多次输新鲜血，纠正水、电解质平衡失调，补充维生素，进食高热量、易消化的食物。

4．对症处理，如降温、抗体克治疗。

【主要护理诊断/合作性问题】

1．体温过高　与致病菌感染有关。

2．营养失调（低于机体需要量）　与营养摄入不足、消耗性代谢增加有关。

3．潜在并发症：感染性休克、水电解质代谢紊乱。

【护理措施】

1．严密观察病情　监测生命体征，观察患者面色、神志以及全身症状的变化，警惕感染中毒性休克的发生。在患者寒战高热时采血做细菌或真菌培养。已接受抗菌药物治疗者血液培养不一定阳性，应多次检查。

2．一般护理　严格无菌操作，避免继发其他感染。提供营养支持，充分休息，物理降温或遵医嘱药物降温。遵医嘱给予抗菌药、镇静催眠药和静脉补液等治疗。

第四节　破 伤 风

破伤风（tetanus）是指破伤风梭菌侵入人体伤口并生长繁殖、产生毒素而引起的一种特异性感染。常继发于各种创伤，亦可发生于不洁条件下分娩的产妇和新生儿。破伤风梭菌为革兰阳性厌氧芽胞杆菌，广泛存在于泥土和人畜粪便中。破伤风的发生除与细菌毒力强、数量多或人体缺乏免疫力等因素有关外，伤口缺氧是一个非常重要的因素。当伤口因狭深、缺血、坏死组织多、血块堵塞，或堵塞过紧、引流不畅等因素而形成一个适合该菌生长繁殖的缺氧环境，尤其同时混有其他需氧菌感染而消耗伤口内残留的氧气时，更利于破伤风的发生。

案例 7-1A

男性，43岁，足底被钉子刺伤7天后，出现张口困难，全身肌肉强直性收缩，阵发性痉挛。

体检：T 36.8℃，P 80次/分，R 18次/分，BP 110/70mmHg。神志清楚，张口困难，苦笑面容，颈项强直，角弓反张，半握拳姿态。

问题与思考：

该患者护理评估内容有哪些？

【护理评估】

（一）临床表现

1. 潜伏期　平均6～10天，最短24h，最长可达数月。偶可发病于摘除存留在体内多年的异物如弹片后。新生儿破伤风一般在断脐带后7天左右发病，故称"七日风"。潜伏期越短，预后越差。

2. 前驱期　无特征性表现，患者感觉乏力、头晕、头痛、咀嚼肌紧张、烦躁不安、打呵欠等。以张口不便为特点，一般持续12～24h。

3. 发作期　典型症状主要是肌肉持续性收缩和阵发性痉挛。①肌肉持续收缩或僵硬，从咀嚼肌开始逐渐扩展。患者相继出现咀嚼不便，张口困难，随后牙关紧闭，面肌痉挛，可出现蹙眉、口角下缩、咧嘴等所谓"苦笑面容"；颈项肌痉挛时可出现颈项强直、头后仰；背腹肌同时收缩时因背肌力量较强，故腰部前凸，头足后屈，形如背弓，称为角弓反张；四肢肌收缩时因屈肌比伸肌有力，故肢体出现屈膝、弯肘、半握拳姿势。②全身性肌肉痉挛，在持续性收缩的基础上任何轻微的刺激，如声、光、触动、震动等均能诱发全身肌群的痉挛，发作时患者颜面发绀、大汗淋漓、口吐白沫、流涎、磨牙、头频频后仰，躯干呈角弓反张，发作可持续数秒或数分钟不等。间歇期长短不一，病情严重时，发作频繁，持续时间长，间歇时间短。强烈的肌痉挛可引起骨折、尿潴留、窒息，还可并发肺部感染、酸中毒、循环衰竭等严重并发症，导致死亡。③患者神志始终清楚，感觉也无异常。

病程一般3～4周，自第2周后，随着病程的延长，症状逐渐减轻，但肌紧张与反射亢进的现象仍可继续一段时间。恢复期间还可出现一些精神症状，如幻觉，言语、行为错乱等，但多数能自行恢复。

（二）辅助检查

伤口渗出物做涂片检查可发现破伤风梭菌。

（三）与疾病相关的健康史

评估患者发病前的开放性损伤史，如火器伤、开放性骨折、木刺或锈钉刺伤，以及有无不洁生产和新生儿脐带消毒不严等。评估伤口的开口大小、深度、污染程度、是否进行过清创和破伤风被动免疫注射。

（四）心理社会状况

了解患者有无焦虑、恐惧甚至濒死感，在隔离性治疗时患者是否感到孤独和无助，了解家属对疾病的认知情况及对患者的社会支持程度。

（五）治疗原则

1. 清除毒素来源　在良好麻醉、控制痉挛的基础上，进行彻底的清创术。清除坏死组织和异物后，敞开伤口，充分引流，局部可用3%过氧化氢溶液冲洗。对于伤口已愈合者，必须仔细检查痂下有无窦道或无效腔。

2. 中和游离毒素

（1）破伤风抗毒素：可中和游离的毒素，但若破伤风毒素已与神经组织结合，则难以起效，故应尽早使用。常规用量是1～6万U加入5%葡萄糖溶液500～1000ml经静脉缓慢滴入。剂量不宜过大，以免引起血清反应。用药前应做皮内过敏试验。

（2）破伤风人体免疫球蛋白：早期应用有效，一般只用1次，剂量为3000～6000U。

3. 控制和解除痉挛　是治疗的重要环节，根据病情可交替使用镇静及解痉药物，以减少患者的痉挛和痛苦。常用药物有10%水合氯醛20～40ml保留灌肠，0.1～0.2g苯巴比妥钠肌内注射，10～20mg地西泮肌内注射或静脉滴注，一般每日1次。痉挛发作频繁不易控制者，可用2.5%硫喷妥钠0.25～0.5g缓慢静脉注射，但需警惕发生喉头痉挛和呼吸抑制。另外，新生儿破伤风要使用镇静解痉药物，应酌情使用洛贝林、尼可刹米等。

4. 防治并发症 补充水和电解质以纠正因消耗、出汗及不能进食等导致的水和电解质代谢失调。选用合适的抗菌药预防其他继发感染。对于症状严重者尽早行气管切开术，以便改善通气，有效清除呼吸道分泌物，必要时行人工辅助呼吸。

5. 预防 创伤后早期彻底清创，改善局部循环，是预防的关键。此外，还可通过人工免疫使机体产生稳定的免疫力，包括自动和被动免疫两种方法。

（1）自动免疫法：也称主动免疫法，以安全可靠的破伤风类毒素为抗原，注射后可产生相当高的抗体，应推广接种。小儿时本病的主动免疫可与白喉、百日咳等疫苗联合应用而获得，合称"白百破"疫苗。

（2）被动免疫法：未接受自动免疫者，伤后尽早皮下注射破伤风抗毒素(tetanus antitoxin，TAT)1500～3000U。但由于作用时间较短，对伤口较深、潜在厌氧菌感染者，应在1周后追加注射1次TAT。TAT过敏试验阳性者，应按脱敏法注射。每次注射后须观察有无面色苍白、皮肤瘙痒、皮疹，有无打喷嚏、关节疼痛和血压下降等。一旦发生应立即停止注射TAT，同时皮下注射肾上腺素1mg并做好对症处理。

案例 7-1B

该患者明确诊断为破伤风。患者反复出现口齿紧闭、无法进食、全身抽搐等症状。

问题与思考：

此时应如何观察和护理该患者？

【主要护理诊断/合作性问题】

1. 有窒息的危险 与喉肌痉挛、声门紧闭及呼吸肌痉挛有关。
2. 有受伤的危险 与肌肉强烈痉挛有关。
3. 营养失调（低于机体需要量） 与营养摄入不足、能量消耗增加有关。

【护理措施】

（一）一般护理

1. 环境要求 将患者置于隔离病室，室内遮光，保持安静。温度15～20℃，湿度约60%。病室内的急救药品和物品准备齐全，以便及时处理一些严重的并发症，如呼吸困难、窒息等。

2. 减少外界刺激 医护人员要走路轻、语声低、操作稳、使用器具无噪声。护理治疗安排集中而有序，尽量在痉挛发作控制的一段时间内完成。减少探视，避免干扰患者。

3. 保持静脉输液通路通畅 在每次抽搐发作后检查静脉通路，防止因抽搐致静脉通路堵塞、脱落而影响治疗。

4. 严格消毒隔离 严格执行无菌操作技术，护理人员应穿隔离衣，严格消毒，更换下的伤口敷料应予焚烧，防止交叉感染。

（二）呼吸道管理

及时清理呼吸道，进食时注意避免呛咳、误吸。对抽搐频繁、药物不易控制的严重患者，应尽早行气管切开，以便改善通气，必要时进行人工辅助呼吸。

（三）防止受伤

1. 防止患者坠床 使用带护栏的病床，必要时设专人护理。
2. 采取必要的保护措施 必要时使用约束带固定患者，关节部位放置软垫，应用合适牙垫等，防止患者自我伤害。

3. 严密观察病情　设专人定时监测生命体征，观察痉挛发作征兆，记录抽搐的发作时间、次数、症状等，并及时报告和处理。

（四）加强营养

协助患者进食高热量、高蛋白、高维生素的饮食，进食应少量多次。病情严重者，通过肠内、肠外营养来维持正常需要。

（五）人工冬眠护理

应用人工冬眠过程中，做好各项监测，随时调整冬眠药物的用量，使患者处于浅睡眠状态。

（六）对症处理

对尿潴留患者应留置导尿，高热患者给予物理和药物降温。

（七）健康教育

1．避免身体外伤，避免不洁生产。

2．儿童定期接受自动免疫。

3．发生下列情况及时就医和注射破伤风抗毒素。①较深伤口和深部感染，如锈钉刺伤、化脓性中耳炎；②伤口虽然浅，但沾染人畜粪便或污土；③未经严格消毒的急产或流产等。

小结

一、外科感染分类

按致病菌种类分为非特异性感染和特异性感染。按感染病程分为急性感染、慢性感染和亚急性感染。

二、浅部组织的化脓性感染

1．病因　与皮肤不洁、擦伤、环境温度较高或机体抗感染能力降低有关。

2．临床表现　主要包括疖、痈、急性蜂窝织炎、急性淋巴管炎和急性淋巴结炎。主要为局部表现，感染严重可出现全身症状。面部危险三角区的疖或唇痈被挤压或处理不当时可能引起化脓性海绵状静脉窦炎。口底、颌下和颈部的急性蜂窝织炎可引起呼吸困难而窒息。由厌氧菌引起的蜂窝织炎在局部可有捻发音。急性网状淋巴管炎（丹毒）反复发作可导致象皮肿。急性管状淋巴管炎患者可有皮下"红线"。

3．治疗原则　初期进行局部理疗或外敷药物，避免炎症扩散。脓肿形成应及时切开引流。必要时遵医嘱给予抗生素。

4．护理　观察病情变化，对症处理，做好伤口换药和切开引流的护理，做好健康教育，指导患者注意个人卫生，提高机体抵抗力。

三、手部急性化脓性感染

1．病因　常发生在微小刺伤、挫伤、逆剥或指甲剪得过深等损伤后。

2．临床表现　甲沟炎和脓性指头炎一般仅有局部疼痛、肿胀等表现。化脓性腱鞘炎、化脓性滑囊炎和掌深间隙感染时除了手部疼痛、肿胀、手指活动受限等表现外，还可有全身感染症状。

3．治疗原则　发病早期局部热敷、理疗和外敷药物治疗，脓肿形成后及时切开引流，必要时遵医嘱积极应用抗生素。

4．护理　制动并抬高患肢，缓解疼痛，控制感染，密切观察病情，进行手部功能锻炼。

四、全身性感染

1. 病因　主要原因是致病菌的量大、毒力强和（或）人体抵抗力下降。
2. 临床表现　主要表现为突发寒战、高热、头痛、头晕、恶心、呕吐、心率加快、脉搏细速、呼吸急促等。严重者可出现感染性休克和多器官功能不全甚至衰竭。
3. 治疗原则　处理原发感染灶、积极控制感染、全身支持疗法和对症处理。
4. 护理　严密监测病情，严格执行无菌操作技术，给予营养支持，充分休息，对症处理。

五、破伤风

1. 病因　是破伤风梭菌侵入人体伤口引起的一种特异性感染。伤口缺氧是非常重要的因素。
2. 临床表现　潜伏期6～10天。前驱症状以张口不便为特点。发作期典型症状主要是肌肉持续性收缩和阵发性痉挛。
3. 治疗原则　清除毒素来源、中和游离毒素、控制和解除痉挛、防治并发症。预防可采用自动免疫法和被动免疫法。
4. 护理　准备适当环境，减少外界刺激，补液和严格消毒隔离。做好呼吸道管理，防止受伤，加强营养，人工冬眠护理，对症处理，对患者和健康人群进行健康教育。

一、选择题

1. 外科感染的特点是
   A．常需手术治疗
   B．以单一细菌感染为主
   C．病变以增生为主
   D．特异性感染最常见
   E．只需局部处理

2. 下列属于蜂窝织炎特点的是
   A．淋巴结肿大
   B．致病菌多为大肠埃希菌
   C．红肿范围扩展慢
   D．红肿边界不清楚
   E．处理不当可导致颅内化脓性海绵状静脉窦炎

3. 丹毒是
   A．急性管状淋巴管炎
   B．急性网状淋巴管炎
   C．急性多发性毛囊炎
   D．急性蜂窝织炎
   E．急性淋巴结炎

4. 对全身性感染的处理中**错误**的是
   A．积极处理原发灶
   B．应在寒战高热时做血培养
   C．联合应用抗菌药物
   D．充分休息
   E．应在使用抗菌药物后做血培养

5. 破伤风最先出现的症状是
   A．角弓反张
   B．苦笑面容
   C．张口困难
   D．呼吸困难
   E．四肢骨折

6. 破伤风治疗的重要环节是
   A．预防和抢救休克
   B．早期行气管切开术
   C．控制和解除痉挛
   D．高压氧治疗
   E．禁食禁水

二、案例题

男性，48岁，因急性出血坏死性胰腺炎行急诊手术，术后经中心静脉导管行 TPN 治疗 20 天。今日突发寒战、高热、头痛、头晕、面色潮红、极度烦躁。体检：T 40℃，P 92 次/分，R 21 次/分。血常规检查示白细胞计数 $25×10^9$/L，中性粒细胞核左移。

请问：此时应首先考虑患者出现何种情况？应如何处理？

（孙玉倩　庞　冬）

第八章 损伤患者的护理

学习目标

通过本章内容的学习，学生应能：

◆ 识记
1．列举创伤的分类、辅助检查方法。
2．描述创伤、烧伤、毒蛇咬伤的临床表现和治疗原则。

◆ 理解
1．举例说明烧伤面积、深度和严重程度的判定方法。
2．说明创伤、烧伤、毒蛇咬伤患者的现场急救和处理方法要点。

◆ 运用
评估损伤患者并为其制订护理计划。

损伤（injury）是指机械、物理、化学或生物等因素造成的机体损伤。狭义的损伤是指机械性因素作用于人体所造成的组织结构完整性破坏或功能障碍，即通常所说的创伤（trauma）。在我国，损伤已成为导致人口死亡的第 4 位原因，越来越受到社会的重视和关注。

第一节 创 伤

创伤是最为常见的损伤类型，可以根据致伤原因、受伤部位、伤后皮肤完整性、受伤程度来进行分类。按受伤后皮肤完整性可将创伤分为开放性损伤和闭合性损伤两类。有皮肤破损的称为开放性损伤，如擦伤、刺伤、切割伤、撕裂伤等，皮肤保持完整无伤口的是闭合性损伤，如挫伤、扭伤、挤压伤、震荡伤、关节脱位和半脱位、闭合性骨折、闭合性内脏伤等。按伤情轻重，可分为轻度、中度和重度创伤。轻度创伤是指伤及局部软组织，暂时丧失作业能力，但不影响工作和生活。中度创伤是指广泛软组织损伤、四肢开放性骨折及一般腹腔脏器损伤等，丧失作业能力和生活能力，需手术治疗，但一般无生命危险。重度创伤是指危及生命或治愈后留有严重残疾者。创伤修复的基本方式是由增生的细胞和细胞间质充填、连接或替代损伤后的缺损。组织缺损完全由与原来性质相同的细胞来修复，恢复原有的结构和功能，称为完全修复。不完全修复是指组织损伤由其他性质的细胞（常见成纤维细胞）增生替代来完成。修复经历炎症期、增殖期和塑型期三个时期。

【护理评估】

（一）临床表现

1．局部症状

（1）疼痛：一般在伤后 1～2 日逐渐减轻。疼痛的程度与组织损伤程度相关。内脏损伤所致的疼痛常定位不准确。损伤后疼痛若持续或加重，则可能并发感染。

(2) 肿胀：因局部出血、炎症反应所致，伤后2～3日达到高峰。可伴有发红、青紫、瘀斑、血肿或肿胀，严重肿胀可致局部或远端肢体血供障碍。

(3) 出血：内出血可形成血肿、血胸、血腹、心包或关节积血等。

(4) 功能障碍：因解剖结构破坏、疼痛或炎症反应所致。

(5) 伤口：见于开放性损伤，常见的有擦伤、刺伤、切割伤等。

2. 全身症状

(1) 发热：创伤出血、组织坏死分解或创伤产生的致热因子均可导致发热。中、重度创伤患者常有发热，体温一般不超过38.5℃，但是并发感染时可有高热。

(2) 生命体征变化：创伤后释放的炎性介质、疼痛、精神紧张、血容量减少等均可引起心率加速、血压稍高或偏低、呼吸深快等改变。

3. 创伤愈合

(1) 一期愈合（原发愈合）：组织修复以原来的细胞为主，仅含少量纤维组织，局部无感染、血肿或坏死组织，愈合后结构和功能良好。多见于损伤程度轻、范围小、无感染的创口或创面。

(2) 二期愈合（瘢痕愈合）：以纤维组织修复为主，结构和功能受到不同程度的影响。多见于损伤程度重、范围大、坏死组织多，且常伴有感染未经早期合理处理的伤口。

4. 创伤并发症

(1) 感染：开放性创伤一般容易发生感染。闭合性创伤如果累及消化道或呼吸道也容易发生感染。对于广泛软组织损伤，伤道较深，有大量坏死组织存在且污染重的伤口要注意合并厌氧菌感染（破伤风或气性坏疽）的可能。

(2) 休克：早期常为失血性休克，晚期由于感染可发生感染性休克。

(3) 脂肪栓塞综合征：常见于多发性骨折，可造成肺通气功能障碍甚至呼吸功能不全。

 知识链接

创伤评分

创伤评分是一种相对量化的分类方法，是以计分的形式估计创伤的严重程度。一般用量化和权重处理的方法，选择生命体征、解剖部位的损伤程度和其他指标（如年龄、既往疾病、生化指标等）作为参数，经数学计算而得，并以分值大小反映伤员伤情的轻重。创伤评分在国内外临床实践中已得到广泛应用，其目的是估计损伤的严重程度，指导合理的治疗，评价治疗效果，还可用于创伤流行病学研究和比较不同救治单位的治疗水平等。创伤评分的方法较多，可分为院前评分和院内评分两类，分别用于自受伤到医院确定性诊断前和医院内伤员伤情严重程度的判断。常用的主要有院前指数（prehospital index，PHI）、创伤指数（trauma index，TI）、简明损伤定级（abbreviated injury scale，AIS）和损伤严重度评分（injure severity score，ISS）等。

(4) 应激性溃疡：发生率较高，多见于胃、十二指肠，小肠、食管也可发生。溃疡可为多发性，可导致出血或穿孔。

(5) 凝血功能障碍：主要与凝血物质消耗、抗凝系统活跃有关，造成出血倾向。

(6) 器官功能障碍：由于休克、应激、免疫功能紊乱及全身因素的作用，容易并发急性肾衰竭、急性呼吸窘迫综合征等严重并发症。

（二）辅助检查

1. 实验室检查　血常规可判断失血和感染的情况，尿常规可检查有无泌尿系统损伤等。电解质检查可分析水、电解质、酸碱平衡紊乱的情况。还可做凝血功能、动脉血气分析、肝肾功能检查等了解损伤对机体的影响。

2. 诊断性穿刺　胸腔穿刺可明确血胸或气胸，腹腔穿刺或灌洗可证实内脏破裂、出血，心包穿刺可证实心包积液或积血。

3. 导管检查　放置导尿管或灌洗可诊断尿道或膀胱的损伤，留置导尿观察每小时尿量，作为补液、休克观察的指标。留置中心静脉导管可监测中心静脉压，辅助判断血容量和心功能。

4. 影像学检查　X线平片可了解骨折类型和损伤程度，对怀疑有胸部、腹部损伤者可明确有无气胸、血气胸、腹腔积气等。B超可发现胸、腹腔的积血及肝、脾的包膜是否完整。CT可以诊断颅脑损伤和某些腹部实质器官及腹膜后的损伤。

5. 手术探查　是诊断闭合性损伤的重要方法之一，目的是明确诊断、抢救和进一步治疗。

（三）与创伤相关的健康史

1. 受伤情况　详细评估受伤史，包括受伤时间、受伤地点、致伤原因、伤后当时状况、现场处理措施及效果、转运方式及途中给予的相关处理措施等。

2. 愈合情况　影响愈合的因素主要包括局部和全身两个方面。局部因素中伤口感染是最常见的影响愈合的原因。损伤范围大、坏死组织多或有异物存留的伤口伤缘不能直接对合，不易愈合。局部血液循环障碍使组织缺血缺氧，或采取措施不当造成组织继发损伤也不利于愈合。影响愈合的全身因素主要有营养不良、大量使用皮质激素、免疫功能低下及全身性严重并发症等。在损伤处理时要重视影响损伤愈合的因素，并积极采取措施促进愈合。

（四）心理社会状况

创伤多为意外事件引起，患者受伤突然，且创伤会引起局部疼痛、肿胀和出血，尤其当诊断未明确前，患者容易出现紧张、焦虑等心理反应。还应评估患者和家属对于创伤的认知情况及其对预后的期望。

（五）治疗原则

1. 现场急救　首先应抢救生命，优先处理危及患者生命的情况。必须优先抢救的急症包括心搏、呼吸骤停，窒息，大出血，张力性气胸和休克等。

（1）复苏：心搏、呼吸骤停时，现场就要开始进行体外心脏按压和人工呼吸，有条件的情况下应连接呼吸机支持呼吸，进行心脏电除颤，并进行脑复苏。

（2）通气：解除呼吸道的阻塞，维持呼吸道的通畅，防止患者窒息、死亡。常用方法有清理口腔、抬起下颌、环甲膜穿刺或切开、气管插管及气管切开等。

（3）止血：大出血可使患者休克甚至死亡，必须及时止血。常用方法有指压法、加压包扎法、填塞法和止血带法等。

（4）包扎：目的是保护伤口，减少污染，压迫止血，固定骨折、关节和敷料并止痛。常用的包扎材料有绷带、三角巾和四头带，也可就地取材用干净毛巾、包袱布、手绢、衣服等替代。

（5）固定：骨关节损伤时必须固定制动，以减轻疼痛，避免骨折断端损伤血管和神经，并有利于防治休克和搬运。固定范围一般包括骨折远端和近端两个关节，既要牢固又不能过紧。急救时如果缺乏固定材料，可行自体固定法，如将上肢固定于胸廓上，受伤下肢固定于健侧下肢。若伤口有出血，则应先止血包扎再固定。

（6）搬运：伤员经过初步处理后，需从现场运送到医院进一步检查和治疗。转送应尽量做到迅速、安全、平稳，搬动和转运途中应防止再次损伤和医源性损伤。多采用担架或徒手搬运。在救护车内，伤员应足向车头、头向车尾平卧。

2. 院内救治　在医院内应对伤情进行判断、分类，再采取针对性的措施进行救治。

（1）判断伤情：可根据创伤分类方法及指标进行伤情判断和分类，常简单分为三类。第一类：致命性损伤，如危及生命的大出血、窒息、开放性或张力性气胸。对于这类患者，只能做短时间的紧急复苏，就应手术治疗。第二类：生命体征尚属平稳的患者，可先观察或复苏1~2h，尽快做好检查和手术准备。第三类：潜在性损伤，有可能需要手术治疗，应注意密切观察，进一步检查以明确病情。

（2）呼吸支持：维持呼吸道通畅，必要时行气管插管或气管切开，连接呼吸机维持呼吸。保持足够、有效的供氧。

（3）循环支持：积极抗休克，开放一条以上的静脉通路，必要时做中心静脉插管或周围静脉切开插管。尽快恢复有效循环血量，维持循环稳定。

（4）镇静止痛：在不影响病情观察的情况下选用药物进行镇静止痛，无昏迷和瘫痪的伤员可皮下或肌内注射哌替啶或吗啡止痛。

（5）防治感染：伤口处理过程应遵循无菌操作原则。根据病情酌情使用抗菌药物，做到早期、广谱、联合应用。开放性损伤还需加用破伤风抗毒素。

（6）观察病情：密切观察病情变化，必要时进行生命体征的监测和进一步的检查，如有病情变化应及时给予处理。

（7）支持治疗：维持水、电解质平衡，必要时给予营养支持，注意保护重要脏器的功能。

（8）心理治疗：损伤对于患者是一个重大的应激，部分患者可出现恐惧、焦虑等，甚至发生创伤后精神疾病，因此积极进行心理治疗对于患者的康复非常重要。

3. 局部处理

（1）闭合性损伤：处理原则是复位、局部制动、配合理疗，有血管或内脏损伤者需手术治疗。伤后早期可局部冷敷或加压包扎，12h后改用热敷或理疗促进淤血吸收消散。还可选用止痛、活血化瘀的中药外敷和内服。

（2）开放性损伤：处理的目的是改善局部组织修复的条件，促进伤口愈合。擦伤、表浅的小刺伤和小切割伤可采用非手术疗法，其他的开放性损伤均需手术处理。伤口分清洁伤口、污染伤口和感染伤口。清洁伤口可以直接缝合；污染伤口早期（伤后8h内）可行清创术，再直接缝合或者延期缝合；感染伤口要先引流，然后再做其他处理。

【主要护理诊断/合作性问题】

1. 疼痛　与软组织损伤、骨折、局部炎症反应或伤口感染有关。
2. 体液不足　与创伤所致出血、体液渗出有关。
3. 组织完整性受损　与创伤所致组织、器官结构功能破坏有关。
4. 潜在并发症：失血性休克、感染。

【护理措施】

1. 急救护理　先简单评估现场情况，解决危及患者生命的主要问题，比如心搏、呼吸骤停，窒息，大出血，张力性气胸和休克等。主要的护理措施包括保持呼吸道通畅、心肺复苏、止血及封闭伤口、恢复循环血量、监测生命体征等。

2. 缓解疼痛　伤情未明确前禁止应用阿片类止痛药，疼痛严重者可适当应用非甾体类抗炎镇痛药物及镇静剂。对于骨关节损伤患者应进行固定和制动，可有效减轻患者疼痛，并可避免骨折断端损伤血管和神经。

3. 补充血容量　立即开放2~3条静脉通路，迅速补充血容量。遵医嘱给予输液、输血或应用血管活性药物，维持有效循环血量，防治休克。

4. 伤口护理

（1）清创术：损伤后伤口一般均为污染伤口，主要的处理方法是进行清创，使伤口接近清洁伤口，达到一期愈合。清创的时间越早越好，伤后6~8h内的清创一般都可以达到一期愈合。清创术一般在局部浸润麻醉或全身麻醉下施行，具体方法如下。①清洁：剪去伤口周围毛发，取出浅层可见的异物，用3%过氧化氢、大量无菌生理盐水等冲洗伤口。②清创：用70%乙醇溶液或聚维酮碘（碘伏）消毒伤口周围皮肤，在伤口外周（距边缘1～2 cm）作局部浸润麻醉。仔细检查伤口内各层受损组织，除去血块和破碎组织，结扎活动的出血点，修剪出较整齐的健康组织创面和皮缘。③缝合：用生理盐水消毒创面，彻底止血后进行缝合。④包扎：缝合后消毒皮肤，伤口加盖敷料后包扎，包扎时应注意松紧适度。

（2）换药：是处理感染伤口的基本措施。其目的是引流分泌物，去除坏死组织，控制感染，使伤口尽快愈合。对清洁伤口或手术切口换药的目的是对伤口进行检查和消毒。具体步骤如下。①取下敷料：先取下外层敷料，若内层敷料与创面粘贴，应用生理盐水浸湿后轻柔地揭去。②消毒皮肤：消毒范围应略大于敷料范围，用70%乙醇溶液棉球擦拭2～3遍，避免擦入伤口内。③清理伤口：用生理盐水棉球或其他药物棉球蘸拭创面，拭净分泌物、脓液、纤维素膜等。坏死组织、痂皮等应剪除，酌情取标本送细菌培养。④创面用药：一般不主张创面用药。对于感染创面，可据细菌培养、药敏试验结果酌用抗菌药物，或用3%过氧化氢溶液等冲洗。⑤置引流物：根据伤口深度和创面情况置入适宜的引流物。⑥包扎伤口：根据伤口分泌物量，加盖纱布，至少6～8层，外用胶布固定或酌用绷带等包扎。

换药时间依伤口愈合情况而定。脓性分泌物较多的伤口，每日换药一次或多次，以保持表层敷料不被分泌物湿透为准。分泌物不多、肉芽组织生长较好的伤口，可1～3日换药1次。肿、痛加重的伤口，应立即换药观察。清洁伤口一般在缝合后第3日换药1次，至伤口愈合或拆线时，再度换药。

5. 并发症的观察与护理　观察受伤部位的损伤程度及出血情况，密切观察生命体征，警惕患者有无休克的征象，对于出现休克的患者应尽早进行补液、输血，待休克期度过后再进行转运。开放性损伤应尽早对伤口进行清创处理，遵医嘱使用抗菌药物和破伤风抗毒素，若伤口已发生感染应及时引流、换药。

第二节　烧　伤

烧伤（burn）泛指各种热力、光源、化学腐蚀剂、放射线等因素所致，始于皮肤、由表及里的一种损伤。通常烧伤多指单纯因热力，如火焰、热液、热蒸气、热金属物体等所致的组织损伤。烧伤破坏了皮肤的完整性和屏障保护作用，降低了皮肤的调节体温和体液、泌汗、感觉、维生素D合成等功能。52℃热力持续作用1min或68℃热力作用1s，即可引起全层皮肤烧伤。热力温度和持续时间与烧伤程度呈正相关。

烧伤是一种常见损伤，在损伤导致的死亡原因中约占第3位，仅次于车祸和工伤。最常见者为居室内单发烧伤，其次为社会场所意外事故的群体烧伤。幼童、老年人及劳动者为易发人群，男性患者多见。烧伤是可以避免的，关键在于预防。

案例 8-1A

女性，23岁，1h前因癫痫发作碰倒热水瓶，导致热水烫伤。

体检：双侧小腿有大小不等的水疱，水疱壁较薄，基底潮红，有剧痛。双足皮肤灼红，轻触即有剧烈疼痛，无水疱。

问题与思考：

该患者护理评估内容有哪些？

【护理评估】

（一）临床表现

1. 烧伤面积评估

（1）手掌法：以患者的一个手掌（五指并拢）的面积占体表面积的1%。一般用于小面积烧伤的评估或作为新九分法的补充（图8-1）。

（2）中国新九分法：是根据我国人体体表面积而获得的烧伤面积估算方法。将全身体表面积划分为11个9%的等分，另加1%构成100%的体表面积（图8-2，表8-1）。

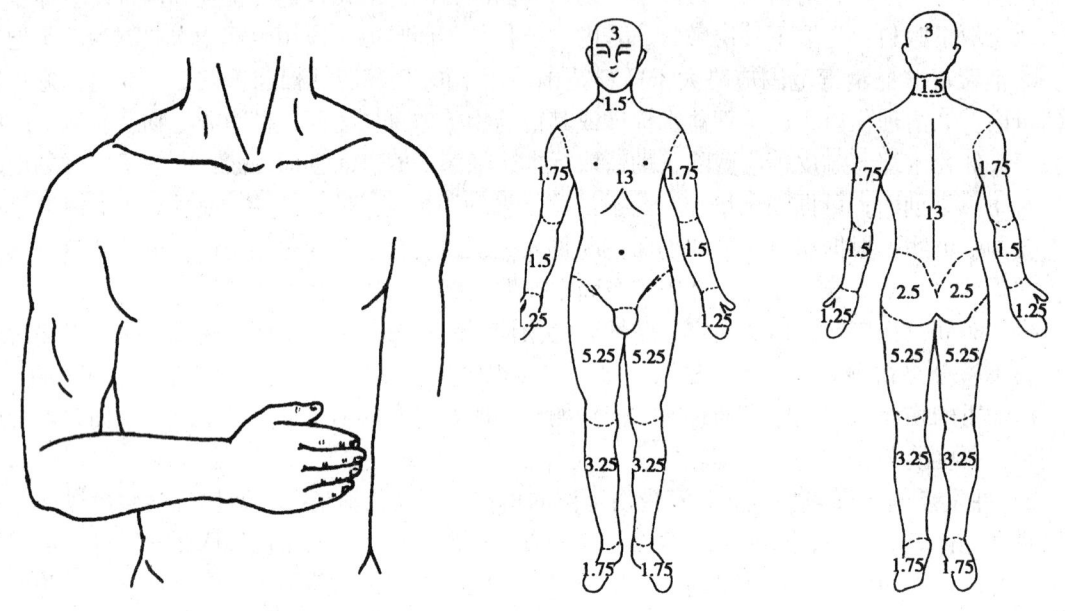

图8-1　手掌法　　　　　　　　　　图8-2　中国新九分法

成年女性的特点是臀部大、足小，因此在计算女性烧伤的面积时，臀部面积应加上1%，双足面积减去1%。儿童（≤12岁）头大、双下肢小，随着年龄的增长，各部位的体表面积所占比例也发生变化，可按简易公式计算：头颈部面积 = [9 +（12 - 年龄）]%，双下肢面积 = [46 -（12 - 年龄）]%。

2. 烧伤深度评估　根据热力损伤的组织层次，可将烧伤深度分为Ⅰ度、浅Ⅱ度、深Ⅱ度和Ⅲ度烧伤，即三度四分法（图8-3）。

Ⅰ度烧伤：又称红斑烧伤，仅伤及表皮层，皮肤灼红，感觉过敏，无水疱，约3～5天愈合，初期有色素加深，后渐消退，不留痕迹。计算烧伤总面积时，不包括Ⅰ度烧伤。

浅Ⅱ度烧伤：伤及表皮及真皮浅层。有较大水疱，疱壁较薄，基底潮红，疼痛剧烈，水肿明显。1～2周愈合，有色素沉着，无瘢痕。

深Ⅱ度烧伤：伤及真皮深层，可有小水疱，疱壁较厚，基底红白相间、湿润，痛觉迟钝。创面若无感染，3～4周愈合，会留有瘢痕。

Ⅲ度烧伤：伤及皮肤全层，可深达皮下、肌肉、骨骼。创面无水疱，痛觉消失，无弹性，干燥如皮革样，或蜡白、焦黄甚至炭化成焦痂，痂下可见树枝状栓塞血管。3～4周焦痂脱落，创面上有肉芽组织生长，需植皮才能修复。愈合后会留有瘢痕或畸形。

表8-1 中国新九分法

部位		成人面积（%）	小儿面积（%）
头颈部	发际部 3 面　部 3 颈　部 3	9×1=9	9+（12-年龄）
双上肢	双上臂 7 双前臂 6 双　手 5	9×2=18	9×2=18
躯干	躯干前面 13 躯干后面 13 外　阴 1	9×3=27	9×3=27
双下肢	双　臀 5 双大腿 21 双小腿 13 双　足 7	9×5+1=46	46-（12-年龄）

3. 烧伤严重性评估　对烧伤轻、重程度评估的最主要因素是烧伤面积和烧伤深度。我国多用下列分度法估计烧伤的严重程度：

(1) 轻度烧伤：Ⅱ度烧伤面积10%以下。

(2) 中度烧伤：Ⅱ度烧伤面积11%～30%，或Ⅲ度烧伤但面积不足10%。

(3) 重度烧伤：烧伤总面积31%～50%；或Ⅲ度面积11%～20%；或Ⅱ度、Ⅲ度面积虽不足上述百分比，但已发生休克等并发症，或存在较重的吸入性损伤或有复合伤。

(4) 特重烧伤：烧伤总面积在50%以上；或Ⅲ度烧伤面积在20%以上；或存在较重的吸入性损伤、复合伤等。

4. 吸入性损伤　致伤因素不仅为热力作用，燃烧时产生的烟雾中含有大量的化学物质（如CO中毒、氰化物等），可被吸入深达肺泡，这些化学物质有局部腐蚀和全身毒性作用。所以在相对封闭的火灾现场，死于窒息者多于烧伤者。吸入性损伤的诊断：①燃烧现场相对密闭；②呼吸道刺激，咳出炭末痰，呼吸困难，肺部可有哮鸣音；③面、颈、口鼻周常有深度烧伤，鼻毛烧伤，声音嘶哑。目前，合并严重吸入性损伤仍是烧伤救治中的突出难题。

5. 临床分期　根据烧伤的病理生理特点，为了突出各阶段临床处理的重点，可将烧伤的病程大致分为3期。

(1) 急性体液渗出期（休克期）：烧伤早期的休克基本属于低血容量性休克，其体液逐步渗出，伤后2～4h最为急剧，8h达高峰，48h后逐渐恢复，渗出的组织间液开始回

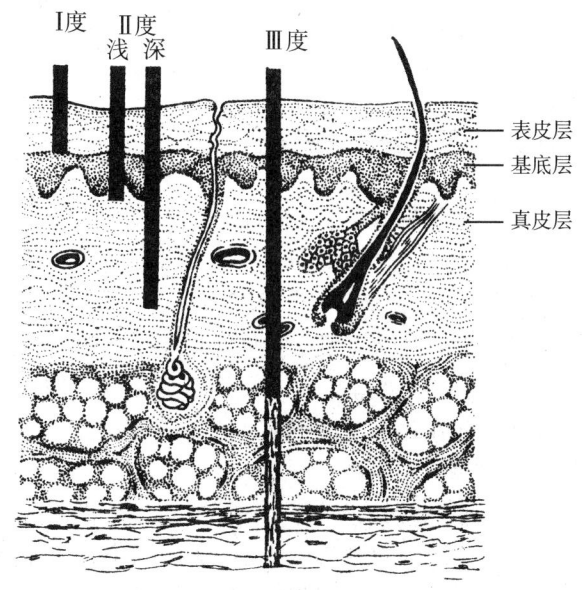

图8-3　烧伤深度分度示意图

吸收。

(2) 感染期：此期从烧伤水肿回吸收开始，持续到创面愈合。烧伤造成了生理屏障损害，同时组织坏死和渗出形成了微生物良好的培养基。严重烧伤由于休克而导致全身免疫功能降低，容易早期暴发全身性感染，因此及时纠正休克有抗感染的意义。感染期有三个感染高峰，分别是伤后7～10天内、伤后3～4周内、伤后1个月以后。

(3) 修复期：炎症反应的同时，组织也已开始修复。浅度烧伤多能自行修复，深Ⅱ度烧伤靠残存的上皮岛融合修复，Ⅲ度烧伤靠皮肤移植修复。大面积深度烧伤的康复需要较长的时间，有的还需要做矫形手术。

(二) 与烧伤相关的健康史

对受伤过程及现场情况进行评估，包括受伤时间、致伤原因、接触热源时间、是否叫喊、有无昏迷、昏迷时间、现场急救情况、曾作过哪些处理、药物过敏史等。

(三) 心理社会状况

意外造成的头面部烧伤或全身大面积烧伤给患者带来严重的生命威胁，创面愈合后残留的瘢痕和功能障碍也严重影响患者的生活质量，漫长的康复之路让患者不断经受痛苦的打击，也让家庭承受了巨大的经济负担。患者和家属都会因此而感到恐惧、焦虑、绝望，甚至会产生轻生的想法。

(四) 治疗原则

小面积浅表烧伤按外科原则清创、保护创面，一般能自然愈合。

大面积深度烧伤的处理原则是：①早期及时补液，维持呼吸道通畅，纠正低血容量性休克；②早期切除深度烧伤组织，用自、异体皮移植覆盖；③及时纠正休克、控制感染是防治多器官功能障碍的关键；④用手术和非手术的方法促进创面早日愈合，尽量减少瘢痕增生所造成的功能障碍和畸形。

该患者明确诊断为Ⅰ～Ⅱ度烧伤，拟接受包扎疗法。

问题与思考：

该患者治疗期间的主要护理措施有哪些？

【主要护理诊断/合作性问题】

1. 皮肤完整性受损　与热力造成皮肤损伤、坏死有关。
2. (有)体液不足(的危险)　与烧伤时大量体液渗出有关。
3. 营养失调(低于机体需要量)　与烧伤后机体处于高代谢状态有关。
4. 自我形象紊乱　与烧伤造成面部损伤有关。
5. 潜在并发症：感染、窒息、休克。

【护理措施】

(一) 急救护理

1. 迅速脱离热源　火焰烧伤应尽快灭火，可脱去燃烧衣物、就地翻滚或是跳入水池来熄灭火焰，也可以用非易燃物品(如棉被、毛毯)覆盖，隔绝灭火。忌奔跑呼叫，以免风助火势，烧伤头面部和呼吸道。避免用双手扑打火焰，造成双手的损伤。热液浸渍的衣裤，可用冷水冲淋后剪开取下，强力剥脱易撕脱水疱壁。附近若有水源，可用大量冷水冲淋或湿敷，既能阻止热力向深部组织渗透，又能减轻创面疼痛。

2. 保护创面　可防止创面的二次污染和损伤。贴身衣物应剪开，不可强行撕脱。裸露的体表或创面，应用无菌敷料或干净布类覆盖包裹。避免用有色药物涂抹创面，这会增加判断烧伤深度的困难。协助患者调整体位，避免创面受压。寒冷环境下要注意保暖措施。

3. 保持呼吸道通畅　检查患者口腔内是否有烟熏味、炭颗粒，口腔黏膜是否出现红肿，声音是否嘶哑，有无呼吸困难等。必要时行气管插管或切开，给予氧气。合并 CO 中毒者应移至通风处，必要时应吸入氧气。

4. 处理复合伤　对于大出血、开放性气胸、骨折等应先施行相应的急救处理，进行止血、骨折脱位外固定、开放性气胸的闭合及伤口的包扎等。

5. 补液　尽早建立静脉通路，大量补液抗休克。高度口渴、烦躁不安常提示休克严重，应加快输液。现场无输液条件，可口服盐水进行补液。

6. 镇静止痛　安慰鼓励受伤患者，使其情绪稳定。对严重惊恐或出现心理障碍者可给予镇静止痛剂，尽量减少镇静止痛剂的应用。疼痛剧烈可酌情应用哌替啶、吗啡类药物，严密观察有无呼吸抑制。

7. 妥善转运　患者没有休克表现，最好在伤后 4h 内转送到医院，否则应等休克期度过后再进行转送。大面积严重烧伤早期应避免长途转送，休克期最好就近输液抗休克，必须转送者应建立静脉输液通道持续输液。转送途中忌用冬眠药物，以防出现直立性低血压。保持呼吸道通畅，有呼吸道烧伤用湿纱布覆盖口鼻，密切观察呼吸情况。转送路远者应留置导尿管，观察尿量。患者的位置尽量与行驶方向垂直或足前头后，以防出现低血压。

（二）心理护理

加强护患之间的沟通，耐心倾听患者的诉说，鼓励患者说出对意外、损伤、手术等的感受。正面回答患者的提问，尽量稳定其情绪，避免其对预后产生错误期望。在病情稳定好转时，让患者了解自己的病情及创面预合的大致情况。鼓励患者进行自理活动，增强其独立性及参与自我护理的意识。

（三）创面处理

1. 初期处理　大面积烧伤的患者，要待患者病情平稳后进行清创。已并发休克者须先抗休克治疗，待休克好转后方可施行创面清创术，清创前可注射镇痛镇静剂。Ⅰ度烧伤创面一般只需保持清洁和防止再损伤，Ⅱ度以上烧伤创面需行清创术。

（1）先剃净创周毛发，用无菌生理盐水清洁皮肤，用 0.1% 苯扎溴铵或 0.05% 氯已定清洗、移除创面异物。

（2）Ⅰ度烧伤无需特殊处理，能自行消退，如烧灼感重，可涂薄层牙膏或面霜减痛。

（3）浅Ⅱ度烧伤的水疱壁应予保留，水疱大者，可用消毒空针抽去水疱液后消毒包扎。如水疱壁已撕脱，可以无菌油性敷料包扎，不必经常换药，以免损伤新生上皮。如创面的敷料浸湿、有异味或有其他感染迹象，应勤换敷料，清除脓性分泌物，保持创面清洁，多能自行愈合。

（4）深Ⅱ度烧伤的水疱壁应予清除，正确选择外用抗菌药物，目前证实有效的外用药有 1% 磺胺嘧啶银霜剂、聚维酮碘（碘伏）等。

（5）肢体、躯干部位的Ⅲ度烧伤：因环形焦痂可压迫影响呼吸、循环，应及早切开焦痂进行减压。创面应早期切痂或削痂，并应考虑尽早进行皮肤移植。

2. 包扎疗法　目的是保护创面，避免外来污染，减少局部渗出液。适用于小面积或四肢部位Ⅱ度烧伤为主的创面。

方法：可用生理盐水、0.1% 苯扎溴铵、0.05% 氯已定或碘伏等消毒后，清洁创面上先覆以单层凡士林油纱，外加脱脂纱布和棉垫，包扎厚度为 3～5 cm，包扎范围应超过创面边缘 5 cm。用绷带由远端至近端开始均匀加压包扎。更换敷料时间应根据渗出量来定，一般为 3～5 天。

注意事项：①尽量使指、趾端外露，以便观察血运；②指、趾分开包扎以防并指畸形的发生，保持关节的功能位，防止畸形；③包扎后应将肢体抬高，经常变换受压部位；④经常检查包扎敷料松紧度，观察肢体的血运情况；⑤观察创面有无疼痛加重、体温和白细胞升高、渗出增多、创面有恶臭等感染迹象。

3. 暴露疗法　目的是保持创面干燥，防止细菌生长，易观察创面。适用于头、面、颈、躯干、会阴、臀部等不易包扎的部位，包扎后敷料也容易松动或被分泌物、排泄物污染。

方法：将创面直接暴露于温暖、干燥、清洁的空气中，患者呈"大"字形，充分暴露创面；病室内温度为 28～32℃，相对湿度 40%，并有湿度监测仪、加热保暖措施（烤灯、电热吹风、红外线辐射）。另外还应具备通风设施和消毒隔离装置（紫外线消毒仪），建立病室消毒隔离制度。Ⅱ度创面可涂抹的药物有成膜剂、成痂的中药制剂、磺胺嘧啶银糊剂、磺胺嘧啶锌糊剂或 0.5% 碘伏。Ⅲ度创面可涂抹 2% 碘酊。患者要经常变换体位，大面积烧伤患者病情平稳后可应用翻身床。

4. 植皮术　深度烧伤创面的皮肤缺损需要皮肤移植方能修复。自体皮为植皮的主要来源，移植后能长期存活；同种异体皮肤取自他人，由于排斥反应不能永久存活；异种皮多取于小猪皮，易引起排斥反应。按皮肤移植的方法可分为游离皮片移植和带蒂皮瓣移植两大类。大面积烧伤的植皮一般采用大张异体皮开洞嵌植自体皮、自体微粒植皮、网状皮片移植等方法。植皮术后，供皮区应及时换药，防止感染；植皮区要防止皮瓣移动，局部应制动。

（四）休克的预防及护理

液体疗法是防治烧伤休克的主要措施。保持通畅的静脉输液通道，对严重烧伤患者早期救治十分重要。对大面积烧伤者应迅速建立静脉通道，尽快开展液体治疗。静脉穿刺困难者应做中心静脉插管或静脉切开。

1. 液体种类　包括晶体液、胶体液和水分。晶体液首选平衡液、林格液等，并适当补充碳酸氢钠；胶体液首选同型血浆，亦可给全血或血浆代用品；水分通过 5% 葡萄糖溶液来补充。晶体与胶体量的比例应保持 2：1，严重烧伤患者晶体与胶体量的比例可改为 1：1。

2. 补液量计算

（1）伤后第 1 个 24h：①成人应补充的晶体和胶体溶液的总量应为 1.5ml× 烧伤面积（%）× 体重（kg）；②小孩应补充的晶体和胶体溶液的总量应为 2ml× 烧伤面积（%）× 体重（kg）；③还应补充每日生理需水量 2000～3000ml（成人），100ml/kg（小儿）。

（2）伤后第 2 个 24h：晶体和胶体总量减半，水分保持不变。

（3）伤后第 3 个 24h：晶体和胶体总量再减半，水分仍保持不变。

3. 补液方法　先晶后胶，先盐后糖，先快后慢。由于伤后早期液体渗出在 8h 达高峰，因此第一个 24h，晶体和胶体总量的一半应在第 1 个 8h 内输完，其余的晶体和胶体在 16h 内均匀输入。水分在 24h 内保持均匀输入。

4. 补液效果评价　抗休克期应严密观察，根据患者的反应，随时调整输液的速度和成分。有价值的几项观察指标如下：

（1）尿量：烧伤面积大于 30% 的患者应考虑留置尿管，观察每小时尿量、比重、pH，并注意有无血红蛋白尿。成人每小时尿量不低于 20ml，以 30～50ml 为宜，小儿每千克体重每小时不低于 1ml。

（2）口渴：无明显口渴症状。

（3）精神状态：患者神志清楚，安静，无烦躁不安。

（4）生命体征：呼吸平稳，脉搏、心搏有力，脉率在 120 次/分以下，收缩压维持在 90mmHg，脉压在 20mmHg 以上。

（五）感染的预防和护理

感染是烧伤救治中的突出问题，国内有研究表明烧伤死亡原因中，感染居首位。

1. 感染的表现　烧伤全身性感染发生的表现包括以下几个方面。

（1）性格改变：初始时仅有兴奋、多语、定向障碍，继而可出现幻觉、迫害妄想，甚至大喊大叫，也有表现为对周围淡漠。

（2）体温：体温常骤升或骤降，波动幅度较大（1～2℃）。体温骤升者，起病时常伴有寒战；体温不升者常为革兰阴性杆菌感染。

（3）生命体征：心率加快（成人常在140次/分以上），呼吸急促。

（4）创面：创面常突然出现生长停滞、创缘变锐、干枯、出血坏死斑等。

（5）白细胞计数骤升或骤降，尿素氮、肌酐清除率、血糖、血气分析都可能变化。

2. 感染的防治　烧伤感染途径包括外源性、内源性以及静脉导管感染等。应全面进行感染的防治。

（1）纠正休克：及时积极地纠正休克，维护机体的防御功能，保护肠黏膜的组织屏障，对预防感染有重要意义。

（2）正确处理创面：烧伤创面特别是深度烧伤创面是主要感染源，对深度烧伤进行早期切痂、削痂、植皮，是防治全身性感染的关键措施。

（3）抗菌药物的选择和应用：进行创面细菌培养和药敏试验，选择适宜的抗菌药，感染后应及早用药。严重患者并发全身性感染时，可联合应用抗菌药物。感染症状控制后应及时停药，不能等到体温恢复正常再停药，以防体内菌群失调或二重感染（如真菌感染）。

（六）营养支持

应加强烧伤患者的营养补充。烧伤患者处于高代谢状态，每日需要热量可达2500～5000kcal，蛋白质消耗在100g以上。可经肠内或肠外营养，尽可能用肠内营养法。

（七）康复护理

维持肢体功能位，鼓励患者早期下床活动，进行肢体和关节活动锻炼。制订并实施康复计划。避免创面长时间的日光暴晒，因紫外线和红外线会促使瘢痕增生。可在创面适当加压以减少瘢痕组织的增生，如穿紧身衣等。

第三节　毒蛇咬伤

毒蛇咬伤（snake bite）常发生在我国农村，尤其是南方和森林地区，引起急性中毒症状，严重者可致死。

蛇毒大致可分为神经毒素、溶血毒素两类。金环蛇、银环蛇的蛇毒主要含神经毒素，它能作用于延髓和脊髓，引起肌肉瘫痪、呼吸肌麻痹，导致死亡。五步蛇、蝰蛇、蝮蛇、竹叶青、海蛇等蛇毒主要含溶血毒素，有强烈的溶解组织、破坏凝血过程和溶血作用，引起咬伤局部损伤，甚至可以引起心血管及肾的严重损害。眼镜王蛇含上述两种毒素。

【护理评估】

（一）临床表现

1. 局部反应　咬伤后伤口立即出现强烈烧灼痛、肿胀和大量出血。伤口中心青紫，出现瘀斑、水疱甚至大水疱，肢体肿胀向近心端扩散。局部淋巴结肿大、触痛。严重者伤口处组织坏死，甚至肢体坏死。

2. 全身反应

（1）被含有神经毒素的毒蛇咬伤，局部反应较轻，疼痛症状在30分钟后甚至减轻或消失，肿胀也轻微，但局部麻木感加重并向肢体近端蔓延。进而出现恶心、呕吐、疲乏无力、抬头眩眼困难、视物模糊、复视、说话和呼吸困难、肢体瘫痪、排便失禁、惊厥等神经症状。若不发生呼吸麻痹和心力衰竭，或经抢救而好转，一般不留后遗症。

（2）被含有溶血毒素的毒蛇咬伤，除严重的局部症状外，全身症状有头昏、恶心、腹痛、腹泻、发热和谵妄，以及全身性出血症，致血压下降、休克。

（3）被兼有两种毒素的毒蛇咬伤，毒性相加，可短时致死。

（二）与咬伤相关的健康史

评估患者是否有蛇咬伤史、受伤经过和紧急处理措施。了解患者既往是否体健，有无合并疾病。

（三）心理社会状况

患者常因意外遭蛇咬伤，担心预后不良而出现恐惧心理。评估患者对蛇咬伤有关知识的掌握情况。

（四）治疗原则

1. 局部紧急处理

（1）缚扎法：用橡皮止血带或柔软的布带，于伤口近心端 5～10cm 处缚扎以阻止静脉、淋巴回流。注意松紧度适宜，每 15～30min 放松 1～2min。在局部伤口采取有效排毒或全身应用抗蛇毒血清后可解除缚扎。咬伤超过 12h 后则不需要缚扎。

（2）扩创排毒：争取在伤后 20min 内切开伤口清洗、抽吸毒液。切口不宜过大过深，避免在毒牙痕间横切或"十"字切开。清洗液以高锰酸钾、肥皂水、碱水为宜，或用大量清水冲洗。抽吸伤口并排出毒素的方法有以下几种。

1）挤压：向肢体远端方向挤压伤口。

2）吸吮：完整的口腔黏膜不会吸收毒素，稍有咽下也会被消化液中和。若口腔黏膜有破损、炎症或溃疡，则不能吸吮。

3）吸引：用各型拔火罐、竹筒、小口杯或吸奶器等吸引。用注射器吸引，以负压反复抽吸，效果很好。

（3）胰蛋白酶或糜蛋白酶局部封闭：胰蛋白酶或糜蛋白酶能直接破坏蛇毒。常用胰蛋白酶 2 000 U 或糜蛋白酶 5～10mg，加 0.25% 普鲁卡因 5～20ml，以牙痕为中心，局部浸润注射或伤肢近心端作套封，深至深筋膜。

2. 全身治疗

（1）药物治疗：早期用抗蛇毒血清，应用前必须做过敏试验。但有时也可以先静脉推注地塞米松 20～30mg 后，再缓慢滴注稀释后的抗蛇毒血清，以 15～20 滴 / 分的速度滴注，观察 15～20min，若无反应，即可按常规速度滴入。若发生过敏性休克，应立即抢救。根据病情可应用肾上腺皮质激素、抗组胺药和抗胆碱酯酶药等。此外，我国民间有许多蛇药，如季德胜蛇药、南通蛇药、蛇伤解毒片等，被毒蛇咬伤后可立即内服。

（2）维持呼吸：对呼吸衰竭者可给予氧气吸入及呼吸兴奋剂。呼吸停止时应及时做气管插管或气管切开等，进行人工辅助呼吸。

（3）维持血容量：循环衰竭广泛出血引起失血性休克者，可适当补液、输血，应用升压药物及肾上腺皮质激素。

（4）抗感染：常规应用抗生素及破伤风抗毒素或免疫球蛋白。

（5）对急性肾衰竭者，根据尿量限制进液量，早期可用利尿剂，碱化尿液。有尿毒症或高钾血症者，应及时行血液或腹膜透析治疗。

【主要护理诊断 / 合作性问题】

1. 焦虑 / 恐惧　与担心毒蛇咬伤预后不良有关。

2. 皮肤完整性受损　与毒蛇咬伤、皮肤组织黏膜结构破坏有关。

3. 潜在并发症：感染、过敏性休克。

【护理措施】

1. 心理护理　护士应倾听患者对痛苦及恐惧的诉说，及时沟通病情进展情况、治疗措施和治疗效果，以增加其信任感和安全感。

2. 病情观察　密切观察病情变化，注意生命体征和神志变化，若出现呼吸急促、脉搏快弱、面色苍白、血压下降等，应及时抢救。

3. 局部伤口的护理　伤口清创要彻底。对于感染伤口，肿胀明显而切开引流者，应保持引流通畅。伤口应每日换药，及时清除坏死组织，以达到预防感染的目的。

4. 应用抗蛇毒血清　注射前做皮肤或结膜过敏试验。在应用抗蛇毒血清时，护士应密切观察有无过敏反应。时刻警惕过敏反应的可能，并做好一切抢救准备。

5. 体位　受伤后前2日患肢应取低位制动。待病情好转时，可适当抬高患肢，以利于消肿。

6. 健康教育

(1) 宣传毒蛇咬伤的有关防护知识，强化自我防范意识。

(2) 在野外旅行、工作时加强防护，如戴帽子、穿长衣长裤、用厚帆布绑腿等，不要轻易尝试抓蛇或玩蛇，应备有解蛇毒药品以防不测。

(3) 选择宿营地时，尽量在空旷干燥地面，避开草丛、石缝、树丛、竹林等潮湿阴暗的地方。

小结

一、创伤

1. 病因　按受伤后皮肤完整性可将创伤分为开放性损伤和闭合性损伤两类。开放性损伤有伤口，易并发伤口感染。

2. 临床表现　局部症状包括疼痛、肿胀、出血、功能障碍，开放性损伤有伤口存在；全身症状包括发热、心率加速、呼吸深快、血压升高或降低等。

3. 治疗原则　现场急救以抢救生命为主，包括复苏、通气、止血、包扎、固定、转运。院内救治包括判断伤情、呼吸支持、循环支持、镇静止痛、防治感染、观察病情、支持治疗、心理治疗。开放性损伤的局部处理包括清创术、换药。

4. 护理　包括急救护理、缓解疼痛、补充血容量、伤口护理及并发症的观察和护理。

二、烧伤

1. 病因　多种原因均可引起烧伤，通常指单纯因热力引起的组织损伤。

2. 临床表现　通过手掌法、新九分法可以评估烧伤面积，根据三度四分法来评估烧伤深度。结合烧伤面积、深度、并发症情况可对烧伤的严重性进行评估。

3. 治疗原则　大面积烧伤应早期及时补液，纠正低血容量性休克，尽早切除烧伤组织并植皮，控制感染，防治多器官功能障碍，促进创面尽早愈合，减少功能障碍及畸形。

4. 护理　急救时先抢救生命，再处理烧伤。创面的处理包括初期清创、包扎疗法和暴露疗法。液体疗法是防治烧伤休克的重要措施，包括补液量的计算、补液效果评价。感染的防治包括纠正休克、正确处理创面、应用抗菌药物等。

三、毒蛇咬伤

1. **病因** 蛇毒大致可分为神经毒素、溶血毒素两类。
2. **临床表现** 局部症状包括伤口强烈烧灼痛、肿胀和大量出血；全身症状根据蛇毒类型的不同表现不同。
3. **治疗原则** 局部处理包括缚扎法、扩创排毒、胰蛋白酶或糜蛋白酶局部封闭；全身治疗包括药物治疗、维持呼吸、维持血容量、抗感染等。
4. **护理** 包括心理护理、病情观察、局部伤口护理、抗蛇毒血清的应用及体位护理。

自测题

一、选择题

1. 下列属于闭合性损伤的是
   A．擦伤
   B．挤压伤
   C．刺伤
   D．切割伤
   E．撕裂伤
2. 某患者因车祸导致开放性气胸、股骨干骨折、大出血，被紧急用救护车送往医院，转运时患者的体位应为
   A．头在后，足在前
   B．头高足低
   C．头低足高
   D．头在前，足在后
   E．半坐卧位
3. 烧伤后休克期持续的时间为
   A．24h
   B．36h
   C．48h
   D．60h
   E．72h
4. 采用手掌法计算小面积烧伤，患者五指并拢的掌面为体表面积的
   A．0.25%
   B．0.5%
   C．1%
   D．1.25%
   E．1.5%
5. 某化工厂工人在操作中不慎被浓硫酸烧伤双手和双上臂，其烧伤面积为
   A．5%
   B．12%
   C．10%
   D．15%
   E．20%
6. 老年男性，大面积烧伤8h，已静脉输液3000ml，判断其血容量是否补足的简便、可靠指标是
   A．脉搏
   B．血压
   C．呼吸
   D．尿量
   E．中心静脉压
7. 蛇咬伤的急救处理**不包括**
   A．绑紧咬伤处近侧肢体
   B．吸吮排毒
   C．抗蛇毒血清
   D．服用中药
   E．抬高患肢

二、案例题

青年女性,因家中不慎失火造成全身多处烧伤。体检:P 110次/分,R 26次/分,BP 80/50mmHg。头部、面部、颈部和背部有大量小水疱,皮肤破损处红白相间,痛觉迟钝。双手呈皮革样。

请问:(1)该患者烧伤面积、深度及严重程度分别是什么?

(2)该患者拟接受暴露疗法,此时护理措施要点有哪些?

(刘春蕾 杨 萍)

第九章 颅内压增高患者的护理

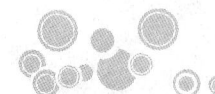

通过本章内容的学习，学生应能：

◆ **识记**
1. 列举颅内压增高患者的病情观察要点。
2. 描述颅内压增高的定义、临床表现及治疗原则。
3. 描述冬眠低温治疗、脑室引流疗法的护理要点。

◆ **理解**
1. 解释库欣反应的含义及意义。
2. 比较两种常见脑疝的临床表现。

◆ **运用**
评估颅内压增高患者并为其制订护理计划。

颅内压增高（increased intracranial hypertension）是指因各种原因使颅腔的容积缩减或颅腔内容物的体积或量增加，超过颅腔可代偿的容量，导致颅内压持续超过 2.0kPa，并出现头痛、呕吐、视神经盘水肿等临床表现的一种临床病理综合征。持续颅内压增高可导致脑血流减少，造成脑缺血甚至脑死亡，或致脑移位和脑疝（brain hernia），危及患者生命。

颅内压

颅内压是指颅腔内容物对颅腔内壁所产生的压力。一般以侧卧时腰椎穿刺测得的脑脊液压或直接穿刺脑室测定脑脊液静水压来表示，可用颅内压监测装置动态观察。颅腔与脑组织、脑脊液和血液是颅内压形成的物质基础。颅腔是由颅骨构成的半封闭的体腔，颅缝闭合后其容积固定不变，为 1400～1500ml。颅腔内三种内容物的体积与颅腔容积相适应并使颅内维持一定的压力。成人颅内压为 70～200mmH$_2$O（0.7～2.0kPa），儿童为 50～100mmH$_2$O（0.5～1.0kPa）。

生理状态下，正常颅内压可随呼吸、血压有细微波动。颅内压的调节除部分依靠颅内静脉血被挤压到颅外血液循环外，主要通过脑脊液量的增减来调节，脑脊液总量占颅腔总容积的 10%，血液占总容积的 2%～11%。颅腔增加的临界容积约为 5%，当引起颅内压增高的因素持续存在，最终超出了此范围时，即可发生颅内压增高。

案例 9-1A

男性，55岁，头痛3个月，多见于清晨，低头、用力时加重。头痛时有恶心呕吐，与进食无关。经常出现癫痫发作。

CT：颅内占位性病变。

问题与思考：

该患者护理评估内容有哪些？

【护理评估】

（一）临床表现

颅内压增高患者最典型的临床表现是头痛、呕吐、视盘水肿，合称颅内压增高的"三主征"。颅内压增高的"三主征"各自出现的时间并不一致，可以其中一项为首发症状。

1. 头痛 头痛是最常见、最主要的症状。因增高的颅内压使脑膜血管和神经受牵拉和刺激所致。头痛时间晨晚较重，头痛部位以额颞部多见，可从颈枕部向前方放射至眼眶。头痛性质以胀痛和撕裂样痛多见。随颅内压的持续增高而进行性加重，在用力、弯腰、低头活动、咳嗽、打喷嚏时加重。

2. 呕吐 头痛剧烈时可伴有恶心、呕吐，多呈喷射状，因迷走神经受刺激所致。虽与进食无直接关系，但常见于餐后，呕吐后头痛可缓解。

3. 视盘水肿 是颅内压增高重要的客观体征之一。因视神经受压、眼底静脉回流受阻所致。表现为视盘充血、水肿、边缘模糊不清，中央凹变浅或消失，视盘隆起，视网膜静脉曲张，严重者视盘周围可见火焰状出血。若视盘水肿长期存在，则视盘颜色苍白，继而视力下降、视野向心缩小，出现视神经继发性萎缩。严重者视力恢复困难，甚至失明。

4. 意识障碍 急性颅内压增高患者意识障碍呈进行性发展；慢性者则表现为神志淡漠、反应迟钝或时轻时重。

5. 生命体征紊乱 早期代偿时，表现为血压增高尤其是收缩压增高，脉压增大，脉搏慢而有力，呼吸深慢（即"二慢一高"）；后期失代偿时，血压下降，脉搏细快，呼吸浅快不规则，甚至呼吸停止，终因呼吸、循环衰竭而死亡。此种生命体征的变化称为库欣反应。

6. 其他 小儿可有头颅增大、头皮静脉怒张、囟门饱满、颅缝增宽。成人可出现阵发性黑矇、头晕、猝倒，因一侧或双侧展神经麻痹可出现复视。

7. 脑疝 脑疝是颅内压增高的严重并发症，指当颅腔某分腔有占位性病变时，脑组织从高压力区向低压力区移位，被挤压到小脑幕裂孔、大脑镰下间隙、枕骨大孔等生理性或病理性孔道或间隙中，脑组织、血管、神经等重要结构受压或移位，从而出现一系列严重临床症状和体征，称为脑疝。

根据移位的脑组织及其通过的间隙和孔道，可将脑疝分为小脑幕切迹疝（颞叶钩回疝）、枕骨大孔疝（小脑扁桃体疝）、大脑镰下疝等。

(1) 小脑幕切迹疝：又称颞叶钩回疝，是幕上占位性病变引起颅内压增高，使颞叶海马回、钩回挤入小脑幕裂孔下方。主要表现为：①颅内压增高的症状——进行性加重的剧烈头痛和与进食无关的频繁呕吐伴烦躁不安，视盘水肿可有可无。②意识改变——意识障碍进行性加重，随脑疝进展出现嗜睡、浅昏迷至深昏迷。③瞳孔变化——患侧初期动眼神经受刺激导致瞳孔缩小，对光反射迟钝，后期随病情进展动眼神经麻痹，患侧瞳孔逐渐扩大，直接或间接对光反射消失，伴有患侧上睑下垂、眼球外斜。④肢体运动障碍——病变对侧肢体肌力减弱或麻痹，随病情发展可致双侧自主活动减少或消失，严重者可出现去大脑强直发作。⑤生命体征紊乱——心率减慢或不规则，血压忽高忽低，呼吸深慢，大汗淋漓或无汗，体温可高达41℃或体温不升，最后呼吸循环衰竭而致血压下降，呼吸心搏停止。

(2) 枕骨大孔疝：是在颅内压不断增高时，小脑扁桃体及延髓经枕骨大孔向椎管内移位，故又称小脑扁桃体疝。由于颅后窝容积小，对颅内压代偿能力小，病情变化快。表现为：①剧烈头痛和频繁呕吐；②颈项强直、强迫头位；③生命体征改变迅速，意识障碍和瞳孔改变出现较晚。由于延髓直接受压，患者可突发呼吸骤停，心搏停止而死亡。

（二）辅助检查

1. 腰椎穿刺　能直接测量颅内压，并可检测脑脊液的生化指标。但对有明显颅内压增高症状和体征者应禁用，因有引起脑疝的危险。

2. 影像学检查

（1）X线检查：对颅骨骨折有重要诊断价值。小儿可见颅缝增宽等征象。

（2）CT、MRI：CT快速、准确、无创伤是诊断颅内占位性病变的首选检查，CT和MRI检查均能较准确地定位诊断并可帮助定性诊断。

（3）脑造影检查：包括数字减影血管造影、脑血管造影、脑室造影等，针对怀疑脑血管畸形或血运丰富的颅脑肿瘤，可提供定位和定性诊断。

（三）与疾病相关的健康史

1. 年龄　婴幼儿颅缝尚未闭合，颅内压增高可致颅缝增宽，可延缓病情发展。老年人因脑萎缩，使颅内可代偿空间增多，病程较长。

2. 相关疾病史　使颅内容物体积或量的增加和颅腔容量缩减的病变，如颅脑外伤、颅内感染、脑水肿、脑占位性病变、高血压、大片凹陷性颅骨骨折、颅脑畸形等疾病史，是颅内压增高的常见原因。呼吸道梗阻、咳嗽、癫痫、便秘等是重要诱发因素。

（四）心理社会状况

剧烈头痛、频繁呕吐等可致患者出现烦躁不安、焦虑等心理反应。了解患者及家属对疾病的认知和心理反应。对疾病的认识、看法以及适应水平，家庭经济状况以及对患者的关心和支持程度，都会影响到患者对疾病的接受程度、治疗效果以及术后的康复。

（五）治疗原则

1. 一般治疗　对于颅内压增高的患者出现应留院观察，密切观察生命体征变化及意识和瞳孔变化，及时掌握病情发展，有条件可做颅内压监测。不能进食的患者应当补液，注意水、电解质和酸碱平衡。避免患者用力排便，可用缓泻剂。对昏迷患者及咳痰困难者可行气管切开等。病情稳定后，及时查找病因，进行病因治疗。

2. 病因治疗　病因治疗是最有效的治疗方法，如手术清除颅内血肿、异物，切除颅内占位性病变，脑积水可行脑脊液分流术。颅内压增高导致脑疝，应及时手术，去除病因。

3. 降低颅内压　对病因不明或一时难以解除病因者，针对不同情况，采取不同降颅压措施。

（1）脱水治疗：选用高渗性脱水药（如20%甘露醇）与利尿性脱水药（如呋塞米），通过提高血液的渗透压，使脑组织水分向血液循环内转移，缩小脑体积，达到降低颅内压的作用。

（2）糖皮质激素治疗：糖皮质激素可降低毛细血管通透性，稳定血脑屏障，预防和缓解脑水肿，并通过加速消退水肿和减少脑脊液生成，降低颅内压。

（3）给氧或过度换气：通过增加脑血管氧分压，排出CO_2。动脉血中CO_2分压每下降1mmHg，脑血流量可递减2%，从而降低颅内压。

（4）冬眠低温治疗：应用冬眠低温药物配合物理降温降低患者体温，以降低脑代谢率，减少脑耗氧量，减少脑血流量，改善细胞膜通透性，增加脑对缺血缺氧的耐受力，有助于防止脑水肿的发生。

（5）脑脊液引流：可在脑脊液监测设备条件下，行脑室穿刺缓慢引流脑脊液，以缓解颅内压增高。目前，腰大池穿刺置管持续引流由于其微创、稳压、闭式、脑脊液引流充分而显示出优越效果。

4. 对症治疗

（1）疼痛者给予镇痛剂，但禁用吗啡和哌替啶，以免抑制呼吸中枢。

（2）呕吐者应禁食和维持水、电解质及酸碱平衡。

（3）高热者进行有效降温，减少脑缺氧。

案例 9-1B

该患者明确诊断为颅内占位性病变、颅内压增高，拟行手术治疗。入院后第 2 天，清晨用力排便时突发剧烈头痛，呕吐，左侧肢体瘫痪，意识丧失。

体检：P 55 次 / 分，R 15 次 / 分，BP 150/88mmHg。右侧瞳孔散大，对光反射消失。

问题与思考：

1．该患者出现了何种问题？为什么？

2．目前的急救护理措施有哪些？

【主要护理诊断 / 合作性问题】

1. 疼痛　与颅内压增高有关。

2. 有体液不足的危险　与频繁呕吐、不能进食和脱水治疗等有关。

3. 潜在并发症：脑疝。

【护理措施】

（一）一般护理

1. 体位　绝对卧床休息，保持病室安静。床头抬高呈 15°～30°的斜坡位，有利于头部静脉回流，降低颅内压。昏迷者头偏向一侧，以免呕吐物误吸。

2. 给氧　持续或间断给氧，降低脑血流量，降低颅内压。

3. 饮食与补液　控制液体的摄入量。神志清醒者，给予低盐饮食，不能进食者，每日遵医嘱补液量不超过 2000ml，保持 24h 尿量不少于 600ml 即可。控制输液速度，防止过快而加重脑水肿。注意水、电解质、酸碱平衡。

4. 维持正常体温　中枢性高热以物理降温为主。

5. 其他　加强皮肤护理，预防压疮。定时翻身拍背，防止发生肺部并发症。保持二便通畅，患者有尿潴留、便秘应导尿或协助排便。

（二）病情观察

密切观察患者生命体征变化和意识及瞳孔的变化。观察患者有无肢体活动障碍和癫痫发作，有条件者可行颅内压监测。

1. 意识　意识反映大脑皮质和脑干的功能状态。意识障碍程度的评定，目前主要采用意识状态分级法（表 9-1）和格拉斯哥昏迷量表法（Glasgow coma scale，GCS）（表 9-2）。意识状态分级法将意识分为清醒、模糊、浅昏迷、昏迷和深昏迷。GCS 评定患者的睁眼、语言及运动反应，累计得分，最高分为 15 分，8 分以下为昏迷，最低分为 3 分，分数越低，表示意识障碍越严重。

表9-1 意识状态分级

意识状态	语言刺激反应	痛刺激反应	生理反应	二便自理	配合检查
清醒	灵敏	灵敏	正常	能	能
模糊	迟钝	不灵敏	正常	有时不能	尚能
浅昏迷	无	迟钝	正常	不能	不能
昏迷	无	无防御	减弱	不能	不能
深昏迷	无	无	无	不能	不能

表9-2 格拉斯哥昏迷量表

睁眼反应	计分	语言反应	计分	运动反应	计分
自动睁眼	4	回答正确	5	遵命动作	6
呼唤睁眼	3	回答错误	4	痛觉定位	5
刺痛睁眼	2	含混不清	3	疼痛躲避	4
不能睁眼	1	有声无语	2	肢体屈曲	3
		不能发音	1	肢体过伸	2
				无动作	1

2. 瞳孔 正常瞳孔等大，等圆，直径3～4mm，直接、间接对光反射正常。颅内压增高导致脑疝，患侧初期瞳孔缩小，对光反射迟钝，后期随病情进展动眼神经麻痹，患侧瞳孔逐渐扩大，直接或间接对光反射消失。

3. 生命体征 观察呼吸的频率和深度，脉搏频率、节律及强度以及血压和脉压的变化。

4. 肢体功能 病变对侧肢体肌力有无减弱和麻痹，是否存在双侧肢体自主活动消失，有无阳性病理征。

5. 颅内压监测 可动态观察患者颅内压的变化。

（三）避免颅内压突然增高

1．绝对卧床休息，保持病室安静，避免情绪激动。

2．保持呼吸道通畅，及时清除分泌物和呕吐物。对意识不清或排痰困难者，配合医生施行气管切开术。

3．避免剧烈咳嗽和用力排便，以免胸腹压力增高导致颅内压升高。及时治疗呼吸道感染，避免剧烈咳嗽。注重饮食调整，避免便秘发生，已有便秘者，可使用开塞露，禁忌高压灌肠。

4．及时控制癫痫发作，注意观察有无症状出现，遵医嘱定时、定量给予抗癫痫药物，防止脑缺氧、脑水肿。

（四）脑疝的急救与护理

1．立即脱水治疗 遵医嘱快速静脉输入20%甘露醇和呋塞米。

2．保持呼吸道通畅，吸氧。准备气管插管盘及呼吸机。

3．密切观察生命体征、意识、瞳孔变化。

4．做好紧急手术准备。

（五）脱水治疗的护理

1．遵医嘱用高渗性和利尿性脱水药。常用20%甘露醇250ml，15～30min内快速滴完，每4～6h可重复使用，同时静脉注射利尿剂呋塞米20～40mg，可反复使用。

2．在脱水期间要观察血压、脉搏、尿量变化，注意观察和记录24h出入水量。给药后1h内不大量喝水，记录24h出入量，尤其尿量，注意用药反应及有无血容量不足、水电解质失衡等副作用。

3．为防止颅内压反跳现象，应遵医嘱定时、反复应用脱水药物，停药前逐渐减量或延长给药间隔。

（六）激素治疗的护理

1．遵医嘱应用肾上腺皮质激素如地塞米松、氢化可的松等，可预防和缓解脑水肿。

2．应加强观察和护理，减少激素引起消化道应激性溃疡的机会。

（七）冬眠低温治疗的护理

1．环境准备　单人房间，室温18～20℃。

2．降温方法　遵医嘱给予足量冬眠药物（冬眠Ⅰ号），30min后，机体进入睡眠状态，御寒反应消失后进行物理降温。降低温度以每小时下降1℃为宜，以维持肛温32～34℃、腋温31～33℃为宜。

3．密切观察患者生命体征、意识和瞳孔变化。如果脉搏超过100次/分，收缩压低于70mmHg，呼吸变慢或不规则，及时通知医生处理。

4．饮食　液体输入量不超过1500ml，鼻饲食物温度要与体温相同。

5．预防并发症　预防肺及泌尿系感染、低血压、冻疮、压疮、暴露性角膜炎。

6．复温的护理　冬眠低温治疗时间一般为3～5日。缓慢复温，先停止物理降温，然后停冬眠药物，注意保暖，为患者加盖被毯，使体温自然回升。必要时使用电热毯，温度应适宜，避免烫伤。

（八）脑脊液引流的护理

1．脑室引流护理

（1）严格无菌操作，妥善固定，保持引流通畅，活动翻身时防止引流管滑脱，每日更换引流袋。搬动患者和更换引流袋时先夹闭引流管，防止脑脊液反流而引起颅内感染。

（2）维持适当引流速度和量：引流管高于脑室10～15cm，每日引流量不超过500ml。每日引流过多过快可引起颅内压骤然下降，造成危险。可适当抬高或降低引流袋位置，以控制速度和流量。

（3）观察并记录脑脊液性状和量：正常脑脊液无色透明，手术后1～2日可略呈血性，以后变淡。若为混浊毛玻璃状或有絮状物则提示感染，若脑脊液中有较多血液或血色渐加深，提示脑室内出血，告知医生及时处理。

（4）拔管：脑室引流时间一般不超过5～7天，拔管前应试行夹闭引流管或抬高引流袋24h，观察有无颅内压增高现象。若患者出现头痛、呕吐等症状，应立即通知医生并打开夹闭的引流管或放低引流袋。拔管后，若切口处有脑脊液流出，应告知医生妥善处理。

2．持续腰大池引流护理

（1）严密观察病情变化：术后平卧或侧卧，床头抬高15º～30º。严密观察意识和生命体征的变化。

（2）妥善固定：将导管沿脊柱侧向头部方向延长固定，从肩侧伸出固定于床旁输液架上。引流管口必须高于腰椎管水平3～4cm，引流袋则低于椎管水平。

（3）观察、记录引流液的量、色、质和速度：严格控制引流量，一般2～4滴/分，每小时引流量约12ml，每日引流量150～320ml。当患者改变体位时，重新调节引流管口高度，使颅内压维持在正常水平。余同脑室引流。

（4）有效引流和预防感染：同脑室引流。但注意保持置管部位的贴膜清洁干燥，每周更换2次。出汗较多时，随时更换。如有穿刺点皮肤发红、肿胀或渗漏等异常现象，及时汇报医师并协助处理。

（5）拔管护理：同脑室引流。

（九）对症护理

1．头痛者遵医嘱使用镇痛剂，但禁用吗啡和哌替啶，以免抑制呼吸中枢。

2．呕吐者应禁食和维持水、电解质及酸碱平衡。及时清除呕吐物，防止误吸，观察并记录呕吐物的量和性状。

3．高热者进行有效降温，减少脑缺氧。必要时行冬眠低温治疗，做好相应护理。

4．对躁动者寻找原因，遵医嘱给予镇静药物，切忌强行约束。

（十）心理护理

及时发现患者的行为和心理异常，查找并去除原因，帮助其消除焦虑和恐惧，鼓励患者接受疾病带来的改变，尽早生活自理。对恢复过程中可能出现的头痛、耳鸣、记忆力下降等给予适当的解释，树立患者信心，使其积极治疗和康复。

（十一）健康教育

1．介绍疾病相关知识，指导患者及家属学习和掌握康复知识和技能，制订康复计划，循序渐进地进行多方面训练，争取最大程度地恢复生活能力。

2．颅内压增高患者要防止剧烈咳嗽、便秘、用力等诱发颅内压骤升的因素，避免脑疝的发生。

小 结

1．**病因** 主要包括两个方面，一是颅腔内容物的体积或量增加，二是颅内空间或颅腔容积缩小。前者多因脑体积增加（如脑组织损伤、缺血缺氧、中毒等导致脑水肿）、脑脊液增多或脑血流量增加所致。后者可因先天性因素（如狭颅症、颅底凹陷症等先天性畸形使颅腔容积变小）和后天性因素（如颅内血肿、脑肿瘤等颅内占位性病变使颅内空间相对缩小，或大片凹陷性颅骨骨折使颅腔容积变小）。

2．**临床表现** 最早和最主要的症状是头痛、呕吐与视盘水肿，合称颅内压增高三主征，其他有意识障碍、生命体征紊乱、脑疝和阵发性黑矇、头晕、猝倒、头皮静脉曲张等其他症状和体征。

3．**治疗原则** 一般治疗、病因治疗、降低颅内压和对症治疗。

4．**护理** 绝对卧床休息，保持病室安静。床头抬高15°~30°，观察生命体征、瞳孔和意识等的变化。避免情绪激动、剧烈咳嗽和便秘，防止颅内压骤升。若出现脑疝及时处理。进行各项配合治疗的护理，如脱水、激素、脑疝急救、脑室引流和冬眠低温治疗的护理。对高热、头痛、呕吐患者注意对症护理。

自测题

一、选择题

1．枕骨大孔疝**不同于**小脑幕切迹疝的临床表现是

　A．头痛剧烈

　B．呕吐频繁

　C．意识障碍

　D．呼吸骤停出现早

　E．血压升高，脉缓有力

2．急性枕骨大孔疝出现较晚的临床表现为

　A．呼吸骤停

B．意识障碍
C．剧烈头痛
D．肢体瘫痪
E．颈项强直
3．冬眠低温治疗的时间一般为
A．1～2天
B．3～5天
C．5～7天
D．8～9天
E．10～11天
4．小脑幕切迹疝出现患侧瞳孔散大是由于压迫了患侧脑神经中的

A．动眼神经
B．三叉神经
C．滑车神经
D．展神经
E．视神经
5．颅内高压时常用的脱水药是
A．25%山梨醇溶液
B．50%葡萄糖溶液
C．20%甘露醇溶液
D．3%氯化钠溶液
E．25%葡萄糖溶液

二、案例题

女性，66岁，因颅内压增高，头痛渐加重，行腰椎穿刺脑脊液检查后突然呼吸停止，双侧瞳孔直径2mm，以后逐渐散大，血压下降。

请问：

（1）该患者最可能出现了何种问题？
（2）主要的急救和护理措施有哪些？

（邵广宇）

第十章 颅脑损伤患者的护理

通过本章内容的学习,学生应能:

◆ 识记
1. 列举颅内血肿的种类。
2. 复述脑震荡的定义。
3. 分别描述头皮损伤、脑震荡、脑挫裂伤的临床表现及处理原则。

◆ 理解
1. 解释不同类型颅脑损伤对机体的影响。
2. 解释中间清醒期、逆行性遗忘的含义及发生原因。
3. 比较不同部位颅底骨折的临床表现。

◆ 运用
评估颅脑损伤患者并为其制订护理计划。

颅脑损伤(craniocerebral injury)多见于自然灾害、交通意外和工矿事故、爆炸、坠落、跌倒等,以及各种锐器和钝器对头颅的伤害。其发生率仅次于四肢损伤,居全身损伤第2位,占全身损伤的15%~20%,因常合并身体其他部位损伤,死亡率和伤残率均居首位。颅脑损伤包括头皮损伤(scalp injury)、颅骨骨折(skull injury)和脑损伤(brain injury),三者可单独存在亦可合并存在。其中脑损伤的程度及处理效果对预后起决定作用。

第一节 头皮损伤

头皮损伤是最常见的颅脑损伤,系因外力作用使头皮完整性或皮内结构发生改变,包括头皮血肿、头皮裂伤和头皮撕脱伤。单纯头皮损伤一般不难诊断,但需注意有无合并颅骨骨折和脑损伤。

头皮部位的解剖

头皮是覆盖在头颅穹窿部的软组织,按位置可分为额顶枕部和颞部。额顶枕部的范围是前至眶上缘,后至枕外粗隆和上项线,侧方至颞上线。该范围内头皮有5层结构,自外向内依次是:①皮肤;②皮下组织;③帽状腱膜,为白色坚韧的膜状

结构，与皮肤紧密连接，与骨膜连接疏松；④帽状腱膜下层，为薄层疏松结缔组织，内有许多导血管和颅内静脉窦相通，是静脉窦栓塞和颅内感染的途径之一；⑤骨膜，贴附于颅骨表面。头皮颞部上界为颞上线，下界为颧弓上缘。它分为6层，自外向内依次是皮肤、皮下组织、颞浅筋膜、颞深筋膜、颞肌和骨膜。在颞浅、颞深筋膜之间都充有脂肪。骨膜与颞骨结合紧密，不易分开。

案例10-1A

男性，50岁，外伤后头部流血20min。

体检：T 37℃，P 80次/分，R 20次/分，BP 130/80mmHg。全身皮肤黏膜无黄染，浅表淋巴结不大，头颅大小形态如常，头顶部有一直径5cm大小之皮肤裂伤，稍红肿，创缘整齐，血流不止，深达骨膜。双侧瞳孔等大等圆，对光反射敏感。耳廓无畸形，外耳道无分泌物，乳突区无压痛，口唇无发绀。伸舌居中，咽部不充血，扁桃体不大。

血常规：RBC $5.0×10^{12}$/L，Hb 120g/L，WBC $11.9×10^9$/L。

便常规：无异常。

头颅X线检查：无异常。

问题与思考：
该患者护理评估内容有哪些？

【护理评估】

（一）临床表现

1. 头皮血肿 多因钝器伤所致，按血肿的发生部位分为皮下血肿、帽状腱膜下血肿和骨膜下血肿。

（1）皮下血肿：位于皮肤表层和帽状腱膜之间，常见于产伤或碰伤。因受皮下纤维隔限制，血肿体积较小，范围局限，不易扩散，局部张力高，压痛明显，边缘隆起，中央凹陷。

（2）帽状腱膜下血肿：位于颞骨和骨膜之间，常因切线暴力所致。帽状腱膜下组织松弛，出血易扩散，可蔓延至全头部，失血量多。头颅增大，肿胀，波动感明显。

（3）骨膜下血肿：位于骨膜和颅骨外板之间，常因颅骨骨折引起。骨膜在骨缝处紧密连接，血肿多以骨缝为界，局限于某一颅骨范围内，张力较高。

2. 头皮裂伤 边缘规则或不规则，伤口大小、深度不一，可有组织缺损，因血管丰富，出血量大，不易自止，可致失血性休克。

3. 头皮撕脱伤 是最严重的头皮损伤，头皮大块缺失，颅骨外露，出血量大，剧烈疼痛和大量失血常导致失血性休克。

（二）辅助检查

X线、CT、MRI等影像学检查有助于发现有无合并颅骨骨折和颅脑损伤，评估其严重程度。

（三）与损伤相关的健康史

1. 外伤史 头皮损伤多因钝器伤所致。其中皮下血肿常见于产伤或碰伤，帽状腱膜下血

肿常因切线暴力所致，骨膜下血肿常因颅骨骨折引起。锐器或钝器打击均可导致头皮裂伤。头皮撕脱伤可因发辫卷入转动的机器而致大块头皮自帽状腱膜下层连同颅骨骨膜被撕脱。

2. 现场急救情况　了解现场急救情况，用药情况及止血、止痛措施等。

（四）心理社会状况

头皮损伤患者因疼痛、出血量大，常常引起焦虑和恐惧。要及时了解患者的情绪变化及其对疾病的认知程度。

（五）治疗原则

1. 较小的头皮血肿　无需特殊处理，1～2周可自行吸收。伤后给予加压冷敷以减少出血和疼痛，24h后改用热敷以促进血肿吸收。切忌用力揉搓，血肿较大需在无菌操作下穿刺并加压包扎。

2. 头皮裂伤　现场加压包扎止血，及早进行清创缝合术。由于头皮血供丰富，即使伤后逾时24h内，只要没有明显的感染征象，仍可进行彻底清创一期缝合，同时常规使用抗生素预防感染，并注射破伤风抗毒素。

3. 头皮撕脱伤　紧急加压包扎，严格清创后尽早行头皮再植，严格无菌操作规程，常规使用抗生素预防感染，给予止痛剂镇痛。及时止血和补充血容量，防治休克。

> **案例10-1B**
>
> 该患者明确诊断为头皮裂伤，给予清创缝合，同时注射破伤风抗毒素，给予阿莫西林口服。
>
> **问题与思考：**
> 1. 该患者主要的护理问题有哪些？
> 2. 如何观察和护理？

【主要护理诊断/合作性问题】

1. 焦虑/恐惧　与头皮损伤及出血有关。
2. 皮肤完整性受损　与头皮损伤有关。
3. 潜在并发症：感染。

【护理措施】

（一）病情观察

1. 密切观察患者生命体征、瞳孔和神志变化以及尿量情况。
2. 注意有无休克和颅骨损伤及脑损伤的发生。

（二）伤口护理

1. 保持敷料整洁和干燥，保持引流通畅。
2. 注意创面有无渗血以及皮瓣坏死和感染情况。

（三）预防感染

1. 严格无菌操作规程，密切观察有无全身和局部感染表现。
2. 遵医嘱应用抗生素和破伤风抗毒素。

（四）心理护理

给予精神和心理上的支持，鼓励患者，消除患者紧张、恐惧的心理，必要时给予镇静剂和镇痛剂。对合并脑损伤者禁用吗啡类药物。

第二节 颅骨骨折

颅骨是类似球形的骨壳,容纳和保护颅腔内容物。颅骨可分为颅盖和颅底两部分。颅骨骨折(fracture of skull)是指颅骨受暴力作用致其结构破坏,常合并脑损伤。按骨折部位分为颅盖骨折和颅底骨折;按骨折与外界是否相通分为开放性和闭合性骨折;按骨折形态分为线形骨折和凹陷型骨折。颅骨损伤的病因是直接暴力或间接暴力作用于颅骨所致。暴力作用的方向、速度和着力面积等致伤因素对颅骨骨折影响较大。

【护理评估】

(一)临床表现

1. 颅盖骨折

(1)线性骨折:局部压痛、肿胀,可伴有头皮损伤等。确诊主要依靠X线和CT检查,应警惕合并脑损伤和颅内血肿。

(2)凹陷性骨折:局部可扪及颅骨凹陷,若骨折位于脑重要功能区,可出现偏瘫、失语、癫痫等神经系统定位病症。

2. 颅底骨折 常为线形骨折,多因间接暴力作用于颅底所致。颅底硬脑膜与颅骨贴合紧密,颅底骨折易撕裂硬脑膜,出现脑脊液外漏成为开放性骨折。依骨折部位分为颅前窝、颅中窝和颅后窝骨折。骨折部位不同,临床表现各异(表10-1),主要表现为脑脊液漏、皮下或黏膜下瘀斑和脑神经损伤。

表10-1 颅底骨折的临床表现

骨折部位	脑脊液漏	瘀斑位置	可能累及的脑神经及相应症状
颅前窝	鼻漏	眶周(熊猫眼征)、球结膜下(兔眼征)	嗅神经—嗅觉障碍 视神经—视觉减退或失明
颅中窝	鼻漏和耳漏	乳突区	面神经—周围性面瘫 听神经—耳鸣,听力障碍
颅后窝	无	乳突区、咽喉壁	偶有Ⅸ、Ⅹ、Ⅺ、Ⅻ脑神经损伤

(二)辅助检查

1. X线检查 颅盖骨折时,X线检查可帮助了解有无骨折片陷入及陷入的深度和有无合并脑损伤。对颅底骨折的诊断意义不大。

2. CT 可确定有无骨折,并有助于脑损伤的诊断。

(三)与损伤相关的健康史

1. 外伤史 暴力作用的方向、速度和着力面积等致伤因素对颅骨骨折影响较大。一般说来,打击面积小,颅骨多以局部形变为主;如果受力面积大,则会引起颅骨整体变形,常伴发广泛脑损伤。若暴力作用点面积较小而速度较缓,多引起通过着力点的线状骨折;若作用面积小而速度快,常形成洞形骨折,骨片陷入颅腔;若作用点面积大而速度较缓,可致粉碎骨折或多发线形骨折;若打击面积大而速度快,多引起局部粉碎凹陷性骨折。

2. 现场急救情况 了解现场急救情况、用药情况及止血、止痛措施。需注意有无脑损伤和其他合并伤的存在。

(四)心理社会状况

颅骨骨折患者往往是遭受暴力后骨折,部分患者还可并发脑神经损伤、脑脊液漏等,因此常担心损伤会影响脑部功能,或骨折后头颅外形改变无法恢复等。

(五)治疗原则

1. 颅盖骨折

(1)单纯线性骨折:一般不需特殊处理,卧床休息,行止痛、镇静等对症治疗,注意观察有无继发性病变的发生。

(2)凹陷性骨折:凹陷不深、范围不大者可观察。若凹陷骨折位于脑重要功能区,有脑受压症状或颅内压增高表现,凹陷深度大于1cm,直径大于5cm,应手术复位或摘除碎骨片。

2. 颅底骨折 重点是注意有无脑损伤和处理脑脊液漏及脑神经等合并伤。出现脑脊液漏应使用破伤风抗毒素(TAT)和抗生素预防感染。脑脊液漏多在1~2周内自行愈合,超过1个月应手术修补硬脑膜,若骨折片或血肿压迫脑神经应尽早手术减压。

【主要护理诊断/合作性问题】

1. 疼痛 与损伤和颅内压增高有关。
2. 焦虑/恐惧 与颅脑损伤的诊断和担心预后有关。
3. 有感染的危险 与脑脊液外漏有关。
4. 潜在并发症:颅内压增高,颅内出血等。

【护理措施】

(一)病情观察

1. 密切观察患者生命体征、意识和瞳孔变化,颅内压增高症状和肢体活动等情况,有无体温升高、脑膜刺激征等颅内感染征象,及时发现和处理。

2. 明确有无脑脊液漏。患者鼻腔、耳道流出淡红色液体,可疑为脑脊液漏。为鉴别血性脑脊液和血性渗液,可将血性液滴在滤纸上,若血迹周围有淡红色月晕样浸渍圈,则为脑脊液漏。脑脊液中含糖,而鼻腔分泌物中不含糖,用尿糖试纸测定可区别脑脊液和鼻腔分泌物。观察和记录脑脊液量。

(二)脑脊液漏的护理

1. 绝对卧床休息,取头高位,头部抬高15°~30°,以利漏口封闭。
2. 保持外耳道、鼻腔和口腔清洁。及时清除外耳道、鼻腔的血迹和污垢,以防逆行感染。
3. 严禁从鼻腔吸痰和放置胃管。禁止严堵深塞鼻腔和耳道,禁止耳鼻滴药和冲洗,禁忌腰穿。
4. 避免用力咳嗽、打喷嚏、擤鼻涕,避免用力排便,以免颅内压的骤然变化导致脑脊液逆流。

(三)疼痛护理

遵医嘱使用镇静剂和止痛剂,减轻疼痛和不适。

(四)预防感染

遵医嘱预防性应用抗生素防止感染,并注射破伤风抗毒素。

(五)心理护理

向患者介绍病情、治疗手段和注意事项,指导患者正确面对损伤,以取得配合,消除紧张情绪。

第三节 脑损伤

脑损伤(brain injury)是指暴力作用导致脑膜、脑组织、脑血管及脑神经的损伤。主要是由于暴力直接或间接传导到头部所引起。根据伤后脑组织是否与外界相通分为开放性和闭合性脑损伤。前者多由锐器和火器直接造成,伴有头皮损伤、颅骨骨折和硬脑膜破裂,有脑脊液漏；后者多由间接暴力所致，脑膜完整，无脑脊液漏。根据损伤病理改变发生先后分原发性和继发性脑损伤，前者指暴力作用于头部后立即发生的脑损伤，包括脑震荡（cerebral concussion）和脑挫裂伤（cerebral contusion and laceration）；后者是指受伤一段时间后出现的脑受损病变，主要有脑水肿和颅内血肿等。

【护理评估】

（一）临床表现

1. 脑震荡　为一过性脑功能障碍，无肉眼可见的神经病理改变。

（1）伤后立即出现短暂的意识障碍，持续几秒钟或几分钟，一般不超过30min。同时出现皮肤苍白、冷汗、血压下降、脉搏缓慢、各种生理反射迟钝。

（2）逆行性遗忘，患者清醒后不能回忆伤前及受伤当时情况。

（3）常伴有头痛、头晕、恶心、呕吐、失眠等症状。

（4）神经系统检查无阳性体征，脑脊液无明显改变，CT无阳性发现。

2. 脑挫裂伤　为脑实质的损伤，包括脑挫伤和脑裂伤，两者常并存。前者脑组织损伤稍轻，软脑膜完整。后者软脑膜、血管、脑组织同时破裂，伤后易出现蛛网膜下腔出血、脑水肿、颅内压增高甚至脑疝。

（1）意识障碍：是脑挫裂伤最突出的临床表现。伤后立即出现，意识障碍的程度和持续时间与脑损伤的严重程度和范围有关。多超过30min，严重者可长期昏迷。

（2）局灶症状和体征：若伤及脑功能区，可立即出现与受损功能区相关的功能障碍或体征，如偏瘫、失语等。

（3）颅内压增高与脑疝：脑挫裂伤可致蛛网膜下腔出血，若继发颅内血肿或脑水肿，可致颅内压增高甚至脑疝。出现头痛、呕吐、生命体征紊乱、意识障碍和瞳孔改变等。

（4）脑膜刺激征：合并蛛网膜下腔出血时，患者有剧烈头痛、颈项强直。可引出病理反射，脑脊液检查有红细胞。

3. 颅内血肿　是颅脑损伤中最常见、最危险的继发性病变。如不及时处理，血肿压迫脑组织，引起颅内压增高、脑疝，可危及患者生命。颅内血肿按照发病时间可分为急性（＜3天）、亚急性（3天～3周）和慢性（＞3周）三型。按照血肿的来源和部位分为硬膜外血肿、硬膜下血肿和脑内血肿三型。

（1）硬膜外血肿：出血积聚于颅骨与硬脑膜之间，与颅骨骨折有密切关系。其典型表现是在原发性意识障碍后有一中间清醒期，然后再度出现意识障碍，并渐加重，即昏迷—清醒—昏迷。两次意识障碍的发生机制不同，前者是由原发性脑损伤引起，后者为继发性血肿及颅内压增高所致。如果原发性脑损伤较重或血肿形成迅速，则可能不出现中间清醒期。病变发展可出现颅内压增高，甚至脑疝。

（2）硬膜下血肿：出血积聚于硬膜下腔，为最常见的颅内血肿，可分为急性、亚急性和慢性硬膜下血肿。

1）急性和亚急性硬膜下血肿：多因脑挫裂伤导致脑实质内血管破裂所致。症状类似于硬膜外血肿，因脑实质损伤重，原发性意识障碍时间长，中间清醒期不明显。颅内压增高征象在1～3天内进行性加重。

2）慢性硬膜下血肿：较少见，多见于老年人。多数致伤外力小，出血缓慢，患者可有慢性颅内压增高、间歇性神经定位体征，有时可有智力障碍、精神失常、记忆力减退等表现。

（3）脑内血肿：发生在脑内，常与硬膜下血肿共存。以进行性加重的意识障碍为主，当血肿累及重要功能区时，可出现偏瘫、失语、局灶性癫痫等定位体征。

（二）辅助检查

1. 脑脊液检查　脑挫裂伤时，脑脊液常有红细胞。

2. 影像学检查 X线检查可了解颅骨骨折情况。CT作为首选项目可显示脑挫裂伤的部位、范围，脑水肿程度，还可了解脑室受压及中线移位情况，对颅内血肿可明确定位。CT检查脑震荡患者常无阳性发现，硬膜外血肿有双凸透镜影或弓形密度增高影，硬膜下血肿多见新月形或半月形影。

（三）治疗原则

1. 脑震荡 一般无需特殊处理，卧床休息1～2周，可完全恢复。适当给予镇静、镇痛等对症治疗。

2. 脑挫裂伤 一般以非手术治疗为主。卧床休息，保持呼吸道通畅。给予营养支持，维持水、电解质、酸碱平衡。其中防治脑水肿是治疗脑挫裂伤的关键。镇痛、抗癫痫，注意禁用吗啡和哌替啶。对开放性脑损伤要及早清创。重度脑挫裂伤出现脑疝迹象时，应行减压术。

3. 颅内血肿 急性颅内血肿一经确诊应立即手术清除血肿；慢性硬膜下血肿多采用颅骨钻孔引流术。

【主要护理诊断/合作性问题】

1. 意识障碍 与脑损伤、颅内压增高有关。
2. 清理呼吸道无效 与意识障碍或气道内分泌物增多不能有效排痰有关。
3. 营养失调（低于机体需要量） 与伤后进食障碍及呕吐等有关。
4. 潜在并发症：颅内压增高、脑疝、感染、压疮、癫痫、消化道出血等。
5. 焦虑/恐惧 与脑损伤的诊断和担心预后有关。

【护理措施】

（一）现场急救

1. 保持呼吸道畅通 将患者置于侧卧位，尽快清除口咽部血块、呕吐物和分泌物，以免误吸。为昏迷者置口咽通气管，必要时行气管切开或进行人工辅助呼吸。

2. 妥善处理伤口，防止感染 单纯头皮裂伤清创后予以加压包扎。开放性颅脑损伤需剪短伤口周围头发，并消毒，伤口局部不冲洗、不用药。以无菌纱布保护外露脑组织，避免受压。遵医嘱使用抗生素和破伤风抗毒素。

3. 防治休克 患者有休克征象出现时，应及时查明有无多发性骨折、内脏破裂等颅外损伤，积极补充血容量，并作好术前准备。

4. 做好护理记录 准确记录受伤经过、初期检查发现、急救处理经过。观察并记录生命体征、意识、瞳孔、肢体活动等病情变化，为后续诊疗、护理提供依据。

（二）病情观察

动态病情观察可鉴别原发性与继发性脑损伤，每15～30min观察记录1次，及时发现和处理继发病变，观察治疗效果。稳定后可适当延长。

1. 意识状态 意识障碍是脑损伤患者最常见的变化之一。意识障碍的程度可反映脑损伤的轻重。意识障碍出现的早晚和有无加重，是区别原发性和继发性脑损伤的重要依据。

2. 生命体征 患者伤后可出现持续的生命体征紊乱。

（1）体温：伤后早期，常因组织创伤反应，出现中等程度发热；若伤后昏迷，体温持续超过40℃，为中枢性高热，提示下丘脑或脑干损伤；若伤后数日体温升高，常提示有感染性并发症。

（2）呼吸、脉搏、血压：三者呈综合性改变。为避免患者躁动影响检查准确性，应先测呼吸，再测脉搏，后测血压。注意呼吸节律和深度、脉搏快慢和强弱以及血压和脉压变化。若伤后出现血压升高、脉搏减慢、呼吸深慢，则提示颅内压增高。

3. 瞳孔变化 可因动眼神经、视神经、脑干损伤引起。观察两侧眼裂大小是否相等，有无上睑下垂，注意对比双侧瞳孔的形状、大小及对光反射。

4. 肢体活动　注意观察有无自主运动，是否对称，有无瘫痪以及瘫痪的程度等。

（三）昏迷护理

1. 体位　昏迷患者采取侧卧位，以利于口腔分泌物排出和防止误吸。清醒患者，头部抬高15°～30°，以利于静脉回流，减轻脑水肿。

2. 营养　对于无法进食的患者及时给予肠外营养。尽早恢复肠内营养有利于患者的康复，待肠蠕动恢复后，可采用鼻胃管补充营养。

3. 做好基础护理

（1）对长期卧床患者加强皮肤护理、定时翻身，预防压疮、肺部感染等并发症。

（2）去除口、鼻腔分泌物和血痂，用消毒棉球清洁。

（3）定期清除眼分泌物，并滴抗生素眼药水，眼睑闭合不全者，给予眼药膏保护，预防暴露性角膜炎和角膜溃疡。

（4）加强呼吸道管理，定期翻身拍背，保持呼吸道畅通，防止呕吐物误吸引起窒息和呼吸道感染。

（5）每日做2～3次四肢关节被动活动和肌肉按摩，保持四肢关节功能位，预防关节痉挛、肌萎缩。

（6）留置导尿，每日做好尿道外口护理。

（四）防治颅内压增高

1. 减轻脑水肿、降低颅内压　遵医嘱应用脱水剂、糖皮质激素、冬眠低温疗法等措施降低颅内压。

2. 对便秘患者适当给予缓泻剂，禁忌高压灌肠，以免诱发颅内压增高。

（五）预防感染和体温过高

1. 应用抗生素，防治颅内感染。

2. 中枢性高热常用物理降温，必要时可遵医嘱应用冬眠低温疗法。可选用物理降温，物理降温无效时，选用药物降温。

（六）并发症护理

1. 外伤性癫痫　对癫痫患者应掌握其先兆，做好预防措施。发作时应有专人护理，用牙垫防止舌咬伤，及时吸出呼吸道分泌物，保持呼吸通畅。外伤性癫痫可用苯妥英钠预防，发作时可用地西泮制止抽搐。癫痫完全控制后，继续用药1～2年，逐渐减量后停药，以防突然停药所致复发。

2. 消化道出血　应激性溃疡及激素可诱发急性胃肠黏膜病变，引起消化道出血。遵医嘱补充血容量，停用激素，使用胃酸分泌抑制剂如西咪替丁等。

（七）心理护理

对于病情较轻者，鼓励其尽早自理活动。对在恢复过程中出现的症状给予适当解释和安慰，使其树立战胜疾病的信心。

（八）健康教育

1. 加强安全意识教育　对于外伤性癫痫患者，应按时服药，注意防止意外伤害。

2. 康复训练　脑外伤遗留的智力、语言和运动障碍，在伤后1～2年内有部分恢复的可能，应提高患者信心。协助患者制订康复计划，尽可能改善生活自理能力，提高社会适应能力。

小结

一、头皮损伤

1. 病因　主要由外力作用引起。
2. 临床表现　可有头皮血肿、头皮裂伤或头皮撕脱伤。头皮血液循环丰富，损伤时出血较多，严重时甚至可造成失血性休克。
3. 治疗原则　较小的损伤可无特殊处理。较大损伤需及时加压包扎止血，清创缝合，服用抗生素。
4. 护理　做好病情观察、伤口护理、预防感染和心理护理。

二、颅骨骨折

1. 病因　由直接暴力或间接暴力作用于颅骨所致。
2. 临床表现　颅盖骨折包括线性骨折和凹陷性骨折。颅底骨折部位不同，临床表现各异，主要表现为脑脊液漏、皮下或黏膜下瘀斑和脑神经损伤。
3. 治疗原则　轻者可只给予对症处理，重者需及早手术。合并脑脊液漏时给予TAT和抗生素，必要时手术修补。
4. 护理　密切观察病情，做好脑脊液漏的护理，缓解疼痛，预防感染，同时做好心理护理。

三、脑损伤

1. 病因　主要是由于暴力直接或间接传导到头部所引起。
2. 临床表现　脑震荡患者可有短暂意识障碍、逆行性遗忘，伴有头痛、头晕等表现。脑挫裂伤患者可有意识障碍、局灶症状和体征、颅内压增高与脑疝、脑膜刺激征。颅内血肿患者按照血肿的来源和部位分为硬膜外血肿、硬膜下血肿和脑内血肿三型。硬膜外血肿患者的典型表现是在原发性意识障碍后有一中间清醒期，即昏迷—清醒—昏迷。
3. 治疗原则　轻者可给予对症处理或非手术治疗，重者需及早手术。其中防治脑水肿是治疗脑挫裂伤的关键。开放性脑损伤要及早清创。
4. 护理　做好紧急情况下的救治工作，注意观察意识、生命体征、瞳孔和肢体活动等，根据病情做好昏迷护理，防治颅内压增高，预防颅内感染和体温过高，做好并发症护理，提供心理支持。

自测题

一、选择题

1. 急性硬脑膜外血肿患者典型意识障碍的表现是
   A．短暂昏迷
   B．持续昏迷
   C．中间清醒期
   D．昏迷进行性加重
   E．昏迷程度时重时轻

2. 女性，28岁，自高处坠下，额部着地。双眼眶青紫瘀血，鼻腔有血性液体流出，主诉视力有所下降，可考虑
   A．鼻出血
   B．颅前窝骨折

C．脑损伤
D．颅中窝骨折
E．眼球损伤
3．男性，20岁，头部撞伤，昏迷5min，醒后不能回忆当时情况，有轻度恶心、头痛，考虑为
   A．头部挫伤
   B．脑挫裂伤
   C．脑震荡
   D．颅内血肿
   E．颅底骨折
4．目前诊断脑损伤的首选辅助检查是
   A．MRI
   B．CT
   C．数字减影血管造影
   D．头颅X线平片
   E．腰椎穿刺
5．治疗脑挫裂伤的关键是
   A．严密观察病情
   B．保持呼吸道通畅
   C．防治脑水肿
   D．促进脑功能恢复
   E．手术治疗

二、案例题

男性，60岁，因头部外伤4h入院。查体：BP 136/90mmHg，R 14次/分。患者对呼唤有反应，能躲避刺激，但回答问题错误。眼眶青紫，球结膜下有瘀斑，鼻腔有脑脊液流出。

请问：(1) 该患者的病变部位在哪里？
      (2) 请提出该患者目前存在的主要护理问题，以及应采取的护理措施要点。

（邵广宇）

第十一章 颅内肿瘤患者的护理

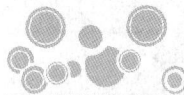

通过本章内容的学习，学生应能：

◆ **识记**

1. 列举颅内肿瘤患者的病情观察要点。
2. 描述颅内肿瘤的临床表现。

◆ **理解**

解释颅内肿瘤患者术后并发症的预防和护理。

◆ **运用**

评估颅内肿瘤患者并为其制订护理计划。

颅内肿瘤（intracranial tumors）是指颅内占位性病变，分为原发性和继发性两大类。其中原发于脑组织、脑血管、脑神经和脑膜等组织的肿瘤称为原发性脑肿瘤，身体其他部位恶性肿瘤转移至脑或邻近组织侵入引起的则为继发性脑肿瘤。颅内肿瘤可发生于任何年龄，以 20～50 岁多见，发病部位以大脑半球最多，其次为鞍区、脑桥小脑角。

颅内肿瘤可分为神经上皮组织肿瘤、脑膜肿瘤、神经鞘细胞肿瘤、腺垂体肿瘤、先天性肿瘤、血管性肿瘤、转移性肿瘤、邻近组织侵入性肿瘤及未分类肿瘤，其中来自于神经胶质细胞和神经元细胞的胶质瘤，是颅内最常见的恶性肿瘤，占颅内肿瘤的 40%～50%，以星形细胞肿瘤为最多，其次为脑膜瘤和垂体瘤等。儿童的颅内肿瘤发病率仅次于白血病，约占全身肿瘤的 7%，以颅后窝和中线部位肿瘤为多。

案例 11-1A

男性，68 岁，因头痛、头晕、右半身麻木无力 2 个月，呕吐 2 日入院。

体检：BP 130/80mmHg，神志清楚，视物模糊不清，视盘水肿。有面部感觉减退，右侧肢体不全瘫痪，右侧病理反射阳性。

头部 CT：颅内占位性病变。

问题与思考：

该患者的护理评估内容有哪些？

【护理评估】

（一）临床表现

本病起病多较缓慢，病程可自 1～2 个月至数年不等。部分病例可呈急性或亚急性发病，若肿瘤的恶性程度较高，进展迅速，或肿瘤发生出血、坏死等继发性变化，甚至可能出现卒中。由于肿瘤的原发部位、组织生物学特性的不同，不同肿瘤的临床表现各异，但以颅内压增高、神经功能定位症状为共性。

1. 颅内压增高　颅内占位性病变的存在、肿瘤周围脑水肿以及脑脊液循环受阻出现脑积水都是颅内肿瘤引起颅内压增高的原因。瘤内出血可表现为急性颅内压增高，甚至引发脑疝。

（1）头痛：肿瘤压迫、牵拉硬脑膜、血管和脑神经引起头痛。在剧烈咳嗽、用力排便时疼痛加剧。

（2）呕吐：清晨喷射状呕吐发作，多由于颅内压增高或肿瘤压迫呕吐中枢所致。

（3）视盘水肿：晚期患者可致视力减退、视野缩小，甚至失明。

2. 定位症状　神经功能定位症状取决于颅内肿瘤的部位，是由肿瘤刺激、压迫或破坏脑组织或脑神经所产生的损害后果。常见的局灶性症状有运动及感觉功能障碍。首发症状和体征常提示脑组织最先受损的部位，有定位价值。主要表现为：

（1）刺激症状：大脑半球肿瘤多以癫痫为首发症状。不同部位的肿瘤，癫痫发作类型不同。中央区及顶叶多为局灶性发作，而额叶肿瘤多表现为癫痫大发作。伴有幻嗅的精神运动性发作则提示颞叶肿瘤。

（2）破坏性症状：中央前后回肿瘤可致中枢性瘫痪，额叶肿瘤出现精神障碍，枕叶肿瘤可出现视力障碍，蝶鞍区肿瘤可出现因垂体或靶腺功能亢进或减退导致的相应症状。语言中枢肿瘤可出现失语，内听道肿瘤可产生听力障碍，小脑半球肿瘤可引起同侧肢体共济失调。

（3）压迫症状：无功能性垂体腺瘤较大时可压迫视神经，引起视力下降甚至失明、双颞侧偏盲等。内听道的肿瘤压迫第Ⅴ或第Ⅶ对脑神经，患者可出现面部麻木、面部肌肉运动障碍、味觉改变；压迫脑干和小脑可伴复视、共济失调、吞咽困难等。

3. 常见颅内肿瘤

（1）星形细胞肿瘤：是最常见的神经胶质瘤，占颅内肿瘤的13%～26%，成年人多位于大脑半球，以额、颞叶多见。儿童多发生于小脑半球。星形细胞肿瘤恶性度较低，生长缓慢，平均病史2～3年，可长达10余年。约1/3患者以癫痫为首发症状，肿瘤占位可引起颅内压增高，若肿瘤侵犯额叶，可出现精神障碍和性格改变。

（2）脑膜瘤：占颅内原发肿瘤的14%～19%。多为良性肿瘤。肿瘤生长缓慢，边界清晰。恶性脑膜瘤少见，与脑组织界限不清，可引起严重脑水肿，可远处转移至肺。

（3）垂体腺瘤：是来源于腺垂体的良性肿瘤。约占颅内肿瘤的10%。分泌性（功能性）垂体腺瘤常因垂体或靶腺功能亢进或减退导致相应症状，如肢端肥大，女性患者停经、泌乳，男性患者肥胖、阳痿等。较大的无功能性垂体腺瘤可压迫视神经，引起视力下降甚至失明、双颞侧偏盲等。肿瘤内出血、坏死可导致垂体瘤卒中。

（4）听神经瘤：为良性肿瘤，占颅内肿瘤的8%～10%，多隐匿起病，表现为高频耳鸣，听力下降，逐渐丧失听力。纯音测听表现为感音神经性耳聋。肿瘤压迫第Ⅴ或第Ⅶ对脑神经，患者可出现面部麻木、面部肌肉运动障碍、味觉改变；压迫后组脑神经，可表现为声音嘶哑、吞咽困难；压迫脑干和小脑可伴复视、共济失调、吞咽困难等。

（5）颅咽管瘤：为良性肿瘤，约占颅内肿瘤的5%，多见于儿童和青少年，男性多于女性。该肿瘤大多数为囊性，多位于鞍上区，病情发展可压迫视神经和视交叉，阻碍脑脊液循环而导致脑积水。主要表现包括视力障碍、视野缺损、尿崩、肥胖和发育迟缓等。成年男性有性功能障碍，女性有月经不调。晚期可有颅内压增高。

（二）辅助检查

1. 颅骨X线检查　脑膜瘤、颅骨骨瘤可见颅骨破坏和骨质增生。垂体腺瘤可见蝶鞍扩大，听神经瘤可见内听道扩大，骨质破坏。小儿患者颅内压增高可见颅缝增宽，脑回压迹增多。

2. CT或MRI 是诊断颅内肿瘤的首选方法，能明确诊断，且能确定肿瘤的位置、大小、肿瘤周围组织情况。

3. 垂体腺瘤及靶腺功能检查 发现垂体腺瘤，还需做内分泌激素如生长激素、T_3、T_4、血浆促肾上腺皮质激素等的测定。

4. 病理检查 在立体定向和神经导航技术基础上取得组织标本，进行组织学检查，确定肿瘤性质。

（三）与疾病相关的健康史

1. 年龄 颅内肿瘤可发生于任何年龄，以20～50岁多见。星形细胞肿瘤发病高峰在31～40岁，脑膜瘤平均高发年龄在45岁，儿童少见。老年人脑萎缩，颅内空间相对增大，发生颅脑肿瘤时，颅内压增高不明显，须注意避免误诊。

2. 家族史 遗传综合病症和特定基因多态性是潜在危险因子。

3. 外伤史 脑膜瘤的发生与头部外伤有一定关系。

4. 其他 有无接触化学、物理和生物致癌因素，如电磁辐射、神经系统致癌物、病毒感染等。

（四）心理社会状况

应评估患者及家属的心理状况，了解患者的职业、文化程度、对疾病的认知程度，以及有无悲伤、焦虑、绝望的心理。患者及家属对疾病及手术治疗的认知程度，家属对患者的关心程度和支持能力，都会影响患者对疾病的接受程度、治疗效果以及后期康复。

（五）治疗原则

1. 降低颅内压 降低颅内压的根本办法是切除肿瘤，但是有些肿瘤无法全部手术切除，患者则需要接受放疗、化疗。降低颅内压可以缓解症状以争取治疗时间。具体措施包括：①脱水治疗。②脑脊液体外引流，包括侧脑室穿刺和脑脊液持续外引流。③综合防治措施，如低温冬眠或亚低温治疗、激素治疗、限制水钠输入量、保持呼吸道通畅、采取合理体位等。

2. 手术治疗 切除肿瘤是降低颅内压、解除对脑神经压迫的最直接、最有效的方法，包括肿瘤切除术、内减压术、外减压术和脑脊液分流术等。微创入路、神经导航等微创神经外科技术的发展，保障了患者在切除肿瘤时脑功能不受损伤。

3. 放射治疗 适用范围：①作为恶性肿瘤部分切除后的辅助治疗手段；②位于重要功能区或深部等不宜手术的肿瘤；③全身情况差不能耐受手术者；④对放疗较敏感的肿瘤，如生殖细胞瘤和淋巴瘤对放射线高度敏感，经活检证实后，可首选放疗。治疗方法包括内照射法和外照射法，后者包括普通放射治疗、伽玛刀放射治疗和等中心直线加速器治疗。

伽玛刀放射治疗

伽玛刀（γ-knife）放射治疗是利用立体定向技术和计算机辅助将201个小孔中射出的γ射线聚集于颅内某一靶点，聚焦精度为0.1mm，聚焦后产生的能量很大，足以使肿瘤细胞变性、坏死，对周围正常脑组织血管不会造成明显损伤。适用于脑深部小型肿瘤（直径2cm或3cm以内），如听神经瘤、脑膜瘤、垂体微腺瘤、转移瘤、范围较局限的脑动静脉畸形，以及脑内神经核团或神经通路的定向毁损。

4. 化学药物治疗 化疗是重要的综合治疗手段之一。应选择容易通过血脑屏障的药物，需警惕颅内压增高、肿瘤坏死出血和骨髓抑制等副作用的发生。如患者体质好，可与放疗同时进行。

5. 其他治疗　如免疫治疗、基因治疗、光疗和中医中药治疗等方法均在不断探索中。

【主要护理诊断／合作性问题】

1. 营养失调（低于机体需要量）　与呕吐、食欲下降、放疗、化疗有关。
2. 疼痛　与肿瘤压迫、手术创伤有关。
3. （进食、卫生、如厕）自理缺陷　与手术后长期卧床有关。
4. 潜在并发症：颅内压增高、脑疝、颅内出血、中枢性高热、感染、脑脊液漏等。

案例11-1B

该患者明确诊断为颅内肿瘤，拟行开颅病灶切除治疗。

问题与思考：

患者围术期护理措施有哪些？

【护理措施】

（一）非手术治疗护理／术前护理

1. 体位　床头抬高呈 15°～30° 的斜坡位，有利于头部静脉回流，降低颅内压。昏迷者头偏向一侧，以免呕吐物误吸。
2. 休息　保证足够的休息和睡眠，帮助患者寻找影响睡眠的原因，安排有助于睡眠和休息的环境。保持病室安静，避免大声喧哗。睡眠时间内，若非病情需要，勿干扰患者。患者因头痛难以入睡，遵医嘱采取降压、止痛措施。遵医嘱给予镇痛催眠药，并观察用药效果。加强皮肤护理，防止压疮发生。
3. 营养支持　采取均衡饮食，保证足够的蛋白质和维生素的摄入，睡前不喝咖啡、浓茶，避免大脑兴奋。无法进食者采用鼻饲或肠外营养，维持患者水、电解质和酸碱平衡。
4. 保持呼吸道通畅　及时清理口鼻腔呕吐物和分泌物，定时翻身拍背，痰液黏稠者，可用抗生素加糜蛋白酶雾化吸入，帮助排痰，防止肺部感染。对意识不清或排痰困难者，配合医生施行气管切开术。
5. 病情观察　严密观察病情变化，当患者出现意识障碍、瞳孔不等大、缓脉、血压升高等症状时，提示有发生脑疝的可能，应立即报告医生。保持呼吸道通畅，迅速静脉滴注脱水剂，并留置尿管，以了解脱水效果。做好术前特殊检查及手术准备。
6. 颅内压增高的护理　参见本书第九章。
7. 防止意外发生　对出现神经系统症状的患者应视具体情况加以保护。运动障碍患者应卧床休息，下床活动时，注意安全，防止意外伤害的发生；躁动患者给予适当约束、放置床档防止坠床、摔伤和自伤；癫痫发作时，应限制患者活动范围，保护患者安全，及时应用抗癫痫药物，督促癫痫患者按时服药。
8. 心理护理　给予心理支持，使患者和家属能面对现实。耐心倾听患者的痛苦，减轻患者的心理压力，介绍疾病检查、治疗方法及其必要性。告知患者可能采用的治疗计划及如何配合，帮助家属学会照顾患者的方法，介绍成功治愈病例，帮助患者树立信心。
9. 术前检查及手术准备

（1）术前检查：包括血尿便常规、凝血功能、血液生化检查、心肺功能检查等。

（2）术前 2h 剃净头发并消毒，做好整个头部和颈部的皮肤准备。

（3）术前用药：应用阿托品以减少呼吸道分泌和抑制迷走神经。

（二）术后护理

1. 病情观察　严密观察生命体征、意识、瞳孔变化和肢体活动状况。术后24h内易出现颅内出血及脑水肿而引起脑疝等并发症，当患者意识由清醒转为迟钝或消失，伴对侧肢体活动障碍加重，同时出现脉缓、血压升高，要考虑颅内出血或水肿的可能，应及时向医生报告。

2. 体位　全麻未清醒患者，取侧卧位；无休克和昏迷，血压平稳，取头高足低斜坡卧位。

3. 营养及输液

（1）一般颅脑手术，麻醉清醒、恶心呕吐消失后可给予流食，第2～3日给半流质饮食，以后逐渐过渡至普通饮食。手术范围较大、全身反应明显者，术后2～3天方可进食。昏迷患者经鼻饲供给营养，必要时应用全胃肠外营养。

（2）颅脑手术后因脑水肿反应，应适当控制液体入量，以1500～2000ml为宜，记录24h出入量，维持水、电解质和酸碱平衡。

4. 保持呼吸道通畅、吸氧，定时协助患者翻身、拍背，促进排痰。分泌物较多时，可给予导管吸痰，痰液黏稠者可给予雾化吸入。

5. 疼痛护理　术后24h内切口疼痛最为剧烈，遵医嘱使用止痛剂，2～3日后逐渐缓解。若疼痛呈持续性或减轻后又加剧，要警惕切口感染的可能。对于颅内压增高导致的头痛，应给予脱水剂和激素等降低颅内压。

6. 切口护理　遵医嘱应用抗生素抗感染，保持伤口清洁，观察切口有无出血、渗血、渗液等，必要时及时更换，以免切口感染。

7. 引流管的护理　术后常规放置引流管。妥善固定，保持引流通畅，观察引流液的量和颜色及性状，控制引流速度和引流量，不可随意放低或抬高引流袋。3～4日后脑脊液转清，拔除引流管前可试行闭管或抬高引流袋。

8. 加强生活护理　注意口腔卫生，注意皮肤护理，防止压疮，训练定时排便功能，保持会阴部清洁。指导家属学习对患者的照顾方法和技巧。

9. 并发症的预防和护理

（1）颅内出血：是脑手术后最危险的并发症。密切观察病情，若发现患者出现意识障碍和颅内压增高或脑疝征象，及时报告医师并做好再次手术准备。

（2）中枢性高热：术后12～48h内，下丘脑、脑干部位病变可引起中枢性高热，一般物理降温效果较差，需采用冬眠低温疗法。

（3）感染：做好切口护理，严格无菌操作，加强营养和基础护理及遵医嘱使用抗生素等。

（4）脑脊液漏：参考第十章第二节相关内容。

（5）其他：包括尿崩症、胃出血、顽固性呃逆、癫痫发作等，应注意观察，及时发现和处理。

（三）健康教育

1. 术后需放化疗的患者，告知患者及家属放疗和化疗可能出现的副作用，让患者做好心理准备，鼓励其尽快适应自身形象的改变，坚持治疗及康复。

2. 告知患者及家属康复训练的知识，指导术后康复锻炼的具体方法。术后患者常有偏瘫或失语，要加强患者肢体功能锻炼和语言训练。指导患者家属协助患者做肢体被动活动，按摩肌肉，防止肌肉萎缩。耐心辅导患者进行语言训练，鼓励患者家属建立信心，平时给患者听音乐、广播等，刺激其感觉中枢。改善生活自理能力和社会适应能力，提高生活质量。

3. 恢复期合理摄入均衡饮食，注重营养。

4. 就诊和随访，告知患者恢复期可能出现的症状，发现异常及时复诊。

小 结

1. **病因** 未明。可能与遗传、外伤、理化因素和生物因素有关。
2. **临床表现** 起病多较缓慢，病程可自1～2个月至数年不等。部分病例可呈急性或亚急性发病，由于肿瘤的原发部位、组织生物学特性的不同，不同肿瘤的临床表现各异，但以颅内压增高、神经功能定位症状为共性。
3. **治疗原则** 手术治疗为主，辅以放疗、化疗及免疫、基因、中医等综合治疗。降低颅内压以缓解症状，争取治疗时间。切除肿瘤是降低颅内压、解除对脑神经压迫的最直接、最有效的方法。
4. **护理** 非手术治疗护理/术前护理期间采取斜坡卧位，注意休息，营养支持，保持呼吸道通畅，观察病情，护理颅内压增高，防止发生意外，进行心理护理和做好各项术前准备。术后注意观察患者的生命体征、意识状态、瞳孔及肢体活动状况，采取适当体位，补充营养和输液，保持呼吸道通畅，减轻疼痛，观察伤口及引流管情况，加强生活护理，预防和处理并发症。

自测题

一、选择题

1. 女性，20岁，未婚，因停经、溢乳、双侧视力进行性下降伴双颞侧偏盲半年入院，临床最有可能的诊断为
   A．脑膜瘤
   B．垂体腺瘤
   C．颅咽管瘤
   D．听神经瘤
   E．神经胶质瘤

2. 男性，55岁，头痛3个月，多见于清晨，常出现癫痫发作，经检查诊断为颅内占位性病变、颅内压增高，拟行开颅手术。为明确诊断，首选的检查为
   A．腰椎穿刺
   B．脑电图
   C．头颅X线平片
   D．脑血管造影
   E．头部CT

3. 颅内肿瘤的发病部位最多见于
   A．鞍区
   B．小脑半球
   C．大脑半球
   D．脑桥小脑角
   E．矢状窦旁

4. 颅内肿瘤患者采取床头抬高15°～30°的斜坡位，其主要目的是
   A．有利于改善心脏功能
   B．有利于改善呼吸功能
   C．有利于颅内静脉回流
   D．有利于鼻饲
   E．防止呕吐物误入呼吸道

二、案例题

男性，45岁，左侧耳鸣、听力减退伴眩晕半年，左侧面部麻木，步态不稳、发音困难、声音嘶哑、饮食呛咳等2个月。岩骨平片见内耳道扩大伴骨质吸收。CT表现为内听道口区占位性病变。拟行手术治疗。

请问：（1）该患者最可能的诊断是什么？
　　　（2）术后护理措施有哪些？

（邵广宇）

第十二章 甲状腺疾病患者的护理

学习目标

通过本章内容的学习，学生应能：
◆ 识记
1. 复述甲状腺功能亢进的概念。
2. 列举甲状腺功能亢进、单纯性甲状腺肿、甲状腺肿瘤发病的临床表现、相关因素、辅助检查方法。

◆ 理解
1. 阐明甲状腺功能亢进、单纯性甲状腺肿、甲状腺肿瘤的治疗原则。
2. 解释甲状腺功能亢进术后主要的并发症及其处理方法。

◆ 运用
评估甲状腺疾病患者并为其制订护理计划。

第一节 甲状腺功能亢进

甲状腺功能亢进（hyperthyroidism）简称甲亢，是由于各种原因导致循环中甲状腺素分泌过多而引起以全身代谢亢进为主要特征的疾病的总称。按其发病的原因可分为：①原发性甲状腺功能亢进（primary hyperthyroidism），是指在甲状腺肿大的同时，出现功能亢进症状。最常见，好发年龄在20～40岁。腺体肿大呈弥漫性，两侧对称，常伴有眼球突出，故又称"突眼性甲状腺肿"。②继发性甲状腺功能亢进（secondary hyperthyroidism），是指在结节性甲状腺肿基础上发生甲亢。较少见，好发年龄在40岁以上。腺体呈结节状肿大，两侧多不对称，无眼球突出，易发生心肌损害。③高功能甲状腺腺瘤（hyperfunctioning thyroid adenoma），即腺体内有单个自主性高功能结节，结节周围的甲状腺组织呈萎缩改变。该病少见，患者无突眼。

【护理评估】
（一）临床表现
1. 甲状腺素分泌过多综合征　患者可出现高代谢综合征和各系统受累的表现，性情急躁、易激惹、失眠、双手颤动、怕热、多汗、易疲劳等；心悸、脉快有力（脉搏常在100次/分以上，休息和睡眠时仍快）、脉压增大；食欲亢进却体重减轻、肠蠕动亢进和腹泻；月经失调、阳痿；极个别患者伴有局限性颈前黏液性水肿。其中脉率增快和脉压增大常可作为判断病情严重程度和治疗效果的重要标志。
2. 甲状腺肿大　呈弥漫性、对称性甲状腺肿大，肿大程度与甲亢轻重无明显关系。由于腺体内血管扩张、血流加速，左、右叶下极可扪及震颤感，闻及血管杂音。多无局部压迫症状。
3. 眼征　典型者双侧眼球突出、睑裂增宽。严重者瞬目减少、眼球向前突出、上眼睑挛缩、睑裂宽。向前平视时，角膜上缘外露；向上看物时，前额皮肤不能皱起；看近物时，眼球辐辏不良，甚至伴眼睑肿胀肥厚，结膜充血、水肿等。

甲状腺的解剖生理

甲状腺有左右两叶，中间由峡部相连，可随吞咽上下活动。甲状腺的血液循环非常丰富，损伤时容易出血。因甲状腺的神经与血管伴行，手术时要格外小心。其中喉返神经支配声带运动，单侧损伤时患者可有声音嘶哑甚至失音，双侧损伤时可出现呼吸困难或窒息。喉上神经的内支为感觉支，分布于喉与会厌黏膜上，损伤后可致会厌反射消失，患者可有进食、饮水呛咳。喉上神经的外支为运动支，支配环甲肌，使声带紧张，损伤后环甲肌瘫痪，声带松弛，患者可有声调降低。甲状旁腺一般有4个，在甲状腺左右两叶的背面。甲状旁腺分泌甲状旁腺素，调节体内钙的代谢，维持血钙和血磷的平衡。如果甲状旁腺被误伤，可表现出低钙抽搐。

案例12-1A

男性，32岁，近日来心慌不适、怕热、易饥饿和多汗。
体检：甲状腺呈弥漫性肿大，双侧对称，质软，双手震颤，突眼，心率120次/分，基础代谢率+45%。
实验室检查：血清 T_3 10.73nmol/L，T_4 300.5nmol/L。
问题与思考：
该患者护理评估内容有哪些？

（二）辅助检查

1. **基础代谢率测定**　可根据脉压和脉率计算，公式为：基础代谢率（%）=（脉率+脉压）-111。±10%为正常，20%~30%为轻度甲亢，30%~60%为中度甲亢，60%以上为重度甲亢。测定必须在清晨、空腹和静卧时进行。还可以用基础代谢率测定器来测量。前者简便，后者可靠。

2. **甲状腺摄 ^{131}I 率测定**　正常甲状腺24h内摄取的 ^{131}I 量为人体总量的30%~40%。若2h内甲状腺摄取 ^{131}I 量超过人体总量的25%，或24h内超过50%，且吸 ^{131}I 高峰提前出现，均可诊断甲亢。

3. **血清 T_3 和 T_4 含量测定**　甲亢时血清 T_3 可高于正常4倍左右，而 T_4 仅为正常的2.5倍，故 T_3 测定对甲亢的诊断具有较高的敏感性。

（三）与疾病相关的健康史

原发性甲亢的病因迄今尚未完全明确。近年研究证实，原发性甲亢是一种自身免疫性疾病，其患者血中有两类刺激甲状腺的自身抗体，即"长效甲状腺刺激激素"和"甲状腺刺激免疫球蛋白"。此两类物质均属G类免疫球蛋白，来源于淋巴细胞，都能抑制促甲状腺激素（thyroid stimulating hormone，TSH），且与TSH受体结合，从而增强甲状腺细胞功能，使 T_3 和 T_4 大量分泌。

继发性甲亢和高功能甲状腺腺瘤的病因也未完全清楚。患者血中的长效甲状腺刺激激素等的浓度也不高，可能与结节本身自主性分泌紊乱有关。继发性甲亢患者多曾患有单纯性甲状腺肿。

（四）心理社会状况

了解患者的情绪是否稳定，是否易激惹，以及由此带来的人际关系恶化等问题。患者有无因甲状腺肿大或手术瘢痕造成对自我形象不够自信，是否了解甲状腺疾病相关知识，以及由此引起的手术治疗前的紧张焦虑。

（五）治疗原则

手术、抗甲状腺药物及放射性^{131}I治疗是目前甲亢的主要治疗方法。

手术是治疗中度以上甲亢最常用而有效的方法，长期治愈率达95%以上，手术死亡率低于1%。手术的缺点是有一定并发症，而且4%～5%的患者术后甲亢复发，也有少数患者术后发生甲状腺功能减退。

手术适应证：①继发性甲亢或高功能甲状腺腺瘤；②中度以上的原发性甲亢；③腺体较大，伴有压迫症状，或胸骨后甲状腺肿等类型的甲亢；④抗甲状腺药物或^{131}I治疗后复发者或坚持长期用药有困难者。另外，甲亢影响妊娠（流产、早产等），而妊娠又加重甲亢，故妊娠早、中期的甲亢患者凡具有上述指征者，应考虑手术治疗。手术禁忌证：①青少年患者；②症状较轻者；③老年患者或有严重器质性疾病无法耐受手术治疗者。

手术治疗行双侧甲状腺次全切除术，可选择常规方式和微创方式，切除腺体的量应根据腺体大小或甲亢程度决定。保留两叶腺体背面部分，有助于保护喉返神经和甲状旁腺。

案例12-1B

该患者明确诊断为甲状腺功能亢进，拟行双侧甲状腺次全切除术。

问题与思考：

该患者术后可能出现哪些并发症？如何预防和护理？

【主要护理诊断/合作性问题】

1. 清理呼吸道无效　与咽喉部及气管受刺激、分泌物增多以及切口疼痛有关。
2. 营养失调（低于机体需要量）　与基础代谢率增高有关。
3. 潜在并发症：呼吸困难和窒息、喉返神经损伤、喉上神经损伤、甲状旁腺功能减退、甲状腺危象等。

【护理措施】

（一）术前护理

1. 心理护理　多与患者沟通，消除顾虑和恐惧心理，避免情绪过度激动，有失眠者，遵医嘱使用镇静或安眠药物。保持病房安静，指导患者减少活动，适当卧床，以免体力消耗。

2. 完善术前检查　除手术前常规检查和必要的实验室检查，对于甲亢或甲状腺巨大肿块患者，还包括：①颈部透视或摄片；②心脏检查；③喉镜检查；④基础代谢率的测定；⑤神经肌肉应激性检查。协助患者完善术前检查，如有异常及时通知医生。

3. 药物护理　药物降低基础代谢率是术前准备的重要环节。通常有以下方法：

（1）单独服用碘剂。①用法：复方碘化钾溶液口服，每日3次，第1日3滴，第2日4滴，依次逐日每次增加1滴至每次16滴止，然后维持此剂量。待2～3周后甲亢症状得到基本控制，即可手术。甲亢症状控制标准如下：患者睡眠好转，情绪稳定，体重增加，脉压恢复正常，脉率稳定在90次/分以下，基础代谢率+20%以下。凡达到以上标准者即可手术。②原理：碘剂可以抑制蛋白水解酶，减少甲状腺球蛋白的分解，从而抑制甲状腺素的释放，预防术后甲状腺危象的发生。碘剂还能减少甲状腺的血流量，减少腺体充血，使腺体缩小变硬，有利于手术。使用碘剂时应注意凡不准备手术患者不宜用药，主要是由于碘剂不能抑制甲状腺素的合成，一旦停服，贮存在甲状腺滤泡内的甲状腺球蛋白大量分解，将使甲亢症状重新出现，甚至加重。

（2）硫脲类药物加用碘剂。①用法：先服用硫脲类药物，待甲亢症状基本控制后停药，再单独服用碘剂1～2周，再行手术。②原理：硫脲类药物能使甲状腺充血肿大，手术时极易发生出血，增加手术困难和危险；碘剂能减少甲状腺的血流量，使腺体缩小变硬，易于手术。因此，服用硫脲类药物后必须加服碘剂。

（3）碘剂加用硫脲类后再单用碘剂。少数患者服碘剂2周后症状改善不明显，可同服硫脲类药物，待甲亢症状基本控制后停服硫脲类药物，再继续单独服用碘剂1～2周后手术。

（4）普萘洛尔单用或合用碘剂。对于常规应用碘剂或合并应用硫脲类药物不能耐受或无反应的患者，可遵医嘱应用普萘洛尔或与碘剂联合应用。普萘洛尔在体内的有效半衰期不到8h，故最末一次服用须在术前1～2h，术后继续口服4～7日。此外，术前不可用阿托品，以免引起心动过速。

4. 饮食护理　患者可进高热量、高蛋白质、富含维生素的食物，加强营养支持，纠正负氮平衡，保证手术顺利进行。患者需保证足够液体摄入，以补充出汗等丢失的水分。但有心脏疾病患者应避免大量摄入水，以防水肿和心力衰竭。禁止饮用对中枢神经有兴奋作用的浓茶、咖啡等刺激性饮料，戒烟戒酒，避免进食粗纤维食物，以防导致腹泻，影响手术。

5. 眼睛护理　对于原发性甲亢突眼患者注意保护眼睛，睡前用抗生素眼膏敷眼，常滴眼药水，可戴黑眼罩或用油纱布遮盖，以避免角膜过度暴露后干燥受损而发生溃疡。

6. 其他　术前教会患者头颈过伸位，每日练习用软枕垫高肩部数次，以适应术中体位。教会患者正确深呼吸、有效咳嗽及咳痰的方法。

（二）术后护理

1. 保持呼吸道通畅　观察切口渗血情况，更换污染敷料，并记录出血量。鼓励患者深呼吸和有效咳嗽，必要时行超声雾化吸入，使痰液易于咳出。因疼痛而无法有效咳痰者，可遵医嘱适当给予镇痛药物。

2. 体位和活动　患者全麻清醒后，血压平稳取半坐卧位。在床上变换体位，起身活动、咳嗽时可用手固定颈部，保持头颈部于舒适位置，以减少震动而引起疼痛。

3. 饮食与营养　清醒患者，即可给予少量温或凉水，若无呛咳、误咽等不适，可逐步给予微温流质饮食，注意过热可使手术部位血管扩张，加重创口渗血。以后逐渐过渡到半流质及高热量、高蛋白质和富含维生素的饮食，以利切口早期愈合。

4. 药物护理　对甲亢患者术后遵医嘱继续服用复方碘化钾溶液，每日3次，每次10滴，共1周左右；或由每日3次，每次16滴开始，逐日每次减少1滴，至病情平稳。年轻患者术后常口服甲状腺素，每日30～60mg，连服6～12个月，预防复发。

5. 并发症的观察与护理

（1）呼吸困难和窒息：是术后最危急的并发症。

1）原因：①切口内出血压迫气管，常因术中止血不完善，或因血管结扎线滑脱而致。②喉头水肿，常因手术创伤或气管插管而致。③气管塌陷，由于气管壁长期受肿大的甲状腺压迫而软化，若切除大部分甲状腺体，软化的气管壁因失去支撑而发生塌陷。表现为进行性呼吸困难、烦躁、发绀，甚至窒息，颈部肿胀，切口渗出鲜血等。④双侧喉返神经损伤，导致双侧声带麻痹，引起失音、呼吸困难，甚至窒息。

2）临床表现：常发生于术后48h内。以呼吸困难为主。轻者呼吸困难临床不易发现，中度者往往坐立不安、烦躁，重者可有端坐呼吸、吸气性三凹征，甚至口唇、指端发绀和窒息。

3）护理：甲状腺大部切除术后常规在患者床旁备无菌气管切开包和手套，若出现上述情况，应立即行床旁抢救，及时剪开缝线，敞开切口，迅速除去血肿。若呼吸困难仍无改善，应立即行气管切开。情况好转后，再送手术室行进一步检查、止血及其他处理。

（2）喉返神经损伤：发生率为0.5%。

1）原因：大多数是由于术中不慎造成喉返神经切断、缝扎、钳夹或牵拉而致，少数由于血肿或瘢痕组织压迫或牵拉而致。

2）临床表现：因术中切断、缝扎、钳夹、牵拉等直接损伤喉返神经者，术中即刻出现症状，但因血肿压迫、瘢痕组织牵拉而致者，常于术后数日出现症状。单侧喉返神经损伤，大多引起声音嘶哑，可经健侧声带向患侧过度内收而代偿；双侧喉返神经损伤导致双侧声带麻痹，引起失音、呼吸困难，甚至窒息，应立即行气管切开。

3）护理：切断、缝扎引起永久性损伤。钳夹、牵拉、血肿压迫而致者多为暂时性，配合医生做好理疗护理，一般在3～6个月内可逐渐恢复。

（3）喉上神经损伤

1）原因：多由术中结扎、切断甲状腺上动静脉而致。

2）临床表现：喉上神经分内（感觉）、外（运动）两支。如外支损伤可使环甲肌瘫痪，引起声带松弛、声调降低。如内支损伤可使喉部黏膜感觉丧失，患者进食特别是饮水时，容易发生误咽、呛咳。

3）护理：配合医生做好理疗，一般经理疗后可恢复。

（4）甲状旁腺功能减退

1）原因：术中甲状旁腺被误切、挫伤或其血液供应受累而引起甲状旁腺功能低下。随着血钙浓度下降，神经肌肉的应激性显著提高，引起手足抽搐。

2）临床表现：多于术后1～3天出现手足抽搐。多数患者只有面部、唇部或手足部的针刺样麻木感或强直感，经过2～3周，未受损伤的甲状旁腺增生、代偿，症状即可消失。严重者可出现面肌和手足伴有疼痛的持续性痉挛，每天发作多次，每次持续10～20min或更长，甚至可发生喉和膈肌痉挛，引起窒息死亡。因此在甲状腺切除时，应注意保留腺体背面部分的完整。

3）护理：限制肉类、乳品和蛋类等食品的摄入。若抽搐发作，应立即遵医嘱静脉注射10%葡萄糖酸钙溶液或氯化钙10～20ml。轻者可口服葡萄糖酸钙或乳酸钙2～4g，每日3次；症状重或长期不恢复者，可加服维生素D_3，每日5万～10万U，以促进钙在肠道内的吸收。

（5）甲状腺危象：为甲亢的严重并发症。

1）原因：可能与术前准备不充分、甲亢症状未得到控制及手术应激有关。

2）临床表现：多在术后12～36h内发生。患者可有高热（＞39℃）、脉快而弱（＞120次/分）、大汗、烦躁不安、谵妄，甚至昏迷，常伴有呕吐、腹泻。甲状腺危象是因甲状腺素过量释放引起的暴发性肾上腺素能兴奋现象，如处理不及时或不当可迅速发展为昏迷、虚脱、休克甚至死亡，死亡率为20%～30%。

3）护理：①碘剂，口服复方碘化钾溶液3～5ml，紧急时将10%碘化钠5～10ml加入10%葡萄糖溶液500ml中静脉滴注，以降低血液中甲状腺素水平。②氢化可的松，每日200～400mg，分次静脉滴注，以拮抗过量的甲状腺素反应。③肾上腺素受体阻滞剂，可选用利血平1～2mg肌内注射或胍乙啶10～20mg口服。还可用普萘洛尔5mg加入5%～10%葡萄糖溶液100ml中静脉滴注，以降低周围组织对肾上腺素的反应。④镇静剂，常用苯巴比妥钠100mg或冬眠合剂Ⅱ号半量，6～8h肌内注射1次。⑤降温，采用退热、冬眠药物或物理降温等综合措施，维持患者体温在37℃左右。⑥静脉给予大量葡萄糖溶液，以补充能量。

⑦吸氧，以改善组织缺氧。⑧心力衰竭者，可应用洋地黄制剂。

(三) 健康教育

1. 康复锻炼和自我护理知识

（1）鼓励患者早期下床活动，但应保护头颈部。拆线后教会患者练习颈部活动，促进功能恢复。对于声音嘶哑者，指导患者练习发音。

（2）指导患者自我控制情绪，保持精神愉快、情绪稳定。

（3）讲解有关甲状腺术后并发症的表现和预防方法。

（4）协助患者合理安排休息与活动，鼓励患者尽可能生活自理。

2. 用药指导　讲解甲亢术后继续服药的重要性并督促执行。碘剂具有刺激性，应教会患者正确服用碘剂的方法，如将碘剂滴在饼干、面包等固体食物上同服，既保证剂量准确，又能避免口腔黏膜和胃黏膜的损伤。

3. 复诊　患者出院后应定期至门诊复查，以了解甲状腺的功能。若出现心悸、手足震颤、抽搐等情况应及时就诊。

第二节　单纯性甲状腺肿

单纯性甲状腺肿 (simple goiter) 是指由多种原因引起的非炎症性或非肿瘤性甲状腺肿大，一般不伴有甲状腺功能异常的临床表现。在高原、山区一带发病率高。女性多见。

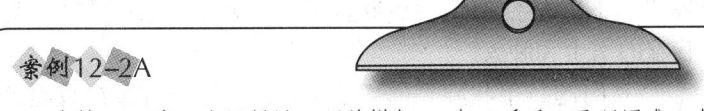

案例12-2A

女性，47岁，山区居民，颈前增粗10年，呼吸、吞咽困难8个月。于10年前发现颈部增粗，随后逐渐增大，未诊治。几个月前剧烈活动后感觉气促，吞咽时有哽噎感，近1个月在休息时也有呼吸困难。

体检：双侧甲状腺弥漫性肿大，质地中等，无压痛，右侧可触及多个小结节。

基础代谢率和甲状腺功能检查结果正常。结节细针穿刺细胞学检查提示为结节性甲状腺肿。颈部X线检查发现气管受压狭窄。

问题与思考：

该患者护理评估内容有哪些？

【护理评估】

(一) 临床表现

主要表现为甲状腺不同程度的肿大，能随吞咽上下活动。早期，甲状腺呈对称性、弥漫性肿大，腺体表面光滑，质地柔软，随吞咽上下移动；随后，在肿大腺体的一侧或两侧可以扪及多个（或单个）结节。当发生囊肿样变的结节内并发囊内出血时，可引起结节迅速增大，甲状腺肿大和肿大结节对周围器官引起的压迫症状是本病的主要表现，如压迫气管、食管和喉返神经，出现气管弯曲、移位和气道狭窄而影响呼吸。开始只在剧烈活动时感觉气促，发展严重时，甚至休息睡觉时也有呼吸困难。受压过久还可以使气管软骨变性、软化。少数喉返神经或食管受压的患者可出现声音嘶哑或吞咽困难。胸骨后甲状腺肿可压迫颈深部大血管，引起回流障碍，出现面部青紫、肿胀及颈胸部表浅静脉怒张。

(二) 辅助检查

基础代谢率测定一般正常，血清 T_3、T_4 含量测定正常，X线检查可了解气管受压及移位情况。

（三）与疾病相关的健康史

1. 生活环境　环境缺碘是单纯性甲状腺肿的主要原因，可造成甲状腺素原料缺乏。高原、山区土壤中，碘盐被冲洗流失，以致饮水和食物中含碘量不足。由于碘摄入不足，无法合成足够量的甲状腺素，便反馈性地引起垂体 TSH 分泌增高并刺激甲状腺增生和代偿性肿大。初期，增生、扩张的滤泡较为均匀地散布在腺体各部，形成弥漫性甲状腺肿，随着时间延长，病变继续发展，扩张的滤泡聚集成多个大小不等的结节，形成结节性甲状腺肿。

2. 特殊生理时期　青春期及妊娠、哺乳期妇女因对甲状腺素需要量暂时增多，有时也可发生轻度弥漫性肿大，属于生理性甲状腺肿，当成年或分娩以后多能自行缩小。

3. 饮食　服用加碘盐可弥补食物中碘含量的不足，在一定程度上可预防单纯性甲状腺肿。久食含有硫脲的萝卜、白菜等，可阻碍甲状腺素的合成和分泌。

4. 相关疾病史　若先天缺乏合成甲状腺素的酶，可影响甲状腺素的合成和分泌，引起血中甲状腺素减少，从而促使甲状腺肿大。

（四）心理社会状况

评估患者对其身体外形变化的感受及认知，患者是否了解甲状腺疾病相关知识，是否接受手术治疗，能否掌握康复知识，了解其家庭经济承受能力。

（五）治疗原则

主要针对病因治疗，具体治疗措施如下。

1. 碘剂治疗　由于缺碘所致者，应补充碘剂。如在食盐中加碘，停用导致甲状腺肿的食物和药物等。

2. 甲状腺制剂治疗　对 20 岁以下的弥漫性单纯性甲状腺肿患者可给予小量甲状腺素，以抑制腺垂体 TSH 分泌，缓解甲状腺的增生和肿大。

3. 手术治疗　有以下情况时，应及时施行甲状腺大部切除术：因气管、食管或喉返神经受压引起临床症状者，胸骨后甲状腺肿，巨大甲状腺肿影响生活和工作者，结节性甲状腺肿继发功能亢进者，结节性甲状腺肿疑有恶变者。

案例12-2B

该患者明确诊断为单纯性甲状腺肿，拟行手术治疗。

问题与思考：

1. 该患者围术期护理要点有哪些？
2. 如何预防本病？

【主要护理诊断/合作性问题】

1. 自我形象紊乱　与甲状腺肿大致颈部增粗、术后伤口瘢痕形成有关。
2. 潜在并发症：呼吸困难和窒息、喉返神经损伤、喉上神经损伤、甲状旁腺功能减退等。
3. 知识缺乏：缺乏疾病知识、饮食知识、药物使用方法及康复知识。

【护理措施】

（一）非手术治疗护理/术前护理

1. 病情观察　观察患者甲状腺肿大的程度、质地，有无结节及压痛，颈部增粗的进展情况。结节在短期内迅速增大应警惕癌变。

2. 用药护理　观察药物疗效和不良反应。如出现心动过速、呼吸急促、食欲亢进、怕热多汗、腹泻等甲状腺功能亢进表现，应及时汇报医师处理。

3. 心理护理　了解患者对身体外形变化的心理反应，多与患者接触交流，鼓励其表达感受。向患者说明身体变化是疾病发生发展过程的表现，使其明确治疗效果及疾病转归，帮助患者树立信心。

（二）术后护理

参见本章第一节甲状腺功能亢进患者的护理。若无甲状腺功能亢进，则术后无需服用碘剂，也不会出现甲状腺危象的并发症。

（三）健康教育

1. 饮食指导　指导患者多进食含碘丰富的食物，如海带、紫菜等海产类食品，并食用碘盐，避免摄入大量阻碍甲状腺激素合成的食物，如卷心菜、菠菜、萝卜等。

2. 用药指导　应坚持长期服药，以免停药后复发。学会观察药物疗效及不良反应。避免服用硫氰酸盐、保泰松、碳酸锂等阻碍甲状腺激素合成的药物。

3. 预防　除食用含碘盐外，在妊娠、哺乳、青春发育期应增加碘的摄入，预防本病的发生。

第三节　甲状腺肿瘤

甲状腺腺瘤（thyroid adenoma）是最常见的甲状腺良性肿瘤。根据病理形态学表现可分为滤泡状和乳头状囊性腺瘤两种，腺瘤具有完整的包膜。临床以前者为常见，且以40岁以下的女性多发。

甲状腺癌是头颈部比较常见的恶性肿瘤，约占全身恶性肿瘤的1%，女性发病率高于男性，近年来发病率有上升趋势。主要包括：①乳头状腺癌，约占成人甲状腺癌的60%和儿童甲状腺癌的全部。多见于年轻人，常为女性，低度恶性，生长较缓慢，转移多限于颈部淋巴结，预后较好。②滤泡状腺癌，约占甲状腺癌的20%。多见于中年人，中度恶性，预后不如乳头状腺癌。③未分化癌，约占15%。多见于老年人，高度恶性，预后很差。④髓样癌，较少见，仅占7%。常有家族史。恶性程度中等，预后不如乳头状腺癌，但略好于未分化癌。

【护理评估】

（一）临床表现

1. 甲状腺腺瘤　大部分患者无任何症状，常在无意间或体检时发现颈部肿块。结节多为单发，圆形或椭圆形，限于一侧腺体内，质软，表面光滑，边界清，无压痛，随吞咽上下活动。腺瘤生长缓慢，数年或更长时间仍保持单发。若乳头状囊性腺瘤因囊壁血管破裂而发生囊内出血，瘤体可短期内迅速增大，局部出现胀痛。

2. 甲状腺癌　发病初期多无明显症状，仅在颈部发现单个、固定、质硬、表面高低不平、边界不清、随吞咽上下移动的肿块。肿块逐渐增大或近期内明显增大，吞咽时上下移动度减低。晚期常因压迫喉返神经、气管或食管而出现声音嘶哑、呼吸困难或吞咽困难。若压迫颈交感神经节，可产生霍纳（Horner）综合征，颈丛浅支受侵时可有耳、枕、肩等部位的疼痛。髓样癌患者可出现腹泻、心悸、脸面潮红和血钙降低等症状，还可伴有其他内分泌腺体的增生。局部转移常位于颈部，出现硬而固定的淋巴结；远处转移多见于扁骨（颅骨、椎骨、胸骨、盆骨等）和肺。

（二）辅助检查

1. 放射性^{131}I或^{99m}Tc扫描检查　甲状腺腺瘤多为温结节。伴囊内出血时可为冷结节或

凉结节，边缘一般较清晰。甲状腺癌为冷结节，边缘一般较模糊。

2. B超　可测定甲状腺大小，探测结节的位置、大小、数目及与邻近组织的关系。结节若为实质性并呈不规则反射，则恶性可能大。伴囊内出血时，提示囊性变。

3. X线检查　颈部正侧位片可了解有无气管移位、狭窄、肿块钙化及上纵隔增宽。甲状腺部位出现细小的絮状钙化影，可能为癌。胸部及骨骼摄片可了解有无肺及骨转移。

4. 细针穿刺细胞学检查　将细针自2～3个不同方向穿刺结节并抽吸、涂片检查，判断结节性质，其诊断正确率可达到80%以上。

5. 血清降钙素测定　用放射免疫法测定血清降钙素有助于髓样癌的诊断。

（三）与疾病相关的健康史

评估患者的年龄、性别。了解有无结节性甲状腺肿等甲状腺疾病病史。了解有无放射性碘治疗史。

（四）心理社会状况

患者可因担心肿块为恶性且预后不良而有紧张、焦虑情绪。

（五）治疗原则

因20%甲状腺腺瘤患者可并发甲亢，约10%患者可癌变，原则上应早期手术切除。一般行患侧甲状腺大部切除术，较小甲状腺腺瘤可行单纯腺瘤切除术。切除标本术中做冰冻切片，须经病理学检查判定有无恶变。

甲状腺癌以手术为主，并辅以放射性核素（^{131}碘）、甲状腺激素和外照射等治疗。手术范围和疗效与肿瘤的病理类型有关，除了切除甲状腺本身，有淋巴结转移者还需行颈淋巴结清扫。甲状腺癌次全或全切除者应终身服用甲状腺素片，以预防甲状腺功能减退及抑制TSH的分泌，预防肿瘤复发。未分化癌通常采用外照射治疗。

【主要护理诊断/合作性问题】

1. 焦虑　与担心甲状腺肿瘤为恶性和预后不良有关。
2. 潜在并发症：呼吸困难和窒息、喉返神经损伤、喉上神经损伤、甲状旁腺功能减退等。

【护理措施】

护理措施参见本章第一节甲状腺功能亢进患者的护理。若无甲亢，则不需要术前服用碘剂等药物准备，也不会出现甲状腺危象的并发症。告知患者不同病理类型甲状腺癌的预后有明显差异，指导患者调整心态，面对现实，配合后续治疗。

行颈淋巴结清扫术者，斜方肌可有不同程度受损，因此，切口愈合后应开始肩关节和颈部的功能锻炼，随时注意保持患肢高于健侧，以纠正肩下垂的趋势。功能锻炼应至少持续至出院后3个月。对于甲状腺全切除者，应早期给予足够量的甲状腺素制剂，终身服用。教会患者自行检查颈部，出院后定期复诊，若发现颈部异常结节、肿块，及时治疗。

小　结

一、甲状腺功能亢进

1. 病因　原发性甲亢是一种自身免疫性疾病，继发性甲亢和高功能甲状腺腺瘤的发病原因尚未完全明确。

2. 临床表现　典型表现有甲状腺素分泌过多综合征、甲状腺肿和眼征3大主要症状。

3. 治疗原则　目前主要的处理方法是药物治疗、放射性碘治疗和手术治疗。

4. 护理　术前护理以药物护理为重点，术后护理以并发症的观察和处理为重点，并发症主要有呼吸困难和窒息、喉返神经损伤、喉上神经损伤、甲状腺功能减退、甲状腺危象等。

二、单纯性甲状腺肿

1. 病因　主要原因包括甲状腺素原料缺乏、甲状腺素需要量增高、甲状腺素合成和分泌障碍。
2. 临床表现　以甲状腺不同程度的肿大为主要表现。
3. 治疗原则　主要有碘剂治疗、甲状腺素制剂治疗和手术治疗。
4. 护理　应注意用药期间的观察和护理。

三、甲状腺肿瘤

1. 病因　未明。
2. 临床表现　甲状腺腺瘤的结节多为单发，质软，表面光滑，边界清，无压痛，随吞咽上下活动。不同病理类型甲状腺癌的共同表现是颈部肿块，质地硬而固定，表面不平。
3. 治疗原则　甲状腺肿瘤以手术治疗为主，甲状腺癌还可辅以放射性核素、甲状腺激素和外照射等治疗。
4. 护理　甲状腺癌患者若行颈淋巴结清扫术，术后应进行功能锻炼。甲状腺次全或全切除者终身服用甲状腺素制剂。

一、选择题

1. 下列**不属于**甲亢临床表现的是
   A. 怕热多汗
   B. 甲状腺肿
   C. 突眼
   D. 体重增加
   E. 脉快而有力
2. 与继发性甲亢患者和高功能甲状腺腺瘤患者相比，原发性甲亢患者特有的表现是
   A. 双手震颤
   B. 脉率大于 100 次/分
   C. 脉压增大
   D. 突眼
   E. 多汗
3. 甲亢术后发生危象的主要原因是
   A. 术后出血
   B. 精神紧张
   C. 术前准备不充分
   D. 术中牵拉
   E. 感染
4. 甲状腺手术后最危急的并发症为
   A. 呼吸困难和窒息
   B. 喉上神经损伤
   C. 喉返神经损伤
   D. 甲状旁腺功能减退
   E. 甲状腺危象
5. 与甲状腺大部切除术后发生呼吸困难和窒息**无关**的因素是
   A. 手术创伤的应激诱发的危象
   B. 切口内出血压迫气管
   C. 气管软化塌陷
   D. 喉头水肿
   E. 双侧喉返神经损伤所致声带麻痹
6. 女性，30 岁，妊娠期合并生理性甲

状腺肿。护士为其进行饮食指导时，应鼓励患者多食用
  A．高热量、高蛋白食物
  B．含碘丰富的食物
  C．低纤维素食物
  D．富含钾、钙的食物
  E．豆腐、豆浆等豆制品

7．血清降钙素检查有助于诊断
  A．甲状腺腺瘤
  B．乳头状腺癌
  C．滤泡状腺癌
  D．未分化癌
  E．髓样癌

二、案例题

  女性，42岁，主诉近日心慌不适、怕热，易饥饿和多汗。体检：甲状腺呈弥漫性肿大，双侧对称，质软，无压痛，双手震颤，突眼，心率128次/分，基础代谢率+46%。实验室检查血清T_3、T_4升高，甲状腺摄^{131}I率24h为75%，诊断为原发性甲亢，完善术前准备后行手术治疗。术后4h，患者先主诉胸闷、气急，随后出现颈部增粗、呼吸困难、发绀。

  请问：
（1）该患者出现呼吸困难可能的原因是什么？
（2）如何做好该患者的急救护理？
（3）预防甲状腺术后患者呼吸困难并发症的措施有哪些？

（刘 曼 庞 冬）

第十三章 乳房疾病患者的护理

学习目标

通过本章内容的学习，学生应能：

◆ 识记

1. 列举急性乳腺炎发病的相关因素、临床表现、治疗原则和预防方法。
2. 列举乳腺癌发病的相关因素、临床表现和治疗原则。
3. 描述乳腺囊性增生症的病因、临床表现和治疗原则。

◆ 理解

解释乳腺癌患者出现酒窝征、橘皮征的原因。

◆ 运用

评估乳房疾病患者并为其制订护理计划。

第一节 急性乳腺炎

急性乳腺炎（acute mastitis）是乳腺的急性化脓性感染，多见于产后哺乳期的女性，尤以初产妇多见。其发病除与患者产后抵抗力下降有关外，还主要与乳汁淤积和细菌入侵有关。致病菌多为金黄色葡萄球菌。急性乳腺炎局部可出现炎性肿块，一般在数日后可形成单房或多房性脓肿。表浅脓肿可向皮肤外破溃或破入乳管自乳头流出；深部脓肿可缓慢向外破溃，也可向深部穿到乳房与胸肌间的疏松组织，形成乳房后脓肿。感染严重者可并发脓毒症。

【护理评估】

（一）临床表现

1. 局部　初期患侧乳房肿胀疼痛，局部红肿发热，有压痛性肿块。随着炎症发展，疼痛加剧、呈搏动性，后期炎症病灶可形成乳房脓肿。常伴有患侧腋窝淋巴结肿大和触痛。
2. 全身　患者可有寒战、高热、脉搏加快、食欲下降等全身感染表现。

（二）辅助检查

1. 实验室检查　血常规可见白细胞计数和中性粒细胞比例升高。
2. 诊断性穿刺　在乳房肿块波动最明显或压痛最明显的部位穿刺，若抽出脓液即可确定脓肿形成，脓液应做细菌培养和药物敏感试验。

（三）与疾病相关的健康史

1. 哺乳史　产后哺乳期女性，尤其初产妇容易发生，产后3~4周是高发时期。
2. 乳头过小或凹陷　可妨碍正常哺乳，影响乳汁完全排出。
3. 乳汁过多或婴儿吸乳过少　可导致不能完全排空乳汁，造成乳汁淤积。
4. 乳头破损或皲裂　细菌可由破损部位进入，沿淋巴管蔓延到乳腺组织，从而引起急性化脓性感染。

（四）心理社会状况

感染期间由于乳房疼痛以及无法给小儿哺乳，可使患者烦躁、焦虑，并有挫败感。

（五）治疗原则

1. 控制感染　脓肿形成前应用抗生素可取得良好效果，常用青霉素、头孢菌素或红霉素等。中药治疗常用口服蒲公英或野菊花等清热解毒药，局部外敷如意金黄散，也可取得良好治疗效果。

2. 排空乳汁　一般不停止哺乳，否则不仅影响婴儿喂养，而且更易造成乳汁淤积，但患侧乳房应停止哺乳，排空乳汁。感染严重或脓肿形成后并发乳瘘者，应停止哺乳，可口服溴隐亭或已烯雌酚，或肌内注射苯甲酸雌二醇，至乳汁停止分泌为止。也可用中药炒麦芽煎服。

3. 处理脓肿　脓肿形成后应及时切开引流，切开时避免损伤乳管而形成乳瘘。

【主要护理诊断/合作性问题】

1. 疼痛　与乳房炎症、肿胀、脓肿切开引流有关。
2. 体温过高　与细菌或细菌毒素进入血液循环有关。
3. 知识缺乏：缺乏围生期乳房保健知识。

【护理措施】

1. 减轻疼痛　局部热敷、药物外敷或理疗以促进血液循环，有利于炎症消退。用宽松胸罩托起患侧乳房，以减轻疼痛。患侧乳房停止哺乳，用吸乳器定时吸尽乳汁，或用手或梳子背沿乳管方向加压按摩使乳管通畅。

2. 降温和控制感染　遵医嘱使用抗生素，高热者给予物理或药物降温。

3. 脓肿切开引流护理　保持引流通畅，注意观察引流液的颜色、性状和量的变化，及时更换浸湿敷料。

4. 预防　关键是预防乳头皲裂和乳汁淤积。

（1）纠正乳头凹陷：妊娠期和哺乳期应每日挤捏、提拉乳头，或用乳头矫正器或吸乳器吸引，以使乳头突出，便于婴儿吸吮。

（2）养成良好哺乳习惯：定时哺乳，每次哺乳时让婴儿先吸空一侧乳房，再吸另一侧乳房，尽量将乳汁吸空或用吸乳器排空乳汁。

（3）预防乳头破损或皲裂：可用自身乳汁或乳头保护膏涂抹乳头，或用乳头保护罩保护乳头，以防乳头皲裂。哺乳结束后，不要强行拉出乳头，以免乳头皮肤受损。应让婴儿自己张开口，让乳头从口中自然脱出。若婴儿含住乳头不松，可用示指轻轻按压婴儿下颌，或用手指从其口角伸入口腔内，温柔地中断吸吮。乳头皲裂严重时应暂停哺乳，每日用吸乳器吸出乳汁哺育婴儿。另外，应在哺乳前后用温开水清洗乳头，以防细菌侵入。注意婴儿口腔卫生，及时治疗口腔炎症。

第二节　乳腺癌

乳腺癌（breast cancer）是女性最常见的恶性肿瘤之一，占全身恶性肿瘤的7%~10%，仅次于子宫颈癌，发病率呈逐年上升的趋势。乳腺癌在北美地区的发病率高，在我国的发病率较低。但在我国的部分大城市，乳腺癌已居女性恶性肿瘤的首位。乳腺癌的发病人群以45~50岁的女性居多，且有年轻化趋势。

乳腺癌的发病原因目前尚不清楚，可能与内分泌、饮食、遗传、环境和生活方式等因素有关，乳腺小叶上皮高度增生或不典型增生也可能是发病危险因素。癌肿转移有3个主要途径。①直接浸润：浸润皮肤、胸筋膜、胸肌等周围组织；②淋巴转移：沿乳房淋巴液的输出途径扩散；③血行转移：经淋巴转移进入血液循环，亦可直接侵入血液循环。最常见的血行转移部位为肺、骨、肝。

乳腺的解剖生理

成年妇女乳腺有 15～20 个腺叶，每一腺叶分成很多腺小叶。腺小叶由小乳管和腺泡组成，是乳腺的基本单位。每一腺叶有其单独的导管（乳管），腺叶和乳管均以乳头为中心呈放射状排列。小乳管汇至乳管，乳管开口于乳头。腺叶间有许多与皮肤垂直的纤维束，上连皮肤及浅筋膜浅层，下连浅筋膜深层，称 Cooper 韧带（乳房悬韧带），有支持和固定乳房的作用。

乳房的淋巴液输出有 4 个途径：①大部分淋巴液向外流至腋窝淋巴结，再流向锁骨下淋巴结和锁骨上淋巴结；②部分乳房内侧的淋巴液可向内流向胸骨旁淋巴结；③两侧乳房间皮下也有交通淋巴网；④乳房深部淋巴网可沿淋巴管流向肝。

案例13-1A

女性，53 岁，发现右乳无痛性肿块 3 天。

体检：右乳房外上方可见一个局部皮肤凹陷，右侧乳头略高于左侧乳头。右乳外上象限约 11 点处距乳头 4cm 部位可触及一约 2cm×2cm 肿块，表面不光滑、质硬、无压痛，不易推动，与乳房皮肤无粘连，无乳头溢液。右侧腋窝可扪及 1.5cm×1cm 大小肿块，表面光滑，可活动，质地较硬。左乳未触及肿块。

钼靶 X 线：右乳房外上象限约 1.4cm×1.2cm 的肿块影，边缘有细小毛刺。

针吸细胞学检查：浸润性低分化导管癌。

问题与思考：

该患者护理评估内容有哪些？

【护理评估】

（一）临床表现

1. 乳房肿块　为无痛、单发的小肿块，是最重要的早期表现。肿块多见于外上象限，其次是乳头、乳晕和内上象限。肿块质硬，表面不光滑，与周围组织分界不清，不易被推动。患者常无自觉症状，多在洗澡、更衣时无意中发现肿块。

2. 乳房外形改变　随着肿瘤增大可引起乳房局部隆起。癌肿若侵入乳管，可将乳头向癌肿侧牵拉，或引起乳头扁平、回缩、凹陷。癌肿若侵犯乳房悬韧带（Cooper 韧带）并使之缩短，可引起乳房表面皮肤凹陷，形成"酒窝征"。若癌细胞阻塞于皮下、皮内淋巴管，可引起局部淋巴水肿，由于皮肤在毛囊处与皮下组织连接紧密，毛囊处凹陷可导致皮肤出现"橘皮样"改变。少数患者伴有单侧乳头血性或棕红色溢液。

3. 晚期征象及转移表现　乳腺癌发展至晚期，癌肿可因侵入胸筋膜、胸肌而固定于胸壁，不易推动；侵及皮肤时可出现多个坚硬小结，形成"卫星结节"；也可在皮肤破溃后形成溃疡。最常见的淋巴转移部位为患侧腋窝淋巴结，肿大的淋巴结质硬、无痛、可推动，随着数目增多可融合成团。肺转移可出现胸痛、气急，骨转移可出现局部疼痛、病理性骨折，肝转移可出现肝大、黄疸等。此外，晚期乳腺癌患者可出现消瘦、乏力、贫血、发热等恶病质表现。

4. 特殊乳腺癌表现

（1）炎性乳腺癌：较少见，多见于年轻女性，尤其是妊娠及哺乳期的妇女。局部皮肤可呈红、肿、热、硬等炎症样表现，无明显局限性肿块。癌肿可迅速由局部扩展到乳房大部分皮肤，预后差。

（2）乳头湿疹样乳腺癌：少见。早期乳头有瘙痒、烧灼感，以后乳头和乳晕的皮肤变粗糙、糜烂如湿疹样，进而形成溃疡，有时覆盖黄褐色鳞屑样痂皮。本病恶性程度低，发展慢，淋巴转移出现较晚。

（二）辅助检查

1. 乳房钼靶X线检查　是目前早期发现乳腺癌最有效的方法，诊断正确率可达90%以上。可发现较小肿块和钙化灶，并能较为清晰地观察乳房的形态和结构。

2. B超　属无创检查，可反复使用，主要用于区别囊性或实性病灶。若与彩色多普勒检查结合可鉴别乳腺肿块的良恶性。

3. 近红外线扫描　可显示乳房肿块和肿块周围的血管情况，可用于普查。

4. 活组织病理检查　是确定肿块性质最可靠的方法。目前常用细针穿刺肿块吸取活组织细胞或肿块切除取病理标本的检查方法。若有乳头溢液，应做溢液涂片细胞学检查寻找癌细胞，阴性者不排除乳腺癌的可能。

（三）与疾病相关的健康史

1. 年龄　本病20岁以后发病率迅速上升，45～50岁较高，绝经后发病率继续上升。

2. 月经婚育史　月经初潮年龄早于12岁、绝经年龄晚于50岁、未孕及初次足月产年龄晚于35岁的女性发病机会增加。

3. 饮食习惯　过多的脂肪摄入可引起肥胖，加强或延长雌激素对乳腺上皮细胞的刺激，增加发病机会。

4. 家族史　母亲或姐妹中有乳腺癌病史者，乳腺癌的发病危险性高出正常人群2～3倍。某些癌基因在乳腺癌家族遗传中起到重要作用。

5. 其他　相关疾病史（如乳腺增生病发生恶变）、服用药物情况（如服用避孕药、激素）以及生活环境等。

（四）心理社会状况

了解患者职业、文化程度、婚姻、有关疾病的知识掌握状况，患者的自我概念、对自身形象变化的反应、家庭经济与社会支持情况。了解患者及家属对疾病的看法、认识、反应及适应水平等。这些都会影响患者对疾病的接受程度、治疗的效果以及术后的康复。

（五）治疗原则

手术治疗是乳腺癌的主要治疗方法之一，还应辅以化学治疗、放射治疗和内分泌治疗等进行综合治疗。

1. 手术治疗　根据病理分型、疾病分期及辅助治疗的条件来选择手术方式。①乳腺癌根治术：切除整个乳房、胸大肌、胸小肌、腋窝及锁骨下淋巴结，皮肤的切除范围一般距肿瘤3cm。适用于综合辅助治疗条件较差地区的患者。②乳腺癌扩大根治术：在根治术基础上，同时切除胸廓内动、静脉及胸骨旁淋巴结。③乳腺癌改良根治术：有2种术式，一是保留胸大肌，切除胸小肌；二是保留胸大、小肌。目前已成为Ⅰ、Ⅱ期乳腺癌患者常用的手术方式。④全乳房切除术：切除整个乳腺，包括腋尾部及胸大肌筋膜，适用于原位癌、微小癌及年迈体弱不宜做根治术者。⑤保留乳房的乳腺癌切除术：完整切除肿块及其周围1cm的组织，并行腋窝淋巴结清扫。适用于Ⅰ期、Ⅱ期患者，术后必须辅以放疗、化疗等。

2. 化学治疗　是乳腺癌治疗过程中重要的辅助治疗方法。目前主张早期、多疗程、联合

化疗的方法，治疗期以 6 个月左右为宜。化疗的主要不良反应有呕吐、静脉炎、肝功能异常、骨髓抑制等。

3. 放射治疗　手术前、后均可采用。对于保留乳房的乳腺癌手术后患者更是重要的治疗方法。

4. 内分泌治疗　对于肿瘤细胞中雌激素受体（estrogen receptor，ER）含量高的患者，手术后应优先进行内分泌治疗。其目的为取消或抑制雌激素对肿瘤细胞的作用，使肿瘤细胞不能分裂和增殖。常用雌激素拮抗剂为他莫昔芬（Tamoxifen，TAM），每天用量为 20mg，一般服用 5 年，至少服用 3 年。该药安全有效，副作用有潮热、恶心、呕吐、静脉血栓形成、眼部副作用、阴道干燥或分泌物多，少数病例可能发生子宫内膜癌，但预后良好。

> **案例 13-1B**
>
> 　　该患者明确诊断为乳腺癌，在经历了 4 个疗程的术前化疗后，肿块明显缩小，现拟行右乳腺癌改良根治术。
> 　　问题与思考：
> 　　1. 该患者术后可能出现哪些并发症？
> 　　2. 如何观察和护理？

【主要护理诊断/合作性问题】

1. 自我形象紊乱　与乳腺癌根治术切除乳房、术后瘢痕形成有关。
2. （进食、卫生、如厕）自理缺陷　与术后患侧上肢活动受限有关。
3. 潜在并发症：出血、患侧上肢水肿、皮下积液、皮瓣坏死等。

【护理措施】

（一）术前护理

1. 心理护理　由于乳腺癌患者需要面对恶性肿瘤和胸部形态改变的双重打击，一般要经历震惊、退缩、认可、重建 4 个阶段才能接受患乳腺癌的事实。应多与患者沟通，告知围术期注意事项，解除其思想顾虑。告知患者乳房重建的可能性，介绍义乳可以弥补乳房的缺陷，安排手术成功的患者与之进行交流，增强患者的信心。

2. 皮肤准备　按手术范围准备皮肤，尤其应做好腋窝部位备皮。需植皮患者应做好供皮区备皮。乳房皮肤有溃疡者，术前每天换药。

3. 停止妊娠或哺乳　妊娠期及哺乳期发生乳腺癌的患者，应立即停止妊娠或哺乳，以减轻激素对肿瘤细胞的作用。

（二）术后护理

1. 体位　乳腺癌患者一般是在全麻下进行手术，术后应去枕平卧，头偏向一侧。待患者清醒、血压平稳后改为半坐卧位，以利于呼吸和引流。

2. 饮食　术后 6h 无恶心、呕吐等麻醉反应时可给予流食，以后逐渐改为普食，保证足够的热量、蛋白质、维生素的补充。

3. 伤口护理　术后手术部位用胸带或绷带加压包扎，使皮瓣能够紧贴创面，促进皮瓣愈合。术后应定时检查绷带或胸带的松紧度，以能容纳一个手指、不影响呼吸为宜。注意观察患侧肢体远端的血运状况，若出现皮肤青紫、不能扪及脉搏，提示包扎过紧、腋部血管受压，应及时调整绷带或胸带的松紧度。注意皮瓣或植皮区皮肤血供情况，术后 3 日内患肩制动，需他人扶持时只能扶健侧,也不要以患侧肢体支撑身体,以防腋窝皮瓣滑动而影响愈合。术后 3 日左右拆除绷带或胸带。

4. **引流管护理** 术后常规放置负压引流管,可以引流皮瓣下的积液、积血,使皮肤紧贴创面,避免皮瓣坏死、感染,促进创腔闭合。注意观察引流液的颜色、性状、量,注意有无活动性出血。保持持续负压,经常检查和挤捏引流管,防止引流管扭曲或血块堵塞。将引流管妥善固定于床单或衣服上,防止其脱出。术后 1～2 日,引流管每日引流血性液体 50～100ml,以后逐渐减少。术后 4～5 日,创腔无积液,皮瓣紧贴创面即可拔管。拔管后若出现皮下积液,应抽液后加压包扎。

5. **患侧上肢护理** 由于患侧腋窝淋巴结切除、头静脉被结扎、腋静脉栓塞、局部积液或感染等因素,可导致上肢淋巴和静脉回流障碍,从而引起患肢淋巴水肿。为促进血液和淋巴液的回流,术后平卧时应用两枕抬高患侧上肢,肘关节轻度屈曲;半卧位时屈肘 90°放于胸腹部或用吊带悬吊患肢;下床活动时用吊带将患肢抬高于胸前。术后 3 日患侧上肢制动,避免上臂外展。注意保护患侧上肢,不在患肢进行测血压、静脉穿刺等护理操作。

6. **功能锻炼** 由于手术切除了胸部肌肉、筋膜和皮肤,使患侧肩关节活动明显受限,术后进行功能锻炼可减少和避免患肢功能障碍。①术后 24h 内:活动手指和腕部,如伸指、握拳、屈腕。②术后 1～3 日:增加上肢肌肉舒缩练习,以及肘部被动屈伸活动。③术后 4～7 日:患者可坐起,鼓励用患侧手洗脸、刷牙、进食等,并以患侧手触摸对侧肩部及同侧耳朵。④术后 7 日:可以肩部为中心进行前后摆臂。⑤术后 10～12 日:待腋下引流管拔除之后,可做上臂的全范围关节活动,直至患侧手能高举过头摸对侧耳朵,并能自行梳头。术后 7 日之内患肢不上举,10 日之内不外展。根据实际情况循序渐进锻炼,一般每日 3～4 次,每次 20～30min。常见的全范围关节活动(图 13-1)有以下几种。

(1)手臂摇摆运动:双脚分开站立与肩同宽,手臂自然下垂,双手交叉左右摆动,高度逐渐增加,直至肩部水平。

(2)爬墙运动:双脚分开站立,手指沿墙壁从肩部高度向上爬行,直至手臂完全伸直,然后再向下移动至原位。

(3)划圈运动:绳子一端系于门柄上,另一端握于患侧手中,转动绳子做圆周运动,由小到大,由慢至快。

(4)滑轮运动:在高于头部的横杆上搭一根绳子,双手各执一端,先用健侧手将绳子往下拉,使手术侧手臂抬高至稍感不适的位置,然后抬高健侧手臂,使患侧手臂自然下降。

(三)健康教育

1. **保护患侧上肢** 不在患侧上肢测血压、行静脉穿刺,避免皮肤晒伤和其他损伤。不用患侧上肢搬动或提拉过重的物品。

2. **避孕** 术后 5 年内避免妊娠,防止乳腺癌复发。

3. **坚持治疗** 遵医嘱坚持放疗、化疗和服用他莫昔芬,定期去医院复查。

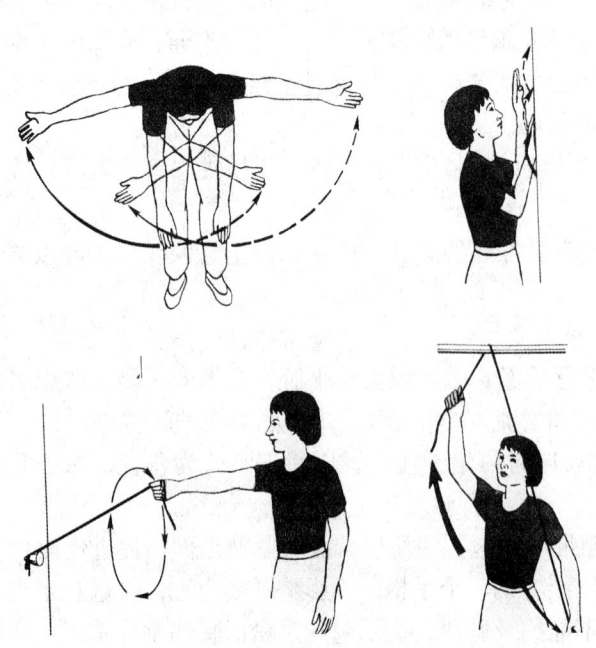

图 13-1 上臂全范围关节活动

4. 乳房自我检查　定期的乳房自我检查有助于及早发现乳房病变，因此20岁以上的妇女，特别是高危人群应每个月进行1次乳房自我检查。术后患者也应每个月自查1次，以便早期发现复发征象。检查时间最好在月经周期开始后的第7～10日，或月经结束后2～3日，已经绝经的女性应选择每个月固定的1日检查。乳房自我检查方法如下。

（1）视诊：站在镜前取两臂放松垂于身体两侧、向前弯腰或双手上举置于头后等不同姿势，观察双侧乳房的大小和外形是否对称，有无局限性隆起、凹陷或外形改变，有无乳头回缩或抬高等。

（2）触诊：乳房较小者平卧，乳房较大者侧卧，肩下垫软薄枕或将手臂置于头下进行触诊。一侧手的示指、中指和环指并拢，用指腹在对侧乳房上进行环形触摸，要有一定的压力。从乳房外上象限开始检查，依次为外上、外下、内下、内上象限，然后检查乳头、乳晕，最后检查腋窝有无肿块，乳头有无溢液。

第三节　乳腺囊性增生病

乳腺囊性增生病是乳腺实质的良性增生性疾病，多见于中年女性。本病与卵巢功能失调引起的激素分泌紊乱有关，造成乳腺实质增生过度。本病病程较长，发展缓慢，少数可有恶变，尤其伴有乳头溢液者恶变可能性增大。

【护理评估】

（一）临床表现

1. 乳房胀痛　特点是部分患者乳房胀痛具有周期性，表现为月经来潮前疼痛加重，月经结束后减轻或消失，也可整个月经周期都有疼痛。

2. 乳房肿块　一侧或双侧乳腺有弥漫性增厚，肿块呈颗粒状、结节状或片状，大小不一，质韧，与周围界限不清。少数患者可有乳头溢液。

（二）辅助检查

钼靶X线检查、B超或活组织病理检查均有助于诊断。

（三）与疾病相关的健康史

1. 年龄　本病好发于30～50岁的中年女性。
2. 月经史　部分患者乳房胀痛与月经周期有关。

（四）心理社会状况

由于本病的临床表现可与乳腺癌相混淆，因此部分患者由于担心自己患癌而盲目担忧，也有患者可能因此未及时发现乳腺癌，从而延误了乳腺癌的诊断治疗。

（五）治疗原则

主要是对症治疗。可用中药或中成药调理，包括疏肝理气、调和冲任以及调节卵巢功能，常用口服中药逍遥散。对局限性乳腺囊性增生症患者，应在月经后7～10天内复查，若肿块无明显消退，或在观察过程中发现局部病灶有恶性病变可能时，应尽早手术切除肿块并做病理学检查。

【主要护理诊断/合作性问题】

疼痛　与内分泌失调导致乳腺实质过度增生有关。

【护理措施】

对患者应详细解释疼痛原因，消除其思想顾虑，保持心情舒畅。指导患者用宽松胸罩托起乳房，以减轻疼痛。遵医嘱服用药物。指导患者观察病情变化，定期进行乳房自我检查。局限性乳腺囊性增生症患者应在月经后7～10天内复查，每2～3个月到医院复诊，对乳腺癌高危人群密切随访，发现异常及时就诊。

小结

一、急性乳腺炎

1. 病因　主要为乳汁淤积和细菌入侵。
2. 临床表现　早期以乳房局部红肿热痛为主。随着炎症发展，疼痛变为搏动性，后期炎症病灶可发展为乳房脓肿。患者可有全身感染中毒表现，常伴有患侧腋窝淋巴结肿大。
3. 治疗原则　控制感染，排空乳汁，脓肿形成后应切开引流。
4. 护理　协助患者减轻疼痛，降温和控制感染。做好脓肿切开引流护理。预防的关键是纠正乳头凹陷，养成良好哺乳习惯，并预防乳头破损或皲裂。

二、乳腺癌

1. 病因　病因不明，相关因素有内分泌、饮食、遗传、环境和生活方式等。
2. 临床表现　早期表现为单发乳房肿块，无痛、质硬、活动度差、边界不清。可有乳房外形改变。淋巴转移常导致患侧腋窝淋巴结肿大。
3. 治疗原则　以手术治疗为主，辅以化疗、放疗、内分泌治疗等综合治疗。
4. 护理　术前应关注患者的心理反应。术后注意观察伤口及引流情况，及时发现出血、患侧上肢水肿、皮瓣下积液、皮瓣坏死等并发症，加强患侧上肢功能锻炼，恢复患者的自理能力。另外，应指导健康女性以及患者进行乳房自我检查。

三、乳腺囊性增生病

1. 病因　主要为内分泌失调引起乳腺实质过度增生。
2. 临床表现　以乳房周期性胀痛和乳房肿块为特点。
3. 治疗原则　主要为对症治疗。
4. 护理　做好解释说明，消除患者心理顾虑。减轻乳房胀痛。遵医嘱服用药物。定期检查和随访。

自测题

一、选择题

1. 易发生急性乳腺炎的患者是
   A. 未婚女性
   B. 孕妇
   C. 初产妇
   D. 经产妇
   E. 更年期女性

2. 乳腺癌最常发生的部位是
   A. 乳头及乳晕区
   B. 乳房外上象限
   C. 乳房外下象限
   D. 乳房内上象限
   E. 乳房内下象限

3. 乳腺癌最早的临床表现是
   A. 橘皮样改变
   B. 乳头向一侧偏斜
   C. 无痛性肿块
   D. 乳头有血性溢液
   E. 酒窝征

4. 乳腺癌患者乳房局部皮肤出现"橘皮样"改变的原因为

A. 癌肿压迫乳房组织
B. 癌肿侵入胸肌和胸筋膜
C. 癌肿侵及 Cooper 韧带
D. 癌肿侵及乳管
E. 癌细胞堵塞皮下淋巴管

5. 属于乳腺癌高危人群的是
A. 喜吃素食者
B. 25 岁生育足月产第一胎者
C. 母亲患乳腺癌者
D. 绝经于 48 岁者
E. 月经初潮于 13 岁者

6. 护士指导某乳腺癌患者进行患侧肢体康复锻炼，应告诉其锻炼目标是
A. 能自己端碗吃饭
B. 上臂能平举到肩
C. 肘能屈伸
D. 手能搭到对侧肩部
E. 手能经头顶摸到对侧耳朵

7. 乳房自我检查最好在月经开始后
A. 1～2 天
B. 3～5 天
C. 5～7 天
D. 7～10 天
E. 10～12 天

8. 以乳房胀痛与月经周期有关为特点的乳房疾病是
A. 急性乳腺炎
B. 乳房纤维腺瘤
C. 乳管内乳头状瘤
D. 乳腺囊性增生病
E. 乳腺癌

二、案例题

女性，33 岁，因左侧乳腺癌行乳腺癌改良根治术。术后返回病房时患者皮瓣下留置一根负压引流管，胸部用弹力绷带加压包扎。该患者麻醉清醒后一直沉默，时常默默流泪。护士询问原因，她表示是因为留置的引流管和伤口的疼痛限制了她的活动，使她无法自己洗漱、进餐和如厕，更重要的是她无法面对自己失去一侧乳房的身体。

请问：
（1）如何向该患者解释留置负压引流管的作用？
（2）该患者目前主要的护理诊断/合作性问题是什么？

（庞　冬）

第十四章 胸部损伤患者的护理

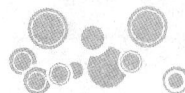

通过本章内容的学习，学生应能：

◆ 识记

1. 复述反常呼吸运动、连枷胸、纵隔扑动、闭合性气胸、开放性气胸、张力性气胸、血胸等的概念。
2. 说出常见胸部损伤的类型、临床表现和处理原则。
3. 复述胸腔闭式引流的护理措施要点。

◆ 理解

1. 阐述气胸、血胸的病理生理变化。
2. 区别闭合性气胸、开放性气胸、张力性气胸的临床表现和处理原则。

◆ 运用

评估胸部损伤患者并为其制订护理计划。

第一节 概　述

胸部损伤大约占全身创伤的1/4，且常为复合性损伤。多由于暴力挤压、冲撞、跌倒、坠落、钝器打击、锐器伤或枪弹伤所致。轻者可引起胸壁软组织挫伤、单根肋骨骨折，重者可引起多根多处肋骨骨折、气胸、血胸、血气胸、休克、胸内脏器（心脏、大血管、气管、食管、膈肌）损伤、心脏压塞等。胸部是呼吸、循环等重要器官所在部位，胸廓的完整性和胸膜腔的密闭性是维持胸膜腔负压的必要条件，而胸膜腔负压可保持肺的扩张和通气功能，以及促使静脉血回流心脏，对维持呼吸、循环功能有重要意义。

【护理评估】

（一）临床表现

1. 症状

（1）胸痛：是主要症状，多位于受伤部位，并有压痛，呼吸时加剧，尤其肋骨骨折者为甚。

（2）呼吸困难：可由于胸痛使胸廓活动受限、分泌物或血液阻塞呼吸道、肺挫伤导致的出血、淤血或肺水肿、气胸或血胸导致的肺受压萎缩、多根多处肋骨骨折导致的胸壁软化等原因引起。

（3）咯血/血痰：肺或支气管损伤者可表现为痰中带血或咯血。咯血出现早且量多者多由于大支气管损伤所致，而小支气管或肺泡破裂导致肺水肿、毛细血管出血者则多咯泡沫状血痰。

（4）休克：损伤致胸腔内大出血者可因血容量骤降、胸膜腔内大量积气，特别是张力性气胸时阻碍静脉血回流、心包腔内出血致心脏压塞或严重疼痛等而出现休克症状。

2. 体征　因损伤性质和伤情轻重而不同。如胸廓畸形、反常呼吸运动、皮下气肿、局部

压痛、骨摩擦音、气管和心脏移位征象。胸部积气时叩诊呈鼓音，积液呈浊音。听诊呼吸音减低或消失，或可听到痰鸣音、啰音。

案例 14-1A

男性，24 岁。30 分钟前被刀刺伤右前胸，急诊入院。

体检：T 36.7℃，P 102 次/分，R 34 次/分，BP 68/43mmHg。患者呼吸困难，气促，口唇发绀。右前胸部有一伤口，长 3cm，可闻及空气出入响声。右侧胸叩诊鼓音，听诊呼吸音消失，气管及心尖搏动明显左移。

胸部 X 线检查：右肺萎缩 50%，右侧肋膈角消失，右侧胸膜腔大量积气，气管、心脏等纵隔器官向左侧移位。

问题与思考：
该患者护理评估内容有哪些？

（二）辅助检查

1. 胸部 X 线检查　可以明确有无肋骨骨折，骨折的部位及性质，判断胸内有无积血、积气及量的大小，显示纵隔移位情况及肺组织的萎缩程度等。注意除怀疑脊髓损伤，或严重低血压外，胸部穿透伤不应行平卧位胸片检查，应取立位或半立位摄片。
2. 诊断性穿刺　对疑有气胸、血胸、心包积液者可进行诊断性穿刺。
3. 其他　B 超、CT、磁共振成像、支气管镜、支气管造影等检查。

（三）与疾病相关的健康史

1. 患者受伤部位、受伤时间和经过、暴力大小和方向、开放性或闭合性损伤。
2. 有无肋骨骨折、肺损伤、心脏损伤、血管损伤或其他部位合并伤。
3. 患者既往疾病史、胸部手术史、药物过敏史等。

（四）心理社会状况

胸部损伤多为急症，且对呼吸、循环功能影响明显，意外创伤的刺激、生活自理能力下降或丧失，使患者心理常处于高度应激状态，常有紧张不安或愤怒、委屈、沮丧、无助和绝望心理，渴望得到最及时和最佳的治疗。

（五）治疗原则

1. 院前急救　①抢救生命：气胸、血胸给予胸膜腔穿刺、胸腔闭式引流；开放性气胸应紧急封闭伤口、抽气减压；张力性气胸应立即排气减压；心脏破裂立即进行心包腔穿刺减压等。②清除呼吸道分泌物、呕吐物，维持呼吸道通畅。③补充血容量、抗休克。④止痛、镇静。⑤保持胸廓完整性，恢复胸膜腔内负压。
2. 院内急救　主要实施急诊开胸探查手术，如胸膜腔内进行性出血、心脏大血管损伤、严重肺裂伤或气管支气管损伤、食管破裂、胸腹联合伤、胸壁大块缺损、胸内存留较大的异物等。抢救成功的关键是迅速缓解心脏压塞，控制出血，快速补充血容量，及时回收胸腔及心包内失血。

【主要护理诊断/合作性问题】

1. 气体交换受损　与疼痛、胸部损伤、胸廓活动受限或肺萎陷有关。
2. 组织灌注量改变　与失血引起的血容量不足有关。
3. 疼痛　与组织损伤有关。
4. 恐惧　与突然、强烈的意外创伤有关。

5. 潜在并发症：肺部感染、胸腔感染。

知识链接

胸部损伤的急诊处理

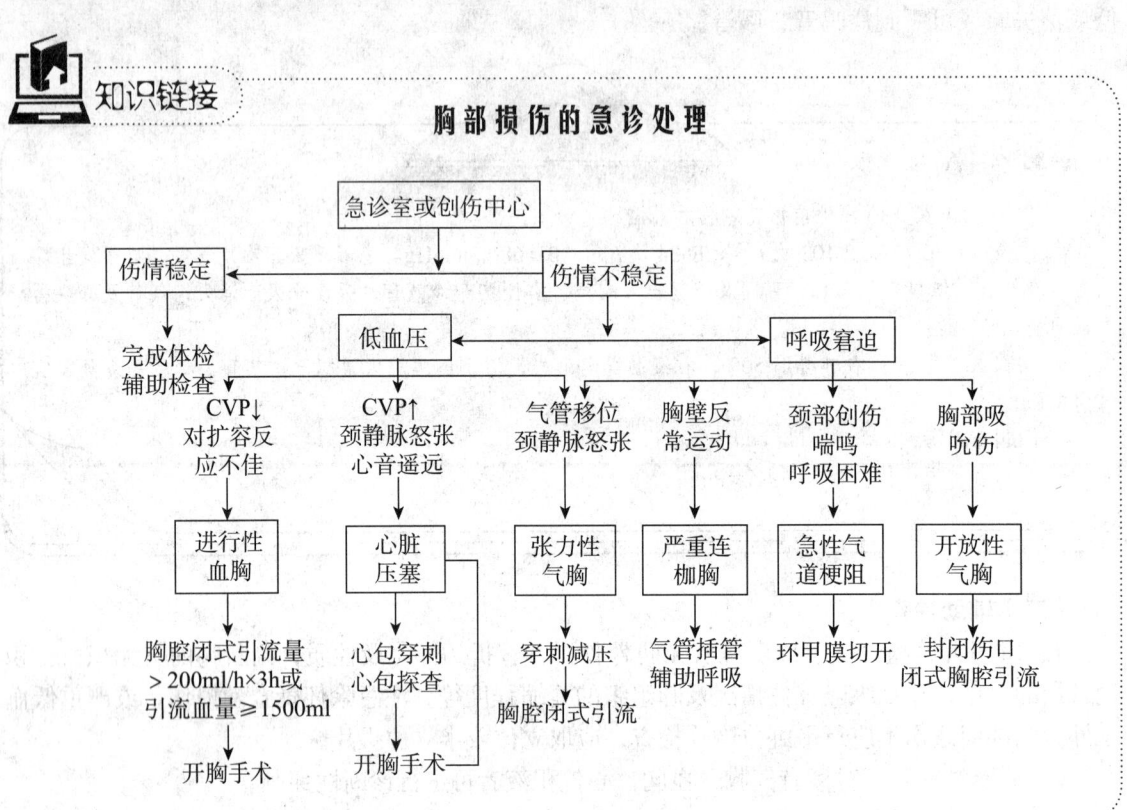

案例14-1B

该患者明确诊断为开放性气胸，紧急封闭胸腔伤口后行胸腔闭式引流治疗。

问题与思考：

胸腔闭式引流的护理要点有哪些？

【护理措施】

（一）非手术治疗护理/术前护理

1. **现场急救** 连枷胸用厚敷料加压包扎胸壁消除反常呼吸。开放性气胸立即用敷料（最好凡士林纱布）封闭伤口，使其变为闭合性气胸。积气量多的闭合性气胸或张力性气胸立即胸腔穿刺抽气或闭式引流。对循环血容量低者，立即建立静脉通路，进行扩容。疑有心脏压塞者，迅速配合医师行心包腔穿刺减压，并尽快做好开胸探查准备。

2. **病情观察** 严密观察生命体征，注意神志、瞳孔、胸腹部和肢体活动情况。密切观察患者呼吸的频率、节律和幅度等，有无气促、呼吸困难、发绀和缺氧等症状，有无气管移位或皮下气肿。必要时测中心静脉压和尿量，注意观察有无心脏压塞。

3. **维持有效的气体交换**

（1）密切观察呼吸型态、频率、呼吸音变化和有无反常呼吸运动。避免深呼吸、咳嗽、体位变化对骨折断端的影响，咳嗽或咳痰时，协助并指导用手按压患侧胸壁。

（2）保持呼吸道通畅，及时清理口腔、呼吸道内的血液、痰液及呕吐物。鼓励患者咳出分泌物和血性痰，痰液黏稠者可遵医嘱使用祛痰药，或进行超声雾化或氧气雾化吸入。协助翻身、进行拍背。

（3）根据病情给予鼻导管或面罩吸氧，观察血氧饱和度。

（4）对因胸部伤口疼痛影响呼吸者，按医嘱予以镇痛。

（5）病情稳定者取半坐卧位，以使膈肌下降，有利于呼吸。

（6）对气管插管或切开、应用呼吸机辅助呼吸者，加强呼吸道护理。

4. 改善组织灌注　迅速建立2条以上静脉通路，在监测中心静脉压的前提下补液和输血，控制补液速度，维持有效血容量和水、电解质及酸碱平衡。

5. 其他　对开放性损伤者，遵医嘱注射破伤风抗毒素和使用敏感抗生素。做好血型、交叉配血、皮肤准备等术前准备。

（二）术后护理

1. 病情观察　重点监测生命体征和观察胸腔引流液的量、色和性状，若每小时引流量超过200ml并持续3h及以上，引流出的血液很快凝固，胸部X线片显示胸腔大片阴影，说明有活动性出血的可能，应积极做好开胸手术的术前准备。

2. 预防感染　密切观察生命体征、局部伤口和全身情况的变化，每4h测量体温1次。鼓励和协助患者深呼吸、有效咳嗽、咳痰，促进肺扩张。保持敷料洁净干燥和引流管通畅。

3. 胸腔闭式引流护理

（1）胸腔闭式引流的目的：①引流胸膜腔内渗液、血液及气体。②重建胸膜腔正常的负压，使肺复张。③平衡压力，预防纵隔移位。

（2）胸腔引流管安放位置：①排液，腋中/后线第6～8肋间。②排气，锁骨中线第2肋间。③排脓，脓腔最低点。

（3）护理要点

1）妥善固定、保持管道密闭：①水封瓶长管没入水中3～4cm，并始终保持直立。②随时检查各部位是否完好、无破损且密闭，引流管周围油纱布包盖是否严密，衔接部位是否牢固。③搬动患者或更换引流瓶时，需用2把止血钳双重关闭胸腔引流管，再把引流瓶置于床上，以防空气进入。搬运后，先把引流瓶放于低于胸腔的位置，再松止血钳。④若引流管从胸腔滑脱，立即用手捏闭伤口处皮肤，消毒处理后，用凡士林纱布封闭伤口，并协助医师做进一步处理。引流管连接处脱落或引流瓶损坏，应立即双钳夹闭胸腔引流管，并更换引流装置。

2）定时观察、保持引流通畅：①全麻术后完全清醒，生命体征稳定，抬高床头15º～30º，协助患者取半坐卧位。②观察引流液体的量、性状、颜色，并准确记录。如患者出现胸闷气促、气管向健侧偏移等肺受压的症状，应疑为引流管被血块堵塞，需设法捏挤或使用负压间断抽吸引流瓶的短管，促使其通畅，并立即通知医生处理。③鼓励患者做咳嗽、深呼吸运动及变换体位，以促进肺扩张。④观察是否有气体排出和长管内水柱的波动，检查引流管是否通畅。水柱波动幅度反映无效腔与胸膜腔内负压的大小。水柱上下波动4～6cm，表明引流管通畅；水柱无波动，表明引流管不畅或肺已完全扩张；水柱波动过高，可能存在肺不张。⑤每30～60min挤压胸腔引流管1次。护士站在患者术侧，双手握住排液管距插管处10～15cm，挤压时两手前后相接；或用止血钳夹住排液管下端，两手同时挤压引流管，然后打开止血钳。

3）严格无菌操作，防止逆行感染：①引流装置保持无菌。②保持胸壁引流口处敷料清洁干燥，一旦渗湿，及时更换。③引流瓶低于胸壁引流口平面60～100cm，以防瓶内液体逆流入胸膜腔。④按时更换引流瓶，严格无菌操作。

4）拔管护理：①拔管指征，一般置管48～72h后，观察胸腔引流管无气体溢出，或引流量明显减少且颜色变浅，24h引流液＜50ml，脓液＜10ml，X线胸片显示肺膨胀良好、无漏气，患者无呼吸困难，可拔除胸腔引流管。拔管前需夹闭引流管24h，病情稳定方可拔管。②拔管方法，拔管时患者应取半坐卧位或坐在床沿，鼓励患者咳嗽，挤压引流管后关闭，嘱患者深吸一口气后屏气拔管，拔管动作要迅速。拔管后立即用凡士林纱布和厚敷料封闭胸壁伤口，包扎固定。③拔管后观察，拔管后24h内应密切观察患者是否有胸闷、呼吸困难、发绀、漏气、渗液、出血和皮下气肿等，若发现异常及时通知医师处理。

（三）健康教育

1. 注意安全，防止发生意外事故。
2. 合理休息，加强营养素的摄入。
3. 肋骨骨折患者在3个月后应复查胸部X线片，以了解骨折愈合情况。
4. 指导进行呼吸功能锻炼、肩关节功能锻炼。气胸痊愈的1个月内，不宜参加跑步、搬运重物等活动。

第二节 肋骨骨折

肋骨骨折（rib fracture）是指肋骨的完整性和（或）连续性中断，是最常见的胸部损伤。多数肋骨骨折系外来暴力所致，最常见于第4～7肋骨，可表现为单根单处、单根多处、多根单处、多根多处骨折，其中多根多处肋骨骨折比较危险。少数病例可出现于恶性肿瘤发生肋骨转移者或严重骨质疏松者。

单根骨折或多根单处骨折对呼吸影响不大，如肋骨断端刺破壁胸膜和肺组织，可导致气胸、血胸、皮下气肿、血痰、咯血等；若刺破肋间血管，尤其动脉损伤，可引起大量出血，致病情迅速恶化。多根多处肋骨骨折，尤其是前侧胸的肋骨骨折时，局部胸壁因失去完整肋骨的支撑而软化，可出现反常呼吸运动或连枷胸，表现为吸气时软化区胸壁内陷，呼气时外凸。严重时可导致纵隔扑动，影响换气和静脉血回流，导致呼吸和循环衰竭。

【护理评估】

（一）临床表现

1. **症状** 骨折局部疼痛，咳嗽、深呼吸或变动体位时疼痛加剧。部分患者可有咯血。患者因疼痛不敢深呼吸及有效咳嗽，导致呼吸道分泌物潴留，易致肺不张、肺炎。患者可出现不同程度的呼吸困难、循环障碍及低氧血症表现。多根多处肋骨骨折者可出现气促、呼吸困难、发绀或休克等症状。
2. **体征** 受伤胸壁肿胀，局部压痛明显，可伴畸形和骨擦音，胸廓挤压征阳性。多根多处肋骨骨折可出现反常呼吸运动，部分患者可有皮下气肿。

（二）辅助检查

1. **实验室检查** 肋骨骨折伴血管损伤致大量出血者，血常规检查血红蛋白和血细胞比容下降。
2. **影像学检查** 胸部X线检查可显示肋骨骨折的断裂线或断端错位，以及有无气胸、血胸、血气胸等，但前胸肋软骨折断不能显示。

（三）治疗原则

重点是镇痛、清理呼吸道分泌物、固定胸廓和防止并发症。

1. **有效镇痛** 一般肋骨骨折可口服或肌内注射镇痛剂，多根多处肋骨骨折可选择硬膜外镇痛、静脉镇痛、肋间神经阻滞或胸膜腔内镇痛等方法达到持久有效的镇痛效果。
2. **清理呼吸道分泌物** 鼓励患者咳嗽咳痰，早期下床活动，减少呼吸系统并发症。
3. **固定胸廓**

   （1）闭合性单处肋骨骨折：骨折多能自行愈合，固定目的主要是减少肋骨断端活动、减轻疼痛。固定可使用布条、多头胸带或弹性胸带。

(2) 闭合性多根多处肋骨骨折：可用厚棉垫加压包扎，以减轻或消除胸壁的反常呼吸运动。也可进行牵引固定，或通过手术方式开胸固定肋骨断端，也可经胸腔镜直视下导入钢丝的方法固定连枷胸。呼吸功能障碍者进行气管插管或切开，给予呼吸机辅助通气＋呼气末正压通气，同时可起到一定固定作用。

4. 开放性骨折　患者除上述相关处理外，应早期清创缝合，用不锈钢丝固定肋骨断端。常规使用抗生素防治感染并注射 TAT。合并血、气胸者做胸腔闭式引流。

【主要护理诊断/合作性问题】

参见本章第一节。

【护理措施】

参见本章第一节。

第三节　气　胸

气胸（pneumothorax）指胸膜腔内积气。可由肺组织、支气管、食管破裂导致，或胸壁伤口穿破胸膜，胸膜腔与外界沟通，空气进入所致。当胸膜腔因炎症、手术等原因发生粘连时，胸膜腔积气则会局限于某些区域，出现局限性气胸。

气胸一般分为闭合性气胸（closed pneumothorax）、开放性气胸（open pneumothorax）和张力性气胸（tension pneumothorax）3 种。闭合性气胸指空气通过胸壁或肺的伤道进入胸膜腔后，伤道立即闭合，胸膜腔与外界不再相通。此时胸膜腔内负压被抵消，但仍低于大气压。开放性气胸时胸膜腔通过胸壁伤口与外界大气相通，外界空气可随呼吸自由出入胸膜腔。胸膜腔内压几乎等于大气压。张力性气胸又称高压性气胸，胸壁裂口与胸膜腔相通，且形成活瓣，每次吸气时气体从裂口进入胸膜腔，而呼气时活瓣关闭，气体只能入不能出，致使胸膜腔内积气不断增多，胸膜腔内压力高于大气压。

气胸时，由于肺组织不同程度萎陷，使肺呼吸面积减小，造成血流与通气比例失调，影响肺通气和换气功能。由于两侧胸腔压力不平衡，导致不同程度的纵隔偏移，使健侧肺组织受压、扩张受限。开放性气胸时，纵隔随呼吸运动而左右摆动，导致纵隔扑动，并进一步影响静脉回心血量，引起严重循环功能障碍。同时含氧低的气体在两侧肺内反复交换，导致呼吸功能障碍。张力性气胸由于患侧肺严重萎陷，导致严重的呼吸和循环障碍；高压气体进入纵隔或胸壁软组织，并向皮下扩散，导致纵隔气肿或颈、面、胸部等处的皮下气肿。

【护理评估】

（一）临床表现

1. 闭合性气胸

（1）症状：因胸膜腔积气量和肺萎陷程度而不同。小量气胸（肺萎陷在 30% 以下），患者可无明显呼吸和循环功能紊乱的症状，或仅有轻度气促。中、大量气胸（肺萎陷在 30%～50% 及以上）可出现胸闷、胸痛、气促和呼吸困难等症状。

（2）体征：①视诊，患侧胸廓饱满、肋间隙增宽、呼吸幅度降低。②触诊，气管向健侧移位。③叩诊，呈鼓音。④听诊，呼吸音减弱或消失。

2. 开放性气胸

（1）症状：出现呼吸系统和循环系统严重症状。患者表现为气促、发绀、呼吸困难、面色苍白、血压降低、脉搏细速，甚至休克。

（2）体征：①视诊，可看到胸部吸吮伤口。②触诊，气管、心脏明显向健侧移位。③叩诊，伤侧胸部呈鼓音。④听诊，患者呼吸时可直接听到气体进出的嘶嘶声，呼吸音减弱或消失。

3. 张力性气胸

（1）症状：患者有极度呼吸困难、发绀、烦躁不安、大汗淋漓、昏迷、休克，甚至窒息。患侧胸膜腔穿刺有高压气体向外冲出，抽气后症状好转，但很快加重。患者同时出现脉搏细速、血压降低等循环障碍表现。

（2）体征：①视诊，伤侧胸部饱满、肋间隙增宽、呼吸幅度明显降低。②触诊，皮下捻发音、气管向健侧移位，可有严重皮下气肿。③叩诊，呈鼓音。④听诊，伤侧呼吸音消失。

（二）辅助检查

多采用胸部X线检查。闭合性气胸可显示不同程度的肺萎陷和胸膜腔积气，有时伴有少量积液。开放性气胸可见伤侧肺明显萎陷、胸膜腔大量积气、气管和心脏等纵隔内器官向健侧移位。张力性气胸可显示胸膜腔大量积气、肺萎缩，气管和心影偏移至健侧。

（三）治疗原则

1. 闭合性气胸　少量缓慢积气不需特殊处理，一般1～2周内可自行吸收。大量气胸需胸膜腔穿刺或行胸腔闭式引流术，以排除积气，促进肺及早膨胀。预防性使用抗生素。

2. 开放性气胸

（1）使用无菌敷料或清洁物品紧急封闭伤口，使开放性气胸变为闭合性气胸。在患者用力呼气末封盖伤口，并加压包扎。

（2）抽气减压：行胸膜腔穿刺，减轻肺受压，暂时解除呼吸困难。

（3）清创、缝合胸壁伤口，并行胸腔闭式引流。

（4）开胸探查：对疑有胸腔内脏器损伤或活动性出血者，开胸予以止血、修复损伤或清除异物处理。

（5）预防及处理并发症：吸氧、纠正休克、应用抗生素预防感染、鼓励患者咳嗽排痰和早期活动等。

3. 张力性气胸

（1）立即排气减压：紧急状况下可用一粗针头在伤侧第2肋间锁骨中点连线处穿入胸膜腔排气，外接橡胶指套、气球、塑料袋等单向活瓣装置，避免气体进一步进入。放置胸腔引流管（通常在第2肋间锁骨中线处），应用抗生素，预防感染。

（2）胸腔闭式引流：闭式引流装置的排气孔外接可调节恒定负压的吸引装置，可加快气体排出，促使肺复张。待漏气停止24h后，X线检查证实肺已经复张，才可拔除胸腔引流管。

（3）开胸探查：若胸腔闭式引流管内不断有大量气体溢出，患者呼吸困难未见好转，提示可能有肺及支气管严重损伤，应行开胸探查并修补裂口。

【主要护理诊断/合作性问题】

参见本章第一节。

【护理措施】

参见本章第一节。

第四节　血　胸

胸部损伤引起胸膜腔积血称为血胸（hemothorax），可与气胸同时存在。可由利器损伤胸部或肋骨断端刺破肺、心脏和大血管或胸壁血管引起，也有少数在咳嗽、运动、负重等时自发。

胸膜腔内出血可造成伤侧肺萎陷，呼吸面积减少，大量血胸造成纵隔移位，被推向健侧，导致健侧肺受压，影响腔静脉回流，严重影响呼吸和循环。由于胸腔内压力低，胸壁和肺随着呼吸不断运动，造成胸腔出血不易停止和凝固，特别是在较大血管损伤时，常表现为持续性、进行性出血。但肺循环压力低，胸腔是一个固定的封闭体腔，当胸腔内压力因积血、积气而升高时，不严重的出血又常自行终止。另外，从伤口或肺破裂处进入的细菌，在积血中很快繁殖，容易形成感染性血胸，最终导致脓胸。

【护理评估】

（一）临床表现

血胸的临床表现与出血量、速度和个人体质有关。一般而言，成人小量血胸出血量＜500ml，中量血胸出血量为500～1500ml，大量血胸＞1500ml。患者会出现不同程度的低血容量性休克表现和呼吸困难，伴或不伴咳嗽、胸痛。由肺裂伤引起的血胸常伴咯血，开放性血胸患者可见血液随呼吸自创口涌出。患侧胸廓饱满，肋间隙增宽，气管向健侧移位，语音震颤减弱，局部叩诊浊音，听诊局部呼吸音减弱或消失。患者可有低热。出现进行性血胸、感染性血胸和凝固性血胸时患者可有如下表现。

1. 进行性血胸　①患者脉搏逐渐增快、血压持续下降，血红蛋白、红细胞计数和血细胞比容进行性降低。②输血补液后，血压不回升或升高后又迅速下降。③胸腔闭式引流后，引流血量连续3h每小时超过200ml，引流胸腔积血的血红蛋白量和红细胞计数与周围血象接近，且迅速凝固。④胸膜腔穿刺因凝血抽不出血液，但连续胸部X线检查显示胸膜腔阴影继续增大。

2. 感染性血胸　①有高热、寒战、疲乏、出汗等全身表现。②抽出胸腔积血1ml，加入5ml蒸馏水，出现混浊或絮状物提示感染。③胸腔积血白细胞计数明显增加。④积血涂片和细菌培养发现致病菌。

3. 凝固性血胸　胸膜腔穿刺抽不出（或抽出少量）血液或胸腔闭式引流量减少，而内出血症状、体征和影像学检查提示血胸持续进展。凝固性血胸与胸腔短时间内积聚大量血液，超过肺、心包和膈肌运动所起的去纤维蛋白作用有关。凝血块机化形成纤维板，限制肺与胸廓活动，影响呼吸功能。

（二）辅助检查

1. 实验室检查　血常规检查显示血红蛋白和血细胞比容下降。继发感染者，血白细胞计数和中性粒细胞比例增高。

2. 影像学检查　胸部X线检查见胸膜腔有大片积液阴影，纵隔可向健侧移位。如合并气胸则显示液平面，小量血胸X线片仅见肋膈角消失，中量血胸可见液平面上界达肺门水平，大量血胸可达肺上野水平。胸部B超检查可明确胸部积液的位置和量。

3. 胸膜腔穿刺　抽出血性液体可确诊。

（三）治疗原则

1. 非进行性血胸　小量血胸可自行吸收，不必穿刺抽吸。积血量较多者，早期进行胸膜腔穿刺或胸腔闭式引流，促使肺膨胀，改善呼吸功能。抽血完毕拔针前，于胸膜腔内注入抗生素，以预防感染。

2. 进行性血胸　首先输入足量血液，防治低血容量性休克。及时开胸探查，寻找出血部位。肋间血管或胸廓内血管破裂，予以缝扎止血；肺破裂出血，一般只需缝合止血；肺组织严重损伤，可进行肺部分切除术或肺叶切除术；大血管破裂，往往修补裂口困难，多需做人造血管移植术。

3. 感染性血胸　及时胸膜腔引流，排尽感染性积血积脓。若效果不佳，应尽早手术清除感染性积血。

4. 凝固性血胸　在出血停止、病情稳定后尽早开胸清除积血和血块，以防感染或机化。对机化血块可在伤情稳定后早期进行血块和纤维组织剥除术。对已感染的血胸按脓胸处理。

【主要护理诊断/合作性问题】

参见本章第一节。

【护理措施】

参见本章第一节。

小 结

一、概述

1. 病因　胸部损伤多由于暴力挤压、冲撞、跌倒、坠落、钝器打击、锐器伤或枪弹伤所致。
2. 临床表现　主要表现为对呼吸、循环功能的影响。患者可出现胸痛、呼吸困难、咯血/血痰、休克等症状，出现胸廓畸形、反常呼吸运动、皮下气肿、局部压痛、骨擦音、气管和心脏移位等体征。
3. 治疗原则　院前急救主要是抢救生命，保持呼吸道通畅，抗休克，镇静止痛，恢复胸膜腔内负压。院内急救主要是实施急诊开胸探查手术。
4. 护理　观察患者有无危及生命情况，协助医师做好现场急救，注意维持气体交换，改善组织灌注等。术后重点观察有无活动性出血，预防感染，做好胸腔闭式引流护理。

二、肋骨骨折

1. 病因　多数肋骨骨折系外来暴力所致，少数病例可出现于恶性肿瘤发生肋骨转移者或严重骨质疏松者。
2. 临床表现　主要为骨折局部疼痛、不同程度的呼吸困难、循环障碍及低氧血症表现。多根多处肋骨骨折者可出现反常呼吸运动。
3. 治疗原则　重点是镇痛、清理呼吸道分泌物、固定胸廓和防止并发症。
4. 护理措施　参见本章第一节。

三、气胸

1. 病因　可由肺组织、支气管、食管破裂导致，或胸壁伤口穿破胸膜，胸膜腔与外界沟通，空气进入所致。
2. 临床表现　闭合性气胸时，中、大量气胸者可出现胸闷、胸痛、气促和呼吸困难等症状。开放性气胸时，可出现呼吸系统和循环系统严重症状，听诊时可直接听到气体进出声。张力性气胸时，患者有极度呼吸困难、发绀、休克甚至窒息等表现，患侧胸膜腔穿刺有高压气体向外冲出。
3. 治疗原则　闭合性气胸可不处理，或行胸膜腔穿刺或闭式引流术。开放性气胸时首先将其变为闭合性气胸，然后抽气减压、清创缝合，必要时开胸探查。张力性气胸者应立即排气减压，然后行胸腔闭式引流或开胸探查。
4. 护理措施　参见本章第一节。

四、血胸

1. 病因　可由利器损伤胸部或肋骨断端刺破肺、心脏和大血管或胸壁血管引起，也有少数在咳嗽、运动、负重等时自发。
2. 临床表现　临床表现与出血量、速度和个人体质有关。患者会出现不同程度的低血容量性休克表现和呼吸困难，伴或不伴咳嗽、胸痛。还可出现进行性血胸、感染性血胸或凝固性血胸。
3. 治疗原则　根据病情严重程度决定。可无特殊处理，或行胸膜腔穿刺或胸腔闭式引流，严重者手术。进行性血胸者还应防治低血容量性休克。
4. 护理措施　参见本章第一节。

自测题

一、选择题

1. 闭合性胸部损伤出现极度呼吸困难和严重皮下气肿时首先考虑
   A．多根多处肋骨骨折
   B．肺损伤
   C．创伤性窒息
   D．张力性气胸
   E．血胸

2. 对多根多处肋骨骨折患者用厚棉垫进行胸壁加压包扎最主要的目的是
   A．止痛
   B．消除反常呼吸
   C．有利于患者活动
   D．避免进一步损伤
   E．有利于咳嗽咳痰

3. 进行张力性气胸急救时，首先应
   A．迅速封闭胸壁伤口
   B．加压吸氧
   C．清创
   D．气管切开
   E．尽快排气减压

4. 某患者外伤后出现血胸，经胸膜腔穿刺抽出少量不凝血的原因是
   A．出血量太大
   B．胸腔内存在抗凝物质
   C．凝血因子减少
   D．胸腔内渗出液的稀释作用
   E．肺及膈肌运动的去纤维化作用

5. 下列征象提示胸膜腔内有进行性出血的是
   A．血压为 120/80mmHg
   B．中心静脉压为 10cmH$_2$O
   C．尿量每小时 50ml
   D．术后每小时引流出血性液＞200ml，连续 3h
   E．术后每小时引流出淡血水样液体＜100ml，连续 2h

6. 拔除胸腔闭式引流管时应嘱患者
   A．深吸气后屏气
   B．深呼气后屏气
   C．正常呼吸
   D．浅吸气后屏气
   E．浅呼气后屏气

二、案例题

男性，26 岁，30min 前从三楼坠下，左侧胸部着地，主诉胸痛、气急、无力。体检：HR 106 次/分，BP 80/60mmHg。患者神志清楚、烦躁，痛苦面容，面色苍白、呼吸急促，口唇略发绀，气管右移。左侧胸廓饱满，运动减弱。第 7、8 肋压痛明显，左肺上部叩诊鼓音、下部实音，心浊音界右移。无咯血、呕血、便血。X 线示：纵隔右移，左肺萎缩至肺门，第 7、8 肋骨骨折，可见液气平面。

请问：（1）该患者出现了哪些类型的胸部损伤？
（2）目前应主要采取哪些护理措施？

（朱宁宁）

第十五章 肺癌患者的护理

学习目标

通过本章内容的学习,学生应能:

◆ 识记

复述肺癌的临床表现和治疗原则。

◆ 理解

1. 解释肺癌发病相关的健康史。
2. 总结肺癌患者手术前后呼吸道管理要点。
3. 解释肺癌不同术式术后体位摆放方法和原因。

◆ 运用

评估肺癌患者并为其制订护理计划。

肺癌(lung cancer)多数起源于支气管黏膜上皮,也称支气管肺癌。肺癌的发病年龄大多数在40岁以上,男性与女性发病率为(3~5):1,但女性肺癌的发病率近年明显增加。

肺癌的发病原因至今不完全明确。大量的研究表明,长期大量吸烟是肺癌的一个致病因素。肺癌的发生还与工业及矿区的职业致癌因子、空气污染、电离辐射、饮食因素以及个体的其他因素相关。肺癌的分布是右肺多于左肺,上叶多于下叶。根据癌肿发生的部位,可分为中心型和周围型肺癌。临床上最常见的肺癌主要分为两大类:非小细胞肺癌(non-small cell lung cancer,NSCLC)和小细胞肺癌(small cell lung cancer,SCLC)。非小细胞肺癌又分为鳞状细胞癌(squamous cell carcinoma)、腺癌(adenocarcinoma)和大细胞癌(large cell carcinoma)。其中,鳞状细胞癌在肺癌中最常见,约占50%。肺癌的扩散和转移主要通过直接扩散、淋巴转移和血行转移等方式,其中淋巴转移是肺癌最常见的扩散途径。

案例15-1A

男性,56岁,咳嗽少痰4个多月,半个月来伴声音嘶哑。双侧颈后可触及多个可活动淋巴结。患病后无发热。吸烟史30年,10支/天。

体检:T 37.5℃,P 85次/分,R 18次/分,BP 135/85mmHg。

X线检查:左肺门处块状阴影。

问题与思考:

该患者护理评估内容有哪些?

【护理评估】
(一)临床表现

肺癌的症状与癌肿的部位、大小、组织学分类、是否压迫和侵犯邻近器官及有无转移等情况有关。

1. 早期　早期肺癌,特别是周围型肺癌往往无任何症状,大多在查体时发现。随着肿瘤的进展,出现不同的症状。若癌肿在较大的支气管内生长,可引起刺激性咳少量黏液痰;当癌肿增大时,较大的支气管不同程度地阻塞,排痰不畅,则继发阻塞性感染,患者可有发热,常见血痰,痰中带血丝,大量咯血很少见。胸痛可以出现在肿瘤发展的任何阶段,多由于肿瘤侵犯胸膜、肋骨和胸壁引起。

2. 晚期　除体重减轻、食欲减退、倦怠及乏力等全身症状外,还有以下表现。①压迫或侵犯喉返神经:声带麻痹、声音嘶哑;②压迫上腔静脉:面部、颈部、上肢和上胸部静脉曲张,皮下组织水肿;③侵犯胸膜:胸腔积液,常为血性,大量积液可引起气促;④侵犯胸膜或胸壁:有时可引起持续性剧烈胸痛;⑤侵犯纵隔:压迫食管,引起吞咽困难;⑥上叶顶部肺癌:亦称肺上沟瘤,可以侵入纵隔和压迫位于胸廓上口的器官或组织。如肿瘤压迫颈部交感神经,可引起患侧眼睑下垂、瞳孔缩小、眼球内陷、面部无汗等颈交感神经综合征(又称 Horner 综合征)。

3. 远处转移　肺癌可以转移至淋巴结、脑、肝、骨骼和其他器官。锁骨上淋巴结是肺癌转移的常见部位,淋巴结固定而坚硬,多无痛感;脑转移时出现头痛、呕吐、眩晕、视觉障碍及人格改变等;肝转移时出现肝区疼痛、黄疸、腹水、肝功能异常等;转移至骨骼可以引起骨痛、病理性骨折,可能出现脊髓压迫症状。

4. 副癌综合征　少数肺癌病例,由于癌肿产生内分泌物质,出现肺部以外非转移性全身症状,如骨关节病综合征(杵状指、骨关节痛、骨膜增生等)、库欣综合征、重症肌无力、男性乳腺增大、多发性肌肉神经痛等,称为副癌综合征。这些症状在切除癌肿后可消失。

(二)辅助检查

1. 影像学检查　X 线检查是常用的筛查方法,可发现大部分的肺内病灶。早期中心型肺癌 X 线检查可无异常征象,当癌肿阻塞支气管后出现肺不张、肺炎征象。周围型肺癌表现为肺野周围孤立性或椭圆形块状阴影,轮廓不规则,边缘模糊毛糙。CT 可发现 X 线检查隐藏区(如肺尖、膈上、脊柱旁、心脏后、纵隔等处)的早期病变,还能显示肿瘤有无侵犯邻近器官,能发现大于 0.3cm 的病灶,对转移癌的发现率较高。MRI 在肺癌中的诊断价值与 CT 相似,但对肺上沟瘤(Pancoast tumor)需显示胸壁侵犯及锁骨下血管和臂丛神经受累情况,MRI 明显优于 CT。正电子发射断层显像(positron emission tomography,PET)在肿瘤的早期发现、分期及监测治疗效果方面是非常有用的诊断方法,对于鉴别肺内肿块的良恶性及纵隔淋巴结有无转移有帮助。

2. 痰细胞学检查　肺癌脱落的癌细胞可随痰液咳出,痰细胞学检查找到癌细胞,可以明确诊断。中央型肺癌,特别是伴有血痰的患者中检出的概率较大。为了确诊,临床中通常会连续送检痰液 3 次或 3 次以上做细胞学检查。

3. 支气管镜检查　可用于确定肿瘤的存在以及组织学的分型诊断。对中心型肺癌诊断的阳性率较高,可在支气管镜直接看到肿瘤,并可采取小块组织(或穿刺病变组织)做病理切片检查;也可用生理盐水冲洗气道,获取细胞送检。

4. 其他　胸腔积液检查、经胸壁针吸细胞学或组织学检查、胸腔镜检查、超声检查、放射性核素骨扫描等。

(三)与疾病相关的健康史

1. 吸烟　长期大量吸烟是肺癌的一个致病因素。吸烟者肺癌死亡率比不吸烟者高 10～13 倍。吸纸烟比吸雪茄、烟斗者患病率高。烟草中含有苯并芘等多种致癌物质。吸烟量越多、吸入深度越大、年限越长、开始吸烟的年龄越早，则肺癌发病率越高。

2. 职业致癌因子　已确认的因素包括石棉、无机砷化合物、二氯甲醚、铬及某些化合物、镍冶炼、氡及氡子体、芥子体、氯乙烯、煤烟、焦油和石油中的多环芳烃等。

3. 空气污染　包括室外污染和室内污染。室外污染如汽车废气、工业废气、公路沥青都有致癌物质存在。室内污染包括燃料如煤、天然气等燃烧和烹调过程中产生的致癌物。

4. 人体内在因素　如免疫状态、代谢活动、遗传因素、肺部慢性感染等，也可能与肺癌的发病有关。

5. 其他　长期、大剂量电离辐射可引起肺癌。癌基因（如 *ras*、*erb-b2*）或肿瘤抑制基因 *p53* 基因、*nm23-H1* 基因与肺癌的发病有密切关系。

（四）心理社会状况

患者要经受由于疾病导致的日常生活的突变，要面对最终失去生命而产生的预感性悲哀。家属在患者的疾病诊疗过程中有很大的作用，可以帮助患者减轻心理压力，成为联系患者和医务人员的桥梁。护士要了解患者对疾病的知晓程度，评估患者的社会支持系统以及对治疗费用的承受能力。

（五）治疗原则

目前肺癌的治疗主要有手术治疗、放射治疗、化学治疗、中医中药治疗及免疫疗法等，根据患者的全身状况、肿瘤的病理类型、肺癌的分期等因素选择治疗方案。

1. 手术治疗　早期肺癌外科手术治疗通常能达到治愈效果。肺切除术的范围取决于病变的部位和大小。常见的手术方式有肺叶切除术、楔形切除术、肺段切除术和全肺切除术。

（1）肺叶切除术（lobectomy）：是基本的手术方式。若癌肿位于一个肺叶内，但已侵及局部主支气管或中间支气管，为保留正常的邻近肺叶，避免做一侧全肺切除术，可切除病变的肺叶及一段受累的支气管，再吻合支气管上下端，称为支气管袖状肺叶切除术；若相伴的肺动脉局部受侵，也可做部分切除，端端吻合，称为支气管袖状肺动脉袖状肺叶切除术。

（2）楔形切除术（wedge resection）和肺段切除术（segmental resection）：适用于周围型和早期的肺癌患者，或病变较早且合并心肺功能障碍不能耐受肺叶切除者。

（3）全肺切除术（pneumonectomy）：指一侧肺组织的全切术。当肿瘤广泛转移到全肺，且累及大血管或侵入肺门才选择全肺切除，适用于中心型肺癌且能耐受全肺切除的患者。

2. 放射治疗　是局部消灭肺癌病灶的一种手段。主要用于术后残余病灶的处理和配合化学疗法，对晚期或肿瘤复发患者采用姑息性放疗以减轻症状。一般于手术后1个月左右，患者健康状况改善后开始放射疗法，剂量为40～60Gy，疗程约6周。小细胞肺癌对放射治疗敏感性较高，鳞癌次之，腺癌最差。

3. 化学治疗　可单独用于晚期肺癌患者以缓解症状，或与手术、放射治疗综合应用，以防止癌肿转移复发，提高治愈率。小细胞肺癌对化学治疗特别敏感，鳞癌次之，腺癌最差。

4. 中医中药治疗　用于减轻患者放射治疗和化学治疗的副作用，提高机体抵抗力，增强疗效；通常按患者临床症状、脉象、舌苔等表现，应用辨证论治法则，使患者的症状得到改善。

5. 免疫治疗　近年来一些研究发现，人体的免疫功能状态与肿瘤的生长发展有一定的关系。①非特异性免疫疗法：用干扰素、卡介苗、短小棒状杆菌、转移因子、胸腺肽等生物制品，或左旋咪唑等药物激发和增强人体免疫功能。②特异性免疫疗法：用经过处理的自体肿瘤细胞或加用佐剂后，做皮下接种进行治疗，可用各种白介素、肿瘤坏死因子、肿瘤核糖核酸等生物制品。

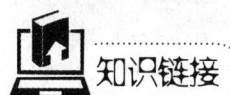

肺癌高危人群的筛查标准

美国国立综合癌症网（NCCN）肺癌筛查专家组基于美国国家肺癌筛查试验的入选标准，将人群划分为易患肺癌的3种不同风险类型。

1. 高危人群 ①年龄55～74岁，吸烟史≥30包年（吸烟包年史的定义是每天吸烟包数乘以吸烟年数），正在吸烟或戒烟＜15年者。②年龄≥50岁，吸烟史≥20包年，且合并有其他肺癌危险因素之一，如职业暴露、住所氡暴露、癌症史、肺癌家族史、肺部疾病史（是否对这类人群进行筛查还存在争议）。

2. 中危人群 年龄≥50岁，吸烟史≥20包年，或有二手烟暴露，没有其他任何额外的肺癌危险因素。

3. 低危人群 年龄＜50岁和（或）吸烟史＜20包年。

NCCN指南建议，对肺癌高危人群每年进行肺部低剂量CT（LDCT）检查直至74岁，而对中危和低危人群目前不主张进行LDCT筛查。

美国国立综合癌症网肺癌筛查指南解读（2012）. 肿瘤影像学, 2013, 22（4）: 331-335.

该患者明确诊断为中央型小细胞未分化肺癌，给予紫杉醇与顺铂联合术前化疗。经4个周期后，患者一般状况良好，行一侧全肺切除和淋巴结清扫术。

问题与思考：

1. 该患者术后应如何进行呼吸道护理？
2. 全肺切除术后胸腔引流管有哪些护理要点？

【主要护理诊断/合作性问题】

1. 焦虑/恐惧 与缺乏相关知识及担心手术和预后有关。
2. 气体交换障碍 与肺组织病变、手术、麻醉、肿瘤阻塞支气管、肺膨胀不全、呼吸道分泌物潴留、肺换气功能降低等有关。
3. 营养失调（低于机体需要量） 与肿瘤引起的机体代谢增加、手术创伤等有关。
4. 潜在并发症：出血、肺部感染、急性肺水肿、肺不张、心律失常、支气管胸膜瘘等。

【护理措施】

（一）术前护理

1. 改善呼吸功能，预防术后感染。

（1）戒烟：术前应戒烟2周以上。因为吸烟可影响痰液排出，增加术后呼吸系统并发症发生率。

（2）保持呼吸道通畅：支气管分泌物较多、病情允许时，可行体位引流。痰液黏稠不易咳出者，予以超声雾化吸入，必要时行支气管镜吸痰。注意观察痰液的量、色、黏稠度和气味。

（3）控制感染：注意口腔卫生，因为细菌易通过口腔进入下呼吸道引起感染，如有龋齿等口腔疾病或上呼吸道感染者应先治疗。肺部感染者，遵医嘱应用抗生素、支气管扩张剂及祛痰剂等。

(4)指导训练:训练腹式呼吸,用鼻吸气,吸气时腹部向外膨起,屏气 1～2s,以使肺泡张开,呼气时让气体从口中慢慢呼出。护士将双手放在患者腹部肋弓之下,患者吸气时将双手顶起,呼气时双手轻轻施加压力,使膈肌尽量上升。以后嘱患者自己练习,并逐渐除去手的辅助作用。有效咳嗽训练时,进行深而慢的腹式呼吸,咳嗽时口型呈半开状态,吸气后屏气 3～5s 后用力从肺部深处咳嗽。对胸痛的患者,可先轻轻地进行肺深处咳嗽,将痰引至大气管时,再用力咳出。介绍胸腔引流的设备,并告诉患者在手术后安放引流管(或胸管)的目的及注意事项。

2. 改善营养状况 由于肿瘤对机体的消耗较大,有些患者术前营养状况差,如贫血和低蛋白血症等,往往影响患者对手术的耐受力、切口的愈合和术后的恢复。应为患者提供良好的进食环境和色香味齐全的均衡饮食,注意口腔清洁以增进食欲。必要时遵医嘱给予肠内或肠外营养,如脂肪乳、氨基酸、白蛋白、血浆或全血等。

3. 心理护理 指导患者正确认识疾病,向患者和家属介绍疾病的诊疗过程,包括手术方案、各种诊疗的目的和意义,缓解其焦虑和紧张。解释手术方案,介绍各种治疗护理的意义、方法、配合方法和注意事项,让患者有充足的心理准备。给予患者发问的机会,并认真耐心地解答,对其担心表示理解并予以安慰。动员家属给患者以心理和经济方面的全力支持。

(二)术后护理

1. 密切观察病情 术后 2～3h 内,每 15min 测量生命体征 1 次,稳定后改为 30～60min 测量 1 次。定时观察呼吸并呼唤患者,防止因麻醉副作用引起的呼吸暂停。注意观察有无呼吸窘迫,如有异常及时通知医师。手术后 24～36 h,血压常会有波动,需严密观察,若血压持续下降,应考虑是否为心脏疾病、出血、疼痛、组织缺氧或血容量不足所致。严密观察肢端温度,甲床、口唇及皮肤颜色,周围静脉充盈情况等,注意有无血容量不足和心功能不全的发生。

2. 采取合适体位

(1)一般体位:患者未清醒前取平卧位,头偏向一侧,以免呕吐物、分泌物吸入而窒息或造成吸入性肺炎。麻醉清醒、血压平稳后改为半坐卧位,以利于呼吸和引流。

(2)特殊情况下体位:①楔形切除术或肺段切除术者,尽量选择健侧卧位,以促进患侧肺组织扩张。②一侧肺叶切除术者,呼吸功能尚可,可取健侧卧位,以利于患侧肺组织扩张;如呼吸功能差,避免健侧肺受压而限制肺的通气功能。③全肺切除者,避免完全患侧卧位,可取健侧或患侧 1/4 侧卧位,以防纵隔移位和压迫健侧肺而致循环和呼吸障碍。④血痰和支气管瘘者,取患侧卧位。

3. 呼吸道管理

(1)观察:密切观察呼吸的频率、幅度及节律,有无气促、发绀、血氧饱和度下降等,听诊肺部呼吸音,有无痰鸣音,如有异常及时通知医师。全肺切除者检查气管位置是否居中。

(2)给氧:常规给予鼻塞或面罩吸氧,注意监测血氧饱和度和血气分析结果。

(3)深呼吸和咳嗽:患者清醒后鼓励并协助其深呼吸和有效咳嗽,每 1～2h 1 次。咳嗽前给患者叩背,顺序由下向上,由外向内轻叩震荡,频率约 100 次/分,患者咳嗽时,协助固定伤口,以减轻震动引起的疼痛。术后早期可由护士协助固定,告知患者用纸巾捂住口鼻咳嗽,护士双手紧托伤口部位以固定胸部伤口,固定胸部时,手掌张开,手指并拢。也可按压刺激胸骨上窝处的颈部气管以诱发患者的咳嗽反射。鼓励患者使用吹气球等方式进行锻炼,以促进肺膨胀,预防肺炎和肺不张。

(4)稀释痰液:呼吸道分泌物黏稠者,可用糜蛋白酶、地塞米松、氨茶碱、抗菌药物等行超声雾化。

(5)吸痰:对于咳痰无力、呼吸道分泌物滞留者予以吸痰。全肺切除术,因其支气管残端缝合处在隆突下方，行深部吸痰时容易刺破，故操作时吸痰管进入长度以不超过气管的1/2为宜。必要时行纤维支气管镜吸痰。

4. 胸腔闭式引流护理

（1）参见第十四章胸部损伤患者的护理。

（2）全肺切除术后胸腔引流管的护理：一侧全肺切除术后，由于两侧胸膜腔内压力不平衡，纵隔易向手术侧移位，因此患者引流管一般呈钳闭状态，以保证患侧胸腔有一定的渗液，减轻和纠正纵隔移位。观察患者的气管是否居中，如出现呼吸困难、烦躁不安、出冷汗等情况，要立即通知医师；若气管明显向健侧移位，应立即听诊肺呼吸音，在排除肺不张后，可酌情放出适量的气体或引流液，维持气管、纵隔位置居中。但放气、放液时速度宜慢，抬高引流管，每次放液不超过100ml，开放时禁止咳嗽，避免快速多量放液引起纵隔突然移位，导致心律失常，甚至心搏骤停。

5. 维持液体平衡和补充营养

（1）严格控制输液的量和速度，防止肺水肿。全肺切除术后应控制钠盐摄入量，24h补液量不超过2000ml，速度以20～30滴/分为宜，严格记录出入量，维持液体平衡。

（2）补充营养：全麻清醒术后6h内禁食水，以防恶心、呕吐，肠蠕动恢复后，可开始进食清淡流质、半流质饮食，若患者进食后无任何不适可改为普食。饮食宜为高蛋白、高热量、高维生素、易消化，以保证营养，提高机体抵抗力，促进伤口愈合。

6. 减轻疼痛　遵医嘱应用镇痛药，并注意观察有无呼吸抑制及镇痛效果。用胸带约束，减轻咳嗽时切口的张力，减轻疼痛。

7. 活动与休息

（1）早期活动：可预防肺不张，改善呼吸循环功能。术后第1日，生命体征平稳后，协助患者床上坐起，坐在床边、双腿下垂或床旁站立。术后第2日起，可协助患者床旁活动或室内行走。以后可根据患者情况逐渐增加活动量，以患者能耐受为宜，如出现心动过速、气急、出汗等症状应停止活动。

（2）手臂和肩关节运动：预防术侧胸壁肌肉粘连、肩关节僵硬及失用性萎缩。患者清醒后，可协助其进行臂部、躯干和四肢的轻度活动，每4h一次。术后第1日开始指导患者做肩、臂的主动运动，如术侧手臂上举、爬墙及肩关节的内旋外展运动，逐渐增加活动量，使肩关节活动范围逐渐恢复至术前水平，防止术侧肩关节下垂。

8. 并发症的观察与护理

（1）出血：密切观察患者的生命体征，定时检查伤口敷料及引流管周围的渗血情况，观察胸腔引流液的量、颜色和性状。如每小时引流量大于100ml[小儿大于4ml/（kg·h）]，连续3h，呈鲜红色、有血凝块，患者出现烦躁不安、血压下降、脉搏增快、尿少等血容量不足的表现，应考虑有活动性出血。须立即通知医师，加快输血补液速度，遵医嘱给予止血药，保持胸腔引流管的通畅，确保胸腔内积血能及时排出，注意保温。必要时做好开胸探查止血的准备。

（2）肺部并发症：常见有肺部感染、急性肺水肿、肺不张、呼吸衰竭等。表现为发热、气促、呼吸困难、咳泡沫样血痰、呼吸道分泌物增多且黏稠、发绀、脉速等。主要的预防措施是早期协助患者深呼吸、有效咳嗽、排痰及活动，补液时严格控制输液的量和速度。

（3）心律失常：多发生于术后4日内，与缺氧、出血及水、电解质和酸碱失衡有关。常见有心动过速、心房颤动、室性或室上性期前收缩等。术前合并糖尿病、心血管疾病者，术后心律失常发生率高，尤其是全肺切除术后的患者约有20%可出现心律失常。①术后应严密心电监测，如有异常，立即通知医师。②遵医嘱应用抗心律失常药，密切观察心率、心律，严格掌握药物剂量、浓度、给药方法、速度，观察药物疗效及副作用。③控制静脉输液量和速度。

(4) 支气管胸膜瘘：是肺切除术后严重的并发症之一，多发生于术后 1~2 周。表现为胸腔引流管大量气体引出、持续高热、患侧胸痛、刺激性咳嗽、痰中带血或咳血痰、呼吸困难、呼吸音减弱等症状。可用亚甲蓝注入胸膜腔，患者咳出带有亚甲蓝的痰液即可确诊。一旦发生，立即通知医师，嘱患者取侧卧位，以防漏液流向健侧，遵医嘱应用抗生素，继续行胸腔闭式引流。

9. 心理护理　术后给予患者心理上的支持，解释术后恢复过程，讲解有效咳嗽、排痰和早期活动的重要性，以及各种引流管安放的意义，鼓励其积极配合治疗和护理。

（三）健康教育

1. 指导患者出院后数周内仍需进行腹式呼吸及有效咳嗽，逐渐增加活动量，以不出现心悸、气短、乏力为宜，半年不得从事重体力活动。

2. 告知患者预防呼吸道感染的重要性。保持良好的口腔卫生，如有口腔疾病应及时治疗。避免出入公共场所或与上呼吸道感染者接触，避免与烟雾、化学刺激物接触，了解吸烟的危害，鼓励戒烟。一旦发生呼吸道感染，应及早就医。

3. 术后需要化疗或放疗时，应使患者了解治疗的意义，并按时接受治疗，并告知注意事项以提高疗效。

4. 若出现伤口疼痛、剧烈咳嗽及咯血等症状时，应及时返院复查。

5. 保持良好的营养状况，保证充分的休息与活动。

小　结

1. **病因**　肺癌是一种常见的恶性肿瘤，其发病率和死亡率均有逐年上升的趋势。目前认为长期大量吸烟是肺癌重要的致病因素，另外还与职业致癌因素、人体免疫状态、代谢状态、遗传等因素相关。

2. **临床表现**　肺癌因生长部位和病理类型不同，临床表现和进展速度有所区别。一般早期可出现刺激性干咳、血痰、胸闷、气促、发热、胸痛等症状，晚期压迫邻近器官或发生转移时可出现相应部位的症状与体征。

3. **治疗原则**　以手术治疗为主，结合放射治疗、化学治疗、免疫治疗等综合治疗。

4. **护理**　术前注意进行呼吸训练，改善肺泡通气和换气功能，术后根据手术术式给予合适体位，进行呼吸功能锻炼，预防肺水肿和肺部感染并发症的出现。全肺切除术患者注意避免过度侧卧，胸腔引流管钳闭，酌情放液，控制补液的速度和量。为早期发现、早期治疗，对 40 岁以上吸烟男性尤其应做好普查。

自测题

一、选择题

1. 肺癌的病理分类中最常见的为
   A. 鳞状细胞癌
   B. 腺癌
   C. 未分化小细胞肺癌
   D. 大细胞肺癌
   E. 细支气管肺泡癌

2. 在早期肺癌的综合治疗中主要的治疗方法是

A. 化学治疗
B. 放射治疗
C. 手术治疗
D. 免疫治疗
E. 中医中药治疗
3. 肺癌大多数起源于
A. 肺泡上皮
B. 支气管黏膜上皮
C. 细支气管
D. 肺组织
E. 肺间质细胞
4. 指导全肺切除术后患者应**避免**的体位是
A. 仰卧位
B. 半坐卧位
C. 1/4 侧卧位
D. 坐位
E. 完全侧卧位
5. 护士向患者解释影响肺癌预后的主要因素是
A. 肿瘤的大小
B. 肿瘤生长的部位
C. 病程长短
D. 分期及组织学类型
E. 咯血量及阻塞支气管程度
6. 肺癌的早期表现是
A. 消瘦、乏力
B. 持续性胸痛
C. 咳嗽、痰中带血丝
D. 大咯血
E. 出现 Horner 综合征

二、案例题

男性，60 岁，咳嗽，偶有少量咯血 3 个月，近日出现胸痛入院。体检：T 36℃，P 72 次/分，BP 110/70mmHg。X 线检查：左肺有块状阴影。血常规检查：白细胞计数 5×10^9 /L，中性粒细胞 65%。诊断为中央型肺癌，择期在全麻下行左肺全切术。胸腔闭式引流管钳闭术后第 2 日，左胸部切口敷料完整在位无渗出。

请问：(1) 该患者目前应采取何种体位？

(2) 其在胸腔闭式引流时的观察护理要点有哪些？

（刘　曼）

第十六章 食管癌患者的护理

学习目标

通过本章内容的学习，学生应能：

◆ 识记
1. 列举食管癌发病的相关因素、辅助检查方法。
2. 描述食管癌的临床表现和治疗原则。
3. 说出食管癌术后常见并发症的预防和护理。

◆ 理解
1. 比较不同类型食管癌患者的临床表现和进展。
2. 解释食管癌术后容易发生吻合口瘘的原因。

◆ 运用
评估食管癌患者并为其制订护理计划。

食管癌 (esophageal carcinoma) 是消化道常见的恶性肿瘤，据估计全世界每年大约有20万人死于食管癌，我国约有15万人。

食管癌的发病原因尚不清楚，可能与亚硝胺及真菌、遗传与基因、生活习惯、饮食、营养不良及微量元素缺乏等因素有关。食管慢性炎症时的黏膜损伤及慢性刺激等与食管癌的发生也有一定关系。病理类型可分为5型：髓质型、蕈伞型、溃疡型、缩窄型、腔内型。癌肿可先向黏膜下层扩散，继而向上、向下及全层浸润，极易侵入邻近器官；或沿黏膜下淋巴管，通过肌层到达肿瘤部位相应位置的淋巴管；血行转移较少见，主要向肺、肝、肾、肋骨、脊柱等处转移。

> **案例16-1A**
>
> 男性，56岁，进行性吞咽困难2个月。
> 体检：未见任何阳性体征。
> 实验室检查：RBC $4.0×10^{12}$/L，Hb 85g/L。
> 食管镜检查：食管中段5cm长管腔狭窄，黏膜中断。
> 病理报告：鳞癌Ⅱ期。
> 问题与思考：
> 该患者护理评估内容有哪些？

【护理评估】
（一）临床表现
因病程发展、病理形态、机体反应等多种因素的不同，临床表现不尽相同。

1. 早期 临床上症状常不明显，在进食粗糙、过热或有刺激性的食物时可有不同程度的不适感。主要表现为食物停滞感或异物感、哽噎感、胸骨后烧灼样、针刺样或牵拉摩擦样疼痛。此症状多是因局部病灶刺激食管，食管蠕动异常或痉挛，或因局部炎症、糜烂、表浅溃疡、肿瘤浸润所致。常反复出现，间歇期可无症状，可持续几年。

2. 中晚期 典型症状为进行性吞咽困难。咽下困难的程度与病理类型有关，缩窄型和髓质型较其他型严重。晚期食管癌的症状多因肿瘤压迫及并发症引起，并且可以发生淋巴及血行转移。

食管癌本身和炎症可反射性地引起食管腺和唾液腺分泌增加，经食管逆蠕动，可引起呛咳和肺炎。癌肿压迫气管，可出现咳嗽及呼吸困难。食管病变段有溃疡、炎症或肿瘤外侵时，则产生胸骨后或背部持续性隐痛。如疼痛剧烈并伴有发热，应警惕肿瘤是否已经穿孔或即将穿孔。

(1) 直接扩散：癌组织浸透纵隔、气管、支气管、主动脉，形成纵隔炎、气管食管瘘、发生肺炎、肺脓肿，甚至致命性大出血等。

(2) 淋巴转移：常发生在锁骨上部胸锁乳突肌的附着部后方，左侧多于右侧。如压迫喉返神经，出现声音嘶哑；压迫颈交感神经，则产生霍纳（Horner）综合征。

(3) 血行转移：较少见，若有骨、肝、脑等重要脏器转移，可出现骨痛、黄疸、腹水、昏迷等症状。

（二）辅助检查

1. X线钡餐检查 是诊断食管及贲门部肿瘤的重要手段之一。早期表现为食管皱襞紊乱、粗糙或有中断现象，局限性管壁僵硬，蠕动中断，小的充盈缺损，潜在龛影。

2. 食管拉网脱落细胞学检查 使用我国首创带网气囊食管细胞采集器，做食管拉网脱落细胞学检查，早期病变阳性率较高，是一种简便易行的普查筛选诊断方法。目前对此方法已存在争议，临床已有症状或怀疑而又未能明确诊断者，应尽早做纤维食管镜检查。

3. 纤维食管镜检查 食管镜检查可以直接观察肿瘤大小、形态和部位，在一定程度上提高了食管癌检查的安全性和精确度。

4. CT 可以清晰显示食管与邻近纵隔器官的关系，但难以发现早期食管癌。

5. 放射性核素检查 利用某些亲肿瘤的核素进行检查。

（三）与疾病相关的健康史

1. 年龄 男性多于女性，多见于40岁以上人群。

2. 饮食习惯 嗜好吸烟、长期大量饮酒者食管癌发生率明显偏高。进食粗糙食物，进食过热、过快等极易导致食管上皮损伤，增加对致癌物的敏感性。

3. 家族史 食管癌患者发病常表现为家族聚集现象，在食管癌高发家族中，染色体数目及结构异常者明显增多。

4. 疾病史 评估患者在吞咽食物时有无哽噎感，有无胸骨后烧灼样、针刺样或牵拉摩擦样疼痛，有无进行性吞咽困难。

5. 既往史 询问患者有无高血压、糖尿病、冠心病等病史。

6. 其他 服用药物情况以及生活环境等。

（四）心理社会状况

了解患者职业、文化程度、婚姻状况、对疾病知识的掌握状况，以及患者及家属对疾病的看法、认识、反应及适应水平，患者的自我概念，家庭经济与社会支持情况，这些都会影响患者对疾病的接受程度、治疗的效果以及术后的康复。应注意评估患者对疾病及对自身形象变化的认识和反应。

(五)治疗原则

采取以手术治疗为主的综合治疗。

1. **手术治疗** 是治疗食管癌的首选方法。若全身情况及心肺功能良好,无明显远处转移征象,可考虑手术治疗。对估计切除可能性小的较大鳞癌而全身情况良好的患者,术前可先做放疗,待瘤体缩小后再行手术治疗。

常用的手术方式有非开胸及开胸食管癌切除术两类。中下段食管癌常采用左胸后外侧切口,中上段食管癌常采用右胸前外侧切口。若病变位置偏高,为保证食管癌足够的切除长度,可行颈部切口,胃送至颈部与食管吻合,即右胸、上腹、颈部三切口。

目前对中段以上的食管癌多采用三切口方法,并同时行淋巴结清扫。食管癌切除后常用胃、结肠重建食管,以胃最为常用。

(1) 胃代食管:胃是最为常用也是首选的代食管器官(图16-1)。

(2) 结肠代食管:在胃不能代食管的情况下,结肠代食管是一种较为理想的食管重建术(图16-2)。

结肠代食管的优点是:①结肠及其系膜易于游离出足够的长度,可在任何部位与食管吻合,能较为彻底地切除食管病变;②其血管弓分布比较恒定,血运充足,保留一支血管弓便可保证所选择的结肠段的血液循环;③结肠耐酸性,可抗胃液反流;④不需游离胃,适合于胃切除术后等复杂条件;⑤结肠替代食管,可以保持胃在腹腔内的解剖位置不发生变动,因而在手术后不容易发生反流和误吸,溃疡性结肠炎较为少见。

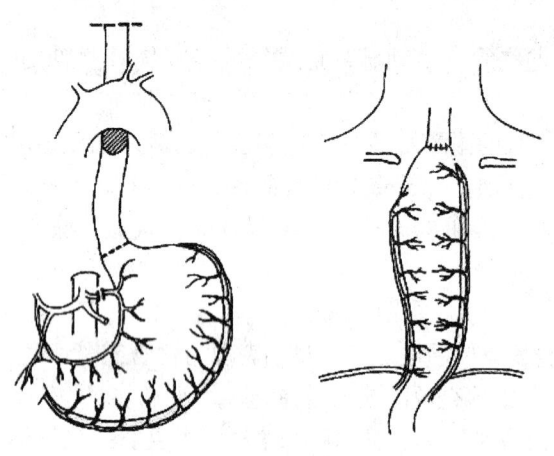

图16-1 食管癌切除后胃代食管术

其缺点为:①复杂费时;②易污染;③术后并发症发生率及病死率较高,这主要是因为需做3个吻合口,且常由于静脉阻塞而造成血运障碍。

(3) 对晚期食管癌,不能根治或放射治疗,进而进食有困难者,可做姑息性减状手术,如胃或空肠造口术、食管腔内置管术、食管分流术等,以达到改善营养、延长生命的目的。

2. **其他治疗方法**

(1) 内镜治疗:食管原位癌可在内镜下行黏膜切除术。

(2) 放射治疗:食管癌放射治疗的适应证较宽,除食管穿孔形成食管瘘,远处

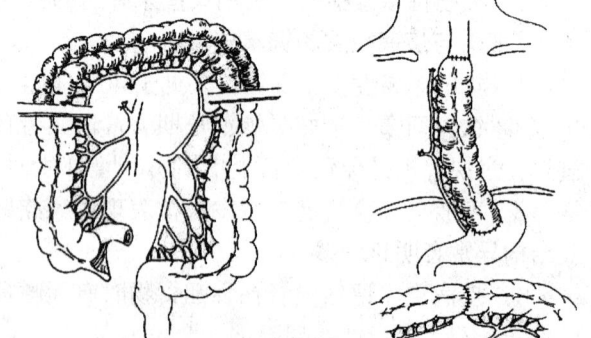

图16-2 食管癌切除后横结肠代食管术

转移,明显恶病质,严重的心、肺、肝等疾病外,均可行放射治疗。

(3) 化学治疗:食管癌对化学药物敏感性差,与其他方法联合应用有时可提高疗效。

(4) 免疫治疗及中药治疗:对食管癌也有一定疗效。

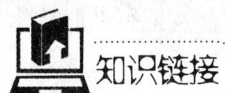

食管癌的三级预防

1. 一级预防　一级预防即病因学预防，是降低食管癌发病率的根本途径，这是最理想的方法，但困难很大，目前还很难全面开展。具体包括：①改变喜食霉变食物的习惯；②粮食的防霉；③加强饮用水的卫生管理；④遗传致病因素的预防，定期体检，提供预防性药物或维生素，劝导改变生活习惯等。

2. 二级预防　做到早期发现、早期诊断并予以及时治疗，特别是阻断癌前病变的继续发展，是当前切实可行的肿瘤预防方法。具体包括：①普查，以食管拉网细胞学检查为主；②癌前病变的药物预防。

3. 三级预防　称临床（期）预防或康复性预防，也可认为是预防癌症致死的阶段。在这一阶段，抓住治疗的最佳时机，尽量延长癌症患者的生命，甚至使其重返社会，尽量提高食管癌患者的治愈率、生存率和生存质量。

【主要护理诊断/合作性问题】

1. 营养失调（低于机体需要量）　与肿瘤消耗、饮食摄入不足有关。
2. 体液不足　与吞咽困难、水分摄入不足有关。
3. 清理呼吸道无效　与呼吸道分泌物较多、手术后疼痛不敢咳嗽有关。
4. 潜在并发症：肺不张、肺炎、出血、吻合口瘘、乳糜胸等。

案例16-1B

该患者明确诊断为食管癌，给予营养支持、放射治疗。身体耐受程度良好，2周后行食管癌切除后胃代食管术。术后4日，患者出现了胸闷、气急、心悸症状。

问题与思考：
1. 该患者术后可能出现哪些并发症？
2. 如何观察和护理？

【护理措施】

（一）术前护理

1. 心理护理　患者有进行性吞咽困难，日益消瘦，对手术的耐受能力差，对治疗缺乏信心，同时对手术存在一定程度的恐惧心理。因此，应针对患者的心理状态进行解释、安慰和鼓励，建立充分信赖的护患关系，使患者认识到手术是彻底的治疗方法，使其接受手术。

2. 加强营养　尚能进食者，应给予高热量、高蛋白、高维生素的流质或半流质饮食。不能进食者，应静脉补充水分、电解质及热量。低蛋白血症的患者，应输血或血浆蛋白给予纠正。

3. 术前练习　术前2周严格戒烟，教会患者深呼吸、有效咳嗽、排痰、床上排便等活动。

4. 胃肠道准备　①传统准备方式为术前3日改流质饮食，术前1日禁食，但目前由于患者营养状况较差，对胃代食管术式者多采用术前晚餐后禁食的方法；②出现梗阻和炎症者，术前1周遵医嘱让患者分次口服抗生素溶液，局部抗感染；③有食物潴留或反流者，术前晚用等渗盐水冲洗食管,有利于减轻组织水肿、降低术后感染和吻合口瘘的发生率;④拟行结肠代食管者,术前须按结肠手术准备护理,见大肠癌术前准备;⑤术前安置胃管。

(二)术后护理

1. 病情观察　密切观察患者的神志、体温、脉搏、呼吸、血压、心率、血氧饱和度的变化及胸腔引流量的变化,并及时了解患者术中情况,做到心中有数。

2. 体位　患者回病房后,麻醉未清醒前,给予去枕平卧位,头偏向一侧,以防呕吐物、分泌物堵塞呼吸道发生窒息。待患者清醒,血压、心率稳定后,取半坐卧位,抬高床头以利于呼吸及胸腔引流,及时排出胸腔内的积液、积气,促使肺复张。

3. 饮食护理　①术后早期吻合口充血水肿,需禁饮、禁食3～4日,此期间持续胃肠减压,可经十二指肠营养管补充营养。②停止胃肠减压24h后,若无吻合口瘘的表现,可开始进食。应先饮少量水,若无不适,给予高热量、高蛋白、高维生素、易消化的流食,并注意观察患者进食后的反应,根据患者反应,逐渐改变进食的质和量,观察有无腹痛、腹泻、反流等,宜少食多餐,保持每日6～8次,每次不超过200ml。避免患者进食生、冷、硬食物,以防后期吻合口瘘。③逐渐减少静脉输液量,并嘱咐患者进食后不要平卧,以防发生逆流及反流性食管炎。

4. 生活护理　术后禁食期间,给予口腔护理,每日用生理盐水漱口,嘱其勿咽下,保持口腔清洁、舒适、口唇湿润,防止口唇干裂及口腔感染。帮助患者及时更换卧位,防止局部皮肤受压过久,保持床铺平整、干燥,预防压疮。

5. 呼吸道护理　食管癌术后患者容易发生呼吸困难、缺氧,并发肺不张、肺炎甚至呼吸衰竭。护理措施包括:①密切观察呼吸变化,如型态、频率、节律等,听诊双肺呼吸音是否清晰,有无缺氧征兆;②气管插管者,及时吸痰,保持气道通畅;③鼓励患者深呼吸、有效咳嗽、练习吹气球等促使肺膨胀;④痰多、咳痰无力者,若出现痰液阻塞现象,如呼吸浅快、口唇发绀或呼吸音减弱等,立即行鼻导管深部吸痰,必要时行纤维支气管镜吸痰或气管切开吸痰。

6. 胃肠减压　①术后需持续行胃肠减压,及时抽出胃内液体及气体,保持胃处于空虚状态,以减少胃与食管吻合口的张力,促进伤口愈合,并可防止胃过度扩张压迫肺,影响呼吸功能。②保持胃肠减压管通畅,密切观察引流液的量、颜色及性状并准确记录。术后6～12h引流出少量血性液或咖啡色液,应视为正常,如引出大量鲜红色血液应立即报告医生处理。③妥善固定胃肠减压管,防止脱出,一旦脱出则不可再插入,以免戳穿吻合口,造成吻合口瘘。④胃肠减压管一般应保留3～4天,待肛门排气、胃肠减压引流量减少后拔出胃管。

7. 胸腔闭式引流管的观察及护理　参见第十四章胸部损伤患者的护理。

8. 并发症的观察与护理

(1) 出血:观察记录引流液的颜色、性状与量。若引流量持续2h都超过4ml/(kg·h),并有血压下降、脉搏增快、躁动、出冷汗等低血容量性休克表现,应考虑有活动性出血的可能,应及时报告医师并做好再次开胸的准备。

(2) 吻合口瘘:是食管癌手术后极为严重的并发症,多发生于术后5～10日。主要原因有:①因食管无浆膜覆盖、肌纤维呈纵行走向,故容易发生撕裂;②食管血液供应呈节段性,吻合口易缺血;③吻合口张力过大;④营养不良及感染等。临床表现为高热、脉快、呼吸困难、胸部剧痛、胸腔积液、患侧呼吸音低、叩诊浊音、白细胞升高甚至发生休克。

处理方法:①立即禁食;②行胸腔引流;③选择有效的抗生素抗感染治疗及补充足够的营养和热量;④严密观察生命体征,若出现休克症状积极抗休克治疗;⑤需再次手术者,积极配合医生做好术前准备。

(3) 乳糜胸:是食管癌术后比较严重的并发症,多因伤及胸导管所致,常发生于术后2～10日,少数患者可在2～3周后出现。护理措施:①加强观察,观察患者有无胸闷、气促、心悸等肺及纵隔受压表现;②积极配合医生,立即行胸腔闭式引流;③加强营养,一般给予肠外营养支持。

（三）健康教育

1. 疾病预防　避免接触可引起癌变的因素，加大防癌宣传教育，在高发区人群中做普查和筛选。

2. 情绪管理　指导患者自我调节情绪，强调保持乐观的重要性和方法。

3. 饮食指导　告知患者养成良好的饮食及生活习惯，根据不同术式，向患者讲述术后进食时间及注意事项，指导选择合理的饮食。

4. 预防肺部并发症的指导　①鼓励并指导患者练习深呼吸、有效咳嗽排痰。②强调保持口腔卫生，减少口臭，增进食欲，减少因口腔不洁而引起食管梗阻部位感染。

5. 活动指导　保证充分休息时间，指导患者根据机体情况安排活动量及活动程度、时间。术后早期不宜下蹲二便，或大幅度改变体位，以免引起直立性低血压或发生意外。

6. 指导患者定期复查，坚持后续治疗。

小　结

1. 病因　不明，相关因素有生活习惯、饮食因素、遗传因素、疾病因素等。

2. 临床表现　早期主要特征性症状为进食哽噎感、异物感，胸骨后烧灼样、针刺样或牵拉摩擦样疼痛。中晚期主要症状为进行性吞咽困难。

3. 治疗原则　以手术治疗为主，辅以化疗、放疗等综合治疗。

4. 护理　术前应关注患者的心理反应，做好呼吸道与肠道准备；术后注意观察伤口及引流情况，及时发现出血、吻合口瘘、乳糜胸等并发症。

自测题

一、选择题

1. 食管癌的早期表现是

    A. 声音嘶哑

    B. 锁骨上淋巴结肿大

    C. 进行性吞咽困难

    D. 大口进食时有哽噎感

    E. 呕血

2. 食管癌晚期的典型症状是

    A. 进食时有呛咳

    B. 进行性吞咽困难

    C. 呕血

    D. 营养不良

    E. 胸骨后刺痛

3. 食管癌术后胃肠减压拔管的指征是

    A. 无引流液流出

    B. 腹胀减轻

    C. 肛门排气

    D. 肛门排便

    E. 引流液增多

4. 可作为食管癌高发人群普查方法的是

    A. 食管 X 线钡餐

    B. B 超

    C. 食管纤维镜

    D. CT

    E. 食管拉网脱落细胞学检查

5. 下列食管癌切除术后并发症中最严重的是

    A. 吻合口瘘

    B. 肺不张

    C. 吻合口狭窄

    D. 心律失常

    E. 乳糜胸

二、案例题

张女士,68岁,因进行性吞咽困难4个月就诊。体检示锁骨上淋巴结肿大,无声嘶。食管镜检查示食管下段6cm长管腔狭窄,黏膜中断。病理报告为鳞癌Ⅲ期。拟在全麻下行食管癌切除后胃代食管术。

请问:如何做好术后患者的饮食指导?

(武江华)

第十七章 腹股沟疝患者的护理

> **学习目标**
>
> 通过本章内容的学习，学生应能：
>
> ◆ 识记
> 1. 描述腹股沟斜疝、腹股沟直疝的概念。
> 2. 描述不同类型腹股沟疝的治疗要点。
>
> ◆ 理解
> 1. 比较腹股沟斜疝和直疝的临床特点。
> 2. 解释腹股沟疝的发病机制。
>
> ◆ 运用
> 评估腹股沟疝患者并为其制订护理计划。

疝（hernia）为体内某个脏器或组织离开其正常解剖部位，通过先天或后天形成的薄弱点、缺损或孔隙进入另一部位。腹外疝（abdominal external hernia）是腹腔内的脏器或组织连同壁腹膜，经腹壁薄弱点或者孔隙，向体表突出而形成。腹外疝的发生与先天性解剖异常及后天性腹壁薄弱或缺损有关。典型的腹外疝由疝囊、疝内容物和疝外被盖组成。其中，疝囊是壁腹膜憩室样的突出部，疝内容物是进入疝囊的腹内脏器或组织，疝外被盖指疝囊以外的各层组织。

常见的腹外疝有腹股沟疝、股疝、脐疝、切口疝等。其中，腹股沟疝是腹外疝中最常见的一种，以男性患者多见。腹股沟疝指发生在腹股沟区的腹外疝，通常可分为斜疝和直疝两种。疝囊经过腹壁下动脉外侧的腹股沟深环（内环）突出，向内、向下、向前斜行经过腹股沟管，再穿出腹股沟浅环（皮下环），并可进入阴囊，称为腹股沟斜疝（indirect inguinal hernia）。腹股沟斜疝是最常见的腹外疝，其发病率占全部腹外疝的75%~90%，占腹股沟疝的85%~95%，多见于儿童及成年人，男性患者远较女性多，且右侧斜疝发生率较高。疝囊经腹壁下动脉内侧的腹股沟三角（直疝三角）直接由后向前突出，不经过内环，也不进入阴囊，称为腹股沟直疝（direct inguinal hernia）。腹股沟直疝多见于老人。

【护理评估】

（一）临床表现

1. 腹股沟斜疝

（1）易复性斜疝：除腹股沟区有肿块，偶有胀痛外，并无其他明显症状。肿块可在站立、行走、咳嗽、劳动、跑步时出现，多呈带蒂柄的梨形，上端狭小，下端宽大，可降至阴囊或大阴唇。若患者平卧休息或用手将肿块向腹腔推送，肿块可向腹腔回纳而消失。疝内容物若为肠袢，肿块触之柔软、光滑，叩之呈鼓音，回纳疝块时有阻力，一旦回纳，疝块即消失，并常在肠袢回纳入腹腔时发出咕噜声。若疝内容物为大网膜，则肿块坚韧，叩诊呈浊音，回纳缓慢。

案例17-1A

男性，32岁，某小区保安。3日前出现阵发性腹胀、腹痛，伴有恶心呕吐症状，不能正常排便。上班站立时间较长或咳嗽时，腹股沟区出现明显肿块，自述疼痛。有慢性咳嗽病史。

体检：腹股沟区有一圆形肿块向外突出，咳嗽时痛感增强，手指压迫腹股沟韧带中点上方2cm处，肿块不再突出。

问题与思考：
该患者护理评估内容有哪些？

(2) 难复性斜疝：除胀痛稍重外，主要特点是疝块不能完全回纳。滑动性斜疝除了疝块不能完全回纳外，还可有消化不良和便秘等症状。滑动性疝相对少见，其多见于右侧。

(3) 嵌顿性斜疝：强体力劳动或用力排便等腹内压骤增可导致其发生。临床表现为疝块突然增大，并伴有明显疼痛，平卧或用手推送不能使疝块回纳。肿块紧张发硬，且有明显触痛。如嵌顿内容物为大网膜，局部疼痛常较轻微；如内容物为肠袢，不仅局部疼痛明显，还可伴有腹部绞痛、恶心、呕吐、停止排便排气、腹胀等机械性肠梗阻的表现。疝一旦嵌顿，自行回纳的机会较少，多数患者症状逐步加重，如不及时处理，终将发展为绞窄性疝。

(4) 绞窄性斜疝：此类型斜疝临床症状多严重，但在肠袢坏死穿孔时，疼痛可因疝块压力骤降而暂时缓解，从而疼痛减轻，故应对此状况加强注意。绞窄时间较长者，由于疝内容物发生感染，侵及周围组织，引起疝外被盖组织的急性炎症，严重者可发生脓毒症。

2. 腹股沟直疝　腹股沟直疝常见于年老体弱者，其临床特点主要表现为患者直立时，在腹股沟内侧端、耻骨结节外上方出现一半球形肿块，往往不伴有疼痛或其他症状。直疝囊颈宽大，平卧后疝块多能自行回纳腹腔而消失，极少发生嵌顿。直疝不会进入阴囊，疝内容物常为小肠或大网膜。有时膀胱可进入疝囊，成为滑动性直疝，构成疝囊的一部分（表17-1）。

表17-1　斜疝和直疝的临床特点

	斜疝	直疝
发病年龄	见于儿童及成年人	仅见于老年人
突出途径	经腹股沟管突出，可进入阴囊	由直疝三角突出，不进入阴囊
疝块外形	椭圆或梨形，上部呈蒂柄状	半球形，基底较宽
回纳疝块后压住深环	疝块不再突出	疝块仍可突出
精索与疝囊的关系	精索在疝囊后方	精索在疝囊前外方
疝囊颈与腹壁下动脉的关系	疝囊颈在腹壁下动脉外侧	疝囊颈在腹壁下动脉内侧
嵌顿机会	较多	极少

（二）辅助检查

1. 透光试验　疝块不透光，故腹股沟斜疝呈阴性。
2. 实验室检查　疝内容物继发感染时，血常规检查可有白细胞计数和中性粒细胞比例升高，粪便检查显示隐血试验阳性。
3. 影像学检查　疝嵌顿或绞窄时X线检查可见肠梗阻征象。

(三) 与疾病相关的健康史

1. **年龄** 腹股沟斜疝多见于儿童及成年人;直疝常见于年老体弱者。
2. **性别** 男性患者斜疝的发病率远较女性多,且右侧斜疝发生率较高。
3. **腹股沟疝发生情况** 了解腹股沟疝发生的状况、病情进展情况及对日常生活的影响。
4. **疾病史** 了解患者有无慢性咳嗽、便秘、排尿困难、腹水等腹内压增高的情况;有无腹部手术、外伤、切口感染等病史。
5. **其他相关因素** 了解其营养、发育等状况;有无糖尿病及血糖控制情况及有无其他慢性疾病;有无阿司匹林、华法林等药物服用史。

腹股沟区的解剖概要

腹股沟区是位于腹部前外侧壁、左右各一的三角形区域,其下界为腹股沟韧带,内界为腹直肌外缘,上界为髂前上棘至腹直肌外侧缘的水平线。

1. **腹股沟管解剖** 腹股沟管位于腹前壁、腹股沟韧带内上方,其内口即深环,外口即浅环。深环位于腹股沟中点上方 2cm、腹壁下动脉外侧,其内有男性精索或女性子宫圆韧带穿过。浅环是腹外斜肌腱膜纤维在耻骨结节外上方形成的一个三角形裂隙,其大小一般可容纳一指尖。腹股沟管前壁为皮肤、皮下组织和腹外斜肌腱膜,其前壁外侧 1/3 部分有腹内斜肌覆盖;后壁为腹横筋膜和腹膜,其后壁内侧 1/3 处有腹股沟镰;上壁为腹内斜肌、腹横肌的弓状下缘;下壁为腹股沟韧带和腔隙韧带(图 17-1)。

2. **腹股沟三角(直疝三角)** 又称海氏(Hesselbach)三角,其内侧边为腹直肌外侧缘,外侧边是腹壁下动脉,底边为腹股沟韧带,由于此处腹壁缺乏完整的腹肌覆盖,且腹横筋膜又比周围部分薄,故容易发生疝。腹股沟直疝通常在此由后向前突出,故称直疝三角。

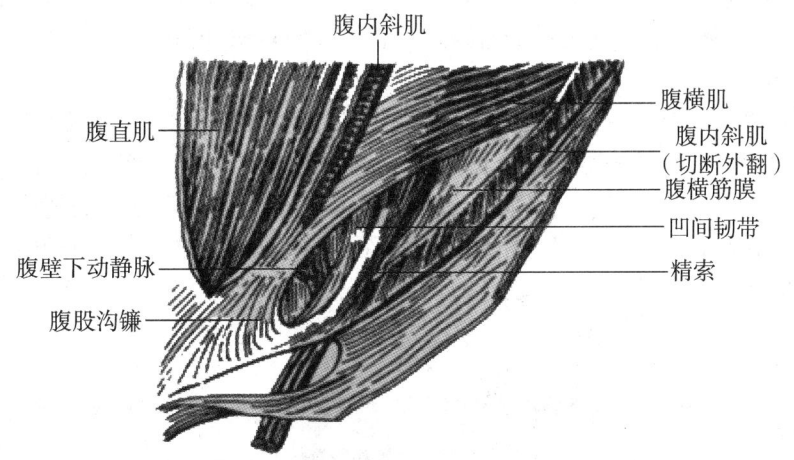

图 17-1 左侧腹股沟区的解剖层次

(四) 心理社会状况

了解患者是否因疝块长期反复发作而影响工作和生活,是否出现焦虑,以及对手术治疗有无思想顾虑。了解家庭经济承受能力，患者及家属对预防腹内压升高等相关知识的掌握程度。

（五）治疗原则

腹股沟疝早期手术效果好、复发率低。若不及时处理，疝块可逐渐增大，最终会加重腹壁的损伤。斜疝常可发生嵌顿或绞窄而威胁患者的生命。因此，除少数特殊情况外，腹股沟疝一般均应尽早施行手术治疗。

1. 非手术治疗

（1）棉线束带法或绷带压深环法：1岁以下婴幼儿可暂不手术。婴幼儿腹肌可随躯体生长逐渐强壮，疝有自行消失的可能。可采用棉线束带或绷带压住腹股沟深环，防止疝块突出。

（2）医用疝带的使用：年老体弱者或伴有其他严重疾病而禁忌手术者，可使用医用疝带，疝带需根据患者的体态和疝囊口大小定制。白天可在回纳疝内容物后，将医用疝带一端的软压垫顶住疝环，阻止疝块突出。但若长期使用疝带可使疝囊颈经常受摩擦而增厚，增加嵌顿性疝的发病率，并可促使疝囊与内容物粘连，增加难复性疝的发病率。

（3）嵌顿性疝的处理：嵌顿性疝在以下情况下可先试行手法复位。①嵌顿时间在3～4h内，局部压痛不明显，也无腹部压痛或腹肌紧张等腹膜刺激征者；②年老体弱或伴有其他严重疾病而估计肠袢尚未绞窄坏死者。复位方法是患者取头低足高卧位，注射吗啡或哌替啶以止痛、镇静，并松弛腹肌，后用手持续缓慢地将疝块推向腹腔，同时用左手轻轻按摩浅环和深环以协助疝内容物回纳。复位手法应轻柔，切忌粗暴。

2. 手术治疗　腹股沟疝最有效的治疗方法是手术修补。疝手术方法可归纳为3种。

（1）传统的疝修补术：其基本原则是疝囊高位结扎、加强或修补腹股沟管壁。包括单纯疝囊高位结扎术、腹股沟管管壁加强或修补等。

（2）无张力疝修补术（tension-free hernioplasty）：在无张力情况下，利用人工高分子网片，不打乱腹股沟区正常解剖层次，放置在腹股沟管的后壁或腹膜前间隙。具有不扰乱局部解剖关系、无缝合张力、创伤小、患者术后疼痛不适轻、恢复快、复发率低等优点。

（3）腹腔镜疝修补术（laparoscopic inguinal herniorrhaphy）：从腹腔内部用网片加强腹壁缺损或用钉（缝线）使内环缩小。操作简便，可避免开放手术引起的损伤，恢复快，疼痛轻微，且术中可同时处理双侧疝或对侧亚临床疝，并同时给予修补。具有术后并发症少和复发率低的优点，尤其适用于复杂疝和多次复发疝有并发症者，如疝囊积液、尿潴留、腹股沟部血肿和气肿、阴囊血肿等。

（4）嵌顿性疝和绞窄性疝的手术处理：嵌顿性疝除上述可先行尝试手法复位的情况外，原则上需紧急手术治疗，以防疝内容物坏死并解除伴发的肠梗阻。如绞窄性疝的内容物已坏死，更需要紧急手术。手术的关键在于正确判断疝内容物的活力，然后根据病情确定处理方法。判断嵌顿肠管的活力应先扩张或切开疝环，在解除疝环压迫的前提下，根据肠管的色泽、弹性、蠕动能力以及相应肠系膜内是否有动脉搏动等情况加以判定。

该患者明确诊断为腹股沟斜疝，在医生建议下行腹股沟斜疝修补术。

问题与思考：

1. 该患者术后可能出现哪些并发症？
2. 如何观察与护理？

【主要护理诊断/合作性问题】

1. 急性疼痛　与疝块嵌顿或绞窄、手术创伤有关。
2. 知识缺乏：缺乏腹外疝病因、预防腹内压增高及促进术后康复的有关知识。
3. 潜在并发症：切口感染、阴囊水肿。

【护理措施】

（一）非手术治疗护理/术前护理

1. 心理护理　向患者解释造成腹外疝的原因和诱发因素以及手术治疗的必要性，了解患者的顾虑所在，尽可能地给予解除，使其安心配合治疗。对拟采用无张力疝修补术的患者，介绍补片材料的优点及所需费用等。

2. 消除引起腹内压增高的因素　有慢性咳嗽、腹水、便秘、排尿困难、妊娠等引起腹内压升高的因素而暂不行手术者，积极治疗原发病，控制症状。指导患者预防呼吸道感染，并注意保暖，防止感冒。吸烟者术前2周开始戒烟。多饮水，多吃蔬菜等粗纤维食物，定时排便，保持排便通畅。

3. 嵌顿性疝/绞窄性疝的护理

（1）病情观察：应密切观察患者疝的疼痛状况及病情变化，若出现明显腹痛，伴疝块突然增大、发硬且触痛明显、不能回纳腹腔，应高度警惕嵌顿疝块发生的可能，立即报告医师并配合处理。

（2）护理：嵌顿性及绞窄性疝多伴有肠梗阻，若发生疝的嵌顿、绞窄引起肠梗阻等情况，应予禁食、胃肠减压、输液纠正水、电解质及酸碱平衡失调，抗感染，必要时备血，做好急症手术准备。行手法复位的患者，若疼痛剧烈，可根据医嘱注射吗啡或哌替啶，以止痛、镇静并松弛腹肌。手法复位后24h内严密观察患者生命体征，尤其是脉搏、血压的变化，注意观察腹部情况，注意有无腹膜炎或肠梗阻的表现。

（3）预防：疝块较大者应减少活动，多卧床休息。患者离床活动时使用疝带压住疝环口，避免腹腔内容物脱出而造成疝嵌顿。

4. 棉线束带或绷带压深环的护理　采用棉线束带法或绷带压住深环治疗的婴幼儿，在使用棉线或绷带时应注意局部皮肤的血运情况，睡觉时不可使用。避免长时间的哭闹，防止嵌顿疝的形成。

5. 完善术前准备　除上述护理措施外，非急诊手术术前准备还应注意以下几点。

（1）对年老体弱、腹壁肌肉比较薄弱或复发疝的患者，术前应加强腹壁肌肉锻炼，并练习床上排便等。

（2）服用阿司匹林的患者术前7日停药。需要抗凝治疗的患者术前需要根据医嘱停药，或使用适合的拮抗药。

（3）术前30min完成阴囊及会阴部的皮肤准备，注意切勿划破皮肤，因手术切口距会阴部较近，容易污染。手术当天为患者清除手术区皮肤的毛发和污垢，特别要注意老年患者脐孔内的污物，需彻底清除干净，避免术后切口感染。

（4）便秘者术前晚灌肠，清除肠内积粪，防止手术后腹胀及排便困难。

（5）患者进手术室前，嘱其排空尿液，以防手术中误伤膀胱。

（二）术后护理

1. 休息与活动　术后当日取平卧位，膝下垫一软垫，使髋关节微屈，以降低腹股沟区切口张力和减少腹腔内压力，利于切口愈合和减轻切口疼痛。次日可改为半坐卧位。传统疝修补术后3~5日患者可离床活动，采用无张力疝修补术的患者一般术后次日即可下床活动。但年老体弱、多发疝、绞窄疝、巨大疝患者手术后卧床时间可延长至术后10日，如采取无张力疝修补术卧床时间可适度缩短。向患者讲解下床活动的重要性，教会患者活动的方法，说明下床活动能加强血液循环，防止深静脉血栓形成。

2. 饮食护理　一般患者术后 6～12h，若无恶心、呕吐，可进流食，次日可进软食或普食。行肠切除吻合术者术后应禁食，待肠功能恢复后方可进食。

3. 防止腹内压升高　术后注意保暖，防止着凉、咳嗽，影响切口愈合；指导患者在咳嗽时用手掌按压，以保护切口和减轻震动引起的切口疼痛；保持二便通畅，有便秘者应及时给予缓泻药或开塞露等通便药物，并告知患者勿用力排便增加腹压；因麻醉或手术刺激引起尿潴留者，可肌内注射卡巴胆碱（氨甲酰胆碱）或采取物理疗法，促进膀胱平滑肌的收缩，必要时导尿。

4. 并发症的护理

（1）切口感染：切口感染是引起疝复发的主要原因之一，一旦发现切口感染征象，应尽早处理。预防切口感染的措施包括以下几种。①病情观察：注意体温和脉搏的变化，观察切口有无红、肿、热、痛等感染征象，阴囊部有无出血、血肿；②切口护理：术后切口如有血肿时应予以适当加压，保持切口敷料清洁干燥、不被粪尿污染；若敷料脱落或被污染，应及时更换；③使用抗生素：绞窄性疝行肠切除、肠吻合术后，易发生切口感染，术后须合理应用抗生素。

（2）阴囊水肿：术后密切观察阴囊肿胀的情况。因阴囊比较松弛、位置低，渗血、渗液易积聚于此。为避免阴囊积血、积液和促进淋巴回流，手术后可用丁字带托起并抬高阴囊。

（三）健康教育

1. 活动　患者出院后应根据自身情况逐渐增加运动量，3个月内应避免重体力劳动或剧烈运动等，如提举重物及持久站立、突然改变体位等。

2. 饮食　调整饮食习惯，多食粗纤维食物，如芹菜、菠菜、韭菜等，适量饮水，保持排便通畅，防止便秘。

3. 防止复发　减少和消除引起腹外疝复发的因素，应注意避免增加腹内压的运动，如剧烈咳嗽、用力排便等。禁烟，避免受凉感冒，防治慢性咳嗽、前列腺肥大等疾病。

4. 定期随访　若疝复发，应及早诊治。

小结

1. 病因　腹外疝可分为易复性疝、难复性疝、嵌顿性疝及绞窄性疝等类型，先天性解剖结构异常和后天性腹壁薄弱或缺损是其发病的主要原因。

2. 临床表现　腹股沟疝可分为腹股沟斜疝及腹股沟直疝两种，以斜疝多见。由于疝内容物突出路径的不同，其外观、是否容易嵌顿等均不同。其中绞窄性疝为疝内容物发生循环障碍甚至坏死，病情危急。

3. 治疗原则　婴幼儿疝可采取保守治疗方法，成年人腹股沟疝可选择手术治疗。术式可采取疝囊高位结扎术、疝修补术等。

4. 护理　手术前应消除引起腹内压增高的因素，手术区严格备皮，做好灌肠和排尿的护理。术后预防腹内压升高，切口部位沙袋压迫，托起阴囊，预防阴囊水肿，做好切口的隔离保护。手术治疗的患者，出院后3个月内避免重体力劳动，避免生活和工作中引起腹内压增高的因素，积极治疗和预防各种导致腹内压增高的疾病，防止腹外疝的复发。

自测题

一、选择题

1. 最常见的腹外疝是
   A．腹股沟斜疝
   B．腹股沟直疝
   C．脐疝
   D．股疝
   E．切口疝

2. 腹外疝最重要的发病原因是
   A．长期便秘
   B．慢性咳嗽
   C．长期站立
   D．排尿困难
   E．腹壁有薄弱点或者腹壁有缺损

3. 对于绞窄性疝的处理陈述正确的是
   A．当其发生时，可以紧急进行手法复位
   B．可以暂不手术，密切观察患者变化
   C．应紧急术前准备，进行急诊手术
   D．根据患者状况对症治疗即可
   E．进行抗感染治疗

4. 绞窄性疝与嵌顿性疝的主要区别是
   A．疝块的大小
   B．疝内容物能否回纳
   C．有无肠梗阻表现
   D．疝块有无压痛
   E．疝内容物有无血运障碍

5. 斜疝修补术后，预防阴囊血肿的措施是
   A．平卧位，膝下垫软枕
   B．预防便秘、尿潴留
   C．切口处用沙袋压迫并托起阴囊
   D．咳嗽时用手按压伤口
   E．不宜过早下床活动

6. 腹外疝的发病基础是
   A．腹壁有先天性或后天性薄弱或缺损
   B．营养不良
   C．腹腔压力增加
   D．腹部穿透伤
   E．继发于腹腔内脏器的损伤

7. 腹外疝术后护理中**不正确**的是
   A．平卧时膝下垫一软枕
   B．术后当日可进流食
   C．注意保暖，防止着凉、咳嗽
   D．预防术后出血
   E．早期下床活动

二、案例题

李先生，50岁，建筑工人，常年在工地做建筑工作。5年前发现右腹股沟区有一无痛肿块，约3cm×4cm大小，平卧或用手推可使肿块回纳，未做任何治疗。昨日于工地搬重物时，肿块突然增大，下腹坠胀感加剧，且肿块无法回纳。体检：右腹股沟区约6cm×8cm大小肿块，腹痛明显，无法回纳。

请问：
（1）该患者目前最可能发生的是什么问题？
（2）目前如何治疗？
（3）应给予哪些主要护理措施？

（关持循）

第十八章 腹部损伤患者的护理

学习目标

通过本章内容的学习，学生应能：
◆ **识记**
复述腹部损伤的分类和常见致伤因素。
◆ **理解**
1. 比较腹部实质性脏器损伤和空腔脏器损伤临床表现的异同。
2. 说明腹部损伤的急救和治疗原则。
◆ **运用**
评估腹部损伤患者并为其制订护理计划。

腹部损伤（abdominal injury）为外科常见急症，其发生率在平时占各种损伤的0.4%～1.8%，战争年代则高达50%左右。腹部损伤可分为闭合性损伤和开放性损伤两大类。其中，开放性损伤又可根据腹膜是否破损分为穿透伤和非穿透伤两类，穿透伤常伴有内脏损伤，非穿透伤偶尔伴内脏损伤。当腹部大血管或实质性脏器严重损伤导致大出血以及腹腔内多个脏器严重损伤时，如不能及时、有效地处理，往往会直接威胁患者生命。因此，早期、正确的诊断和及时、合理的处理是降低腹部损伤患者死亡率的关键。

案例18-1A

男性，39岁，晚餐后1h，被人用木棍打伤腹部，腹部疼痛持续3h，由家人送医院就诊。

体检：T 38.6℃，P 100次/分，R 26次/分，BP 90/60mmHg。面色苍白，右侧中上腹见长形青紫瘀斑，腹胀明显，呈板状，移动性浊音（+），肠鸣音减弱。

腹部B超：腹水。

腹腔穿刺液检验：黄色、微浊，白细胞（+++），红细胞（±）。

问题与思考：

该患者护理评估内容有哪些？

【护理评估】

（一）临床表现

腹部损伤的严重程度及内脏损伤情况与暴力的强度、速度、受力部位、作用方向、内脏的解剖特点和受伤时患者的生理状态等因素相关，严重的腹部损伤可引起休克、生命垂危甚至死亡。单纯腹壁损伤时症状、体征多不严重，患者出现腹壁局限性肿胀、疼痛、压痛及皮下瘀

斑。实质性脏器或空腔脏器严重损伤时，主要的病理变化是腹腔内出血或腹膜炎。如果两类脏器同时受损，则出血性表现和腹膜炎可同时存在。

1. 实质性脏器损伤　实质性脏器（如肝、脾、肾、肠系膜等）或大血管损伤时，临床表现以内出血为主。患者出现面色苍白、脉搏加快、血压下降，出血较多者血压不稳定甚至发生失血性休克。腹痛呈持续性，一般不剧烈，腹膜刺激征也不严重。但是肝破裂伴有胆汁感染腹膜，或胰腺损伤伴有胰液溢入腹腔时，均可出现明显的腹痛和腹膜刺激征（即腹部压痛、反跳痛、肌紧张）。体征最明显处一般即为损伤部位。晚期患者可有移动性浊音阳性。肾损伤者可有血尿。

2. 空腔脏器损伤　空腔脏器（胃肠道、胆道、膀胱等）损伤时，以腹膜炎为主要表现。患者最突出的表现是腹膜刺激征，其程度和空腔脏器内容物有关。通常胃液、胆汁、胰液刺激最强，肠液次之，血液最轻。患者还可有恶心、呕吐、便血、呕血等胃肠道症状。有时可有气腹征，腹腔内游离气体常导致肝浊音界缩小或消失。患者可因肠麻痹而出现腹胀，严重者可发生感染性休克。

3. 常见脏器损伤

（1）脾破裂：脾是腹腔内脏中最易受损伤的器官，破裂部位较多见于脾上极及膈面。破裂如发生在脏面，尤其是邻近脾门者，有撕裂脾蒂的可能，在这种情况下，出血量大，患者可迅速发生休克，甚至未及抢救就死亡。有些血肿（尤其被膜下血肿）在微弱外力作用下，可突然转变为真性破裂，常发生在伤后 1～2 周。

（2）肝破裂：可有腹腔内出血的症状和体征，出血量较大者可出现失血性休克。肝破裂后因胆汁外溢，腹膜刺激征较脾破裂明显，有时血液由于通过胆道进入十二指肠而出现黑便及呕血。肝被膜下破裂也有转变为真性破裂的可能。

（3）胰腺损伤：胰腺由于位置较深，较隐蔽，损伤机会较小。上腹部有严重挤压伤，特别是暴力直接作用于上腹中线，可使胰腺挤压于脊柱，造成胰头、胰体的断裂伤。胰体断裂后胰液外渗早期可出现腹膜刺激征，部分患者因膈肌受刺激出现背部痛，部分患者形成胰腺假性囊肿。

（4）肠损伤：十二指肠位置较深，损伤少见。小肠损伤早期即产生明显的腹膜炎。因结肠内容物液体成分少而细菌含量多，故结肠损伤所致腹膜炎出现较晚，但较严重。直肠损伤如在腹膜反折之上，其临床表现与结肠破裂基本相同；如发生在反折之下，则将引起严重的直肠周围感染，但并不表现为腹膜炎。直肠损伤后，直肠指诊可发现直肠内出血，有时还可触及直肠破裂口。

（二）辅助检查

1. 实验室检查　实质性脏器破裂出血时，血红蛋白、红细胞计数及血细胞比容下降，白细胞计数略有升高。空腔脏器破裂时，白细胞计数及中性粒细胞比例明显增高。胰腺、胃肠道或者十二指肠损伤时，血、尿淀粉酶可见升高。伴有泌尿系统损伤时可在尿常规检查中发现血尿。

2. 诊断性腹腔穿刺术和腹腔灌洗术　诊断性腹腔穿刺选择脐与髂前上棘连线的中、外 1/3 交界处或经脐水平线与腋前线相交处为穿刺点。因腹膜的脱纤维作用使血液不凝固，因此若抽出不凝血，提示为实质性脏器或大血管破裂。若抽出的血液迅速凝固，则为血肿或误入血管。胰腺或胃十二指肠损伤时，穿刺液中淀粉酶含量升高，B 超引导下穿刺可提高阳性率。诊断性腹腔灌洗在腹中线适当处取穿刺点。取标本进行肉眼或显微镜下检查，必要时涂片、培养或检测淀粉酶含量，可早期确诊有无腹腔内脏器损伤。

3. 影像学检查

（1）B 超：主要用于诊断实质性脏器的损伤，能提示脏器损伤的部位和程度。可发现腹腔内积液和积气，有助于空腔脏器破裂或穿孔的诊断。

(2) X线检查：腹腔游离气体是胃肠道（主要是胃、十二指肠和结肠，少见于小肠）破裂的主要证据，立位腹部平片表现为膈下新月形阴影。腹膜后积气（可有典型的花斑状阴影）提示腹膜后十二指肠或结直肠穿孔。

(3) CT：能清晰地显示肝、脾、肾等脏器的被膜是否完整、大小及形态结构是否正常。

(4) 其他影像学检查：如 MRI、选择性血管造影、胰胆管磁共振成像。

4. 诊断性腹腔镜检查　辅助检查仍不能确诊，但又无法排除内脏损伤时，可考虑行腹腔镜检查。

诊断性腹腔镜检查

诊断性腹腔镜检查可应用于一般状况良好而不能明确有无或何种腹内脏器伤的患者。腹腔镜可直接窥视并确诊腹腔脏器损伤，且可明确受伤部位和程度，特别是可以确认损伤的器官有无活动性出血，使部分出血已停止者避免不必要的剖腹术。有些损伤可在腹腔镜下进行治疗，如无损伤，也避免了较大腹部切口的探查。但需注意二氧化碳气腹可引起高碳酸血症，以及因抬高膈肌而影响呼吸，大静脉损伤时更有发生气体栓塞的危险。现有应用无气腹腔镜检查的方法。

（三）与疾病相关的健康史

1. 受伤情况　了解患者受伤的原因、时间、部位、姿势，以及致伤物的性质、暴力的大小和方向等；了解患者受伤前是否进食和排尿，受伤后的神志变化，有无腹痛、腹胀、呕吐、血尿、血便等异常表现；注意询问患者伤后病情变化及是否采取急救措施、效果如何。

2. 既往史　了解患者既往有无结核病、冠心病、糖尿病、高血压等，有无酗酒、吸烟等不良嗜好。

（四）心理社会状况

腹部损伤多在意外情况下突然发生，加之腹壁有伤口、出血、内脏脱出等，患者多出现紧张、恐惧、焦虑、痛苦等心理变化，同时又对治疗及预后产生担忧。

（五）治疗原则

1. 急救处理　首先应处理对生命威胁最大的伤害。对危急的病例，首先积极进行心肺复苏，其中解除气道梗阻是最重要的一个环节；其次要控制明显的外出血，处理开放性气胸或张力性气胸，迅速恢复循环血容量，控制休克。如无上述情况，则立即处理腹部损伤。开放性腹部损伤时，如有内脏脱出，不能贸然回纳至腹腔内，以免污染腹腔。可用消毒器皿覆盖保护脱出的内脏，简单包扎伤口后，迅速转送医院。对已确诊或高度怀疑腹内脏器损伤者，应立即做好急诊手术前准备，力争早期手术。

2. 非手术治疗　关键是要观察是否合并腹腔内脏器损伤。对于暂时不能明确有无内脏损伤者，或者单纯实质性脏器损伤较轻、生命体征平稳者，可采取非手术治疗措施。严密观察及随时掌握伤情变化，避免延误治疗。

3. 手术治疗　手术时应根据脏器损伤情况做相应处理。有腹腔出血时，开腹后应立即吸出积血，查明来源，并加以控制。

【主要护理诊断/合作性问题】

1. 体液不足　与损伤致腹腔内出血、各种损伤脏器内容物渗出及呕吐、禁食等有关。
2. 急性疼痛　与腹部积液有关。

3. 潜在并发症：休克、腹膜炎、腹腔脓肿等。

案例 18-1B

该患者明确诊断为小肠破裂，急诊行小肠一期缝合术。
问题与思考：
1. 该患者术后可能出现哪些护理问题？
2. 应如何观察和护理？

【护理措施】

（一）急救护理

开放性腹部损伤应妥善处理伤口，及时止血、包扎、固定。腹部损伤常合并多发性损伤，在急救时应分清轻重缓急，首先处理危及生命的情况，如心搏骤停、窒息、张力性气胸、大出血等。

根据患者的具体情况，可行以下措施：①心肺复苏，注意保持呼吸道通畅；②合并有张力性气胸或血胸者，配合医师紧急行胸腔穿刺；③止血，经静脉采血行血型及交叉配血试验；④对已发生休克者，迅速建立两条静脉通路，遵医嘱及时输液，必要时输血；⑤密切观察病情变化；⑥对有开放性腹部损伤者，妥善处理伤口，如伴腹内脏器或组织自腹壁伤口突出，可用消毒碗覆盖保护，切勿在毫无准备的情况下强行回纳。如有肠管等脱出，可在覆盖保护后包扎固定，以免肠管受压、缺血坏死，切忌现场还纳，遇大量肠管脱出时，应先将其还纳至腹腔后暂行包扎，以免伤口收缩导致肠管受压缺血或因肠系膜受牵拉发生或加重休克。

（二）非手术治疗护理／术前护理

1. 病情观察 观察内容包括：①每 15 ~ 30min 测定脉搏、呼吸、血压 1 次；②腹部体征每隔 30min 检查一次；③对疑有腹腔内出血者，必要时每 30 ~ 60min 测定 1 次红细胞、血红蛋白和血细胞比容，同时动态监测白细胞计数和分类，判断腹腔内感染情况；④必要时可依病情重复 B 超检查，协助医师行诊断性腹腔穿刺术、腹腔灌洗术或血管造影等检查。

以下情况提示有腹内脏器损伤的可能，应终止观察，及时进行手术探查：①腹痛和腹膜刺激征进行性加重或范围扩大；②肠鸣音减弱、消失或出现明显腹胀；③全身情况有恶化趋势，如口渴、烦躁、脉率加快、体温和白细胞计数升高；④红细胞计数进行性下降；⑤血压由稳定转为不稳定甚至下降；⑥胃肠道出血；⑦积极救治休克而不见好转或继续恶化。

2. 休息与体位 观察期间不随意搬动患者，即使是二便，也不能离床，以免加重伤情；待病情稳定以后，可改为半坐卧位。

3. 禁食、禁饮、禁灌肠 腹部损伤患者可能有胃肠道或其他空腔脏器破裂、穿孔，禁食、禁饮和禁灌肠可以避免肠内容物进一步溢出，从而避免腹腔感染或加重感染。在此期间，空腔脏器损伤者还应通过胃肠减压行负压吸引，以减轻腹胀，并减少胃肠内容物和消化液的外溢。患者卧床及禁食、禁饮期间，应遵医嘱补充足量的液体，防治水、电解质及酸碱平衡失调，并维持有效的循环血量。待胃肠功能恢复后，可开始进流质饮食。

4. 应用抗生素 腹部损伤后应遵医嘱使用广谱抗生素以预防和治疗腹腔感染。

5. 镇静止痛 诊断未明时禁用镇痛剂，以免影响病情观察。可通过分散患者注意力、改变体位等来缓解疼痛。空腔脏器损伤者行胃肠减压后疼痛可减轻。诊断明确后可以遵医嘱给予镇静止痛药物。

6. 心理护理 关心患者，加强交流，做好相关知识的普及和宣传教育工作，使患者及家属能正确认识疾病的发展过程。告知相关的各项检查、治疗和护理目的，使患者及家属能积极配合各项检查、治疗和护理。

7. 完善术前准备　一旦决定手术，应尽快完成必要的术前准备。除常规准备外，应做好交叉配血，保证充足的配血量。对休克患者应及时补充足够的血容量。留置胃肠减压管和导尿管。

（三）术后护理

1. 休息及体位　全麻未清醒者采取平卧位，头偏向一侧。保证患者安静休息，避免过多搬动。患者全麻清醒或硬膜外麻醉术后平卧6h，血压、脉搏稳定者改为半坐卧位，以利于减轻腹壁张力，改善呼吸和循环功能，有利于炎症局限于盆腔，促进腹腔引流，预防腹腔脓肿发生。待病情稳定后可鼓励患者及早下床活动，促进肠蠕动恢复，预防肠粘连，活动遵循循序渐进的原则。

2. 严密观察病情变化　严密监测患者生命体征、面色、神志等情况，危重患者加强呼吸、循环和肾功能的监测和护理。注意腹部体征的变化，及早发现腹膜炎、腹腔脓肿等并发症。

3. 应用抗生素　遵医嘱继续使用有效的抗生素，控制腹腔内感染，预防腹腔脓肿。

4. 禁食、胃肠减压　一般术后需禁食及维持胃肠减压2～3日，期间由静脉输液，维持水、电解质平衡和营养；待肠蠕动恢复、肛门排气后可遵医嘱停止胃肠减压或拔除胃管。患者可逐渐开始进流质饮食，逐渐过渡到进食高蛋白、高热量、高维生素、易消化的普食。在此期间遵医嘱输液、输血，维持有效循环血容量及水、电解质、酸碱平衡。

5. 引流管护理　腹部引流管妥善固定，保持通畅，观察并记录引流液的性状和量，定时更换引流袋，注意严格遵守无菌操作原则，适时（一般术后24～48h）协助医生拔管。若腹腔引流管间断或持续引流出鲜红色血液，患者同时出现烦躁、面色苍白、肢端温度下降、呼吸及脉搏增快、血压不稳或下降等表现，常提示腹腔内有受损器官再出血。若伴有腹腔感染，可见腹腔引流管引流出较多浑浊或有异味的液体。一旦出现以上情况，通知医师并协助处理。

（四）健康教育

1. 出院后短期内勿从事重体力劳动，适当活动，增强体质；平时多食易消化、富含维生素的食物，增强营养，促进康复；保持排便通畅，预防便秘，若有腹痛、腹胀、肛门停止排气排便等不适，应及时就医。

2. 损伤严重的患者，出院后3个月、6个月及1年后复查。

3. 普及各种急救知识，在发生意外事故时，能简单急救或自救。一旦发生腹部损伤，无论轻重，都应经专业医务人员检查，以免延误诊治。

1. 病因　开放性损伤可由刀刺等锐器伤引起，闭合性损伤可由碰撞等钝性暴力所致。

2. 临床表现　实质性脏器损伤的典型特点是以腹腔内出血为主，腹腔穿刺可以抽出大量不凝血液。空腔脏器损伤主要以腹膜刺激征表现为主。常见脏器损伤包括脾破裂、肝破裂、胰腺损伤和肠损伤。

3. 治疗原则　首先抢救生命，然后处理腹部损伤。若有内脏脱出，应用消毒器皿覆盖保护脱出的内脏，简单包扎后积极转运。已确诊或高度怀疑内脏损伤者急诊手术。非手术治疗期间应严密观察病情。

4. 护理　配合医师进行急救。非手术治疗护理/术前护理期间，应注意观察病情变化，卧床休息，遵医嘱禁食补液，抗感染，镇静止痛，提供心理支持，完善术前准备。术后注意监测病情变化，抗感染，禁食、胃肠减压，做好引流管护理。

一、选择题

1. 男性，50岁，左上腹严重挫伤，脾破裂伴休克，BP 90/60mmHg，P 110次/分，腹部压痛。其急救措施是
   A．立即剖腹探查
   B．积极抗休克治疗，好转后手术
   C．立即输血
   D．立即抗休克治疗，同时做好手术准备
   E．立即静脉注射抗生素

2. 最容易受损伤的腹腔内脏器为
   A．肺
   B．脾
   C．肾
   D．肝
   E．胃

3. 下列腹腔内脏器严重损伤时，腹膜刺激征**不明显**的是
   A．肝
   B．脾
   C．胰腺
   D．胃
   E．小肠

4. 实质性脏器损伤的突出特点是
   A．膈下游离气体
   B．腹痛
   C．肝浊音界变小
   D．腹腔内出血症状
   E．脉搏细弱

5. 某患者5日前车祸，伤及左上腹，当时出现腹部疼痛，未予注意。今日如厕时突然昏倒，面色苍白，血压下降。应考虑是
   A．脾破裂
   B．肝破裂
   C．胰腺损伤
   D．肠穿孔
   E．肾损伤

二、案例题

男性，45岁，饱餐后被摩托车撞击腹部，突感上腹部剧烈疼痛，呈持续性刀割样，短时间内腹痛逐渐扩至全腹，中上腹明显压痛、反跳痛、肌紧张。X线检查显示膈下有游离气体。

请问：
（1）该患者初步的诊断是什么？
（2）目前应为该患者提供哪些护理措施？

（关持循）

第十九章 胃癌患者的护理

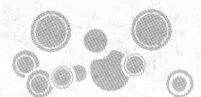

通过本章内容的学习，学生应能：

◆ **识记**
复述胃癌的转移途径。

◆ **理解**
1. 描述胃癌的临床特点、治疗原则。
2. 解释胃癌术后的常见并发症。

◆ **运用**
评估胃癌患者并为其制订护理计划。

胃癌（gastric cancer）是消化道常见的恶性肿瘤，高发年龄在50岁以上，是我国常见恶性肿瘤之一。

胃癌多见于胃窦部，约占50%，大体类型可分为早期胃癌和进展期胃癌。早期胃癌仅限于黏膜或黏膜下层，无论病灶大小或有无淋巴结转移。癌灶直径在5mm以下称微小胃癌；10mm以下称小胃癌；癌灶更小仅在胃镜黏膜活检时诊断为胃癌，但切除后的胃标本未见癌组织，称"一点癌"。进展期胃癌包括中、晚期胃癌，癌组织超出黏膜下层、侵入胃壁肌层为中期胃癌；病变达浆膜层或超出浆膜向外浸润至邻近脏器，或有转移者为晚期胃癌。

胃的解剖

胃位于上腹部膈下略偏左侧，上接食管，下连十二指肠，入口为贲门，出口为幽门。腹段食管与胃大弯的交角称贲门切迹，该切迹的黏膜面形成贲门皱襞，有防止胃内容物向食管反流的作用。胃的左侧呈弧形突出为胃大弯，右侧与大弯相应处向内凹陷为胃小弯。将胃大弯和胃小弯各作三等分，再连接各对应点而将胃分为三个区域：上1/3为贲门胃底部U（upper）区；中1/3为胃体部M（middle）区；下1/3为胃窦、幽门部L（lower）区。胃壁从外向内分为浆膜层、肌层、黏膜下层和黏膜层。胃的浆膜层即脏腹膜。胃壁肌层为发达的平滑肌，在贲门和幽门处环行肌增厚，分别形成贲门和幽门括约肌。黏膜下层有丰富的血管、淋巴管和神经。胃的黏膜层含有大量胃腺，分布在胃底和胃体。

胃癌的转移途径包括直接浸润、淋巴转移、血行转移和腹腔种植转移，其中淋巴转移是胃癌的主要转移途径，早期胃癌可有淋巴转移，进展期胃癌的淋巴转移达70%左右。

案例 19-1A

男性，56 岁，3 个月前开始出现上腹部隐痛不适，进食后明显，伴饱胀感，食欲逐渐下降，无明显恶心、呕吐及呕血，当地医院按"胃炎"进行治疗，稍好转。近半月自觉乏力，体重较 2 个月前下降 3kg。近日粪便色黑而就诊，查 2 次粪便隐血试验（+），查血 Hb 96g/L，为进一步诊治收入院。

体检：一般状况尚可，浅表淋巴结未及肿大，皮肤无黄染，结膜甲床苍白，腹平坦，未见胃肠型及蠕动波，腹软，肝脾未及，腹部未及包块，剑突下区域深压痛，移动性浊音（－），肠鸣音正常，直肠指检未及异常。

X 线钡餐检查：胃窦小弯侧似见直径约 2cm 大小龛影，位于胃轮廓内，周围黏膜僵硬粗糙。

腹部 B 超：未见肝异常。

问题与思考：

该患者护理评估内容有哪些？

【护理评估】

（一）临床表现

1. **症状** 早期胃癌多无明显症状，部分患者可有上腹隐痛、嗳气、反酸、食欲减退等症状，无特异性。随病情进展，症状日益加重，常有上腹疼痛、食欲不振、呕吐、乏力、消瘦等症状。不同部位的胃癌有其特殊表现：贲门胃底癌可有胸骨后疼痛和进行性哽噎感；幽门附近的胃癌可有呕吐宿食的表现；肿瘤溃破血管后可有呕血和黑便等消化道出血表现。

2. **体征** 约 10% 患者有胃癌扩散的表现，即左锁骨上淋巴结肿大、黄疸、腹水、腹部包块、直肠前凹扪及肿块等。晚期胃癌患者可出现消瘦、贫血、营养不良甚至恶病质等表现。

（二）辅助检查

1. **纤维胃镜检查** 是诊断早期胃癌的有效方法。可直接观察病变的部位和范围，并可直接取病变组织做病理学检查。采用带超声探头的电子胃镜，有助于了解肿瘤浸润深度以及周围脏器和淋巴结有无转移，使术前临床分期的准确率达 70%～90%。

2. **影像学检查**

（1）X 线钡餐检查：X 线气钡双重造影可发现较小而表浅的病变。结节型胃癌表现为突向腔内的充盈缺损；溃疡型胃癌主要显示胃壁内龛影，局部蠕动波不能通过；浸润型胃癌可见胃壁僵硬、蠕动波消失，呈狭窄的革袋状胃。

（2）B 超：主要用于观察胃的邻近脏器受浸润和淋巴结转移的情况。

（3）螺旋 CT：有助于胃癌的诊断和术前临床分期。

3. **实验室检查** 粪便隐血试验常呈持续阳性。胃液游离酸测定多显示胃酸缺乏或减少。

（三）与疾病相关的健康史

1. **年龄** 胃溃疡发病年龄高峰多见于 40～60 岁，癌变概率高。十二指肠溃疡多见于青壮年，高峰在 20～40 岁，很少癌变。

2. **幽门螺杆菌感染** 是引发胃癌的主要因素之一。

3. **慢性、良性胃部疾患** 如胃息肉、胃溃疡、慢性萎缩性胃炎及恶性贫血等，也有演变成胃癌的可能。

4. **饮食因素** 食物变质或烹调不当，盐渍食品、腌制食品、霉变食品都被认为是胃癌的危险因素。

5. **其他** 地理条件、空气、水源、环境污染、粉尘和毒物接触等也与胃癌发病有关。

(四)心理社会状况

了解患者职业、文化程度、有关疾病的知识掌握状况、患者及家属对疾病的认识程度、家庭经济与社会支持情况,这些都会影响到患者对疾病的接受程度、治疗的效果以及术后的康复。

(五)治疗原则

早期发现、早期诊断和早期治疗是提高胃癌疗效的关键。手术治疗仍是首选方法,对中晚期胃癌,积极辅以化疗、放疗及免疫治疗等综合治疗以提高疗效。

1. 手术治疗

(1)根治性手术:原则为整块切除包括癌肿和可能受浸润胃壁在内的胃的全部或大部分,按临床分期标准清除胃周围的淋巴结,并重建消化道。胃的切除端应距癌肿边缘5cm以上,十二指肠侧或食管侧的切线应距离幽门或贲门3~4cm。

早期胃癌由于病变局限,较少淋巴结转移,一般可行腹腔镜或开腹手术,部分胃癌甚至可在内镜下行胃黏膜切除术。进展期胃癌可行胃大部切除术或根治性全胃切除术。扩大的胃癌根治术是指包括胰体、胰尾及脾在内的根治性胃大部切除术或全胃切除术,适用于胃癌侵及邻近组织或脏器,有肝、结肠等邻近脏器浸润时可行联合脏器切除术。

消化道重建术式包括:

1)毕Ⅰ式胃大部切除术:即在胃大部切除后将残胃与十二指肠吻合(图19-1),优点是重建后的胃肠道接近正常解剖生理状态,胆汁、胰液反流入残胃较少,术后因胃肠功能紊乱而引起的并发症亦较少。

2)毕Ⅱ式胃大部切除术:即胃大部切除后残胃与空肠吻合,十二指肠残端关闭(图19-2)。该术式的优点是即使胃切除较多,胃空肠吻合口也不致张力过大;缺点是吻合方式改变了正常的解剖生理关系,术后发生胃肠道功能紊乱的可能性比毕Ⅰ式大。

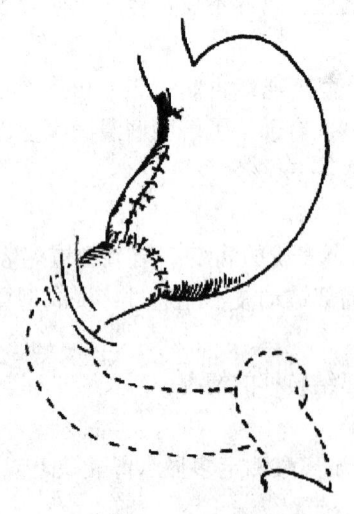
图19-1 毕Ⅰ式胃大部切除术

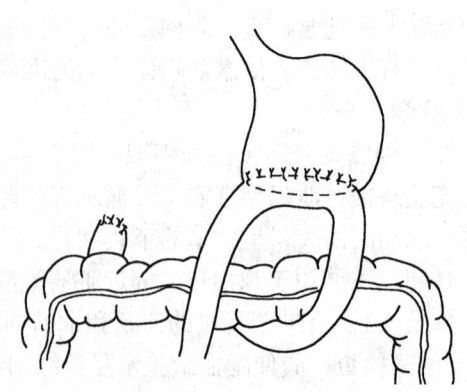
图19-2 毕Ⅱ式胃大部切除术

3)胃大部切除后胃空肠Roux-en-Y吻合术:即胃大部切除后关闭十二指肠残端,在距十二指肠悬韧带10~15cm处切断空肠,将残胃和远端空肠吻合,距此吻合口以下45~60cm处与空肠近侧断端吻合(图19-3)。此法临床使用较少,有防止术后胆胰液进入残胃的优点。

(2)姑息性切除术:用于癌肿广泛浸润并转移、不能完全切除者。姑息性切除术可以解除症状,延长生存期。手术包括姑息性胃切除术、胃空肠吻合术、空肠造瘘术等。

2. 化学治疗 是最主要的辅助治疗方法。目的在于杀灭残留的微小癌灶或术中脱落的癌细胞，提高综合治疗效果。用于根治性手术的术前、术中和术后，延长生存期。

3. 其他治疗　包括放疗、热疗、免疫治疗、中医中药治疗等。

【主要护理诊断/合作性问题】

1. 焦虑/恐惧　与疼痛、患者对癌症的恐惧心理、治疗效果和预后有关。

2. 营养失调（低于机体需要量）　与长期食欲减退、消化吸收不良及癌肿导致的消耗增加有关。

3. 潜在并发症：出血、十二指肠残端破裂、吻合口瘘、胃排空障碍、消化道梗阻、倾倒综合征等。

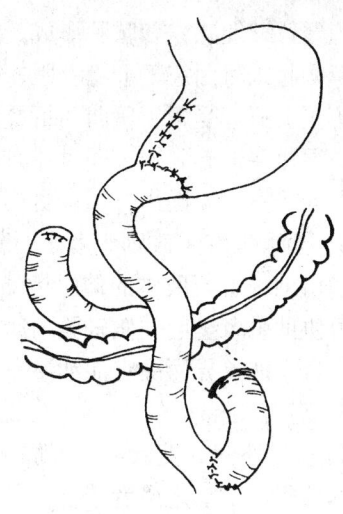

图 19-3　胃大部切除后胃空肠 Roux-en-Y 吻合术

案例 19-1B

该患者明确诊断为胃癌，经积极术前准备后拟行胃癌根治术。

问题与思考：

1. 该患者术后可能出现哪些并发症？
2. 应如何护理？

【护理措施】

（一）术前护理

1. 心理护理　鼓励患者表达自身感受和学会自我放松的方法，并根据患者的个体情况进行针对性的心理护理，以增强患者对手术治疗的信心，缓解患者的焦虑和恐惧。

2. 改善患者的营养状况　术前胃癌患者，尤其伴有梗阻和出血者，术前常由于食欲减退、摄入不足、消耗增加和恶心、呕吐而导致营养状况欠佳。可给予高蛋白、高热量、高维生素、低脂肪、易消化和少渣的食物；对不能进食者遵医嘱予以静脉输液，必要时输血浆或全血，以改善患者的营养状况，提高其对手术的耐受性。

3. 胃肠道准备　术前 3 日给患者口服肠道不吸收的抗生素，术前 1 日晚清洁灌肠，有幽门梗阻的患者术前 3 日起每晚用温生理盐水洗胃，以减轻胃黏膜的水肿。

4. 呼吸道准备　为预防术后肺部感染和肺不张，术前应劝告吸烟者戒烟，指导患者进行有效咳嗽和深呼吸训练。

（二）术后护理

1. 病情观察　密切观察生命体征，记录尿量、引流液量等。

2. 体位　全麻清醒前取去枕平卧位，头偏向一侧，麻醉清醒后取低半坐卧位，以利于腹腔渗出液积聚于盆腔，一旦感染，便于引流。

3. 禁食和胃肠减压　指导患者肠功能恢复之前应禁食、胃肠减压以维持适当的负压，避免负压过大损伤胃黏膜，做好胃肠减压引流液量和颜色的观察。有效的胃肠减压可防止胃肠道内积液、积气，减轻胃肠内压力，有利于术后吻合口愈合和胃肠道功能的恢复。

4. 引流护理　术后放置腹腔引流管的目的是及时引流腹腔内的渗血、渗液，避免腹腔内液体积聚致继发感染和脓肿形成。护理时应注意：①妥善固定引流管，患者卧床时引流管固定于床旁，起床时固定于上身衣服，引流管的长度要适宜。②保持引流通畅，确保有效的负压吸引，防止引流管受压、扭曲和折叠。③观察和记录引流液的量、颜色和性质，若术后数日腹腔引流液混浊并带有异味，同时伴有腹痛和体温下降后又上升，应疑为腹腔内感染，须及时通知医师。④严格无菌操作，每日更换引流袋，防止感染。

5. 功能锻炼　鼓励患者定时做深呼吸、有效咳嗽和排痰，预防肺不张和坠积性肺炎。术后早期协助患者行肢体的伸屈运动，预防深静脉血栓形成。除年老体弱患者外，一般术后第1日即可协助患者坐起并做轻微的床上活动，第2日下地、床边活动，第3日在室内活动。但应根据患者个体差异而决定活动量。

6. 营养支持

（1）肠外营养支持：因胃肠减压期间引流出大量含有各种电解质，如钾、钠、氯、碳酸盐等的胃肠液，加之患者禁食，易造成水、电解质及酸碱失衡和营养缺乏。因此，术后需及时补充患者所需的水、电解质和营养素，必要时输血清清蛋白或全血，以改善患者的营养状况，促进切口的愈合。同时应详细记录24h出入液量，为合理输液提供依据。

（2）肠内营养支持：对术中放置空肠喂养管的胃癌根治术患者，术后早期经喂养管输注肠内营养液，对改善患者的全身营养状况、维持肠道屏障结构和功能、增加机体的免疫功能、促进伤口和肠吻合口的愈合等都有益处。

（3）饮食护理：肠蠕动恢复后可拔除胃肠减压管，拔管后当日可少量饮水或米汤；第2日进半量流质饮食，每次50~80ml；第3日进全量流质，每次100~150ml，以蛋汤、菜汤、藕粉为宜；若进食后无腹痛、腹胀等不适，第4日可进半流质饮食，如稀饭；第10~14日可进软食。少食产气食物，忌生、冷、硬和刺激性食物。注意少量多餐，开始时每日5~6餐，逐步恢复正常饮食。全胃切除术后，肠管代胃容量较小，开始全流质饮食时宜少量、清淡；每次饮食后需观察患者有无腹部不适。

7. 应用抗生素　对继发感染的患者，根据医嘱合理应用抗生素。

8. 并发症的观察和护理

（1）术后出血：胃大部切除术后，可有少许暗红色或咖啡色胃液自胃管抽出，一般24h内不超过300ml，且颜色逐渐变浅变清。发生在术后24h以内的出血，多数属术中止血不确切；术后4~6日发生的出血，常为吻合口黏膜坏死脱落所致；术后10~20日发生的出血，与吻合口缝线处感染、腐蚀血管有关。术后观察患者生命体征，加强对胃肠减压引流液量和色的观察，遵医嘱应用止血药物和输新鲜血等，或用冰生理盐水洗胃。若经非手术治疗效果不明显则积极完善术前准备行手术止血。

（2）十二指肠残端破裂：多发生在术后3~6日，临床表现为突发性上腹部剧痛、发热和腹膜刺激征，白细胞计数增加，腹腔穿刺可抽得胆汁样液体。为毕Ⅱ式胃大部切除术后的早期并发症，与十二指肠残端处理不当或胃空肠吻合口输入襻梗阻引起十二指肠腔内压力升高有关。若发生十二指肠残端破裂则应积极行手术治疗，术后持续负压吸引，维持水、电解质和酸碱平衡，行营养支持，用氧化锌软膏保护引流管周围皮肤。

（3）胃肠吻合口破裂或瘘：是胃癌根治术后的严重并发症之一，与缝合不当、吻合口张力过大、组织血供不足有关，以贫血、低蛋白血症和伴组织水肿者易发生。胃肠吻合口破裂或瘘多发生在术后3~7日，表现为体温升高、上腹部疼痛和腹膜刺激征，胃管引流量突然减少，腹腔引流管的引流量突然增加，引流管周围敷料可被胆汁浸湿。

（4）残胃蠕动无力或称胃排空障碍：也称胃瘫。常发生在术后7~10日，患者在改为进食半流质或不易消化的食物后发生上腹饱胀、钝痛和呕吐，呕吐物含食物和胆汁。护理措施包括禁食、胃肠减压，肠外营养支持，维持水、电解质和酸碱平衡，应用促胃动力药物，也可用温盐水洗胃。非手术治疗一般能治愈。

（5）术后梗阻：根据梗阻部位可分为输入袢梗阻、输出袢梗阻和吻合口梗阻，前两者见于毕Ⅱ式胃大部切除术后。

1）输入袢梗阻：可分为急、慢性两类。急性完全性输入袢梗阻表现为上腹部剧烈疼痛，频繁呕吐，呕吐量少，多不含胆汁，呕吐后症状不缓解，且上腹有压痛性肿块，属闭袢性肠梗阻，易发生肠绞窄，病情不缓解者应紧急手术治疗。慢性不完全性输入袢梗阻患者表现为进食后出现右上腹胀痛，呈喷射状大量呕吐，呕吐后症状缓解，呕吐物几乎不含食物，仅为胆汁。护理措施包括禁食、胃肠减压、营养支持等，若症状数月内不能缓解亦需手术治疗。

2）输出袢梗阻：系胃大部切除术后胃肠吻合口下端输出袢因粘连、大网膜水肿、炎性肿块压迫所致的梗阻。临床表现为上腹饱胀、呕吐胆汁。如非手术治疗无效，则需手术解除梗阻。

3）吻合口梗阻：一般系吻合口过小或吻合口的胃肠壁内翻过多所致，亦可为术后炎症水肿所致的暂时性梗阻。患者表现为进食后出现上腹饱胀和呕吐，呕吐物为食物且不含胆汁。X线钡餐检查可见造影剂完全停留在胃内。护理措施包括禁食、胃肠减压，肠外营养支持，维持水、电解质和酸碱平衡等。若非手术治疗无效，则需手术解除梗阻。

（6）倾倒综合征（dumping syndrome）：系由于胃大部切除术后，失去对胃排空的控制，导致胃排空过速所产生的一系列综合征。根据进食后症状出现的时间可分为早期与晚期两种。

1）早期倾倒综合征：多发生在进食后 30min 内，患者以循环系统症状和胃肠道症状为主要表现。循环系统症状包括心悸、心动过速、出汗、全身无力、面色苍白和头晕等；胃肠道症状有腹部绞痛、恶心呕吐和腹泻等。多因餐后大量高渗性食物快速进入肠道导致肠道内分泌细胞大量分泌肠源性血管活性物质，如 5-羟色胺、缓激肽样多肽、血管活性肽、神经紧张素和血管活性肠肽等，加之渗透作用使细胞外液大量移入肠腔，从而引起一系列血管舒缩功能的紊乱和胃肠道症状。主要护理措施包括指导患者通过饮食加以调整，即少食多餐，避免过甜、过咸、过浓的流质饮食；宜进低糖类、高蛋白饮食；用餐时限制饮水，进餐后平卧 20min。多数患者可通过饮食调整，术后半年到 1 年内自愈。极少数患者需手术治疗。

2）晚期倾倒综合征：餐后 2～4h 患者出现头昏、心慌、出冷汗、脉搏细弱甚至虚脱等表现。主要因进食后胃排空过快，含糖食物迅速进入小肠而刺激胰岛素大量释放，继之发生反应性低血糖，故晚期倾倒综合征又被称为低血糖综合征。出现症状时稍进饮食，尤其是糖类，即可缓解。少量多餐可减少其发生。

(三) 健康教育

1. 胃癌的预防　积极治疗幽门螺杆菌感染和胃癌的癌前疾病，如慢性萎缩性胃炎、胃息肉及胃溃疡，少食腌制、熏、烤食品，戒烟、戒酒。高危人群定期检查，如粪便隐血试验、X线钡餐检查、内镜检查等。

2. 适当活动　参加一定的活动或锻炼，注意劳逸结合，避免过度劳累。

3. 定期复查　胃癌患者须定期门诊随访，检查肝功能、血常规等，注意预防感染。术后3年内每 3～6 个月复查 1 次，3～5 年每半年复查 1 次，5 年后每年 1 次。内镜检查每年 1 次。若有腹部不适、胀满、肝区肿胀、锁骨上淋巴结肿大等表现时，应随时复查。

小结

1. 病因　不明确，可能与地域环境、饮食生活习惯、幽门螺杆菌感染、癌前疾病和癌前病变，以及遗传和基因有关。

2. 临床表现　早期胃癌多无明显症状，随病情进展，症状日益加重，常有上腹疼痛、食欲不振、呕吐、乏力、消瘦等症状。

3. 治疗原则　以手术治疗为主，辅以化疗、放疗、免疫治疗等综合治疗。

4. 护理　术前应缓解患者情绪，改善营养状况，做好胃肠道和呼吸道准备。术后要做好病情观察、胃肠减压管和腹腔引流管的护理，鼓励功能锻炼，给予营养支持，重点预防各种并发症的发生。

自测题

一、选择题

1. 胃癌最多发生于
   A. 胃小弯
   B. 贲门部
   C. 胃窦部
   D. 胃大弯
   E. 胃后壁

2. 胃癌诊断主要依靠
   A. X线钡餐
   B. 纤维胃镜检查
   C. 胃冲洗液细胞学检查
   D. CT
   E. 磁共振成像

3. 下列**不属于**倾倒综合征表现的是
   A. 发生于饮食后 10 ~ 30min
   B. 上腹胀痛，心悸，出汗，恶心，呕吐
   C. 重者可有肠鸣、腹泻
   D. 平卧 10 ~ 20min 可缓解
   E. 严重者可引起休克

4. 胃癌的早期症状是
   A. 上腹痛
   B. 贫血
   C. 腹部肿块
   D. 进食哽噎感
   E. 消化不良，嗳气

5. 胃大部切除术后 1 日，应重点观察的并发症是
   A. 吻合口出血
   B. 吻合口梗阻
   C. 吻合口瘘
   D. 十二指肠残端破裂
   E. 倾倒综合征

二、案例题

男性，58 岁，农民，有"慢性胃炎"病史多年。近 2 个月以来上腹部持续性疼痛加重，无规律性，食欲减退、腹胀，服抗酸药无明显好转，体重下降 6kg。被诊断为胃癌，拟行胃癌根治术。患者得知疾病诊断和需要手术治疗后，出现焦躁不安，担心疾病预后不好以及家庭经济负担过重。该患者长期食用腌制食品，有吸烟史 20 年，平均 10 支/日。

请问：

（1）该患者存在的主要护理诊断/合作性问题有哪些？

（2）术前应给予哪些护理措施？

（尹崇高）

第二十章 肠梗阻患者的护理

通过本章内容的学习,学生应能:
◆ **识记**
1. 列举肠梗阻的病因和分类、辅助检查方法。
2. 描述肠梗阻的临床表现和治疗原则。
◆ **理解**
1. 解释不同类型肠梗阻患者的发病原因。
2. 比较单纯性肠梗阻和绞窄性肠梗阻患者的临床特点。
◆ **运用**
评估肠梗阻患者并为其制订护理计划。

任何原因引起的肠内容物不能顺利通过肠道即为肠梗阻(intestinal obstruction)。肠梗阻是常见的外科急腹症,其病因复杂,病情变化多样,可能引起肠管局部和全身的病理生理变化,甚至可危及患者生命。根据肠梗阻发生的基本原因可将其分为三类,其中机械性肠梗阻最常见,动力性肠梗阻(包括麻痹性和痉挛性肠梗阻)和血运性肠梗阻较少见。按肠壁有无血运障碍,可分为单纯性肠梗阻和绞窄性肠梗阻,后者不仅有肠管内容物通过障碍,而且有肠管血运障碍;按梗阻部位分为高位肠梗阻(如空肠上段)和低位肠梗阻(如回肠末段和结肠);按梗阻程度可分为完全性肠梗阻和不完全性肠梗阻;按病情缓急可分为急性肠梗阻和慢性肠梗阻。各种类型的肠梗阻可相互转换,如单纯性肠梗阻可以发展为绞窄性肠梗阻。

肠梗阻的病理和病理生理变化

单纯性肠梗阻时,梗阻部位以上肠蠕动增强,以克服肠内容物通过障碍。同时,肠腔内因气体和液体积聚而膨胀,梗阻部位越低,时间越长,肠膨胀越明显。急性完全性梗阻的肠膨胀发展到一定程度时,可使肠壁缺血坏死甚至溃破穿孔。慢性肠梗阻多为不完全性梗阻,腹部常可见扩大的肠型和肠蠕动波。

肠梗阻时,由于患者频繁呕吐、液体潴留于肠腔或血浆向肠腔和腹腔渗出,造成体液丧失。梗阻部位以上肠腔内细菌大量繁殖,产生多种作用强烈的毒素,可引起严重的腹膜炎和感染中毒。严重的水、电解质和酸碱失衡及细菌感染中毒等还可引起休克。肠腔膨胀使腹内压增高,影响肺内气体交换和下肢静脉回流。最后患者可因多器官功能障碍甚至衰竭而死亡。

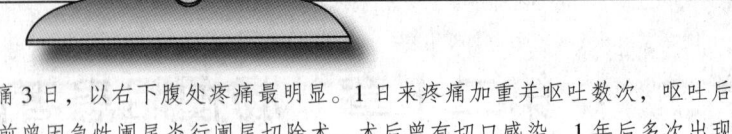

案例20-1A

女性，32岁，阵发性全腹痛3日，以右下腹处疼痛最明显。1日来疼痛加重并呕吐数次，呕吐后未再进食，也未排气排便。4年前曾因急性阑尾炎行阑尾切除术，术后曾有切口感染，1年后多次出现腹痛发作，情况与本次相似。

体检：T 37.8℃，P 102次/分，BP 100/60mmHg。皮肤弹性较差，腹部稍胀，未见肠型和蠕动波，未触及包块，叩诊鼓音，肠鸣音亢进，可闻及气过水声。

腹部X线检查：肠腔中可见多个气液平面。

问题与思考：

该患者护理评估内容有哪些？

【护理评估】

（一）临床表现

1. 症状

（1）腹痛：单纯机械性肠梗阻时，梗阻部位以上肠管蠕动强烈，表现为阵发性绞痛，疼痛多在腹中部，也可偏于梗阻所在部位，发作时患者常感觉有"气块"在腹中窜动，并受阻于某一部位。绞窄性肠梗阻时腹痛发作频繁，间歇期不断缩短，以至成为剧烈的持续性腹痛。麻痹性肠梗阻时会出现全腹持续性胀痛。

（2）呕吐：肠梗阻早期的呕吐为反射性呕吐，吐出物为食物或胃液。此后，不同梗阻部位的呕吐有所不同。高位肠梗阻时呕吐频繁，呕吐物主要为胃和十二指肠内容物。低位肠梗阻时呕吐出现晚而量少，呕吐物可为粪样。麻痹性肠梗阻时呕吐多为溢出性。肠管血运障碍时呕吐物为棕褐色或血性。

（3）腹胀：多在梗阻一段时间后出现，其程度与梗阻部位有关。高位肠梗阻腹胀不明显。低位肠梗阻或麻痹性肠梗阻时由于大量肠管受累，腹胀明显，甚至遍及全腹。结肠梗阻时，若回盲瓣关闭良好，则梗阻部位以上的结肠可成闭袢，形成闭袢性肠梗阻，此时腹周膨胀明显。

（4）停止排气排便：完全性肠梗阻时患者多会停止排气排便。然而在梗阻早期，尤其是高位肠梗阻时，患者可自行排出或灌肠后排出肠内残存的粪便和气体。由肠套叠、肠系膜血管栓塞或血栓形成等造成绞窄性肠梗阻时，患者可排出血性黏液样粪便。

2. 体征

（1）腹部：①望诊，机械性肠梗阻常可见肠型和蠕动波，肠扭转时腹部隆起多不对称；麻痹性肠梗阻时腹胀均匀。②触诊，单纯性肠梗阻时因肠管膨胀，可有轻度压痛；绞窄性肠梗阻时可有固定压痛和腹膜刺激征，其固定压痛的包块常为绞窄的肠袢；肿瘤或蛔虫性肠梗阻时，有时可在腹部触及包块或可以变形、变位的条索状团块。③叩诊，绞窄性肠梗阻时因腹腔有渗液，移动性浊音可为阳性。④听诊，机械性肠梗阻时肠鸣音亢进，可闻及气过水声或金属音；麻痹性肠梗阻时肠鸣音减弱或消失。

（2）全身：全身状况多无明显改变。梗阻晚期或绞窄性肠梗阻患者可有唇干舌燥、皮肤弹性消失、尿少或无尿等缺水征，也可有脉搏细速、血压下降、面色苍白、四肢发冷等中毒和休克征象。

（二）辅助检查

1. 实验室检查 缺水时可有血红蛋白含量和血细胞比容升高，尿比重也增高。绞窄性肠梗阻时白细胞计数和中性粒细胞明显增加。血气分析和检测血清Na^+、K^+、Cl^-、尿素氮和肌

酐等，可了解酸碱失衡、电解质紊乱和肾功能状况。

2. X线检查 多在梗阻4~6h后见肠腔内胀气。立位或侧卧位平片可见多个液平面和胀气肠袢。乙状结肠扭转患者腹部X线检查可见马蹄状巨大的双腔充气肠袢，立位可见两个液平面（图20-1）；钡剂灌肠X线检查可见扭转部位钡剂受阻，钡影尖端呈"鸟嘴"状。肠套叠患者空气或钡剂灌肠X线检查可见空气或钡剂在结肠受阻，受阻端钡影呈"杯口状"甚至"弹簧状"阴影（图20-2）。

 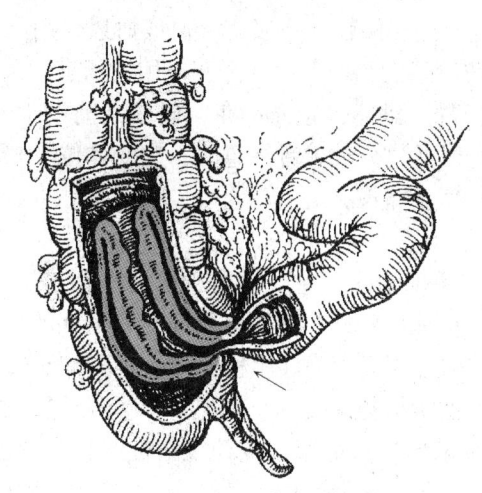

图20-1 乙状结肠扭转　　　　　　　图20-2 回盲部肠套叠

（三）与疾病相关的健康史

1. 年龄 蛔虫性肠堵塞多见于儿童。80%肠套叠发生在2岁以下的儿童。急性小肠扭转多见于青壮年。乙状结肠扭转多见于老年男性。

2. 相关疾病史 可能引起机械性肠梗阻的原因包括寄生虫、大胆石、粪块、异物等引起的肠腔堵塞，粘连带压迫（图20-3）、肠扭转、嵌顿疝、绞窄性疝、腹腔肿瘤压迫等导致的肠管受压，以及先天性肠道闭锁、肿瘤等肠壁病变。麻痹性肠梗阻多由急性腹膜炎、腹部大手术后、腹膜后血肿、感染等引起神经反射异常，造成肠壁肌肉功能紊乱。痉挛性肠梗阻多由肠道功能紊乱、慢性铅中毒等引起。肠系膜血管栓塞或血栓形成可导致血运性肠梗阻。粘连性肠梗阻好发于既往有腹部手术、外伤、腹膜炎等病史的患者，手术后所致的粘连性肠梗阻最多见。肠堵塞较多见的原因是蛔虫聚集成团，驱虫治疗不当常为诱因，农村发病率较高，患者可有便蛔虫或吐蛔虫病史。

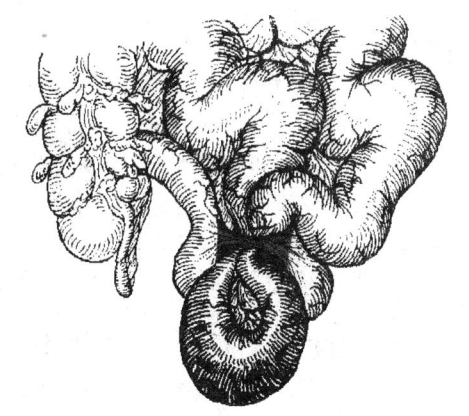

图20-3 粘连性肠梗阻

3. 饮食和活动 在肠粘连的基础上，若发生肠道功能紊乱、暴饮暴食、突然改变体位，可诱发肠梗阻。急性小肠扭转患者常有饱食后剧烈运动等诱发因素。

4. 排便习惯 乙状结肠扭转患者常有习惯性便秘，或以往有多次腹痛发作经排便排气后缓解的病史。

（四）心理社会状况

了解患者职业、文化程度、对肠梗阻和相关疾病知识的掌握状况，了解患者及家属对疾病的预期、适应能力、家庭经济与社会支持情况，这些都会影响患者对疾病的接受程度、治疗的效果以及术后的康复。

（五）治疗原则

治疗原则为纠正因肠梗阻所引起的全身生理功能紊乱和解除梗阻。

1. **基础治疗** 即无论是否接受手术治疗，均应采取的治疗。

（1）胃肠减压：是重要的治疗手段。目的是吸出胃肠道内的气体和液体，从而减轻腹胀，降低腹腔内压力，改善肠壁血液循环，同时减少肠腔内的细菌和毒素。

（2）纠正水、电解质和酸碱失衡：遵医嘱给予液体补充。单纯性肠梗阻晚期和绞窄性肠梗阻患者还需遵医嘱输入血浆、全血或血浆代用品，以补偿流失到肠腔或腹腔的血浆或血液。

（3）防治感染和中毒：遵医嘱应用抗肠道细菌药物，包括抗厌氧菌的抗生素。

（4）镇静、解痉、止痛：在明确诊断前不给吗啡、哌替啶等强镇痛剂，以免掩盖病情发展。但是可以通过分散患者注意力、改变体位等来缓解疼痛。诊断明确后可以遵医嘱适当给予镇静剂和解痉止痛药。

2. **解除梗阻**

（1）非手术治疗：主要适用于单纯性粘连性（特别是不完全性）肠梗阻、麻痹性或痉挛性肠梗阻、单纯性肠蛔虫堵塞以及肠套叠早期的患者。除应用基础治疗方法外，还包括中医中药治疗、口服或胃肠道灌注生植物油、针刺疗法等。另外还可根据不同病因采用低压空气或钡剂灌肠、经乙状结肠镜插管、腹部按摩等各种复位方法。

（2）手术治疗：适用于各种绞窄性肠梗阻、肿瘤及先天性肠道畸形引起的肠梗阻，以及非手术治疗无效的患者。由于急性肠梗阻患者的全身情况通常较差，因此手术原则是在最短的时间内，以最简单的方式解除肠道梗阻或恢复肠道通畅。手术方式大体分为四种类型，即解除病因的手术（如粘连松解术、肠切开取异物、肠套叠或肠扭转复位术等）、肠切除一半肠吻合术、短路手术以及肠造口或肠外置术。

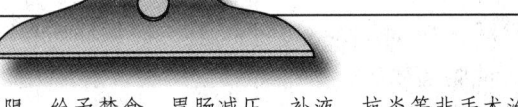

案例20-1B

该患者明确诊断为粘连性肠梗阻，给予禁食、胃肠减压、补液、抗炎等非手术治疗。治疗后病情未好转，发展为绞窄性肠梗阻，现拟行手术治疗。

问题与思考：

1. 该患者在非手术治疗期间的病情观察重点是什么？
2. 手术前后如何护理？

【主要护理诊断/合作性问题】

1. **疼痛** 与肠内容物不能顺利通过肠道、肠蠕动增加，或手术治疗有关。
2. **（有）体液不足（的危险）** 与呕吐、胃肠减压、肠腔或腹腔内大量积液有关。
3. **潜在并发症**：腹腔感染、肠粘连等。

【护理措施】

（一）非手术治疗护理/术前护理

1. **禁食、胃肠减压** 发病后多需禁食和胃肠减压。待梗阻缓解12h后方可试进少量流食，但为避免肠胀气应禁食牛奶和甜食，48h后试进半流食。胃肠减压期间应保证胃管的固定和通畅，同时对引流液的颜色、性状和量做好观察记录。

2. **体位** 一般应采取半坐卧位，以减轻腹胀对膈肌的压迫，促进下肢血液回流，有利于改善呼吸和循环功能。休克者采取平卧位或休克体位。

3. 呕吐护理　呕吐时将头转向一侧，以防呕吐物吸入气管导致吸入性肺炎或窒息。呕吐后及时清理呕吐物，给予温开水漱口，保持口腔清洁。

4. 补液　禁食期间遵医嘱静脉补充液体和电解质，必要时输血或血制品。合理安排输液顺序，保证输液通畅，观察输液后反应，记录出入量。

5. 用药护理　遵医嘱使用抗生素，以防治细菌感染，减少毒素吸收，减轻中毒症状。确定无肠绞窄后，可使用阿托品类解痉药，但禁用吗啡类止痛药，以免掩盖病情。

6. 病情观察　严密观察病情变化，注意生命体征和全身症状。由于绞窄性肠梗阻预后较差，并且必须尽早手术治疗，因此正确辨别单纯性和绞窄性肠梗阻极为重要。若出现下列表现，应考虑绞窄性肠梗阻的可能：①腹痛发作急骤，开始即为持续性剧烈疼痛，或在阵发性加重之间仍有持续性疼痛。肠鸣音可不亢进。有时出现腰背部疼痛，呕吐出现早、剧烈而频繁。②病情发展迅速，早期出现休克，抗休克治疗后改善不明显。③有明显腹膜刺激征，体温上升、脉搏加快、白细胞计数升高。④腹胀不对称，腹部有局部隆起或触及有压痛的肿块（胀大的肠袢）。⑤呕吐物、胃肠减压抽出液、肛门排出物为血性，或腹腔穿刺抽出血性液体。⑥经积极非手术治疗后症状体征无明显改善。⑦腹部X线检查见孤立、突出、胀大的肠袢，其位置不因时间而改变，或有假肿瘤状阴影。肠间隙增宽，提示有腹水。

（二）术后护理

1. 饮食护理　术后继续禁食、胃肠减压，通过静脉输液补充液体和营养。待肛门排气后可拔除胃管，逐渐恢复饮食。拔管当日可每1~2h饮水20~30ml；第2日喝米汤50~80ml，每2h 1次，每日6~7次；第3日进流食，每次100~150ml，以藕粉、鸡蛋汤、肉汤为宜，每日6~7次；第4日起可增加稀粥；1周后改半流食，如鸡蛋羹、面片汤，每日5~6餐；2周后可吃软食，忌生硬、油炸和辛辣刺激性食物，每日5~6餐，直至完全恢复。

2. 体位和活动　患者麻醉清醒后取半坐卧位。鼓励患者早活动，以促进肠道功能恢复，防止肠粘连。

3. 防治感染　遵医嘱使用抗生素以预防和控制腹腔感染。

（三）健康教育

1. 避免暴饮暴食，忌饭后剧烈运动。
2. 养成良好的卫生习惯，注意饮食卫生，饭前便后洗手，避免肠道寄生虫病。
3. 老年人及肠道功能不全有便秘现象者应进食易消化食物，经常按顺时针方向按摩腹部，以保持排便通畅。若无效则及时给予缓泻剂协助排便。
4. 指导患者当出现腹痛、呕吐、腹胀或停止肛门排气排便等不适时及时就诊。

小　结

1. 病因和分类　按发病基本原因分为机械性、动力性和血运性肠梗阻；按肠壁有无血运障碍分为单纯性和绞窄性肠梗阻；按梗阻程度可分为完全性肠梗阻和不完全性肠梗阻；按病情缓急可分为急性肠梗阻和慢性肠梗阻。

2. 临床表现　不同类型肠梗阻患者可有不同临床表现，共同表现包括腹痛、呕吐、腹胀和停止自肛门排气排便。同时，患者可有腹部和全身相应的体征。

3. 治疗原则 纠正因肠梗阻所引起的全身生理功能紊乱和解除梗阻。其中，基础治疗主要包括胃肠减压，纠正水、电解质和酸碱失衡，防治感染和中毒，以及镇静、解痉、止痛。解除梗阻的治疗包括非手术治疗和手术治疗。

4. 护理 术前和非手术治疗期间应禁食、胃肠减压，做好体位护理、呕吐护理、补液和用药护理，同时严密观察病情，及早发现绞窄性肠梗阻征象。术后注意饮食、体位和活动护理，防治感染。另外，应教会患者和健康人群积极预防和及时发现肠梗阻。

自测题

一、选择题

1. 肠梗阻患者进行胃肠减压的目的**不正确**的是
   A．判断梗阻部位和梗阻程度
   B．减轻腹胀
   C．减少肠腔内细菌和毒素
   D．改善肠壁血液循环
   E．降低肠腔内压力

2. 在肠梗阻患者的病情观察中，最重要的是观察
   A．是机械性还是动力性肠梗阻
   B．是单纯性还是绞窄性肠梗阻
   C．是高位还是低位肠梗阻
   D．是完全性还是不完全性肠梗阻
   E．是什么原因引起的肠梗阻

3. 在观察肠梗阻患者时，提示发生了绞窄性肠梗阻的表现是
   A．阵发性腹痛
   B．肠鸣音亢进
   C．肛门不排气
   D．腹胀加重
   E．呕吐血性液

4. 粘连性肠梗阻最常见于
   A．有十二指肠溃疡史者
   B．有胃肠炎病史者
   C．有腹部手术史者
   D．有胆道蛔虫病史者
   E．有腹外疝病史者

5. 肠套叠的好发年龄为
   A．2 岁以内
   B．2～3 岁
   C．3～4 岁
   D．4～5 岁
   E．5～7 岁

二、案例题

男性，42 岁，饱餐后 2h，在搬运重物过程中突然出现持续性腹痛并阵发性加重。此后 10h 未排气排便，呕吐频繁。查体：T 36.7℃，P 104 次 / 分，BP 110/70mmHg。急性痛苦病容，大汗淋漓，取蜷曲侧卧位。腹膜刺激征（+），移动性浊音（±），未闻及肠鸣音。腹部 X 线检查可见固定、孤立、突出、胀大的肠袢。诊断为肠扭转，拟行手术治疗。该患者术前因行禁食、胃肠减压和补液治疗，洗漱和如厕需有人协助。其术前情绪有较大波动，自述担心住院和手术的费用太高，不愿手术。

请问：
(1) 该患者目前主要的护理诊断 / 合作性问题是什么？
(2) 该患者手术前的护理要点是什么？

（庞 冬）

第二十一章　急性阑尾炎患者的护理

学习目标

通过本章内容的学习，学生应能：

◆ 识记
1. 列举急性阑尾炎的病因、常用辅助检查方法。
2. 描述急性阑尾炎的典型临床表现和治疗原则。

◆ 理解
解释急性阑尾炎患者出现转移性右下腹痛的原因。

◆ 运用
评估急性阑尾炎患者并为其制订护理计划。

急性阑尾炎（acute appendicitis）是一种最为常见的急腹症。有 5%～10% 的人在一生中罹患此病，以 20～30 岁的青壮年发病率最高，且男性发病率高于女性。其病因主要是阑尾管腔阻塞和细菌入侵。致病菌多为肠道内的各种革兰阴性杆菌和厌氧菌。

案例 21-1A

青年男性，上腹部和脐周隐痛约 2 日，4h 前自觉右下腹疼痛，并逐渐加重，伴有恶心、呕吐胃内容物 1 次。

体检：T 39℃，P 100 次/分，R 18 次/分，BP 110/70mmHg。腹部平坦，右下腹麦氏点有明显压痛、反跳痛，无腹肌紧张。

血常规：白细胞 14.2×10^9/L，中性粒细胞比例 0.85。

问题与思考：
该患者护理评估内容有哪些？

【护理评估】

（一）临床表现

1. 症状

（1）腹痛：70%～80% 患者有转移性右下腹痛，是急性阑尾炎的典型特征。腹痛发作始于上腹，逐渐移向脐部，之后转移并局限在右下腹。此过程的时间长短取决于病变发展的程度和阑尾位置。部分病例发病开始即出现右下腹痛。阑尾的神经由交感神经纤维经腹腔丛和内脏小神经传入,因其传入的脊髓节段在第 10、11 胸节,所以急性阑尾炎发病开始时,常表现为该脊神经所分布的脐周牵涉痛。早期的上腹及脐周疼痛是内脏痛,定位不准确。继发性的右下腹疼痛是由阑尾周围组织炎症引起的,属壁腹膜受累,受体神经支配,定位准确。不同类型的阑尾炎其腹痛也有差异,如单纯性阑尾炎表现为轻度隐痛;化脓性阑尾炎呈阵发性胀痛和剧痛;坏疽性阑尾炎呈持续性剧烈腹痛;穿孔性阑尾炎因阑尾腔压力骤减,腹痛可暂时减轻,但出现腹膜炎后,腹痛又会持续加剧。

由于阑尾基底部与盲肠关系恒定,故阑尾的位置随盲肠位置的变异而改变。阑尾位置一般在右下腹,但可高至肝下方,低至盆腔内,甚至越过前正中线至左侧。阑尾尖端游离,也有不同的指向(图21-1)。不同位置及不同指向的阑尾炎,其腹痛部位也有区别,如盲肠后位阑尾炎疼痛在右侧腰部,盆位阑尾炎腹痛在耻骨上区,肝下区阑尾炎可引起右上腹痛,极少数左下腹部阑尾炎呈左下腹痛。

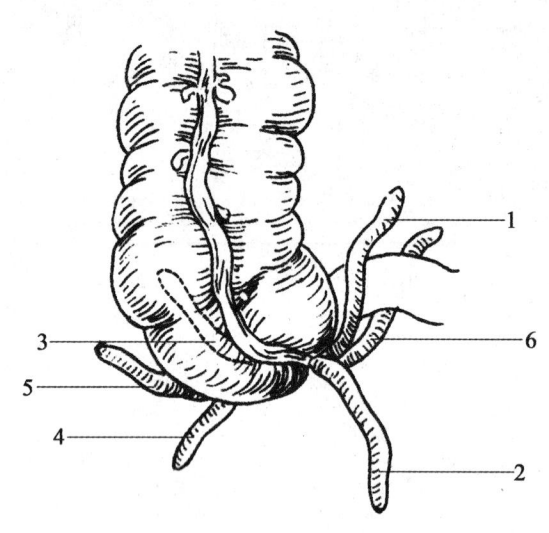

图 21-1　阑尾不同的位置及指向

(2)胃肠道症状:约有 95% 的急性阑尾炎患者可出现畏食、恶心、呕吐,部分病例可能发生腹泻。盆腔位阑尾炎,炎症刺激直肠和膀胱,引起排便、里急后重、黏液便等直肠刺激症状。弥漫性腹膜炎时可致麻痹性肠梗阻,腹胀、排气排便减少。

(3)全身症状:早期有乏力、头痛等,炎症重时出现中毒症状,心率增快,发热,达 38℃ 左右。阑尾穿孔时体温会更高,达 39℃ 或 40℃。如发生门静脉炎时可出现寒战、高热和轻度黄疸。

知识链接

阑尾的解剖生理

阑尾为一管状器官,远端为盲端,近端开口于盲肠,位于回盲瓣下方 2～3cm 处。阑尾系膜为两层腹膜包绕阑尾形成的一个三角形皱襞,其内含有血管、淋巴管和神经。阑尾系膜短于阑尾本身,使得阑尾卷曲。阑尾系膜内的血管主要由阑尾动、静脉组成,经由回肠末端后方行于阑尾系膜的游离缘。阑尾动脉系回结肠动脉的分支,是一种无侧支的终末动脉,当血运障碍时,易导致阑尾坏死。阑尾静脉与阑尾动脉伴行,最终回流入门静脉。当阑尾炎症时,菌栓脱落可引起门静脉炎和细菌性肝脓肿。阑尾的神经由交感神经纤维经腹腔丛和内脏小神经传入,由于其传入的脊髓节段在第 10、11 胸节,所以当急性阑尾炎发病开始时,常表现为脐周的牵涉痛,属内脏性疼痛。

2. 体征

(1)右下腹压痛:是急性阑尾炎常见的重要体征。压痛点通常位于麦氏点,即右髂前上棘至脐连线的中外 1/3 交界处(图21-2)。压痛点可随阑尾位置的变异而改变,但始终在一个固定的位置上。病变早期,腹痛尚未转移至右下腹时,压痛已固定于右下腹。阑尾位置大多较深,阑尾炎早期,深触诊时才出现疼痛,患者可准确指出疼痛的部位,咳嗽时可引起疼痛。当炎症侵及阑尾浆膜面而与前腹壁接触时,轻触时即出现疼痛。阑尾坏死穿孔后,右下腹压痛更明显,范围也扩大。

（2）腹膜刺激征:有腹肌紧张、反跳痛、肠鸣音减弱或消失,是壁腹膜受炎症刺激出现的防御性反应,提示阑尾炎已达化脓、坏疽或穿孔阶段。但应当注意的是,老人、小儿、孕妇、肥胖、虚弱患者及盲肠后位阑尾炎患者,此征象可不明显。

（3）右下腹包块:如体检发现右下腹饱满,扪及一压痛性包块,边界不清,固定,应考虑阑尾周围脓肿的诊断。

（4）结肠充气试验（Rovsing征）:患者仰卧位,检查者先用一手压住左下腹部降结肠区,再用另一手反复压迫近侧结肠部,结肠内积气可传至盲肠和阑尾部位,引起右下腹疼痛则为阳性。提示炎症在阑尾基底部。

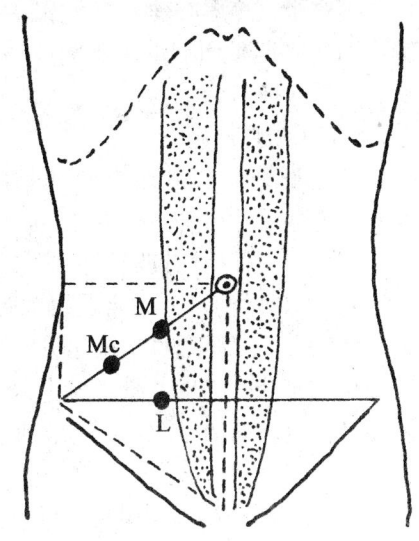

图 21-2　阑尾炎压痛点

（5）腰大肌试验（Psoas征）:患者左侧卧位,使右腿伸直或过度后伸,若发炎的阑尾位于盲肠后位,则腰大肌受刺激,患者将会感到疼痛。提示阑尾靠近腰大肌处。

（6）闭孔内肌试验（Obturator征）:患者仰卧位,右髋及右膝屈曲90°,将右股骨内旋,引起右下腹疼痛则为阳性。提示阑尾位置较低,靠近闭孔内肌。

（7）直肠指诊:盆位阑尾炎症时,直肠右前壁有触痛。当阑尾穿孔时直肠前壁压痛广泛,当形成阑尾周围脓肿时,有时可触及痛性肿块。提示阑尾位于盆腔或阑尾炎症已波及盆腔。

（二）辅助检查

1. 实验室检查　多数急性阑尾炎患者的白细胞计数增多,一般在 $(10\sim 20)\times 10^9/L$,中性粒细胞比例上升,达75%以上。尿常规检查一般无阳性表现,如尿中出现少量的白细胞和红细胞,说明炎性阑尾靠近输尿管或膀胱。

2. 影像学检查　腹部平片可见盲肠扩张和液气平面,偶尔可见钙化的粪石和异物影。B超检查有时可发现肿大的阑尾或脓肿。CT扫描可获得与B超相似的效果,尤其有助于阑尾周围脓肿的诊断。这些特殊检查在急性阑尾炎的诊断中不是必需的,当诊断不确定时可选择应用。有条件时,可用腹腔镜诊断急性阑尾炎并同时做阑尾切除术。

（三）与疾病相关的健康史

1. 年龄　阑尾管腔阻塞的最常见原因是淋巴滤泡明显增生,约占60%,多见于年轻人。

2. 胃肠道功能紊乱　急性阑尾炎的发生与胃肠道功能紊乱有一定关系。暴饮暴食、生活不规律、过度疲劳、饱餐后剧烈运动等均可诱发阑尾炎。由于阑尾管腔细、开口狭小、系膜短易使阑尾卷曲,造成阑尾管腔易于阻塞。除了淋巴滤泡增生,粪石也是阻塞的原因之一,约占35%。异物、炎性狭窄、食物残渣、蛔虫、肿瘤等则是较少见的原因。当阑尾发生梗阻及炎症后,黏膜溃疡,上皮损害,腔内细菌繁殖生长,侵入阑尾肌层引起急性炎症。此外,细菌还可经血液循环或周围组织侵入阑尾。阑尾管腔阻塞后黏膜仍继续分泌黏液,腔内压力上升,血运发生障碍,使阑尾炎症加剧。由于阑尾动脉属于无侧支的终末动脉,当血运障碍时,易导致阑尾坏死、穿孔。

（四）心理社会状况

急性阑尾炎好发于青壮年,患者既往多体健,疾病突发,疼痛又逐渐加剧,患者及家属常可产生紧张、焦虑心理,迫切希望尽早明确诊断并解除疼痛。部分患者因对疾病相关知识不了解,而将阑尾炎引起的上腹痛或脐周痛当作"胃痛",或将胃肠道症状当作"肠胃炎"治疗,从而延误病情。

(五)治疗原则

急性阑尾炎一经诊断,若无特殊的禁忌证,应及早手术切除阑尾。对于早期单纯性阑尾炎或有严重器质性疾病、感染已局限而形成炎性包块且病情有进一步好转者、诊断不甚明确需进一步观察鉴别且病情较轻者应采取非手术治疗。

1. 非手术治疗 主要是用抗菌药物控制感染并密切观察病情变化。根据病情适当控制饮食、休息及输液等全身支持疗法。适用于不同意手术的单纯性阑尾炎、急性阑尾炎诊断尚未确定、病程已超过72h、炎性肿块和(或)阑尾周围脓肿已形成者。一般在24~48h内,炎症可逐渐消退,如治疗效果不明显或病情加重,应及时改行手术治疗。

2. 手术治疗

(1)急性单纯性阑尾炎:行开腹阑尾切除术或腹腔镜下阑尾切除术。

(2)急性化脓性或坏疽性阑尾炎:行阑尾切除术。如腹腔内已有脓液,可清除脓液后关闭腹腔,留置引流管。

(3)阑尾周围脓肿:如无局限趋势,行切开引流术。不应强求做阑尾切除术,可给予抗菌药物,并加强全身支持治疗,以促进脓液吸收、脓肿消退,待伤口愈合3个月后,再行阑尾切除术。

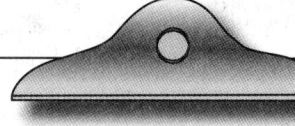

案例21-1B

该患者明确诊断为急性阑尾炎,拟行阑尾切除术。

问题与思考:

1. 该患者术后可能出现哪些并发症?
2. 如何观察和护理?

【主要护理诊断/合作性问题】

1. 疼痛 与阑尾炎症或手术创伤有关。
2. (有)体液不足(的危险) 与呕吐、禁食、腹膜炎症有关。
3. 潜在并发症:出血、切口感染、粘连性肠梗阻、腹腔感染或脓肿、粪瘘、阑尾残株炎等。

【护理措施】

(一)非手术治疗护理/术前护理

1. 心理护理 讲解手术的必要性及术前准备、术后注意事项的相关知识,减轻患者的紧张、焦虑,使患者和家属积极配合治疗及护理。

2. 体位 卧床休息,取半坐卧位。

3. 饮食与补液 病情轻者可进流食,重者应遵医嘱禁食、补液,维持能量及水和电解质的需要,以减少肠蠕动,利于炎症局限。

4. 抗感染 应用抗菌药控制感染。忌灌肠,以免引起阑尾穿孔。

5. 解痉止痛 适当应用解痉剂以缓解症状,但禁用吗啡或哌替啶,以免掩盖病情。

6. 密切观察病情 注意患者体温、脉搏、神志、腹部体征的变化以及白细胞计数、电解质等实验室检查结果,及时发现异常,配合医生处理,必要时做好急诊手术前准备。

（二）术后护理

1. 体位　按不同麻醉和手术方式，安置合适体位。血压平稳后，可采取半坐卧位。

2. 饮食与补液　术后禁食水，6h后进半流食，避免进过多甜食及牛奶，以免腹胀；阑尾穿孔或坏疽者，应禁食、禁水，静脉补液，待胃肠道功能恢复后给予半流食，逐渐恢复正常饮食。

3. 活动　鼓励患者早期下床活动，以促进肠蠕动恢复，防止肠粘连发生。轻症患者术后6h即可下床活动，重症患者应在床上活动，待病情稳定后及早下床活动。

4. 密切观察病情　及时发现术后并发症并报告医生处理。

（1）出血：常发生在术后24～48h内。阑尾系膜的结扎线松脱，引起系膜血管出血，表现为腹痛、腹胀、失血性休克。阑尾残端结扎线松脱，同时荷包缝合较紧时，出血可进入肠管内，引起下消化道出血。一旦发现出血征象，应立即输血、补液，纠正休克，必要时再次手术止血。

（2）切口感染：是阑尾炎术后最常见的并发症，多因手术污染、存留异物、血肿、引流不畅等所致。感染多发生在皮下或腹膜下腹膜外间隙。表现为术后2～3日体温升高，切口局部红肿、胀痛或跳痛。处理原则为：先行穿刺抽出脓液，或于波动处拆除缝线，排出脓液，清除异物并充分引流，定期换药至伤口愈合。

（3）粘连性肠梗阻：与局部炎症重、手术损伤、切口异物、术后卧床等多种原因有关。不完全性梗阻者行胃肠减压；完全性梗阻者则应手术治疗。术后早期离床活动对此并发症有一定的预防作用。

（4）腹腔感染或脓肿：常发生于化脓性或坏疽性阑尾炎术后，特别是阑尾穿孔并发腹膜炎的患者，多由于阑尾残端结扎不牢、缝线脱落所致。炎性渗出物积聚于膈下、盆腔、肠间隙并形成脓肿。常发生于术后5～7日，表现为体温升高或下降后又升高，并有腹痛、腹胀、腹肌紧张、腹部压痛、腹部包块及直肠膀胱刺激症状等，同时伴有全身中毒症状。需按腹膜炎和腹腔脓肿相应治疗原则处理。

（5）粪瘘：多因阑尾残端结扎线脱落或术中损伤所致。可于术后数日内见切口处排出粪臭分泌物，其余表现类似阑尾周围脓肿。一般经换药等非手术治疗可自行闭合痊愈。经久不愈者，应查明病变性质及范围，行相应手术治疗。

（6）阑尾残株炎：阑尾残端保留过长超过1cm时，或者粪石残留，术后残株可复发炎症，表现为阑尾炎的症状。应行X线钡剂灌肠透视检查以明确诊断。症状严重时，须行手术切除阑尾残株。

（三）健康教育

1. 经非手术治疗痊愈的患者，应合理饮食，增加饮食中纤维素含量，避免饮食不节制和餐后剧烈运动，注意劳逸结合，适当锻炼身体，增强体质，提高机体抵抗力，遵医嘱继续服药，以免疾病复发。

2. 经手术治疗的患者，出院后注意适当休息，逐渐增加活动量，3个月内不宜参加重体力劳动或过量活动。

3. 如果出现腹痛、腹胀、高热、伤口红肿热痛等不适，应及时就诊。

小结

1. 病因 阑尾管腔阻塞和细菌入侵繁殖是重要因素。
2. 临床表现 阑尾炎发病初期腹痛定位不明显,其典型的临床表现是转移性右下腹痛,主要体征为右下腹固定压痛和不同程度的腹膜刺激征。
3. 治疗原则 诊断明确后应早期行阑尾切除术。
4. 护理 非手术治疗期间和手术前应密切观察患者的腹痛情况,有腹膜炎者应取半坐卧位,并积极做好术前准备;术后鼓励患者早期活动,并观察有无出血、切口感染、腹膜炎、腹腔脓肿、粪瘘等并发症发生。

自测题

一、选择题

1. 急性阑尾炎的主要临床症状是
   A. 转移性右下腹痛
   B. 畏寒、发热
   C. 恶心、呕吐
   D. 食欲下降
   E. 腹泻或便秘

2. 阑尾周围脓肿消退后做阑尾切除的最佳时间是
   A. 立即手术切除
   B. 2周后手术切除
   C. 3个月后手术切除
   D. 数年后手术切除
   E. 无需手术切除

3. 护理阑尾切除术后患者第1日应注意观察的并发症是
   A. 出血
   B. 盆腔脓肿
   C. 肠粘连
   D. 门静脉炎
   E. 切口感染

4. 急性阑尾炎易发生坏死、穿孔的主要原因是
   A. 阑尾开口小
   B. 阑尾淋巴丰富
   C. 阑尾蠕动慢而弱
   D. 阑尾动脉为终末动脉
   E. 阑尾系膜短

5. 急性阑尾炎术后最常见的并发症是
   A. 出血
   B. 切口感染
   C. 粪瘘
   D. 肺部感染
   E. 粘连性肠梗阻

6. 阑尾管腔阻塞最常见的原因是
   A. 淋巴滤泡增生
   B. 粪石阻塞
   C. 异物
   D. 炎性狭窄
   E. 肿瘤

7. 男性,22岁,转移性右下腹痛8h,右下腹有固定的压痛点,临床诊断为急性阑尾炎,准备立即进行急诊手术。下列护理措施中**不正确**的是
   A. 禁食
   B. 禁水
   C. 应用解痉剂止痛
   D. 肥皂水灌肠通便
   E. 右下腹皮肤准备

二、案例题

女性，21岁，因急性阑尾炎行"阑尾切除术"后2日，护士更换腹部伤口敷料时发现切口局部红肿，切口渗出较多，为黄色黏稠样物质，气味难闻。体检：T 38.6℃，P 85次/分，R 18次/分，BP 110/70mmHg，右下腹切口附近有明显压痛、反跳痛。血常规：白细胞计数 12.8×10^9/L，中性粒细胞0.80。

请问：

（1）该患者目前出现了什么问题？

（2）主要处理措施有哪些？

（杨　萍）

第二十二章 直肠肛管疾病患者的护理

学习目标

通过本章内容的学习，学生应能：
◆ 识记
1. 陈述痔、直肠肛管周围脓肿、肛瘘、肛裂的相关病因、辅助检查方法。
2. 复述痔、直肠肛管周围脓肿、肛瘘、肛裂的临床表现和治疗原则。
◆ 理解
说明痔、直肠肛管周围脓肿、肛瘘、肛裂患者不同手术方式的特点及术后并发症。
◆ 运用
评估直肠肛管疾病患者并为其制订护理计划。

知识链接

直肠肛管的解剖

直肠位于盆腔后部，上接乙状结肠，沿骶骨和尾骨的前面下行，穿过盆膈与肛管相连。以腹膜反折为界分为上下两段。直肠壶腹内面的黏膜，形成上、中、下三条半月状的直肠横襞，内含环肌纤维，称直肠瓣。直肠下端黏膜接肛管处形成8~10个隆起的纵行皱襞，称为肛柱。肛柱基底之间的半月形皱襞，称为肛瓣。肛瓣与肛柱下端围成的隐窝，称为肛窦，肛门腺开口于肛窦上部。肛管与肛柱连接部位的三角形乳头状隆起，称为肛乳头。肛瓣边缘和肛柱下端共同在直肠肛管交界处形成的锯齿状环形线，称为齿状线。直肠周围有内、外括约肌围绕。肛门内括约肌由直肠壁环行平滑肌增厚而成，收缩时能协助排便，无括约肛门功能。肛门外括约肌是位于肛门内括约肌周围的环行肌束，为骨骼肌，可随意括约肛门。

第一节 痔

直肠上、下静脉丛在靠近齿状线的部位扩张和屈曲而形成的静脉团称为痔(hemorrhoids)。痔是成人的常见病，在肛肠疾病中发病率最高，可发生于任何年龄，但发病率和年龄呈正相关。发病原因与多种因素有关，目前得到广泛认可的原因主要有：

1. **静脉曲张学说** 认为痔是直肠下段黏膜下和肛管皮肤下的静脉丛淤血、扩张和屈曲所形成的静脉团。

2. 肛垫下移学说 认为痔原本是肛管部位正常的解剖结构，即血管垫，是齿状线及以上1.5cm的环状海绵样组织带。只有肛垫组织发生异常并合并有症状时，才能称为痔。

3. 其他因素 直肠下端和肛管的慢性感染引起长期的每日排便次数增加，以及局部感染使静脉本身及周围组织纤维化；年老体弱或长期疾病引起营养不良，使局部组织萎缩无力，静脉易扩张；长期饮酒及喜食辛辣刺激性食物而引起局部充血，也是痔发生的重要因素。

案例22-1A

男性，50岁，1年前出现鲜血便，常见便纸上有血迹，有时鲜血覆盖粪便表面，并伴有肛门肿物脱出，平卧时可自行还纳。既往体健，嗜酒，否认家族中有类似疾病史。

体检：T 36.3℃，P 72次/分，R 18次/分，BP 130/80mmHg。肛门无畸形，截石位在肛缘3、7、11点处有皮赘突起，无红肿，未见瘘口。

直肠指诊：肛周无压痛，示指进入肛内7cm，未扪及异常包块，指套无染血。

直肠镜检查：截石位齿状线上3、7、11点处黏膜充血，隆起明显。

问题与思考：
该患者护理评估内容有哪些？

【护理评估】

（一）临床表现

1. 内痔 好发部位为截石位3、7、11点，可分为四度。Ⅰ度：便时出血，呈滴血或喷射状，便后出血常自行停止，无痔脱、出；Ⅱ度：常有便血，排便时有痔脱出，便后可自行还纳；Ⅲ度：偶有便血，排便、久站、久坐、咳嗽、负重时痔脱出，需用手还纳；Ⅳ度：偶有便血，痔脱出不能还纳或还纳后又脱出。

（1）便血：最常见的症状，一般表现为间歇性便后无痛性鲜血。轻者粪便表面带血、便后滴血或便纸上有血迹，出血量较少；重者出血呈喷射状，便后能自行止血。长期便血的患者可有贫血表现。

（2）痔核脱出：内痔发展到一定程度，痔核可脱出肛门外。脱出的痔核由小变大，初时便后可自行回纳，严重时必须用手推回肛门内。由于痔核不断增大和反复脱出，导致肛门括约肌松弛，患者在行走、咳嗽等情况下，痔核即可脱出。

（3）肛门内瘙痒和疼痛：肛门内流出的黏液刺激肛周皮肤，易引起肛门瘙痒或湿疹，未发生血栓、嵌顿和感染时无疼痛。

2. 外痔 平时无感觉，仅见肛门外皮垂。当排便用力过猛时，可引起痔静脉破裂出血。当血凝块结于皮下形成血栓性外痔时，可出现剧烈疼痛和局部肿胀，肛门表面可见暗红色肿块，大小不等。排便、咳嗽、行走和久坐时均可使疼痛加剧。

3. 混合痔 具有内痔和外痔两者的临床表现。

（二）辅助检查

除Ⅰ度内痔外，其他三度都可在肛门视诊下看到。直肠指诊虽然对诊断作用不大，但可以排除直肠其他病变，如直肠癌。直肠镜检查可以确诊，不仅可以观察痔的情况，还可以观察直肠黏膜有无充血、水肿、溃疡、肿块等。检查时常用膝胸位，年老体弱或重病者采用左侧卧位。视诊、直肠指诊和直肠镜检查发现的肛门周围病变一般用时钟定位法记录，并标明体位。如检查时取膝胸位，则以肛门后方中点为12点，前方中点为6点；截石位时则记录方式相反。

(三) 与疾病相关的健康史

1．了解患者饮食习惯和烟酒嗜好，有无长期饮酒、进食大量刺激性食物导致局部充血。
2．有无肛周感染、营养不良等情况促进痔的形成。
3．有无长期站立、坐位或腹压增高等因素。

(四) 心理社会状况

评估患者及家属对所患疾病及治疗方法的认识，对手术前配合、手术后康复知识的了解程度。

(五) 治疗原则

痔多数处于静止、无症状状态，以非手术治疗为主。无症状的痔无需治疗，有症状时重在减轻或消除症状。但当痔并发出血、血栓形成、痔核脱出及嵌顿时要积极处理。

1．一般疗法　包括：①增加膳食纤维的摄入，保持排便通畅；②温水坐浴，可改善局部血液循环；③肛管内注入有消炎止痛作用的油膏或栓剂，防止感染，减轻疼痛；④血栓性外痔可先局部热敷，外敷消炎止痛类药物；⑤内痔脱出，需要立即手法复位。

2．注射疗法　适用于单纯性内痔。将硬化剂注射于痔核基底部黏膜下层、痔静脉丛周围组织内，止血效果显著，并能使痔核萎缩，达到治疗效果。

3．胶圈套扎疗法　适用于治疗Ⅱ、Ⅲ度内痔。应用特殊器械在内痔根部套入一特制胶圈，利用胶圈的弹性回缩力阻断痔的血供。

4．手术疗法　适用于病程长、经常发作、出血量大、痔核脱出嵌顿的患者。手术方式有痔结扎术、痔切除术、痔环切除术、血栓外痔剥离术等。

【主要护理诊断／合作性问题】

1．疼痛　与黏膜受损感染、血栓形成和手术创伤有关。
2．潜在并发症：术后尿潴留、创面出血、伤口感染、肛门狭窄。

案例22-1B

该患者明确诊断为内痔，行痔结扎手术。

问题与思考：
1．该患者术后应如何护理？
2．注意事项有哪些？

【护理措施】

(一) 非手术治疗护理／术前护理

1．饮食与活动　嘱患者多饮水，每日饮适量蜂蜜水，多吃新鲜水果、蔬菜、粗粮，适当补充营养，少饮酒，少吃辛辣刺激性食物。

2．保持排便通畅　养成定时排便的习惯，避免排便时间过长。便秘时可服用缓泻剂帮助排便，必要时可用甘油灌肠剂灌肠。适当增加运动量，促进肠蠕动，切忌久站、久坐、久蹲。

3．坚持锻炼　年老体弱者要进行适当运动锻炼，长期站立或坐位工作者提倡做工间操，同时每天进行提肛运动，以促进盆腔静脉回流，促进肠蠕动，增强肛门括约肌的舒缩功能。

4．温水坐浴　坐浴时应选择较大较深的坐浴盆，消毒后放入43～46℃的温水或1∶5000（0.02%）高锰酸钾溶液3000ml，将整个会阴部浸泡在热水中，每日2～3次，每次20～30min。

5．观察便血情况　观察便血的量、性状（滴血还是射血），长期出血者有无头昏、眼花、乏力等贫血表现。注意防止患者在排便或淋浴时晕倒。

6. 痔块回纳　痔块脱出时应及时回纳，嵌顿性痔应尽早手法复位，注意动作轻柔，避免损伤。

7. 术前准备　缓解患者的紧张情绪，指导患者术前3日起进少渣食物，术前排空粪便，必要时灌肠，做好会阴部备皮及药敏试验，贫血患者应及时纠正。

（二）术后护理

1. 饮食与活动　术后1~2日应以无渣或少渣流质、半流质饮食为主。术后24h内可在床上适当活动四肢、翻身等，24h后可适当下床活动，逐渐延长活动时间。伤口愈合后可以恢复正常生活，但要避免久站或久坐。

2. 促进排便　术后早期患者会存在肛门下坠感或便意，可能是被用于创面压迫止血的敷料刺激所致。术后腹中气体过多时也可引起明显腹胀，通常适当放松肛门部的敷料压迫，可明显缓解或消除便意和腹胀。术后一般不控制排便，而应保持排便通畅，避免粪便干结影响肛门部血液循环。由于手术当天排便容易引起局部出血，因此最好在术后24h正常排便。若手术创面较大，可遵医嘱适当推迟排便时间。排便后需要立即清洗肛门部位，温水坐浴后换药，如有出血应予以止血处理。

3. 疼痛护理　大多数肛肠术后患者创面疼痛剧烈，是由于肛周末梢神经丰富，或因括约肌痉挛、排便时粪便对创面的刺激、敷料堵塞过多等导致。判断疼痛原因，给予相应处理，如使用镇痛药、去除过多敷料等。

4. 并发症的观察与护理

（1）尿潴留：术后24h内，每4~6h嘱患者排尿1次。避免因手术、麻醉刺激、疼痛等原因造成术后尿潴留。若术后8h仍未排尿，且下腹部叩诊浊音，可用止痛、热敷、按摩、诱导排尿等方法处理。若上述方法无效，应留置导尿管。

（2）创面出血：观察伤口出血情况，注意伤口敷料有无渗血，特别要警惕出血积聚于直肠内的情况。如有出血征象，应及时通知医生处理。如患者出现恶心、呕吐、心慌、出冷汗、面色苍白等，并伴肛门坠胀感和急迫排便感进行性加重，敷料渗血较多，应及时通知医师行相应处理。

（3）切口感染：直肠肛管部位由于易受粪便、尿液等的污染，术后易发生切口感染。应术前改善全身营养状况，保持肛门周围皮肤清洁，切口定时换药。

（4）肛门狭窄：术后观察患者有无排便困难及排便变细，以排除肛门狭窄。如发生肛门狭窄，及早行扩肛治疗。

（三）健康教育

1. 注意饮食调节，多吃蔬菜、水果，忌辛辣食物，少饮酒。
2. 养成定时排便的习惯，有便意及时排便。排便时避免长时间憋气用力。
3. 保持肛周清洁，出院后若创面未完全愈合，每次排便后仍需温水坐浴，以促进伤口愈合。
4. 及时治疗可致腹压增高的慢性疾病，如前列腺肥大、慢性咳嗽等。
5. 若出现排便困难，应及时到医院就诊，有肛门狭窄者尽早行扩肛治疗。

第二节　直肠肛管周围脓肿

直肠肛管周围脓肿（anorectal abscess）是指直肠肛管组织内或其周围间隙内的脓肿，多数在穿破或手术切开引流后形成肛瘘。多与肛腺感染有关，也可继发于外伤、肛裂或痔疮药物注射治疗等。

案例22-2A

男性，31岁，发现肛周包块半年，1个月前感到肿块有疼痛，排便时加重。

体检：T 37℃，P 80次/分，R 18次/分，BP 120/80mmHg。肛门无畸形，在膝胸位肛周1点处距肛缘2cm可见一包块，约2cm×3cm大小，无破溃红肿。

直肠指诊：肛周1点处肿块压痛（+）。

肛门镜检查：肠腔内未见新生物。

B超：肛周脓肿。

问题与思考：

对该患者护理评估有哪些内容？

【护理评估】

（一）临床表现

1. 肛门周围脓肿　以肛门周围皮下脓肿最常见。典型的临床表现为疼痛、肿胀、局部压痛，脓肿形成后有明显的波动感，穿刺可确诊。

2. 坐骨肛管间隙脓肿（坐骨直肠窝脓肿）　由于位置较深，脓肿较大，病初即有发热、食欲不振，甚至寒战、恶心等全身症状。早期局部胀痛，外观无红肿，炎症发展后，局部出现红肿并有波动性疼痛。有时因炎症刺激直肠引起里急后重，或因反射性膀胱颈痉挛而引起排尿困难。直肠指诊有明显触痛，穿刺抽得脓液即可确诊。

3. 骨盆直肠间隙脓肿（骨盆直肠窝脓肿）　较少见。此处位置较深，而且空间较大，所以局部症状不明显，但全身感染症状显著，严重者有败血症表现。直肠指诊可触到压痛，甚至有波动感。诊断比较困难，必要时可行穿刺检查，抽得脓液即可确诊。

（二）辅助检查

1. 局部穿刺抽脓　有确诊价值，可同时将抽出的脓液做细菌培养及药敏试验。

2. 实验室检查　有全身感染症状的患者血常规可见白细胞计数和中性粒细胞比例增高，严重者可出现核左移和中毒颗粒。

3. 其他　直肠超声、MRI检查可协助诊断。

（三）治疗原则

1. 非手术治疗　直肠肛管周围脓肿早期采用消炎、止痛、局部热敷或温水坐浴等治疗，常可使炎症消退。

2. 手术治疗　如脓肿形成，应及早切开引流，保持引流通畅。现多采用脓肿切开引流并挂线术，可避免肛瘘形成。

案例22-2B

该患者明确诊断为肛周脓肿，行肛周脓肿切开引流术。

问题与思考：

1. 应如何护理该患者？
2. 注意事项有哪些？

【主要护理诊断 / 合作性问题】
1. 疼痛　与脓肿炎症的刺激和压迫有关。
2. 体温过高　与直肠肛管周围感染和全身感染有关。

【护理措施】
1. 根据医嘱全身应用抗生素控制感染，有条件时穿刺抽取脓液，并根据药敏试验结果选择合适的抗生素治疗。
2. 行脓肿切开引流者，密切观察引流液的颜色、量及性状并记录；予以甲硝唑或中成药液冲洗脓腔，当脓液变稀，引流量小于 50ml/d 时，可考虑拔管。
3. 告知患者忌食辛辣刺激食物，多食蔬菜、水果、蜂蜜等，鼓励排便，预防便秘。
4. 急性炎症期应卧床休息，协助患者采取舒适体位，避免局部受压加重疼痛。高热患者给予物理降温或遵医嘱药物降温。
5. 指导患者注意个人卫生，勤洗、勤换内裤。便后温水坐浴，清洁肛门周围皮肤。
6. 其他护理措施　参见本章第一节痔患者的护理。

第三节　肛　瘘

肛瘘（anal fistula）是肛管或直肠下端与肛周皮肤间的感染性瘘管，常由直肠肛管周围脓肿引起。其内口位于齿状线附近，外口位于肛周皮肤，可有一个或多个外口。肛瘘多见于青壮年男性，任何年龄均可发病。根据瘘管位置高低可分为低位肛瘘（外括约肌深部以下）和高位肛瘘（外括约肌深部以上）；根据瘘管与瘘口的数目分为单纯性肛瘘（只有单一瘘管）和复杂性肛瘘（多个瘘口和瘘管）；根据瘘管与括约肌的关系可分为肛管括约肌间型、经肛管括约肌型、肛管括约肌上型和肛管括约肌外型。

案例22-3A

女性，43 岁，3 周前无明显诱因出现肛周溃口、反复流脓，并伴有排便时剧痛。

体检：T 36.5℃，P 80 次 / 分，R 20 次 / 分，BP 120/80mmHg。膝胸位肛门周围 3 点处皮肤上形成一突起或凹陷，周围皮肤脱皮发红，皮下可以摸到绳状硬条，由外口行向肛门，用指按压，有脓液由外口流出。

直肠指诊：可触到中心凹陷的小硬结，有轻微压痛。

问题与思考：

该患者护理评估内容有哪些？

【护理评估】
（一）临床表现

瘘外口流出少量脓性、血性、黏液性分泌物为主要症状。较大的高位肛瘘，因瘘管位于括约肌外，不受括约肌控制，常有粪便及气体排出。由于分泌物的刺激，使肛门部潮湿、瘙痒，有时形成湿疹。当外口假性愈合，瘘管中有脓肿形成时，可感到明显疼痛，同时可伴有发热、寒战、乏力等全身感染症状，脓肿穿破或切开引流后，症状缓解。上述症状的反复发作是瘘管的临床特点。

检查时在肛周皮肤上可见到单个或多个外口，呈红色乳头状隆起，挤压时有脓液或脓血性分泌物排出。直肠指诊：瘘管位置表浅时可触及硬结样内口及条索状瘘管，在内口处有轻压痛。外口数目越多，距离肛缘越远，肛瘘越复杂。

（二）辅助检查

1. **直肠镜检查** 检查时可发现内口。
2. **亚甲蓝染色试验** 若无法判断内口位置，可将白色纱布条填入肛管及直肠下端，并从外口注入亚甲蓝溶液，根据染色部位确定内口。
3. **实验室检查** 当发生直肠肛管周围脓肿时，患者血常规检查可出现白细胞计数及中性粒细胞比例增高。
4. **影像学检查** 做碘油瘘管造影检查可明确瘘管分布。

（三）治疗原则

肛瘘无法自愈，一般采用手术切除或挂线疗法。其目的是利用手术或挂线方法，使瘘管成为敞开的创面以至逐渐愈合。

1. **瘘管切开术** 适用于低位单纯性肛瘘。此手术仅损伤一部分内括约肌或外括约肌皮下部及浅部，不会引起术后排便失禁。
2. **挂线疗法** 适用于高位单纯性肛瘘。手术时将一根橡皮筋穿入瘘管内拉紧结扎，使被结扎组织发生血运障碍，逐渐坏死，缓慢切开瘘管而成创面，以达到逐渐愈合而不出现括约肌失用的目的（图22-1）。此法简单，可在门诊施行，出血少，患者易接受。
3. **瘘管切除术** 适用于低位单纯性肛瘘。

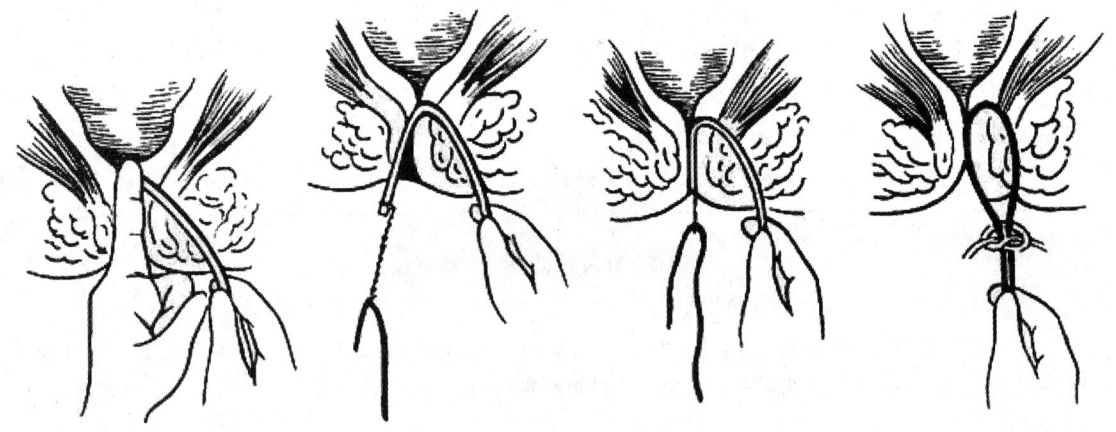

图 22-1 肛瘘挂线疗法

【主要护理诊断/合作性问题】

1. **皮肤完整性受损** 与肛周脓肿破出皮肤、皮肤瘙痒、手术治疗等有关。
2. **潜在并发症**：创面感染、排便失禁、肛门狭窄、肛门松弛。

案例22-3B

该患者明确诊断为肛瘘，拟行挂线疗法。

问题与思考：

对该患者的主要护理措施有哪些？

【护理措施】

1. 挂线疗法护理

(1) 皮肤护理：保持肛门皮肤清洁，嘱患者局部皮肤瘙痒时不可搔抓，避免皮肤损伤感染。术前清洁肛门及周围皮肤，创面换药至药线脱落后1周，以预防创面感染。

(2) 饮食护理：挂线治疗前1日晚餐进半流质饮食，术晨可进流质饮食。术后给予清淡、易消化食物，保持排便通畅。

(3) 温水坐浴：术后第2日开始每日早晚及便后采用1:5000高锰酸钾溶液或中药坐浴。

(4) 收紧药线：每5～7日收紧药线一次，直到药线脱落，脱落后局部可涂生肌散或抗生素软膏，以促进伤口愈合。

2. 并发症的观察与护理　肛瘘手术如切断肛门直肠环，可造成排便失禁，患者无法控制排便。对排便失禁者，由于粪汁外流，可造成局部皮肤糜烂，应保持肛周皮肤清洁干燥，局部涂以氧化锌软膏保护皮肤。为防止肛门狭窄，术后5～10日内可用示指扩肛，每日1次。肛门括约肌松弛者，术后3日起可指导患者进行提肛运动。

3. 其他护理措施　参见本章第一节痔围术期护理。

第四节　肛　裂

肛裂是齿状线下肛管皮肤层裂伤后形成的小溃疡。方向与肛管纵轴平行，长0.5～1.0cm，呈梭形或椭圆形，常引起肛周剧痛，多见于中青年人。肛裂的病因尚不清楚，可能与多种因素有关，长期便秘、粪便干结引起的排便时机械性创伤是大多数肛裂形成的直接原因。慢性肛裂患者裂口上端的肛瓣和肛乳头水肿形成肥大乳头；裂口下端皮肤炎性水肿形成外痔样袋状皮垂，称"前哨痔"。肛裂、肛乳头肥大和前哨痔统称为肛裂"三联征"。

> **案例22-4A**
>
> 男性，24岁，2年前无明显诱因出现间歇性粪便带血，鲜红色，同时伴有肛周不适。
> 体检：T 36.8℃，P 80次/分，R 20次/分，BP 110/80mmHg。截石位肛周皮肤6点处可见一溃疡，齿状线上直肠黏膜迂曲成团，肛周皮肤粗糙皲裂。
> **问题与思考：**
> 对该患者护理评估内容有哪些？

【护理评估】

（一）临床表现

肛裂患者有典型的临床症状，即疼痛、便秘和出血。

1. 疼痛　疼痛多剧烈，有典型的周期性。排便时裂口内神经末梢受到刺激，出现肛门烧灼样或刀割样疼痛，称为排便时疼痛；排便后数分钟疼痛可暂时缓解或消失，称"疼痛间歇期"；数分钟后由于肛管内括约肌痉挛性收缩，又产生剧痛，可持续30min至数小时，患者坐立不安难以忍受，称括约肌挛缩痛，直至括约肌疲劳，痉挛收缩逐渐缓解而舒张，疼痛消失，再次排便时再发疼痛，称"肛裂疼痛周期"，又称"双驼峰式"疼痛。疼痛可放射到会阴部、臀部、大腿内侧或骶尾部。

2. 便秘　患者因害怕疼痛不愿排便，久而久之引起便秘，粪便更为干硬，便秘又加重肛裂，形成恶性循环。

3. 出血　由于排便干结，患者排便时常在粪便表面或便纸上见到少量血迹或滴鲜血，大量出血少见。

（二）辅助检查

诊断明确的肛裂患者一般不宜做直肠指诊及直肠镜检查，以免引起剧烈疼痛。特殊情况下可做直肠指诊及内镜检查或组织病理学检查。

（三）治疗原则

1. 非手术治疗　目的是解除括约肌痉挛，止痛，帮助排便，中断恶性循环，促使局部创面愈合，缺点是复发率高。急性或初发的肛裂者可用温水坐浴和润便的方法，慢性肛裂者可用温水坐浴、润便加扩肛的方法。

2. 手术治疗　经久不愈、保守治疗无效且症状较重者可采用手术治疗，方法包括肛裂切除术、肛管内括约肌切断术。

【主要护理诊断/合作性问题】

1. 疼痛　与粪便刺激及肛管括约肌痉挛、手术创伤有关。
2. 便秘　与患者惧怕疼痛不愿排便有关。
3. 潜在并发症：切口出血、排便失禁等。

案例22-4B

该患者明确诊断为肛裂，拟行肛裂切除术。

问题与思考：

该患者围术期的主要护理措施有哪些？

【护理措施】

1. 心理支持　向患者仔细讲解有关肛裂知识，鼓励患者克服因害怕疼痛而不敢排便的情绪，配合治疗。

2. 保持排便通畅　长期便秘是引起肛裂的主要原因。指导患者养成每日定时排便的习惯，进行适量的户外锻炼。手术后若因伤口疼痛不敢排便，必要时可遵医嘱先服用止痛药。

3. 调整饮食　增加膳食中新鲜蔬菜、水果及粗纤维食物的摄入，少食用或忌食辛辣和刺激性食物，多饮水，以促进胃肠蠕动，防止便秘。

4. 肛门疼痛护理　评估肛门疼痛的原因、性质和程度。患者表现为锐痛、痉挛性疼痛伴坠胀感，坐立不安，考虑为敷料填塞过紧所致疼痛，可由医生放松填塞过紧的敷料，必要时遵医嘱使用止痛剂。

5. 术后常见并发症的预防和护理

（1）切口出血：多发生于术后1~7日，预防措施包括保持排便通畅，防止便秘；避免升高腹内压如剧烈咳嗽、用力排便等。密切观察创面变化，一旦出现切口大量渗血，应紧急压迫止血，并报告医师处理。

（2）排便失禁：询问患者排便前有无便意，每日的排便次数、量及性状。若仅为肛门括约肌松弛，可于术后3日开始指导患者进行提肛运动；若发现患者会阴部皮肤常有黏液及粪便沾染，或无法随意控制排便时，应立即报告医师，及时处理。

6. 自我监测排便情况,若出现排便困难、出血、疼痛等异常,及时就诊。
7. 其他护理措施　参见本章第一节痔围术期护理。

小　结

一、痔
1. 病因　主要有静脉曲张学说和肛垫下移学说。
2. 临床表现　常见症状是便血、痔核突出、剧烈疼痛和局部肿胀。
3. 治疗原则　一般治疗的关键是保持良好的饮食和排便习惯,症状明显时可采用注射治疗、手术治疗、胶圈套扎疗法。
4. 护理　帮助患者养成良好的饮食、排便习惯,坚持锻炼身体,温水坐浴,病情观察,痔块脱出及时还纳。指导手术患者术后饮食、活动和排便,缓解疼痛,防止尿潴留、创面出血、切口感染、肛门狭窄等并发症。

二、直肠肛管周围脓肿
1. 病因　直肠肛管脓肿多与肛腺感染有关。
2. 临床表现　以肛门周围皮下脓肿最常见,局部疼痛、肿胀等表现明显。坐骨肛管间隙脓肿者兼有局部和全身表现。骨盆直肠间隙脓肿者以全身感染症状为主。
3. 治疗原则　以抗感染为主,如脓肿形成应尽早切开引流,并保持引流通畅。
4. 护理　注意保持引流通畅,观察引流液变化,对症处理。

三、肛瘘
1. 病因　常由直肠肛管周围脓肿引起。
2. 临床表现　瘘外口流出少量脓性、血性、黏液性分泌物,并反复发作。
3. 治疗原则　肛瘘无法自愈,一般采用手术切除或挂线疗法。
4. 护理　注意肛周皮肤护理、保持排便通畅、温水坐浴。挂线治疗应定期门诊复查,做好排便失禁和肛门狭窄并发症的观察和处理。

四、肛裂
1. 病因　长期便秘、粪便干结引起的排便时机械性创伤是大多数肛裂形成的直接原因。
2. 临床表现　典型症状是疼痛、便秘和出血;典型体征是肛裂"三联征",即肛乳头肥大、肛裂、前哨痔。
3. 治疗原则　肛裂可用温水坐浴、润便和扩肛等方法治疗,严重者可手术治疗。
4. 护理　重点是心理支持、通便、调整饮食、减轻肛门疼痛和防治并发症。

自测题

一、选择题
1. Ⅱ度内痔与Ⅲ度内痔的最主要区别是
   A. 出血的多少
   B. 痔核的大小
   C. 痔核是否可自行回纳
   D. 痔核是否脱出
   E. 痔核脱出是否充血水肿

2. 内痔的常见早期症状是
   A. 肛门疼痛
   B. 排便后无痛性滴血
   C. 痔核脱出
   D. 黏液血便
   E. 肛门周围红肿
3. 混合痔是指
   A. 痔与瘘同时存在
   B. 两个以上内痔
   C. 两个以上外痔
   D. 内痔与外痔分别在不同位置
   E. 直肠上下静脉丛相通形成的痔
4. 患者行直肠指诊检查最常用的体位是
   A. 膝胸位
   B. 左侧卧位
   C. 蹲位
   D. 截石位
   E. 俯卧位
5. 肛瘘形成的最常见原因是
   A. 肛裂
   B. 内痔
   C. 外痔
   D. 直肠肛管周围脓肿
   E. 直肠脱垂
6. 肛裂"三联征"是指
   A. 内痔、外痔、肛裂
   B. 肛裂、内痔、前哨痔
   C. 内痔、外痔、前哨痔
   D. 肛裂、前哨痔、肛乳头肥大
   E. 肛裂、外痔、前哨痔

二、案例题

青年男性，肛门部有肿物脱出2年余，3日前肿物脱出较前频繁，不能自行回纳，无疼痛及出血，肛门部肿物触之疼痛，且肿物脱出较前增大。体检：T 36.7℃，P 78次/分，R 18次/分，BP 120/80mmHg，肛门部可见肿物脱出，大小约4cm×2cm，质不硬，色暗红，偶有出血。

请问：
(1) 该患者最有可能的诊断是什么？
(2) 该患者手术后的护理要点有哪些？

（刘春蕾）

第二十三章 大肠癌患者的护理

学习目标

通过本章内容的学习,学生应能:
◆ 识记
1. 陈述大肠癌发病的相关因素、辅助检查方法。
2. 复述大肠癌的临床表现和治疗原则。
◆ 理解
1. 说明大肠癌患者出现典型症状的原因。
2. 比较结肠癌、直肠癌不同手术方式的特点及术后并发症。
◆ 运用
评估大肠癌患者并为其制订护理计划。

结肠癌(carcinoma of colon)和直肠癌(carcinoma of rectum)总称为大肠癌,为常见的消化道恶性肿瘤之一。在大城市尤为多见,且发病率逐年上升,有结肠癌多于直肠癌的趋势。大肠癌确切原因不明,大体形态分为溃疡型、隆起型和浸润型。

案例23-1A

男性,51岁,3月前无明显诱因出现排便次数增加,3~6次/日,不成形,间歇带暗红色血迹,有中、下腹隐痛,进食可。近日明显乏力,体重下降约4kg。既往体健,家族中无类似疾病患者。

体检:T 37.3℃,P 80次/分,R 18次/分,BP 130/86mmHg。身体状况稍差,结膜苍白。右下腹可触及约3cm×6cm质韧包块,边界不清,可推动,移动性浊音(-)。其余未发现异常。直肠指诊未见异常及包块。

辅助检查:粪便隐血试验(+),血白细胞$4.6×10^9$/L,血红蛋白86g/L,癌胚抗原42μg/L。

问题与思考:
该患者的护理评估内容有哪些?

【护理评估】
(一)临床表现
1. 结肠癌
(1)排便习惯及粪便性状的改变:结肠癌首先出现的症状,表现为排便次数增多、腹泻、粪便不成形或稀薄、便中带血等。
(2)腹痛:亦为早期症状,特点为持续的、定位不准确的隐痛,程度轻,或仅表现为腹胀及腹部不适；并发感染及肠梗阻时疼痛加剧，严重者出现阵发性绞痛。

（3）腹部肿块：好发于右半结肠癌，在横结肠或乙状结肠的癌肿可有一定的活动度。如果癌肿穿透肠壁并感染，可出现固定性的压痛肿块。

（4）肠梗阻：常为晚期症状。多表现为慢性低位不完全性肠梗阻，可出现腹胀、便秘、腹部胀痛及阵发性绞痛，进食后症状加重。当发生完全性肠梗阻时，症状加剧。

（5）全身症状：因慢性失血、感染、癌肿破溃及毒素吸收，导致患者出现贫血、消瘦、乏力、低热等，晚期可出现恶病质。

由于癌肿的病理分型及部位不同，结肠癌的临床表现也存在不同。因右半结肠肠腔大，癌肿虽为肿块型，但肠梗阻少见，故右半结肠癌以全身症状、贫血、腹部肿块为主要表现。而左半结肠肠腔相对较窄，癌肿多呈浸润型生长，所以左半结肠癌临床表现以肠梗阻、便秘、腹泻、便血等为主。

2. 直肠癌　直肠癌早期症状不明显，易被忽视。随病情发展，肿瘤增大，易引起感染或溃疡，而出现典型症状。

（1）黏液血便：是直肠癌最常见的症状，80%～90% 患者可以出现便血。癌肿破溃可出现带血和黏液的粪便，严重感染时可出现脓血便。

（2）直肠刺激症状：因癌肿刺激致排便习惯改变，便意频繁，有肛门下坠感、里急后重、排便不尽感，晚期可有下腹痛。

（3）肠腔狭窄症状：因癌肿侵犯致肠腔狭窄，起初排便变形、变细，之后可出现腹胀、腹痛、排便困难、肠鸣音亢进等慢性肠梗阻表现。

（4）转移症状：若癌肿穿透肠壁，侵犯膀胱、前列腺时可引起尿路刺激征、排尿困难、血尿等。若侵及骶前神经，可有骶尾部持续性剧烈疼痛。严重时出现肝转移，可引起腹水、黄疸、肝大、贫血、消瘦、水肿、恶病质等表现。

（二）辅助检查

1. 粪便隐血试验　常作为大规模普查或高危人群的初筛方法。早期结肠癌可有出血，故此试验多呈阳性，阳性者需行进一步检查。

2. 直肠指诊　是诊断直肠癌最重要的方法，而且简便易行。由于我国患者约75%以上为低位直肠癌，能通过直肠指诊触及。直肠指诊可初步判断癌肿与肛缘的距离、大小、形态、硬度以及与周围组织的关系。

3. 内镜检查　门诊常规检查时可用直肠镜或乙状结肠镜，但在明确诊断需手术治疗时应行纤维结肠镜检查。因5%～10%的大肠癌为多发癌，内镜检查可以直接观察病灶，而且可取活组织做病理检查，是最有效、可靠的诊断方法。

4. 影像学检查

（1）钡剂灌肠：是结肠癌重要的检查手段，可以观察结肠活动和结肠内的异常形态，但对诊断直肠癌意义不大。

（2）B超和CT：可判断直肠癌的浸润深度及转移情况，还能提示是否侵犯邻近组织器官或有无肝肺转移灶等。

5. 血清癌胚抗原（carcino-embryonic antigen，CEA）　对结直肠癌诊断价值不大，但对术后判断预后和复发有一定意义。

（三）与疾病相关的健康史

1. 有无进食高蛋白、高脂肪、低纤维素及油炸腌制的食物等饮食习惯。
2. 有无结肠腺瘤、溃疡性结肠炎、结肠血吸虫病肉芽肿等病变。
3. 家族中有无遗传性非息肉性结肠癌、家族腺瘤性息肉病、大肠癌及其他肿瘤患者。

（四）心理社会状况

评估患者及家属对所患疾病的了解程度，有无过度焦虑、恐惧等心理反应；了解患者及家属能否接受治疗、护理方案，对治疗及未来是否有信心；对造口术、术后并发症及对生活可能带来的影响的认知程度。

（五）治疗原则

1. 手术治疗

（1）结肠癌根治术

1）右半结肠切除术：适用于盲肠、升结肠、结肠肝曲的癌肿。切除范围包括 10～20cm 的末端回肠、盲肠、升结肠、横结肠右半部和大网膜及相应的淋巴结、系膜（图 23-1）。

2）横结肠切除术：适用于横结肠中部癌。切除范围包括全部横结肠、部分升结肠、降结肠及系膜、淋巴结和血管、大网膜（图 23-2）。

3）左半结肠切除术：适用于降结肠癌、乙状结肠癌和结肠脾曲癌。手术切除范围包括横结肠左半部、降结肠与乙状结肠和相应的系膜、淋巴结、左半大网膜（图 23-3）。

4）单纯乙状结肠切除术：适用于乙状结肠癌，如癌肿较小，位于乙状结肠中部，且乙状结肠较长的肿瘤（图 23-4）。

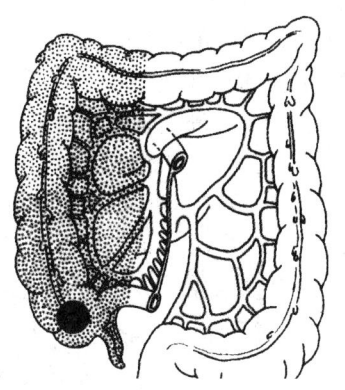
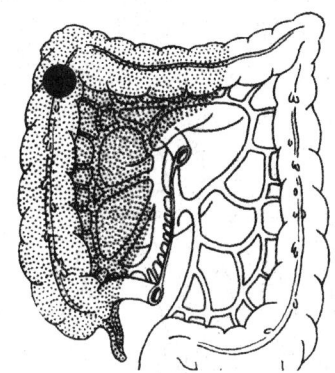

图 23-1　右半结肠切除术范围

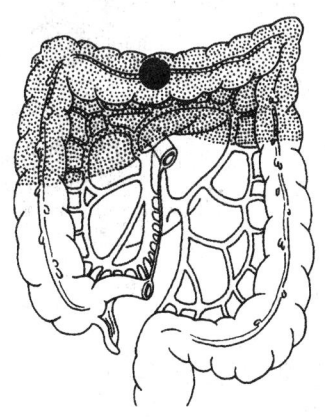
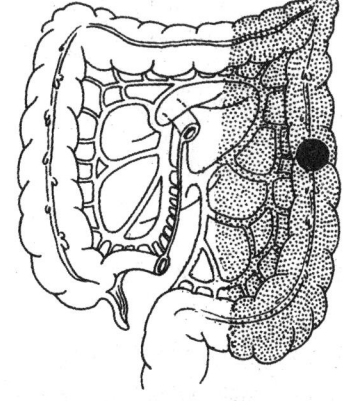

图 23-2　横结肠切除术范围　　图 23-3　左半结肠切除术范围

5）结肠癌并发急性肠梗阻：左半结肠发生梗阻的概率比右半结肠高，因此，在胃肠减压、纠正水电解质紊乱和酸碱失衡后要行紧急手术解除梗阻。如果患者为右半结肠癌，可行一期手术切除；如果全身情况差，可先行肿瘤切除、短路手术或盲肠造瘘来解除梗阻，待病情好转再做二期根治性手术。

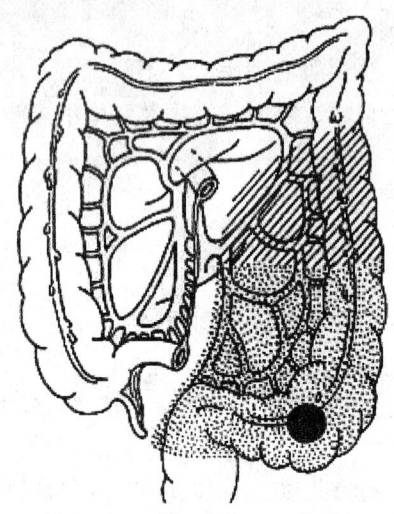

图 23-4 单纯乙状结肠切除范围

(2) 直肠癌根治术

1) 局部切除术：适用于肿瘤直径≤2cm、分化程度高、局限于黏膜或黏膜下层的早期直肠癌。目前采用的手术方式包括经骶后径路、经肛门途径及经前路括约肌途径局部切除术。

2) 腹会阴联合直肠癌根治术 (Miles 手术)：原则上适用于腹膜反折以下的直肠癌。手术切除范围包括乙状结肠远端及其系膜、肠系膜下动脉及其区域淋巴结、全部直肠、全直肠系膜、肛提肌、坐骨直肠窝内脂肪、肛管与肛门周围直径 3～5cm 的皮肤、皮下组织及全部肛管括约肌，于左下腹行永久性乙状结肠单腔造口 (图 23-5)。

3) 经腹直肠癌切除术（Dixon 手术）：适用于距齿状线 5cm 以上的直肠癌，目前已有更近距离的 Dixon 手术。要求远端切缘距癌肿下缘 2cm 以上，以根治性切除为前提。因吻合口位于齿状线附近，术后一段时间患者可出现排便次数增多，排便控制功能差（图 23-6）。Dixon 手术是目前应用最多的直肠癌根治术。

4) 经腹直肠癌切除、近端造口、远端封闭手术（Hartmann 手术）：主要适用于全身情况差、不能耐受 Miles 手术或因急性肠梗阻不宜行 Dixon 手术的患者。

5) 姑息性手术：如果晚期直肠癌患者并发肠梗阻，则可行乙状结肠双腔造口。

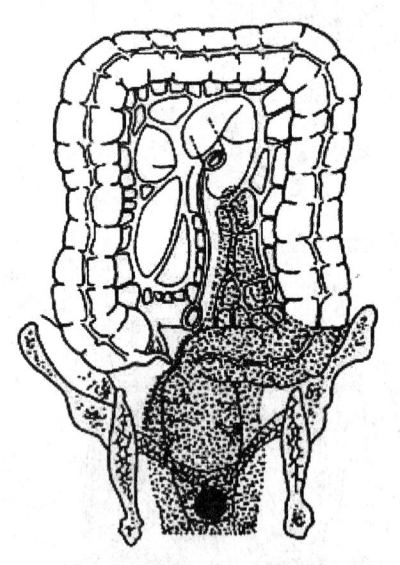 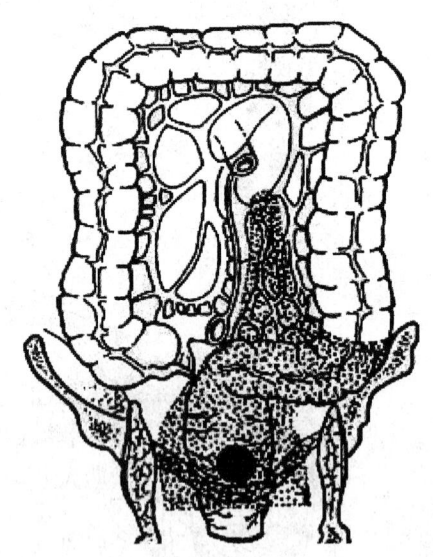

图 23-5 Miles 手术　　　图 23-6 Dixon 手术

2. **放射治疗**　术前辅助放疗可提高手术切除率和 5 年生存率，降低术后复发率。术后放疗多应用于晚期癌肿、局部复发者或手术无法根治者。

3. **化学治疗**　术前辅助化疗有利于提高结直肠癌的生存率。常用的给药方式有门静脉给药、静脉给药、术后腹腔置管灌注、区域动脉灌注、肠腔内化疗给药等；对于直肠癌为中低位、中晚期者，建议术前应用新辅助放化疗。

4. **其他治疗**　①中医治疗：常用调理脏腑、补益脾肾、清肠解毒的中药，配合放、化疗或手术后治疗，可减轻对患者的毒副作用；②局部治疗：对直肠癌患者可用液氮冷冻、电灼和激光烧灼等治疗，以改善症状；③目前尚处于初步开发、研究阶段的基因治疗、生物免疫治疗、分子靶向治疗、干细胞研究等。

【主要护理诊断/合作性问题】

1. 焦虑　与对癌症治疗缺乏信心和担心造口影响生活、工作、家庭有关。
2. 自我形象紊乱　与进行造口术后排便方式改变有关。
3. 知识缺乏：缺乏有关术前准备知识和造口术后护理知识。
4. 营养失调（低于机体需要量）　与癌肿慢性消耗、放化疗反应等有关。
5. 潜在并发症：切口感染、吻合口瘘、出血、造口并发症及肠粘连等。

案例23-1B

该患者明确诊断为结肠癌，行结肠癌根治性手术并辅以化疗。

问题与思考：

该患者术后应如何护理？

【护理措施】

（一）术前护理

1. 心理护理　术前做好宣教，使患者了解手术过程及术后注意事项，全方位给予患者关心和支持。
2. 营养支持　术前应补充高热量、高维生素、高蛋白、易于消化的少渣饮食。如果出现明显脱水和急性肠梗阻，应遵医嘱立即纠正机体水、电解质及酸碱失衡。
3. 肠道准备　目的是减少或避免术中污染、术后感染，预防吻合口瘘。

（1）饮食准备：①常规饮食准备，术前3日进少渣半流质饮食；术前1～2日起进无渣流质饮食，术前12h禁食。②肠内营养，一般术前3日口服全营养素，每日4～6次，至术前12h。

（2）肠道清洁：常于术前1日进行。

1）导泻法：①高渗性导泻，常用甘露醇、硫酸镁、磷酸钠盐等。药物进入肠腔，使肠内渗透压增高，吸收肠壁水分，肠腔内容物增多，刺激肠蠕动导致腹泻，从而达到清洁肠道的目的。应用时需注意观察药物的不良反应和并发症。②等渗性导泻，常用复方聚乙二醇电解质散溶液。该溶液通过分子中的氢键与肠腔内水分子结合，增加粪便含水量及灌洗液的渗透浓度，引起小肠蠕动增加。③中药导泻，常采用番泻叶泡茶饮用和口服蓖麻油，从而达到泻热导滞的功效。

2）灌肠法：常用1%～2%肥皂水、磷酸钠灌肠剂及甘油灌肠剂等于术前1日晚和术日晨行清洁灌肠。现肥皂水灌肠已逐渐被其他方法代替。直肠癌肠腔狭窄者，灌肠时应在直肠镜直视下，选用适宜管径的肛管，轻柔地通过狭窄部位，忌动作粗暴。但是对于高位直肠癌应避免采用高压灌肠，以防癌细胞扩散。

（3）口服肠道抗生素：多采用肠道不能吸收的药物，如新霉素、甲硝唑等，同时需适当补充维生素K。

4. 阴道冲洗　为减少和避免女性患者术中污染及术后感染，特别是癌肿侵犯阴道后壁者，术前3日每晚需行阴道冲洗。

5. 其他　术日晨常规置胃管及导尿管，备好术中用物。

知识链接

结直肠癌筛查方法

美国医师协会（American College of Physicians，ACP）通过对其他组织颁布的结直肠癌筛查指南进行评估，发表了自己的筛查指南。ACP推荐：

1. 临床医生应该对每一位成年人进行结直肠癌风险的个体化评估，以决定何时开始进行风险筛查。风险主要包括年龄、种族、家族史（结直肠癌、遗传性非腺瘤性结直肠癌、家族性腺瘤性息肉病）。

2. 对于一般风险人群，应从50岁开始对其进行结直肠癌的筛查，而对于高危人群，应提前至40岁或者将家属最早的发病年龄提前10年开始进行筛查监测。

3. 对于一般人群采用便常规、可弯曲乙状结肠镜或纤维结肠镜作为筛查的主要手段。而对于高危人群，推荐必须进行纤维结肠镜检查。临床医生应根据检查手段的利弊、执行的难易程度以及患者的倾向性来选择筛查方式。

4. 对于年龄大于75岁或者预期寿命小于10年的人群，不再推荐对其进行结直肠癌风险筛查。

——詹天成，李明．2012美国医师协会结直肠癌筛查指南解读．

中国医学前沿杂志（电子版），2012，4（9）：58-63．

（二）术后护理

1. 一般护理

（1）体位：麻醉清醒前，取平卧位，头偏向一侧，病情平稳者，可取半坐卧位，以利于腹腔引流。

（2）饮食：①传统方法——早期应禁食、胃肠减压，经静脉补充水、电解质及营养物质。术后2～3日肛门排气或造口开放后，若无腹胀、恶心、呕吐等不良反应，可拔除胃管，经口进流质饮食，忌食易胀气的食物；1周后进少渣半流质饮食，2周左右可进普食。②肠内营养——研究表明，术后早期（约6h）应用肠内全营养制剂有利于肠功能的恢复，维持并修复肠黏膜屏障，改善患者营养状况，减少术后并发症。

（3）活动：术后早期，鼓励患者在床上多活动四肢、翻身；2～3日后病情许可时，协助患者下床活动，以利于肠蠕动的恢复，避免肠粘连，减轻腹胀。

2. 病情观察　遵医嘱监测生命体征的变化，密切观察病情变化。

3. 引流管护理　妥善固定，保持引流通畅，观察记录引流液的颜色、性状和量，保持引流管口周围皮肤清洁、干燥，一般于术后5～7日，引流液明显减少、颜色清亮时即可拔管。

4. 造口护理

（1）造口开放前护理：外敷凡士林纱条保护，一般术后3日拆除凡士林纱条，及时更换敷料，避免感染。

（2）造口观察：①活力——观察肠黏膜颜色是否变暗、发紫、发黑等，以防造口肠管感染、坏死。②高度——造口高度常突出于皮肤表面1～2cm，有利于排泄物进入造口袋内。③形状与大小——造口常呈圆形或椭圆形，结肠造口比回肠造口直径大。

（3）造口开放护理：一般于术后2～3日开放，早期患者取造口侧卧位。注意保护腹部切口和造口周围皮肤。

（4）指导患者正确使用造口袋。

1) 造口袋的类型：主要有两种，一种是一件式造口袋（图23-7），其底盘与便袋合一，只要将底盘上的胶质贴面直接贴于皮肤上即可；另一种是两件式造口袋，包括便袋与底盘（图23-8），首先将底盘固定于造口周围皮肤，再将便袋安装在底盘上，便袋可随时取下来清洗。

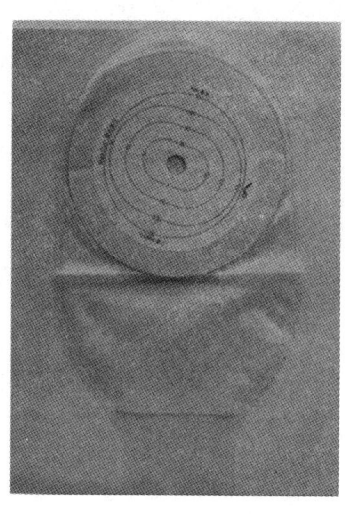

图23-7 一件式造口袋

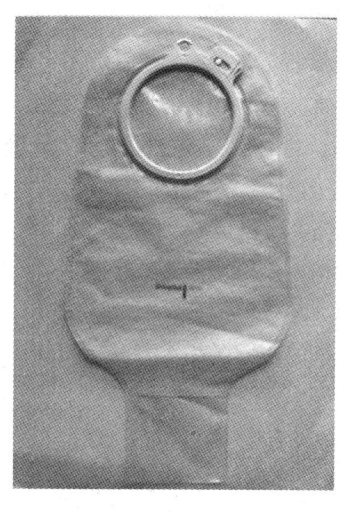

图23-8 两件式造口袋

A．便袋；B．底盘

2）造口袋的正确使用与更换：选择合适的造口袋，袋口与造口周围皮肤紧贴，用弹性腰带固定；患者应备3～4个造口袋备用，当造口袋内排泄物满1/3时应及时更换。

（5）饮食指导：以高热量、丰富维生素、高蛋白的少渣食物为主，避免进食生冷、刺激、易于产气及易引起腹泻或便秘的食物。

（6）预防造口及其周围常见并发症

1）造口出血：多由于血管未结扎或结扎线脱落所致。少量出血可用棉球或纱布压迫；出血较多可用浸有1%肾上腺素溶液的纱布压迫或外敷止血药；大量出血时可手术止血。

2）造口缺血坏死：多由于造口血运不良，张力过大引起。

3）造口狭窄：为防止由于术后瘢痕挛缩引起的造口狭窄，可每日进行造口扩张训练，并注意观察有无肠梗阻的发生。

4）造口回缩：可能与造口肠段系膜牵拉回缩、造口感染等因素有关，需手术重建造口。

5）其他：造口脱垂、皮肤黏膜分离、粪水性皮炎、造口旁疝等。

5. 预防和处理术后并发症

（1）切口感染的预防措施：①造口患者术后取造口侧卧位，腹壁切口与造口之间用塑料薄膜隔开，敷料渗湿后及时更换，防止造口排泄物污染腹壁切口；②密切观察切口有无红、肿、热、痛等感染表现；③会阴部有切口的患者，可在术后4～7日以1:5000高锰酸钾温水坐浴，每日2次；④预防性应用抗生素；⑤合理安排换药次序，先腹部伤口再会阴部伤口，如发生感染，则应开放伤口，彻底引流，并合理应用抗生素。

（2）吻合口瘘：常见原因有术前肠道准备不充分、患者营养不良、术中误伤、术后护理不当、吻合口缝合过紧等。预防措施包括术前做好充分的肠道准备；改善患者的营养状况；术后7～10日内禁忌灌肠，以免影响吻合口的愈合；术后严密观察患者变化，一旦发生吻合口瘘，应禁食、胃肠减压，行腹腔或盆腔持续引流，并保持引流通畅，同时给予肠外营养支持。必要时要做好急症手术的准备。

（三）健康教育

1. 疾病预防　①对有家族史、疑有大肠癌及癌前病变者，建议定期进行检查，如粪便隐血试验、内镜检查等，做到早诊断，早治疗；②积极治疗和预防结直肠的各种慢性炎症及癌前病变；③注意饮食及个人卫生，多吃新鲜蔬菜、水果，避免高脂肪、低纤维素饮食；④预防和治疗血吸虫病。

2. 饮食调整　根据患者情况选择合适的饮食，保肛手术者应多吃新鲜蔬菜、水果，多饮水，避免高脂肪及辛辣、刺激性食物；行肠造口者，避免摄入容易引起便秘或腹泻的食物。

3. 活动　指导患者适量锻炼，保持生活规律，心情舒畅，尽快融入日常生活。参加造口患者联谊会，以利于学习和交流经验，重获自信心。

4. 结肠灌洗　目的是清洁肠道，养成定时排便的习惯。首先，连接好灌洗装置，在集水袋内装入 37～40℃ 的温水 500～1000ml，要经灌洗管道缓慢灌入造口内，灌洗时间约 10min。灌洗液完全注入后，在体内尽可能保留 10～20min，再打开灌洗袋，排空肠内容物。灌洗期间注意观察，若有不适应立即暂停。灌洗间隔时间为每日 1 次或隔日 1 次，时间应相对固定。

5. 复查　每 3～6 个月定期到门诊复查。如发现造口狭窄、腹胀、排便困难等，应及时就诊。对于行化学治疗、放射治疗的患者，定期进行血常规检查，若出现白细胞和血小板计数明显减少，需及时暂停化学治疗和放射治疗。

小　结

1. 病因　不明确，相关因素有饮食习惯、癌前病变、遗传因素等。
2. 临床表现　结肠癌以排便习惯和粪便性状改变、腹痛、肠梗阻、腹部肿块及全身症状等为主。直肠癌则以早期少量便血或排便习惯改变、直肠刺激症状、肠腔狭窄、黏液血便和癌肿转移引起的症状等为主。
3. 治疗原则　手术切除为主，辅以化疗、放疗等综合治疗。
4. 护理　术前应做好患者的心理护理、营养支持、肠道准备和其他术前准备。术后重点做好造口护理，保持皮肤清洁，预防感染及并发症等。

自测题

一、选择题

1. 结肠癌最早出现的症状是
   A. 排便习惯及粪便性状的改变
   B. 便秘
   C. 消瘦
   D. 低热
   E. 腹痛

2. 患者出现排便习惯改变及便血时应首先进行的检查是
   A. 腹部超声检查
   B. 纤维结肠镜检查
   C. B 超和 CT 检查
   D. 直肠指诊
   E. X 线钡剂造影检查

3. 直肠癌根治术后患者在乙状结肠造口开放初期，为了预防切口感染，应采取的卧位是
   A. 右侧卧位
   B. 左侧卧位
   C. 1/4 侧卧位
   D. 头低足高位

E. 半坐卧位
4. 下列**不属于**大肠癌术后造口常见并发症的是
   A. 造口出血
   B. 造口狭窄
   C. 皮肤黏膜分离
   D. 造口扩张
   E. 造口缺血坏死

5. 大肠癌术后患者出院后应多长时间到医院复查
   A. 1个月
   B. 2~3个月
   C. 3~6个月
   D. 6~8个月
   E. 1年

二、案例题

男性，57岁，便秘与腹泻交替发生6个月，腹部隐痛3个月，鲜血便3日。近3个月来体重下降5kg。腹部触诊和直肠指诊未发现肿块。钡灌肠造影检查显示降结肠壁僵硬，可见到充盈缺损。纤维结肠镜检查示降结肠癌。拟行结肠癌根治术。该患者在得知诊断和手术后情绪沮丧，沉默寡言，担心手术治疗效果不佳，害怕死亡。

请问：
(1) 该患者目前最有可能的护理诊断是什么？
(2) 手术前护理要点有哪些？

（武江华）

第二十四章 原发性肝癌患者的护理

学习目标

通过本章内容的学习，学生应能：

◆ **识记**

1. 列举原发性肝癌发病的相关因素、常用的辅助检查方法。
2. 描述原发性肝癌的典型临床表现和治疗原则。

◆ **理解**

解释血清甲胎蛋白测定对确诊原发性肝癌的意义。

◆ **运用**

评估原发性肝癌患者并为其制订护理计划。

原发性肝癌（primary liver cancer）是指发生于肝细胞和肝内胆管细胞上的癌。肝癌是我国常见的恶性肿瘤之一，分别居男、女性恶性肿瘤的第三、四位，近年来发病率有增高趋势。发病年龄多在40～49岁，男性多于女性，以我国东南沿海地区多见。原发性肝癌的病因尚未明确，可能与病毒性肝炎、肝硬化、黄曲霉素、亚硝胺类致癌物、水土等因素密切相关。原发性肝癌按大体类型分为结节型、巨块型、弥漫型三类，以结节型最多见。按肿瘤大小分为微小肝癌（直径≤2cm）、小肝癌（＞2cm，≤5cm）、大肝癌（＞5cm，≤10cm）和巨大肝癌（＞10cm）。按组织学类型分为肝细胞型、胆管细胞型和二者同时出现的混合型肝癌，我国最常见的是肝细胞型，约占90%。其转移途径有直接蔓延、血行转移、淋巴转移和种植转移。血行转移多为肝内转移，癌细胞在生长过程中极易形成门静脉癌栓，甚至阻塞门静脉主干导致门静脉高压。肝外血行转移部位最多见于肺，其次为骨、脑等。

【护理评估】

（一）临床表现

早期缺乏典型症状和体征，多数患者在普查或体检时发现。晚期可有明显的局部和全身症状。

1. **肝区疼痛** 为最常见的主要症状，半数以上患者以此为首发症状，多呈间歇性或持续性钝痛、刺痛，主要是由于肿瘤迅速生长，使肝包膜张力增加所致，左侧卧位明显，夜间或劳累时加重。疼痛部位常与肿瘤部位密切相关，位于肝右叶顶部的癌肿累及横膈时疼痛可牵涉右肩背部。当肝癌结节发生坏死、破裂、出血时，则为突然出现的右上腹剧痛、压痛和腹膜刺激征等急腹症的表现。

2. **消化道和全身症状** 常表现为食欲减退、腹胀、恶心、呕吐或腹泻等，易被忽视。可有不明原因的持续性低热或不规则发热，抗菌药治疗无效；早期患者消瘦、乏力不明显，晚期患者体重呈进行性下降，可伴有贫血、黄疸、出血、腹水、水肿等恶病质表现。

3. **肝大** 为中、晚期肝癌的主要临床体征。肝呈进行性肿大、质地较硬、表面高低不平，有明显结节或肿块。癌肿位于肝右叶顶部者，肝浊音界上移，有时膈肌固定或活动受限，甚至出现胸腔积液。晚期患者可出现黄疸和腹水。

4. 其他症状　可有副癌综合征的表现，如低血糖、红细胞增多症、高胆固醇血症及高钙血症。如发生肺、骨、脑等肝外转移，还可以出现相应部位的临床症状和体征。

5. 并发症　肝性脑病、上消化道出血、癌肿破裂出血及继发性感染等。

肝的生理功能

肝担负着重要而复杂的生理功能，其中已明确的是：

1. 分泌胆汁　每日分泌胆汁600～1000ml，经胆管流入十二指肠，协助脂肪消化以及脂溶性维生素A、D、E、K的吸收。

2. 代谢功能　肝能将糖、蛋白质和脂肪转化为糖原，储存于肝内。当血糖减少时，又将糖原分解为葡萄糖，释放入血液。

3. 凝血功能　肝除合成纤维蛋白原、凝血酶原外，还产生凝血因子Ⅴ、Ⅶ、Ⅷ、Ⅸ、Ⅹ、Ⅺ和Ⅻ。另外，储存在肝内的维生素K对凝血酶原和凝血因子Ⅶ、Ⅸ、Ⅹ的合成是不可缺少的。

4. 解毒作用　代谢过程中产生的毒物或外来的毒物，在肝内主要通过单核巨噬细胞系统进行吞噬，通过分解、氧化和结合等方式而转变为无毒。

5. 巨噬或免疫作用　肝通过单核巨噬细胞系统的库普弗细胞的吞噬作用，将细菌、抗原抗体复合物、色素和其他碎屑从血液中除去。

此外，肝内的铁、铜、维生素B_{12}、叶酸等间接参与造血。肝储藏大量血液，当急性失血时，有一定调节血液循环的作用。

案例24-1A

男性，55岁，因右上腹疼痛40余日入院。患者40日前无明显诱因出现右上腹疼痛，呈持续性钝痛，以夜间明显，疼痛不向肩背部放射，不伴有发热及恶心、呕吐等表现。门诊查甲胎蛋白明显升高，B超检查发现肝有占位性病变，CT检查考虑肝癌。患者自发病以来上腹疼痛逐渐加重，且出现乏力、腹胀、食欲下降，体重下降约3kg。患者既往乙型肝炎病史30余年。

问题与思考：
该患者护理评估内容有哪些？

（二）辅助检查

1. 实验室检查

（1）血清甲胎蛋白（α-fetoprotein，AFP）测定：属肝癌血清标志物，可用于普查，有助于发现无症状的早期患者，但可出现假阳性，故应进行动态观察。对流电泳法阳性，或放射免疫法测定≥500μg/L且持续4周或AFP≥200μg/L且持续8周，并排除妊娠、活动性肝炎及生殖胚胎源性肿瘤者，可考虑为肝细胞癌。30%的肝癌患者AFP为阴性。如同时检测AFP异质体，可提高诊断率。

（2）血清酶学检查：各种血清酶检查对原发性肝癌的诊断缺乏专一性和特异性，只能作为辅助指标。常用的有血清碱性磷酸酶、γ-谷氨酰转肽酶、血清5'-核苷酸磷酸二酯酶、乳酸脱氢酶同工酶、α_1抗胰蛋白酶、酸性铁蛋白同工酶等，各种酶的联合检测可提高诊断价值。

（3）肝功能及乙肝抗体系统检查：肝功能异常及乙肝标志物阳性常提示有原发性肝癌的肝病基础，结合其他参数，有助于肝癌的定性诊断。

2．影像学检查

（1）B超：是目前肝癌定位检查中首选的方法，并可作为高发人群的普查工具。可显示肿瘤的部位、大小、形态及肝静脉或门静脉有无栓塞等，诊断准确率可达90%，经验丰富的超声医师能发现直径1.0cm左右的微小癌。

（2）CT和MRI：能显示肿瘤的位置、大小、数目及其与周围器官和重要血管的关系，对判断能否手术切除有帮助。可检出直径1.0cm左右的小肝癌，诊断准确率达90%以上。

（3）X线检查：腹部透视或摄片可见肝阴影扩大。如肝右叶顶部肿瘤，可见右侧膈肌抬高。位于肝左叶或巨大的肝癌，可见胃和横结肠被推压的征象。

（4）选择性腹腔动脉或肝动脉造影检查：诊断准确率达95%左右，可分辨直径≥0.5cm的血管丰富的肿瘤。因属侵袭性检查手段，仅在上述检查不易确诊或必要时才考虑采用。

3．肝穿刺活组织检查　多在B超引导下行细针穿刺活检，具有确诊意义，但有出血、肿瘤破裂和肿瘤沿针道转移的危险，因此临床上不主张采用。

4．腹腔镜探查　经各种检查未能确诊而临床又高度怀疑肝癌者，必要时可行腹腔镜探查以明确诊断。

（三）与疾病相关的健康史

1．患者的年龄和性别，是否居住于肝癌高发区。

2．患者有无肝炎、肝硬化病史。

3．患者的饮食和生活习惯，有无进食含黄曲霉素的食品、饮用被污染的水源，以及有无亚硝胺类致癌物的接触史等。

4．患者有无长期滥用药物史。

5．家族中有无肝癌或其他肿瘤病史。

（四）心理社会状况

了解患者对拟采取的手术方式、疾病预后及手术前后康复知识的了解和掌握程度。了解患者和家属对手术过程、手术可能导致的并发症及疾病预后所产生的恐惧、焦虑程度和心理承受能力。评估家庭对患者手术、化疗、放疗等的经济承受能力。

（五）治疗原则

早期诊断，早期治疗，根据不同病情采取综合治疗，是提高疗效的关键。早期施行手术切除仍是最有效的治疗方法。

1．手术治疗　手术是目前治疗肝癌最为有效的方法，主要适用于癌肿局限、未超过半肝、无严重肝硬化、肝功能代偿良好，且癌肿未侵犯第一、第二肝门及下腔静脉，以及无心、肺、肾功能严重损害者。临床有明显黄疸、腹水、下肢水肿、远处转移、全身衰竭等晚期症状者，为手术禁忌证。

术式的选择应根据患者全身情况、肝硬化程度、肿瘤大小和部位以及肝代偿功能等而定，主要有肝部分切除术、肝叶切除术或半肝切除术。另外，原发性肝癌是行肝移植手术的指征之一，具有较好的长期疗效。但是由于供肝匮乏和治疗费用昂贵，应用范围有限。

2．肿瘤消融　通常在B超引导下经皮穿刺行微波、射频、冷冻、无水乙醇注射等消融治疗。适用于不宜或不需要手术的肝癌，也可在术中应用，或术后用于治疗转移、复发瘤。该方法操作简便、创伤小,对部分患者治疗效果好。

3. 经肝动脉和(或)门静脉区域化疗或经肝动脉化疗栓塞(transcatheter arterial chemoembolization,TACE) 原则上肝癌不作全身化疗。经剖腹探查发现癌肿不能切除,或作为肿瘤姑息切除的后续治疗时,可以采用肝动脉和(或)门静脉置泵(皮下埋藏式灌注泵)作区域化疗栓塞。未经手术治疗者可行TACE,即经股动脉做超选择性插管至患侧肝动脉分支,注入化疗药和栓塞剂,使肿瘤难以建立侧支循环,最终缺血坏死。常用的栓塞剂为碘油和明胶海绵。抗癌药物常选用氟尿嘧啶、丝裂霉素、多柔比星(阿霉素)、表柔比星、顺铂、卡铂等。

4. 其他治疗 放射治疗、免疫治疗、中医中药治疗等。

案例24-1B

该患者明确诊断为原发性肝癌,行半肝切除术和术后化疗。

问题与思考:
1. 该患者术后可能会出现哪些并发症?
2. 如何观察及护理?

【主要护理诊断/合作性问题】
1. 疼痛 与肿瘤迅速生长导致肝被膜张力增加或放疗、化疗后的不适有关。
2. 营养失调(低于机体需要量) 与食欲缺乏、恶心、呕吐有关。
3. 焦虑、预感性悲哀 与担忧疾病和生存期限有关。
4. 潜在并发症:出血,肝性脑病。

【护理措施】
(一)手术患者的护理
1. 术前护理
(1)心理护理:鼓励患者表达出自己的想法和担忧。尊重患者并表达同情和理解,帮助其正视现实,增强应对能力,树立战胜疾病的信心,积极参与和配合治疗。鼓励家属与患者共同面对疾病,互相扶持,使患者尽可能平静舒适地度过生命的最后阶段。

(2)疼痛的护理:协助患者转移注意力、安排舒适环境,必要时给予适当的止痛剂。

(3)改善全身状况:充分休息,适当营养,必要时给予肠内、外营养支持,纠正低蛋白血症,并给予保肝药物。

(4)改善凝血功能:合并肝硬化者肝合成的凝血因子减少,有脾功能亢进时血小板减少。因此除一般检查外,需了解患者的肝功能,出、凝血时间,凝血酶原时间和血小板计数等,遵医嘱术前给予维生素K,以改善凝血功能,预防术中和术后出血。

(5)肠道准备:术前3日口服抗菌药,如链霉素、新霉素。术前1日灌肠,减少血氨来源,禁用肥皂水灌肠,用生理盐水或酸性液灌肠。

2. 术后护理
(1)病情观察:严密监测神志、血压、脉搏、呼吸、尿量、切口渗血、渗液情况,详细记录出入量,注意腹腔引流。注意观察有无出血和肝性脑病。

(2)体位:术后第2日取半坐卧位,鼓励患者有效咳嗽,协助翻身,但要避免过早活动,需卧床3日,以免肝断面术后出血。

(3)饮食与营养:排气后可开始进流食。少食多餐、清淡饮食。术后大量补充血浆或白

蛋白及新鲜血、葡萄糖溶液等。

（4）引流管护理：肝叶和肝局部切除术后需放置双腔引流管。引流管应妥善固定，避免受压、扭曲和折叠，保持引流畅通。严格遵守无菌原则，每天更换引流瓶，并准确记录引流液的量、色、性状。若引流液颜色鲜红、引流量持续增加，应警惕腹腔内出血，及时通知医师采取措施。

（5）肝性脑病的预防及处理：术后吸氧3～5日，以增加肝细胞的供氧量，利于肝功能的恢复。遵医嘱给予保肝药物。适当补充支链氨基酸。不可进食高蛋白食物及增加血氨的药物。保持排便通畅。一旦出现肝性脑病迹象，及时报告医师处理。

（二）肝动脉化疗栓塞患者的护理

1. 化疗前准备　向患者解释肝动脉插管化疗的目的及注意事项。注意出凝血时间、血常规、肝肾功能、心电图等检查结果，判断有无禁忌证。穿刺处皮肤准备，术前禁食4h，备好一切所需物品及药品。

2. 化疗后护理

（1）导管护理：①妥善固定和维护导管；②严格遵守无菌原则，每次注药前消毒导管，注药后用无菌纱布包扎，防止细菌沿导管发生逆行性感染；③为防止导管阻塞，注药后用肝素稀释液（25U/ml）2～3ml冲洗导管。

（2）栓塞后综合征的观察及护理：肝动脉化疗栓塞后多数患者可出现发热、肝区疼痛、恶心、呕吐、心悸、白细胞计数下降等临床表现，称为栓塞后综合征。护理内容包括：①发热，由于机体对坏死组织重吸收的反应所致，轻度发热不必处理，38.5℃以上的发热可加重患者消耗及肝负担，可给予物理降温或遵医嘱给予解热镇痛药。②腹痛，多由于肝动脉栓塞后肝水肿、肝被膜张力增大所致，轻度可不处理，或给予少量对肝无损害的镇静剂，一般48h后腹痛可减轻或消失；重度持续疼痛，应考虑是否合并其他并发症，如胆囊动脉栓塞致胆囊炎性坏死，胃十二指肠动脉、肠系膜上动脉栓塞致肠坏死。③恶心、呕吐，由于抗癌药物对胃肠黏膜的直接损害，多在术后4～8h出现，24h后渐减轻。可给予止吐药物，并注意避免误吸。④白细胞减少，若白细胞计数低于4×10^9/L，应遵医嘱暂停化疗并使用升白细胞药物。⑤肝、肾功能损害，肝动脉栓塞后，肝血供下降可致肝缺血、缺氧，同时发热可加重肝损害；化疗药经肾排泄时还可影响肾功能。因此患者术后应吸氧3日，大量饮水，监测肝功能，注意观察尿量及肾功能变化，以减轻化疗药对肝、肾功能的影响。

（3）拔管后护理：拔管后，加压压迫穿刺点15min，术后嘱患者取平卧位，穿刺处沙袋加压1h，穿刺侧肢体制动6h，卧床休息24h，防止局部出血形成血肿。注意观察穿刺侧肢体皮肤的颜色、温度及足背动脉搏动，注意穿刺点有无渗血现象。

（三）健康教育

1. 指导健康人注意防治肝炎，不吃霉变食物，不饮用污染水源。

2. 肝癌患者术后应注意休息，避免劳累。保持排便通畅，防止便秘，可适当食用缓泻剂，预防血氨升高。多食营养丰富和富含维生素的食物，以清淡、易消化为宜，如有腹水、水肿者应避免食用过多的盐。定期复查。一旦出现水肿、体重减轻、出血倾向、黄疸、疲乏等症状应及时就诊。

小 结

1. **病因** 不明，相关因素有肝炎、肝硬化史；饮食和生活习惯，有进食含黄曲霉素的食品、有亚硝胺类致癌物的接触史；有家族史等。
2. **临床表现** 肝大，有肝区压痛、上腹部肿块，有黄疸、腹水等体征，血清甲胎蛋白（AFP）测定阳性。
3. **治疗原则** 早期施行手术切除仍是最有效的治疗方法，辅以肿瘤消融、经肝动脉和（或）门静脉区域化疗或TACE、放疗、免疫治疗、中医中药治疗等综合治疗。
4. **护理** 术前加强心理支持，减轻或有效缓解疼痛，改善营养状况，术后加强并发症的预防和护理，坚持后续治疗。指导健康人注意防治肝炎，不吃霉变食物，不饮不洁水。

自测题

一、选择题

1. 原发性肝癌在我国的高发地区是
   A．东北地区
   B．西北地区
   C．西南地区
   D．中部地区
   E．东南沿海地区
2. 我国原发性肝癌最常见的组织学类型是
   A．肝细胞型
   B．胆管细胞型
   C．混合型
   D．巨块型
   E．弥漫型
3. 原发性肝癌血行转移时，最常见的肝外转移部位是
   A．脑
   B．肺
   C．肾
   D．骨
   E．肠
4. 原发性肝癌患者最常出现的首发症状是
   A．肝区疼痛不适
   B．全身乏力
   C．畏食
   D．腹部肿块
   E．黄疸
5. 下列实验室检查对于原发性肝癌的确诊最有价值的是
   A．甲胎蛋白测定
   B．癌胚抗原测定
   C．碱性磷酸酶测定
   D．乳酸脱氢酶测定
   E．酸性磷酸酶测定
6. 原发性肝癌早期患者首选的治疗方法是
   A．手术
   B．化疗
   C．放疗
   D．免疫治疗
   E．中医治疗

二、案例题

男性，49岁，主诉"体检发现肝占位1日"。

体检：T 37.2℃，P 84次/分，R 18次/分，BP 130/70mmHg，神志清楚，表情淡漠，精神一般，面色微晦暗，舌淡苔薄腻，脉速。

辅助检查：上腹部CT示肝右叶癌伴门静脉主干及右支血栓形成，肝右叶原发大结节灶转移可能。B超示肝占位可能。

该患者以"原发性肝癌"收治入院。遵医嘱积极做术前准备，明日拟行肝动脉化疗栓塞。患者入院后情绪紧张，难以入睡，不断询问护士该治疗的目的、注意事项以及治疗效果。

请问：

（1）该患者目前主要的护理诊断/合作性问题有哪些？

（2）对术后的栓塞后综合征如何观察和护理？

（杨立慧）

第二十五章　胆道感染、胆石症患者的护理

通过本章内容的学习，学生应能：

◆ 识记
1．列举胆道感染、胆石症的相关因素，以及常用的辅助检查方法。
2．描述胆道感染、胆石症的典型临床表现和治疗原则。

◆ 理解
1．解释急性胆囊炎与胆囊结石之间的关系。
2．解释术后T管引流的意义及护理要点。
3．解释Charcot三联征和Reynolds五联征的临床意义。

◆ 运用
评估胆道感染、胆石症患者并为其制订护理计划。

胆道感染（infection of biliary tract）和胆石症（cholelithiasis）是胆道系统最重要和最常见的疾病。感染和结石关系十分密切，两者常同时存在，也可互为因果。

结石形成的原因十分复杂，是多种因素综合作用的结果。主要包括：①代谢因素，胆汁内有胆盐、胆固醇、卵磷脂三种重要成分，其中，胆固醇不溶于水，但可溶解在胆汁酸和卵磷脂形成的微胶粒中，三者以一定比例混合，保持胆汁呈胶状溶解状态。当代谢异常时，如胆汁中胆固醇含量增多，而胆盐和卵磷脂含量减少，三者比例失调，则胆固醇呈过饱和状态，可析出、形成结石。②感染因素，胆道感染时，细菌的某些代谢产物，如大肠埃希菌产生的β-葡糖醛酸酶可使水溶性的结合胆红素水解为非水溶性的游离胆红素，后者与钙结合，形成胆红素结石；细菌、虫卵、炎症坏死组织的碎屑也可成为结石的核心，以此为基础形成结石；此外，胆道感染可使奥狄（Oddi）括约肌痉挛导致胆道梗阻，胆汁引流不畅，淤滞于胆道内，水分被吸收，有形成分可析出、形成胆色素结石。③其他因素，胆囊收缩功能减退，胆囊内胆汁淤滞有利于胆石形成。胃大部切除术或全胃切除术、长期禁食或完全胃肠外营养治疗的患者，可因胆囊收缩减少，胆汁排空延迟，增加胆石发生的可能。雌激素可促进胆汁中胆固醇过饱和，与胆固醇结石有关。

结石有三种类型：①胆固醇结石，质地硬，呈多面形或椭圆形，常为灰黄色，表面光滑，剖面呈放射状排列的条纹，大小不一，可单发或多发。X线检查时多不显影。②胆色素结石，质软易碎，形状不规则，大小不一，有的为泥沙状，棕黑或棕红色，一般为多发。剖面呈层状，无核心。X线检查也不显影。③混合性结石，由胆红素、胆固醇、钙盐等多种成分混合而成，根据所含成分的多寡而呈现不同的色泽和性状。剖面呈层状，有的中心呈放射状，外周呈层状。因含钙较多，X线检查可显影。

胆石主要分布在胆囊、肝外胆管和肝内胆管（图25-1）。①胆囊结石：多为胆固醇结石或以胆固醇为主的混合性结石，占全部结石的50%左右。②肝外胆管结石：多为胆色素结石或以胆色素为主的混合性结石，以原发性胆管结石多见；另有一小部分是由胆囊排至胆总管内的胆固醇结石。肝外胆管结石占全部结石的20%～30%，多数在胆总管下端。③肝内胆管结石：多为胆色素结石或以胆色素为主的混合性结石，占全部结石的20%～30%，左肝管结石多于右肝管，也可分布在两侧肝内小胆管内。

胆道系统的解剖生理

胆道起于毛细胆管，末端与胰管汇合开口于或单独开口于十二指肠乳头。左右肝管出肝后汇合成肝总管，其下端与胆囊管汇合成胆总管。胆总管与胰管汇合处膨大形成乏特壶腹（Vater壶腹），周围有Oddi括约肌。胆道系统具有分泌、贮存、浓缩与输送胆汁的功能，对胆汁排放入十二指肠起着重要的调节作用。成人每日分泌胆汁800～1200ml，主要由肝细胞分泌，胆管细胞分泌的黏液物质约占1/4。

胆囊分底、体、颈三部，颈上部呈囊状扩大，称为Hartmann袋，结石常滞留于此。胆囊具有浓缩、储存胆汁和排除胆汁的功能，并且每天可分泌约20ml黏液性物质。

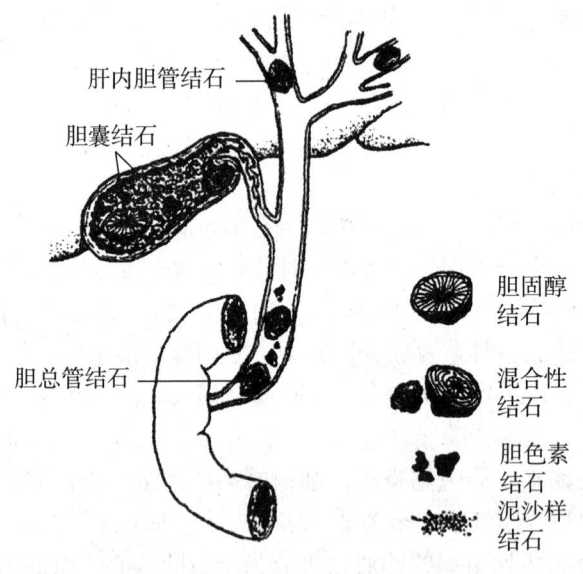

图25-1 胆石的分布

第一节 急性胆囊炎、胆囊结石

急性胆囊炎（acute cholecystitis）和胆囊结石（cholecystolithiasis）是临床常见病，多见于女性。引起胆囊炎的原因是胆囊管梗阻和致病菌入侵。梗阻主要由胆囊结石引起，蛔虫、扭转和狭窄等也可引起。致病菌主要有革兰阴性杆菌，大多通过胆道逆行而入侵胆囊，也有自血液循环入侵者。严重创伤后、烧伤、大手术后、危重患者、长时间完全胃肠外营养支持者，因缺乏胆囊收缩素引起的胆囊节律性收缩而导致胆囊收缩功能降低，胆汁淤积，刺激胆囊黏膜致病。胰液反流入胆囊，亦可引起急性非结石性胆囊炎。由于低血压和组织低血流灌注，使黏膜损害，而胆汁淤积可有利于细菌繁殖和感染。

急性胆囊炎可有急性单纯性胆囊炎、急性化脓性胆囊炎、急性坏疽性胆囊炎等不同类型。如囊壁坏死穿孔，会导致胆汁性腹膜炎，穿孔的部位常在颈部和底部。急性胆囊炎时胆囊内脓液可波及胆管和胰管，导致胆管炎和胰腺炎。若病变过程中梗阻解除，炎症渐消退，组织结构可恢复。如反复发作，胆囊壁纤维组织增生、瘢痕化，黏膜消失，呈慢性胆囊炎改变。结石压迫，炎症可浸润、穿破周围器官形成胆囊胃肠道内瘘。

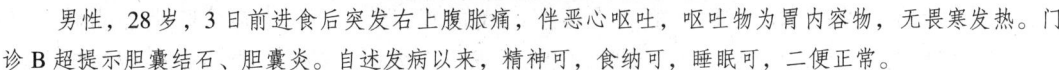

案例 25-1A

男性，28岁，3日前进食后突发右上腹胀痛，伴恶心呕吐，呕吐物为胃内容物，无畏寒发热。门诊B超提示胆囊结石、胆囊炎。自述发病以来，精神可，食纳可，睡眠可，二便正常。

体检：T 36.1℃，P 82次/分，R 18次/分，BP 133/87mmHg。神清，精神差，痛苦面容，自主体位。腹平，右上腹有明显压痛、反跳痛，无肌紧张。肝脾肋下未及，Murphy征（+），肝区叩击痛阴性，移动性浊音阴性，肠鸣音2~3次/分，肾区无叩击痛。

血常规：白细胞 $9.4×10^9/L$，中性粒细胞比例0.70。

问题与思考：

该患者护理评估内容有哪些？

【护理评估】

（一）临床表现

1. 症状

（1）腹痛：常在进食油腻食物后发生。表现为突发右上腹部剧烈绞痛，阵发性加重，疼痛常放射至右肩或右背部，可呈持续性，随呼吸可加重，同时伴随恶心、呕吐。

（2）发热：病情重者会出现畏寒和发热。

（3）黄疸：部分患者可有轻度黄疸。可能是胆囊结石排入胆管造成胆管梗阻所致，或炎症波及胆管，使之水肿、阻塞所致。若黄疸较重且持续，提示有胆总管结石并梗阻的可能。

2. 体征

（1）右上腹部压痛和肌紧张：胆囊周围有炎性渗出或有脓肿形成时，压痛范围增大。如胆囊壁发生坏死穿孔，炎症波及壁腹膜，则出现腹膜炎体征。

（2）Murphy征阳性：检查者以左手平放于患者右肋下部，以拇指的指腹置于右肋下胆囊点，嘱患者缓慢深吸气，肝下移可引起胆囊区触痛，患者突然屏气。

急性非结石性胆囊炎的临床表现虽不甚典型，但基本与上述相似，且病情发展同样较快。

（二）辅助检查

1. 实验室检查　白细胞总数及中性粒细胞比例增高。部分患者有血清转氨酶、血清胆红素、血清淀粉酶升高。

2. B超　是最常用的检查手段，可显示胆囊肿大，壁厚，并可发现结石。

（三）与疾病相关的健康史

注意评估患者的年龄、家族史、既往史、饮食习惯、手术史等，了解患者发病的相关因素。与疾病相关的因素包括经常摄入高糖、高胆固醇、高脂肪饮食；患有胆道寄生虫病；肥胖；遗传；严重创伤后、烧伤、大手术后、危重患者、长时间完全胃肠外营养支持患者；手术，如迷走神经切断术，破坏了胆囊的排空功能；小肠远端广泛切除术，引起胆盐的肝肠循环障碍等。

(四)心理社会状况

急性胆囊炎的典型发作过程会给患者造成很大痛苦。当得知需要手术治疗并有可能被切除胆囊之后,患者既希望尽快解除病痛,又可能担心切除胆囊后对身体和今后的生活会有不利影响。此外,黄疸的出现可能使家属担心疾病可能传染。

(五)治疗原则

1. 非手术治疗　急性胆囊炎症状轻者先用非手术治疗,既能控制炎症,也可作为术前准备。具体方法包括休息、禁食、胃肠减压、输液、解痉止痛,使用广谱抗菌药物、维生素K和止血药物。经上述治疗后,大多数患者胆囊管梗阻得以解除,充血水肿消退,症状缓解,以后可根据致病原因酌情择期手术治疗。胆囊结石无症状时不需手术。

2. 手术治疗　非手术治疗后,症状无缓解;或病情加重,全身中毒症状更加明显,局部压痛、肌紧张明显并有高张力性包块;或出现胆囊积脓、坏疽、穿孔等并发症时应尽早手术治疗。老年人反应差,经非手术治疗效果不好时应考虑有胆囊坏疽或穿孔的可能,如无手术禁忌应早期手术。主要手术方法有三种。

(1) 胆囊切除术(cholecystectomy):适用于发病48～72h以内、经非手术治疗无效且病情发展者,或伴急性并发症如胆囊坏疽或穿孔、弥漫性腹膜炎、急性化脓性胆管炎、急性坏死性胰腺炎等。对于结石反复发作引起临床症状、结石嵌顿于胆囊颈部或胆囊管、结石充满胆囊等情况,也应给予胆囊切除术。

(2) 胆囊造瘘(cholecystostomy):如发病时间较长,胆囊炎症状严重,与周围组织粘连紧密,术中渗血多,组织明显水肿,解剖关系不清楚或患者全身情况较差时,则暂时行胆囊造瘘,取出结石,置蕈状导管外引流,待炎症控制、全身情况好转后再做择期手术,切除胆囊。

(3) 胆囊切除、胆总管探查、T管引流术:若怀疑患者存在胆总管病变时,在胆囊切除的同时,可行胆总管切开探查并放置T管引流。

案例25-1B

该患者明确诊断为急性胆囊炎、胆囊结石。因怀疑有胆总管结石,行胆囊切除、胆总管探查、T管引流术。

问题与思考:
1. 术后如何进行T管的护理?
2. 可能出现哪些并发症?

【主要护理诊断/合作性问题】

1. 疼痛　与胆囊管梗阻、胆囊炎有关。
2. (有)体液不足(的危险)　与恶心、呕吐、禁食等有关。
3. 潜在并发症:胆汁性腹膜炎、出血、胆瘘、黄疸等。

【护理措施】

(一)非手术治疗护理/术前护理

1. 密切观察病情　注意观察生命体征、意识状态,腹痛、发热的进展程度,有无弥漫性腹膜炎以及黄疸的变化。
2. 禁食、胃肠减压　保证胃肠减压的通畅及有效。
3. 止痛　诊断明确且疼痛剧烈时,可遵医嘱给予消炎利胆、解痉止痛药物。但不可使用吗啡止痛，以免引起 Oddi 括约肌痉挛，加重梗阻症状。

4. 补液　遵医嘱补液，纠正水、电解质失调。

5. 改善凝血功能　凝血酶原低者，遵医嘱补充维生素 K；紧急手术者，可用全血供给凝血酶原。

6. 改善营养状态　贫血者可遵医嘱输浓缩红细胞或全血，低蛋白血症者应输注白蛋白或全血。

7. 抗感染　遵医嘱给予抗菌药物。

8. 皮肤护理　黄疸患者注意保持皮肤清洁，定期修剪指甲，防止抓伤，避免皮肤损伤。

9. 完善术前常规准备　包括相关检查、配血和手术野备皮等。

（二）术后护理

1. 病情观察　观察神志、体温、脉搏、呼吸、血压、尿量、黄疸、腹部体征的变化，胃肠减压及腹腔引流液的量和性状。

2. 饮食和营养支持　禁食期间遵医嘱给予肠外营养支持。肠蠕动恢复后，开始进食，由无脂流食逐渐过渡到低脂饮食。低脂饮食 1 个月以上，注意少食多餐。

3. 伤口的护理　观察并记录伤口情况，保持伤口清洁、干燥，如有渗液，及时更换敷料。如有胆汁渗漏，应以氧化锌软膏保护皮肤。

4. T 管护理

（1）妥善固定：注意翻身、活动、搬动时勿牵拉导管。对躁动不安的患者应有专人守护或适当加以约束，避免将 T 管拔出。

（2）保持通畅、有效引流：T 管不可受压、扭曲、折叠，经常予以挤捏，保持通畅。若术后 1 周内发生阻塞，可用硅胶管插入管内行负压吸引，术后 1 周发生阻塞，可用生理盐水加庆大霉素 8 万 U 低压冲洗。注意引流管的水平高度不要超过腹部切口高度以免引流液反流。引流袋不宜过低，以免胆汁流出过多，影响脂肪的消化和吸收。

（3）观察记录胆汁的量及性状：正常成人每日胆汁分泌 800～1200ml，黄色或黄绿色，清亮无渣。术后 24h 内引流量为 300～500ml，恢复饮食后，可增至 600～700ml，后逐渐减少至每日 200ml 左右。术后 1～2 日胆汁浑浊后逐渐清亮，若引流量突然增多，提示下端梗阻，若突然减少或无胆汁引流出，可能为导管受压、扭曲、折叠、阻塞或脱出。

（4）预防感染：严格无菌操作，每周定期更换外接的引流管、引流瓶。

（5）拔管：一般手术后 12～14 日，无特殊情况，可以拔除 T 管。拔管指征包括黄疸消退，无腹痛、发热，粪便颜色正常，血象、血清黄疸指数正常。拔管前先在饭前、饭后各夹管 1h，1～2 日后全日夹管，如无腹胀、发热及黄疸等症状，说明胆总管通畅。还需在 X 线下经 T 管胆道造影，进一步明确胆总管通畅情况。造影后必须立即接好引流管继续引流 2～3 日，以引流造影剂，减少造影后反应和继发感染。如情况正常，造影后 2～3 日即可拔管。拔管后局部伤口以凡士林纱布堵塞，1～2 日可自行封闭。拔管后 1 周内，警惕胆汁外漏甚至发生腹膜炎，观察患者体温、有无黄疸和腹痛，以便及时处理。

5. 并发症观察与处理

（1）出血：早期出血多为止血不彻底或结扎线脱落所致。若术后出血量大，甚至出现休克征象，应及时报告医师给予处理，预防低血容量性休克，并遵医嘱给予维生素 K_1 肌内注射，以改善凝血功能。

（2）胆瘘：由胆管损害、胆总管下段梗阻、T 管脱出等引起。注意观察腹腔引流情况，如切口处有黄绿色胆汁样引流液，每小时 50ml 以上，应疑有胆瘘，需及时通知医师处理。处理方法包括：①将漏出的胆汁充分引流至体外。②长期胆瘘可影响脂肪消化和吸收，导致营养障碍和脂溶性维生素缺乏，应及时补充水、电解质及营养。③保护引流管周围皮肤，及时更换被胆汁浸湿的敷料，局部皮肤涂抹氧化锌软膏。

（3）黄疸：术前有肝功能损害、胆管狭窄或术中损伤胆管，术后可出现黄疸。一般于术后 3～5 日减退。对于黄疸患者应做好皮肤处理，密切观察血清胆红素浓度，并遵医嘱肌内注射维生素 K_1。

（三）健康教育

1．忌食高胆固醇、高脂肪食物。

2．遵医嘱坚持服用利胆药物。

3．起居要有规律，不要过度劳累，保持心情舒畅。

4．对于带 T 管出院的患者，应指导患者做好 T 管的固定和自我护理。注意保护局部，避免提取重物、过度活动，以防脱落。每日定时倒液并记录。定时换药，避免感染。注意保护局部皮肤。沐浴时避免水进入伤口。出现引流管脱出、无液体引出或引流物异常时应及时就医。

5．凡是再次出现腹痛、黄疸、消化不良等情况，要立即去医院就诊。

第二节　慢性胆囊炎、胆囊结石

慢性胆囊炎（chronic cholecystitis）与急性胆囊炎是同一疾病的不同阶段表现，70% 以上合并胆囊结石。由于炎症反复发作，纤维结缔组织增生，胆囊黏膜萎缩，胆囊壁增厚，与周围组织粘连，胆囊失去收缩和浓缩胆汁的生理功能，胆囊管炎症闭塞，胆汁淤积，胆色素被吸收，而胆囊黏膜仍有一定的黏液分泌功能，形成胆囊积水即所谓白胆汁。

【护理评估】

（一）临床表现

1．症状　病史中有急性胆囊炎症状反复发作。平时症状不明显，可有右上腹发胀、隐痛、反酸、厌油等"消化不良"症状，常被误认为"胃病"。

2．体征　右上腹胆囊区可有轻压痛和不适感，无其他阳性体征。少数患者可触及肿大的胆囊。

（二）辅助检查

B 超检查可显示胆囊缩小，胆囊壁增厚，胆囊排空功能减退或消失。如显示结石影，更有助于诊断。

（三）与疾病相关的健康史

注意评估患者的年龄、性别、家族史、既往史、饮食习惯、手术史等，了解患者发病的相关因素，是否有反复发作的胆囊炎病史。

（四）心理社会状况

慢性胆囊炎反复急性发作给患者造成身体上的痛苦和心理上的压力，由于经常入院治疗而造成一定的经济负担。

（五）治疗原则

诊断一旦明确，应手术治疗。可行剖腹胆囊切除术或腹腔镜胆囊切除术（laparoscopic cholecystectomy，LC）。LC 具有切口小，痛苦轻，腹腔内脏器所受干扰小，恢复快，并发症少，死亡率低，住院时间短等特点。适应证同一般的胆囊切除术，如胆囊结石、慢性胆囊炎、胆囊息肉等。如伴有胆管结石、急性胆囊炎、急性梗阻性化脓性胆管炎、急性胰腺炎、腹腔内感染等则为 LC 的禁忌证。对既往有腹部手术史及肥胖患者，亦不宜采用 LC。手术多采用全身麻醉。常见并发症有血管损伤、胆总管损伤和肠管损伤等，死亡率在 0.1% 左右。

对年迈、体衰并有全身严重器质性病变者可采用非手术治疗，包括限制高脂肪食物，服用胆汁酸和利胆药物，中西医结合治疗等。

【主要护理诊断/合作性问题】

1. 疼痛　与胆囊慢性炎症和胆结石刺激有关。
2. 潜在并发症：高碳酸血症、酸中毒、出血、胆瘘、胆道损伤、肠穿孔等。

【护理措施】

本节重点介绍腹腔镜胆囊切除术患者的护理，其他护理措施参见本章第一节急性胆囊炎、胆囊结石。

（一）术前护理

1. 心理护理　术前及时了解患者心态，针对不同情况向患者及其家属介绍该手术的优缺点、手术的基本操作和万一手术失败再行剖腹手术的可能性，以取得患者及其家属的理解和合作。
2. 饮食　患者入院后应嘱其选择低脂饮食，防止引起胆囊炎急性发作而影响手术的进行。术前禁食易产气的食物，必要时清洁灌肠。
3. 备皮　备皮范围同常规剖腹手术，但由于LC多在患者脐部四周切开4个小创口，故备皮时应以棉签蘸汽油清洁脐部，以避免从脐眼处污染腹腔发生感染。

（二）术后护理

1. 体位　麻醉多采取全麻方式，故术后返回病房先取平卧位，待患者血压平稳后改半坐卧位。6h后即可起床活动。
2. 饮食　本手术对腹腔内脏干扰小，一般术后6h即可进食。如患者有恶心、呕吐等不适，可适当延迟进食。消化道不适症状一般经对症处理后可缓解。
3. 伤口护理　在腹部有4个约1cm大小的切口，术后多用胶布粘贴保护，如无渗血、渗液，无需特别处理。
4. 并发症的观察和护理　注意观察生命体征、伤口情况及腹部体征，观察有无高碳酸血症、酸中毒、出血、胆瘘、胆道损伤、肠穿孔等并发症。一旦发现异常，应及时报告医师处理。

第三节　急性胆管炎、胆管结石

胆管结石（choledocholithiasis）分肝外胆管结石及肝内胆管结石两种。肝外胆管结石可原发于胆总管或继发于肝内胆管或来源于胆囊结石。肝内胆管结石常与肝外胆管结石并存。急性胆管炎（acute cholangitis）的发病主要是梗阻基础上继发感染，致病菌多为大肠埃希菌等革兰阴性杆菌。胆管结石是最常见的梗阻原因，其次为胆道蛔虫症和胆道狭窄。其病理改变主要取决于结石造成的梗阻程度及有无继发感染，结石的存在可引起胆管梗阻、继发性感染、肝细胞损害、胆源性胰腺炎等病理变化。若胆道梗阻未能及时得到解除，胆道感染未能控制，病情可进一步发展，成为急性梗阻性化脓性胆管炎（acute obstructive suppurative cholangitis，AOSC）。AOSC是肝内、肝外胆管结石最凶险的并发症，亦称急性重型胆管炎。患者可出现肝急性化脓性感染，甚至并发多发性胆源性细菌性肝脓肿。少数患者可进一步发展为革兰阴性杆菌脓毒症、感染性休克和多脏器功能衰竭。

案例 25-2A

男性，60岁，因剧烈腹痛伴畏寒发热、巩膜黄染2日入院。发病前1日曾进油腻食物，引起右上腹不适，夜间剧痛，恶心呕吐，畏寒发热，尿呈浓茶色。当地医院检查发现血压偏低，精神差，转来本院治疗。

体检：T 39℃，P 106次/分，R 20次/分，BP 80/60mmHg。神志淡漠，回答不清，巩膜黄染，右上腹压痛、反跳痛明显，胆囊触诊不清，肠鸣音减弱。

实验室检查：白细胞 $29.8×10^9$/L，中性粒细胞 0.95，尿胆红素（+）。

问题与思考：
该患者护理评估内容有哪些？

【护理评估】

（一）临床表现

腹痛、寒战与高热、黄疸是结石阻塞胆总管继发感染的典型表现，合称 Charcot 三联征。

1. **腹痛** 常发生在进食油腻食物或体位改变后，由于胆管结石下移，嵌于胆总管下端壶腹部，引起暂时性梗阻，刺激胆管平滑肌痉挛诱发绞痛。起病急骤，位于剑突下或右上腹，为胀痛或绞痛，剧烈似刀割，可向右后背部放射。

2. **寒战、高热** 在腹痛之后出现，细菌毒素逆行扩散，通过肝窦进入体循环，引起全身感染症状。患者体温持续升高达 39～40℃，甚至更高，呈弛张热。

3. **黄疸** 常在疼痛及高热后出现，为梗阻性黄疸。

如果病情发展迅速，转为急性梗阻性化脓性胆管炎，此时除 Charcot 三联征外，还有休克、中枢神经系统受抑制表现，称为雷诺（Reynolds）五联征。神经系统症状主要表现为神志淡漠、嗜睡、昏迷等。合并休克可表现为烦躁不安、谵妄等。如未予以有效治疗，继续发展，可发生急性呼吸衰竭、急性肾衰竭等，严重者可在短期内死亡。

（二）辅助检查

1. **实验室检查** 白细胞计数及中性粒细胞均明显升高。部分患者出现代谢性酸中毒，血氧分压明显下降。血清胆红素、尿胆红素增高，尿胆原消失，粪中尿胆原减少。肝细胞坏死时血清转氨酶增高。

2. **影像学检查** B超可了解肝内外胆管扩张情况，胆道梗阻的部位和病变的性质。如患者情况允许，可行CT检查。经皮肝穿刺胆管造影（percutaneous transhepatic cholangiography，PTC）、经内镜逆行胰胆管造影（endoscopic retrograde cholangiopancreatography，ERCP）和磁共振胰胆管造影（MRCP）可显示胆道梗阻的部位及性质。PTC是在X线电视或B超监视下，经皮肝穿刺入肝内胆管，直接注入造影剂而使肝内外胆管迅速显影，可显示肝内外胆管病变部位、范围、程度和性质等，有助于对胆道疾病，特别是梗阻性黄疸的诊断和鉴别诊断。但可能发生胆汁漏、出血、胆道感染等并发症。ERCP是在纤维十二指肠镜直视下，通过十二指肠乳头将导管插入胆管和（或）胰管内进行造影。ERCP有诱发急性胰腺炎和胆管炎的可能，应警惕。

（三）与疾病相关的健康史

注意评估患者的年龄、性质、家族史、既往史、饮食习惯、手术史等，了解患者发病的相关因素、发作性胆管炎病史等。

（四）心理社会状况

急性梗阻性化脓性胆管炎若不及时手术可导致患者死亡，给患者及其家属造成较重的心理压力。

（五）治疗原则

1. 肝外胆管结石　以手术治疗为主，最常用的手术方法是胆总管探查或切开取石、T管引流术。原则是尽可能在手术中取尽结石，去除感染的病灶，保证手术后胆管引流通畅。

2. 肝内胆管结石　无症状时可不治疗，仅定期观察、随访即可。临床症状反复发作者，采取以手术为主的综合治疗。

（1）手术治疗：行高位胆管切开取石、内引流术，清除肝内感染性病灶。胆管切开取石后，行肝（胆）总管、空肠Roux-en-Y胆肠内引流术。肝内胆管结石反复并发感染，引起局部肝萎缩、纤维化和功能丧失时，可切除病变部分肝。

（2）溶石治疗：对于无法取尽的肝内胆管结石，可在手术后通过留置的T管，灌注各种溶石药物。

（3）机械排石治疗：如采用纤维胆道镜，用石钳、网篮等在直视下取石。

（4）中西医结合治疗：针灸和消炎利胆的中药对控制炎症、排石有一定的作用。

3. 急性梗阻性化脓性胆管炎　应紧急手术解除胆道梗阻并减压引流。手术前应积极防治休克，纠正水、电解质和酸碱平衡紊乱，给予有效、足量的抗生素、肾上腺皮质激素、维生素，及时使用多巴胺等血管活性药物，防治急性呼吸衰竭和肾衰竭等。手术以切开减压并引流胆管、挽救生命为主要目的。

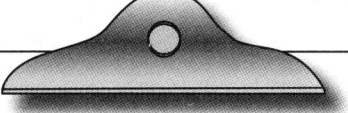

案例25-2B

该患者明确诊断为急性梗阻性化脓性胆管炎、胆管结石，拟行手术切开胆道，解除梗阻，引流胆汁。

问题与思考：

手术前护士应如何观察和护理该患者？

【主要护理诊断/合作性问题】

1. 疼痛　与胆管梗阻、炎症有关。
2. （有）体液不足（的危险）　与恶心、呕吐及感染性休克有关。
3. 体温过高　与细菌感染胆道系统有关。
4. 潜在并发症：脓毒症、感染性休克和多脏器功能衰竭。

【护理措施】

（一）术前护理

1. 病情观察　注意腹痛、发热、黄疸三大症状的发展趋势，注意低血压、胰腺炎和腹膜炎表现及患者的精神状况等。

2. 症状护理　对高热患者及时给予物理或药物降温。黄疸患者往往因胆盐刺激使皮肤瘙痒，可用温水擦洗，协助患者剪短指甲，必要时给患者戴手套。做好腹痛的护理。

3. 做好手术准备　及时完成各项术前准备工作。有感染性休克者，应做好抗休克处理，包括纠正水、电解质和酸碱平衡失调，应用广谱抗生素等。对黄疸患者，应同时予维生素K_1静脉滴注。

（二）术后护理

加强对神志、生命体征、腹部体征变化的监护，发现脓毒症、感染性休克和多脏器功能衰竭等异常情况要及时处理。

其他护理措施参见本章第一节急性胆囊炎、胆囊结石患者的护理。

小 结

一、急性胆囊炎、胆囊结石

1. 病因　主要原因是胆囊管梗阻和致病菌入侵。梗阻主要由胆囊结石引起，蛔虫、扭转和狭窄等也可引起。致病菌主要为革兰阴性杆菌。

2. 临床表现　进食油腻后引发的右上腹疼痛伴右肩背部放射痛，Murphy征阳性。

3. 治疗原则　症状轻者先用非手术治疗，非手术治疗效果不好时考虑手术治疗。

4. 护理　非手术治疗护理/术前护理应加强心理支持，减轻或有效缓解疼痛，改善营养状况。术后做好T管引流护理，加强并发症的预防和护理。指导出院患者注意饮食不要过于油腻。

二、慢性胆囊炎、胆囊结石

1. 病因　主要因急性胆囊炎迁延不愈、反复发作导致。

2. 临床表现　平时症状不明显，可有右上腹发胀、隐痛、反酸、厌油等"消化不良"的症状。

3. 治疗原则　一旦诊断明确，应手术治疗。

4. 护理　行腹腔镜胆囊切除术前应做好心理护理、饮食调整和备皮。术后护理重点是并发症的观察和护理。

三、急性胆管炎、胆管结石

1. 病因　由胆管梗阻基础上继发感染所致，致病菌多为大肠埃希菌等革兰阴性杆菌。

2. 临床表现　腹痛、寒战与高热、黄疸是结石阻塞胆总管继发感染的典型表现，合称Charcot三联征。在此基础上又出现休克、中枢神经系统受抑制表现，称为Reynolds五联征。

3. 治疗原则　肝外胆管结石和肝内胆管结石采取以手术为主的综合治疗，急性梗阻性化脓性胆管炎应紧急手术解除胆道梗阻并减压引流。

4. 护理　术前应注意病情观察，对症护理，做好术前准备。术后加强并发症的预防和护理。指导出院患者保持健康饮食和良好的生活习惯。

自测题

一、选择题

1. 胆道疾病患者出现上腹痛时，一般**不能**应用的药物是
   A. 阿托品
   B. 布洛芬
   C. 山莨菪碱
   D. 哌替啶
   E. 吗啡

2. 胆管手术后放置T管的时间至少是
   A. 2日
   B. 5日
   C. 1周
   D. 2周

E．1 个月
3．T 管拔除最关键的指征是
    A．引流液颜色正常
    B．引流量逐渐减少，无腹痛
    C．粪便颜色正常，食欲好转
    D．黄疸逐日消退，无发热、腹痛
    E．T 管造影无残余结石，夹管试验无异常变化
4．肝外胆管结石合并胆管炎患者在非手术治疗期间，提示应立即做好急症手术前准备的表现是
    A．黄疸进行性加深
    B．胆囊肿大，有压痛
    C．血压降低，意识不清
    D．体温升高，脉搏加快
    E．血白细胞计数增高
5．急性梗阻性化脓性胆管炎最常见的病因是
    A．胆道蛔虫
    B．胆管结石
    C．胆管狭窄
    D．胆管肿瘤
    E．壶腹部肿瘤
6．Charcot 三联征是指
    A．腹痛、寒战高热、黄疸
    B．寒战、高热、黄疸
    C．寒战、高热、血压降低
    D．腹痛、寒战高热、呕吐
    E．寒战、高热、中枢神经受抑制
7．以雷诺五联征为典型临床表现的胆道疾病是
    A．急性胆囊炎
    B．慢性胆囊炎
    C．胆囊结石
    D．急性梗阻性化脓性胆管炎
    E．胆道蛔虫病

二、案例题

男性，46 岁，昨日晚餐后突然出现右上腹阵发性剧烈疼痛，向右肩、背部放射，并伴有腹胀、恶心、呕吐等症状。

体检：T 38.5℃，P 108 次 / 分，R 22 次 / 分，BP 112/88mmHg。右上腹部有压痛、肌紧张、反跳痛，Murphy 征阳性。

血常规：白细胞 15×10^9/L，中性粒细胞 0.83。

B 超：胆囊肿大，囊壁增厚，胆囊内可见强光团伴声影。

临床诊断：胆囊结石伴急性胆囊炎。经非手术治疗后病情仍继续发展，拟急诊行胆囊切除术治疗。

请问：

（1）该患者目前主要的护理诊断 / 合作性问题有哪些？

（2）术前应采取哪些针对性的护理措施？

（杨立慧）

第二十六章　胰腺癌患者的护理

通过本章内容的学习,学生应能:
◆ 识记
描述胰腺癌的典型临床表现和治疗原则。
◆ 理解
1. 概括胰腺癌发病的相关因素。
2. 解释胰腺癌术后可能出现的并发症。
◆ 运用
评估胰腺癌患者并为其制订护理计划。

胰腺癌(pancreatic cancer)是恶性程度较高的一种消化道肿瘤。近年来发病率一直处于上升趋势,死亡率亦居高不下。从发病年龄来看,以40~70岁的中老年人群为主,男女发病比例为1.5:1。70%~80%的胰腺癌发生在胰头,其次为胰体或胰尾,全胰癌少见。

胰腺癌转移的途径主要是淋巴转移和直接浸润,其次为血行转移。最常见的部位为肝、肺。胰腺癌的发病原因目前尚不清楚。但目前研究表明,吸烟、高脂饮食、慢性胰腺炎及糖尿病患者、长期接触亚硝胺等化学致癌物质或放射性物质等都与胰腺癌的发生有相关性,同时胰腺癌也具有家族遗传性倾向。

案例26-1A

男性,62岁,3周前偶然发现尿液颜色变黄并逐渐加深,1周前出现皮肤巩膜黄染。
体检:皮肤、巩膜黄染。腹软,上腹部胆囊区可触及一2cm×3cm大小肿块。
B超:胆囊增大,肝内、外胆管扩张,胆囊内未发现结石或其他占位性病变,胰管广泛扩张。
CT:肝大小正常,肝内胆管扩张,胆囊增大,胆总管扩张。十二指肠附近有一肿块,无远处转移。
ERCP:Vater乳头部扩张,内有一直径1.5cm肿块。胆总管扩张至1.4cm,内无结石,乳头部狭窄。胰管扩张明显。
问题与思考:
该患者护理评估内容有哪些?

【护理评估】
(一)临床表现
1. 症状　胰腺癌因肿瘤部位、有无邻近脏器的侵犯和是否转移而具有不同的临床表现,早期症状并不典型,多为上腹部不适、食欲减退等非特异性症状。出现症状时多已为中晚期。

(1) 上腹部疼痛：是胰腺癌常见的首发症状，70%～90% 的患者有此症状。胰头部癌肿因侵犯胆管、胰管或十二指肠，造成胰胆管或十二指肠梗阻，可产生中上腹胀痛或钝痛，甚至出现剧痛或绞痛，进食后可加重。癌肿位于胰腺体尾部时可表现为左上腹或脐周的隐痛或钝痛，并因后腹膜神经组织受累而出现腰背部的放射痛。

(2) 黄疸：为梗阻性黄疸，呈进行性加重。黄疸可伴有皮肤瘙痒、茶色尿和陶土色粪便。胰头部癌肿因易侵犯胆总管，故是胰头癌患者最主要的临床表现。胰体尾部癌黄疸发生率较低，往往在病程晚期才出现黄疸。

(3) 消化道症状：胰腺癌患者还常常出现上腹部饱胀、食欲减退、消化不良、乏力、恶心、呕吐、消瘦、腹泻等消化道症状。

(4) 其他：由于消化和吸收功能减退，60%以上的胰腺癌患者有消瘦和乏力的表现。合并有胆道梗阻的患者可继发胆道感染，出现寒战、高热、白细胞升高等感染症状。侵犯脾静脉会出现脾功能亢进，破坏胰岛细胞可出现血糖升高等。

2. 体征　早期多无明显体征，但多数患者在病程发展中因累及胆管可出现黄疸。70%的患者可出现黄疸伴无痛性胆囊增大，称为库瓦西耶征（Courvoisier sign），是胰头癌的重要表现。部分患者可因胆汁淤积而出现肝大，少数患者可触及胰腺肿块。晚期可出现腹水及左锁骨上、腋下、腹股沟淋巴结肿大。

知识链接

胰腺的解剖生理

胰腺是人体第二大腺体，属腹膜后器官，分头、颈、体、尾四部分，胰头膨大，嵌入十二指肠环内。胰管是胰腺的输出通路，直径 2～3mm，约85%的人胰管近端与胆总管汇合成 Vater 壶腹，共同开口于十二指肠乳头。二者的共同通道或共同开口，正是胆胰疾病相互关联的解剖基础。

胰腺具有外分泌和内分泌两种功能。外分泌产生胰液，主要成分是水、碳酸氢钠和多种消化酶，胰液中的消化酶以无活性的酶原形式存在，其在胰腺内异常激活是胰腺炎的发病基础。胰腺的内分泌来自胰岛内的多种细胞，其中β细胞分泌胰岛素，α细胞分泌胰高血糖素，G细胞分泌促胃液素，δ细胞分泌生长抑素。当某种胰岛细胞发生病变时，即出现相应的内分泌失调。

（二）辅助检查

1. 实验室检查

(1) 免疫学检查：在各种胰腺肿瘤标志物中，糖链抗原（CA19-9）是目前最常用的一项指标，其含量增高对胰腺癌诊断有重要意义。测定 CA19-9 的变化，可作为手术等治疗效果的监测指标。

(2) 血清生化检查：因胆道梗阻，胰腺癌患者可出现血清总胆红素、直接胆红素和碱性磷酸酶升高。因胰管阻塞，可出现血、尿淀粉酶的一过性增高。

(3) 血糖：部分患者因胰岛细胞的破坏而出现血糖升高等糖尿病表现。

2. 影像学检查

(1) CT：是目前胰腺癌诊断中最常用和最重要的检查方法之一，除可明确肿瘤是否存在外，还可以发现肿瘤与周围组织和血管的关系，从而为手术提供依据。近年来，PET-CT 通过将正电子放射断层扫描（PET）和 CT 两种技术结合，能同时对病灶进行定位和定性两种分析，但因费用较高，目前临床应用受到一定限制。

(2) B超：因具有无创、简便、经济和可重复等优点，也是胰腺癌检查中常用的手段，可

以及时发现肝内外胆管和胰管有无扩张。

(3) 经内镜逆行胰胆管造影（ERCP）：随着内镜技术的不断发展，ERCP也逐渐成为胰腺疾病诊治中的重要方法，可显示胆管和胰管近壶腹侧影像或肿瘤以远的胆管和胰管扩张的影像。也可在ERCP的同时于胆管内植入内支撑管，以达到术前减轻黄疸的目的。

(4) 经皮肝穿刺胆道造影（PTC）：可显示梗阻上方肝内、肝外胆管扩张情况，对判定梗阻部位和胆管扩张程度有重要价值。在PTC的同时行胆管内置管引流（PTCD）可减轻黄疸和防止胆漏。

3. 细胞学检查　目前细胞学检查主要采取两种方法：一是经ERCP收集胰液查找癌细胞，二是在CT或B超引导下经皮穿刺肿瘤组织进行病理检查。

(三) 与疾病相关的健康史

1. 年龄　本病好发于40～70岁的患者。
2. 饮食习惯　长期进高蛋白、高脂肪饮食，长期接触有毒物质，有吸烟史和长期饮酒史等均可增加发病机会。
3. 既往史及家族史　患者既往有无糖尿病、急慢性胰腺炎等，有无胰腺肿瘤或其他肿瘤家族史。

(四) 心理社会状况

了解患者职业、文化程度、有关疾病的知识掌握情况；评估患者有无焦虑、恐惧、悲观等心理反应；了解患者及家属对疾病的看法、认识、反应及适应水平；评估家属对患者的关心和支持程度；了解患者家庭经济承受能力。

(五) 治疗原则

手术治疗是胰腺癌的主要治疗方法，同时可辅以化疗、放疗、免疫治疗等综合治疗手段。

1. 手术治疗　适用于无明显远处转移病灶的患者。目前，胰腺癌的切除率已达50%以上，不能切除的患者也可行姑息性手术进行治疗。胰腺癌常用的手术方式有：①胰十二指肠切除术（Whipple术），适用于胰头癌患者，手术范围包括胰头、胆囊、胆总管、远端胃、十二指肠及空肠上段，同时清除周围淋巴结，再将胰、胆囊和胃分别与空肠吻合，重建消化道。②保留幽门的胰头十二指肠切除术（pylorus-preserving pancreatoduodenectomy，PPPD），目前在手术中提倡尽可能保留患者远端胃和幽门，对于无幽门上下淋巴结转移的患者，多采用PPPD。PPPD减少了手术创伤，避免了胃大部切除并发症，有利于改善术后营养状态，其术后生存期与Whipple手术相似。③姑息性手术，若肿瘤无法切除，或患者无法耐受较大的手术，可行姑息性手术，如行胆肠吻合术以解除胆道梗阻，行胃空肠吻合术以解除或预防十二指肠梗阻，术中在内脏神经节周围注射无水乙醇或行腹腔神经节切除术以减轻疼痛。

2. 辅助治疗　迄今为止，胰腺癌的常规化疗和放疗并未得到广泛开展，这与目前的放化疗药物对胰腺癌的敏感性均不强有关。常用的化疗药物有氟尿嘧啶、丝裂霉素、多柔比星、双氟胞苷等。由于肿瘤免疫学和分子生物学的研究进展，免疫治疗、靶向治疗等也逐渐应用于胰腺癌的辅助治疗中，并取得了一定的效果。

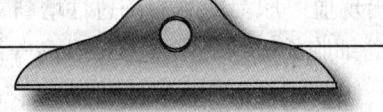

案例26-1B

该患者明确诊断为胰腺癌，在进行支持治疗和术前准备后，拟行保留幽门的胰十二指肠切除术。

问题与思考：

1. 该患者术后可能出现哪些并发症？
2. 如何进行观察和护理？

【主要护理诊断/合作性问题】
1. 焦虑　与诊断为癌症、对手术治疗缺乏信心及担心预后有关。
2. 疼痛　与胰胆管梗阻、癌肿侵犯腹膜后神经丛及手术创伤有关。
3. 营养失调（低于机体需要量）　与食欲下降、呕吐及癌肿消耗有关。
4. 潜在并发症：感染、出血、胰瘘、胆瘘、血糖异常等。

【护理措施】

（一）术前护理

1. 心理护理　胰腺癌因发现时大多已处于中晚期，手术机会小、预后差，故大多数患者得知诊断后均会出现否认、悲哀、畏惧、愤怒等不良情绪，对手术治疗产生焦虑或抵触的心理。护士应理解患者，加强与患者的沟通，了解患者的真实感受和情感诉求。根据患者对疾病知识的掌握程度，有针对性地进行健康指导，使患者能配合治疗与护理，促进疾病的康复。

2. 疼痛护理　鼓励患者放松心情，取舒适体位等缓解疼痛。对于疼痛剧烈的患者，遵医嘱及时给予有效的镇痛治疗，并评估镇痛药效果。

3. 营养支持　关注营养相关指标，如皮肤弹性、体重、血清蛋白水平等。通过提供高蛋白、高热量、高维生素、低脂饮食，维持和改善人体营养状态。必要时可遵医嘱经肠内营养或肠外营养途径改善患者营养状况。

4. 肠道准备　术前3日口服抗生素抑制肠道细菌，预防术后感染。术前2日给予流质饮食。手术前晚清洁灌肠，减少腹胀和其余并发症的发生。

5. 其他　肝功能异常者遵医嘱给予保肝药物、复合维生素B等。伴有黄疸者，可补充维生素K_1，改善凝血功能。血糖异常者，通过饮食调节和胰岛素注射控制血糖。有并发感染者，遵医嘱予以抗生素控制感染。

（二）术后护理

1. 体位　胰腺癌术后取去枕平卧位，头偏向一侧。待患者清醒、血压平稳后改为半坐卧位，以利于呼吸和引流。

2. 营养支持　术后早期需禁食禁饮、胃肠减压。在禁食期间需给予完全胃肠外营养支持，维持水、电解质的平衡。在肠蠕动恢复并拔除胃管后予以流质、半流质饮食，逐渐过渡至普食。胰腺切除术后，胰腺外分泌功能减退，易发生消化不良、腹泻等，应根据胰腺功能给予消化酶或止泻药。

3. 并发症的观察及护理

（1）感染：以腹腔内局部细菌感染最常见，若患者免疫力低下，可合并全身感染。术后需严密观察患者有无高热、腹痛和腹胀、白细胞计数升高等。及时更换伤口敷料，注意无菌操作。胰腺癌患者术后通常留置有多种管道，如胃管、尿管、T管、胰肠引流管、胆肠引流管、腹腔引流管等，除注意妥善固定、保持通畅外，应注意观察引流液的性状和量，若为浑浊或脓性液体，应及时通知医生并协助处理。遵医嘱合理使用抗生素，加强全身支持治疗。

（2）出血：在术后48h内及术后1~2周时均可有出血表现，多表现为经引流管引流出血性液体、呕血、便血等，同时伴有出汗、心率增加、血压下降等。故术后需密切观察生命体征、伤口渗血及引流液，准确记录出入量。有出血倾向者，遵医嘱补充维生素K和C；出血量少者可予以静脉补液，应用止血药物、输血等治疗；出血量大者需通过手术进行止血。

（3）胰瘘：多发生于术后3~7日。表现为腹痛、持续腹胀、发热、腹腔引流管或伤口流出无色清亮液体，可检测出淀粉酶。根据胰瘘程度，采取禁食、胃肠减压、负压引流、静脉泵入生长抑素等措施，必要时做腹腔灌洗引流，防止胰液积聚，侵蚀内脏、血管等。如腹壁有瘘口，可用氧化锌软膏涂抹保护周围皮肤。

（4）胆瘘：多发生于术后5~10日。表现为发热、右上腹痛、腹胀、肌紧张等腹膜刺激征。T管引流量减少，腹腔引流管或腹壁伤口溢出胆汁样液体。此时应注意保持T管通畅，将漏出的胆汁充分引流至体外。加强支持治疗，维持水、电解质平衡。同时也应做好手术处理的准备。

（5）控制血糖：注意监测血糖水平，合并高血糖者，调节饮食或遵医嘱调节胰岛素用量，控制血糖在正常水平。若有低血糖表现时，适当补充葡萄糖。

（三）健康教育

1．年龄在40岁以上，短期内出现持续上腹部疼痛、腹胀、食欲下降、消瘦等症状时，应注意进行胰腺疾病的筛查。

2．少量多餐，以均衡饮食为主，戒烟酒。

3．按计划进行放化疗。放化疗期间需注意定期复查血常规，以及早发现骨髓抑制征象。若血白细胞计数小于 4×10^9/L，应暂停放化疗。

4．术后每3～6个月复查一次，若出现腹痛、进行性消瘦、贫血、乏力、发热等症状，及时到医院就诊。

小 结

1．病因　不明，相关因素有饮食、遗传、环境、生活方式等。

2．临床表现　早期症状并不典型，上腹部不适是常见的首发症状，梗阻性进行性黄疸是胰头癌患者最主要的临床表现。患者还可有消化道症状、消瘦、乏力、腹部肿块等。

3．治疗原则　以手术治疗为主，辅以化疗、放疗、分子靶向治疗等综合治疗。

4．护理　术前应关注患者的心理反应及疼痛情况，做好营养支持。术后应注意观察伤口情况及引流情况，及时发现感染、出血、胰瘘、胆瘘等并发症。做好术后随访等宣教。

自测题

一、选择题

1．胰腺癌好发于

A．胰体部

B．胰颈部

C．胰头部

D．胰尾部

E．全胰腺

2．属于胰腺癌高危人群的是

A．喜欢素食者

B．胆结石患者

C．无烟酒嗜好者

D．中青年男性

E．慢性胰腺炎患者

3．胰头癌最主要的临床表现是

A．上腹痛

B．上腹部肿块

C．消化不良

D．黄疸进行性加重

E．乏力和消瘦

4．为了预防胰腺癌患者在Whipple术后发生胰瘘，应采取的措施是

A．给予生长抑素

B．防治便秘

C．鼓励早期进食

D．服用利胆药物

E．进食后坐 15～30min
5．某患者行胰十二指肠切除术后 5 日，突然出现上腹疼痛，腹腔穿刺抽出含胆汁的液体，该患者可能是出现了
　　A．膈下脓肿
　　B．术后急性腹膜炎
　　C．胆瘘
　　D．胆囊穿孔
　　E．胰瘘

二、案例题

李先生，56 岁，因"进行性皮肤巩膜黄染 2 周，伴上腹部疼痛 1 周"入院。2 周前，自觉全身皮肤瘙痒并发现皮肤巩膜黄染，尿液为浓茶色，自行服用消炎利胆片，黄疸未见消退。1 周前开始出现中上腹疼痛不适。发病以来体重下降 5kg。

体检：T 36.7℃，P 76 次 / 分，R 16 次 / 分，BP 132/84mmHg。实验室检查提示 CA19-9 升高。CT 检查提示胰头肿大，胰管扩张。B 超提示胆囊内未发现结石及其他占位性病变。被诊断为胰腺癌。

李先生表示对疾病诊断很震惊，而且担心预后不良，心情沮丧。

请问：

（1）该患者目前存在哪些主要护理诊断 / 合作性问题？
（2）在术前准备期间，应采取哪些措施改善患者营养状况？
（3）术后如何观察和预防胰瘘并发症？

（陈　越）

第二十七章 周围血管疾病患者的护理

> **学习目标**
>
> 通过本章内容的学习，学生应能：
> ◆ 识记
> 1. 列出原发性下肢静脉曲张、血栓闭塞性脉管炎的病因。
> 2. 复述原发性下肢静脉曲张、血栓闭塞性脉管炎、间歇性跛行的概念。
> 3. 描述原发性下肢静脉曲张、血栓闭塞性脉管炎的临床表现和治疗原则。
> ◆ 理解
> 1. 说明周围血管疾病患者术后的体位要求。
> 2. 解释大隐静脉瓣膜功能试验、深静脉通畅试验、交通支瓣膜功能试验。
> ◆ 运用
> 评估周围血管疾病患者并为其制订护理计划。

周围血管疾病，包括静脉回流障碍（如下肢静脉曲张、下肢深静脉血栓等）、动脉的狭窄闭塞（如血栓闭塞性脉管炎等）及局限性扩张（如动脉瘤）、动静脉间的异常交通（如动静脉瘘）三类。临床上主要表现为局部疼痛、肢体水肿、感觉异常、皮肤色泽和温度的变化、血管形态改变、皮肤及附件营养障碍性改变等。

第一节 原发性下肢静脉曲张

周围血管疾病以下肢静脉病变为主，其中又以原发性下肢静脉曲张最为常见。下肢静脉由浅静脉、深静脉、交通静脉和肌静脉组成。下肢静脉血流方向为由下至上、由浅入深。下肢静脉血流能对抗重力作用向心回流主要依赖于静脉瓣膜向心单向开放、肌关节泵的动力作用、胸腔吸气期与心脏舒张期产生的负压作用等。其中在阻止静脉血逆流方面，静脉瓣膜起到重要作用（图27-1）。

原发性下肢静脉曲张（primary lower extremity varicose veins）指单纯涉及隐静脉和浅静脉伸长、迂曲呈曲张的状态。原发性下肢静脉曲张的病因包括先天性因素和后天性因素。先天性因素主要是静脉壁薄弱、静脉瓣膜缺陷，导致静脉血逆流；后天性因素多见于浅静脉内压力持续升高，例如长期站立、重体力劳动、妊娠、慢性咳嗽、习惯性便秘等，都可使静脉瓣膜承受过度的压力，逐渐松弛而关闭不全。

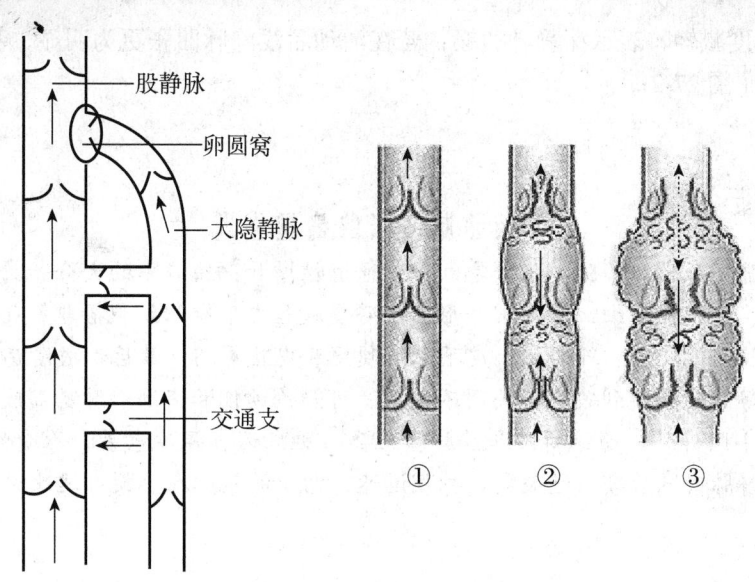

A. 下肢静脉血流方向　　　　B. 静脉瓣膜的作用

图 27-1　下肢浅静脉
①正常静脉瓣膜；②瓣膜关闭不全早期；③瓣膜关闭不全晚期

案例 27-1A

女性，38岁，下肢静脉迂曲、扩张15年，逐渐加重半年。

体检：右小腿大隐静脉重度曲张、弯曲、隆起，似蚯蚓状，站立时加重，右小腿前内侧有一约 2cm×3cm 大小面积溃疡，且有色素沉着，胫前凹陷性肿胀。

问题与思考：
该患者护理评估内容有哪些？

【护理评估】

（一）临床表现

以大隐静脉曲张多见，单纯小隐静脉曲张较少见。多发于左下肢，双下肢可先后发病。

1. 症状　早期仅在长时间站立后患肢小腿感觉沉重、酸胀、乏力和疼痛。

2. 体征　后期曲张静脉明显隆起、蜿蜒成团，可出现踝部轻度肿胀和足靴区皮肤营养不良，包括皮肤萎缩、脱屑、瘙痒、色素沉着、皮肤和皮下组织硬结及并发症。

3. 并发症　①血栓性浅静脉炎：曲张静脉内血流缓慢，血栓形成后出现静脉炎症，患肢有红肿热痛，局部有压痛。②小腿慢性溃疡：多发生在患肢踝上足靴区，患者皮肤常有瘙痒和湿疹，破溃后引起经久不愈的静脉性溃疡。③曲张静脉破裂出血：多在足靴区及踝部，表现为轻微外伤或站立时因不能耐受静脉高压而有出血，速度快且不易止住。

（二）辅助检查

1. 特殊检查

（1）深静脉通畅试验（Perthes 试验）：嘱患者站立，待静脉充盈曲张后，在大腿上端绑扎止血带以阻断浅静脉的回流，然后嘱患者用力踢腿10余次，或连续下蹲3～5次。若曲张静脉消失或充盈程度减轻，表示深静脉通畅；若在活动后浅静脉曲张更为明显，甚至出现胀痛，提示深静脉阻塞（图 27-2）。

下肢静脉曲张的病理生理

下肢静脉高压致浅静脉扩张、毛细血管通透性增加，血液中的大分子物质渗入组织间隙并积聚、沉积在毛细血管周围，形成阻碍皮肤和皮下组织细胞摄取氧气和营养的屏障，导致皮肤色素沉着、纤维化，皮下脂质硬化和皮肤萎缩，最后形成溃疡。

当大隐静脉瓣膜遭到破坏而关闭不全后，可影响远侧和交通静脉的瓣膜，甚至通过属支而影响小隐静脉。静脉瓣膜和静脉壁距离心脏愈远、强度愈差，承受的压力愈高。因此，下肢静脉曲张后期的进展要比初期迅速，曲张的静脉在小腿部远比大腿部明显。

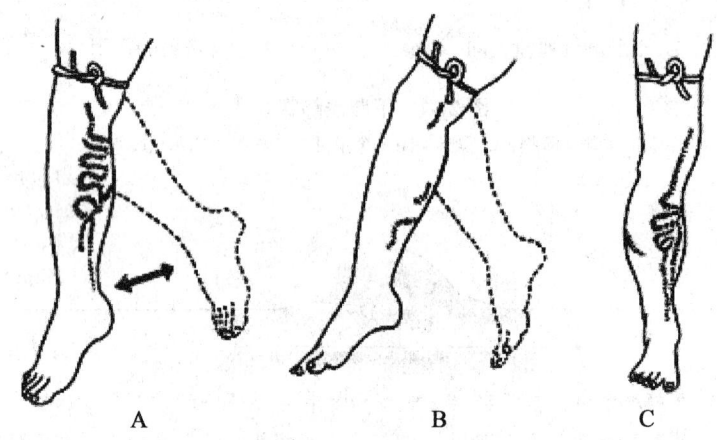

图 27-2　深静脉通畅试验
A.站立，扎止血带，踢腿；B.迂曲静脉减轻，深静脉通畅；C.迂曲静脉加重，深静脉阻塞

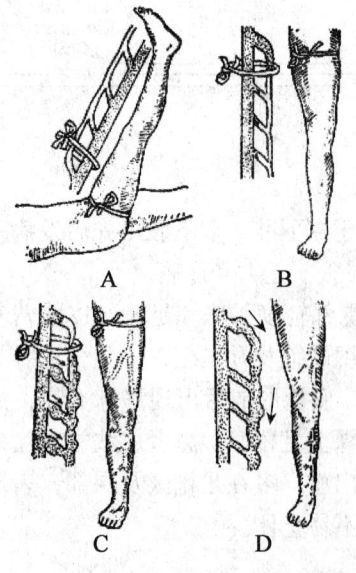

图 27-3　大隐静脉瓣膜功能试验
A.抬高下肢，排空浅静脉内血液，扎止血带；B.正常下肢：站立，未见迂曲静脉；C.交通支瓣膜关闭不全：站立，出现静脉迂曲；D.大隐静脉瓣膜关闭不全：放开止血带，静脉迂曲加重

（2）大隐静脉瓣膜功能试验（Trendelenburg 试验）：患者平卧，抬高下肢排空静脉，在大腿根部扎止血带阻断大隐静脉，然后嘱患者站立，10s 内放开止血带，若出现自上而下的静脉逆向充盈，提示大隐静脉瓣膜功能不全。若放开止血带前，止血带下方的静脉在 30s 内已充盈，则表明交通静脉瓣膜关闭不全（图 27-3）。

（3）交通静脉瓣膜功能试验（Pratt 试验）：患者仰卧，抬高下肢，在大腿根部扎上止血带，然后从足趾向上至腘窝缠缚第一根弹力绷带，再自止血带处向下，缠绕第二根弹力绷带。嘱患者站立，一边向下解开第一根弹力绷带，一边向下缠缚第二根弹力绷带，如果在第二根绷带之间的间隙内出现曲张静脉，提示该处有功能不全的交通静脉（图 27-4）。

2. 影像学检查
（1）下肢静脉造影：观察下肢静脉是否通畅、

瓣膜功能情况以及病变程度。

(2) 血管超声检查：可以观察瓣膜关闭活动及有无逆向血流。

（三）与疾病相关的健康史

1. 工作情况　有无长期站立工作、重体力劳动、久坐少动等可导致下肢浅静脉压增高的因素。

2. 相关疾病史　有无妊娠、肥胖、盆腔肿瘤、慢性咳嗽或习惯性便秘等可导致下肢浅静脉压增高的因素。

3. 家族史　注意询问患者有无下肢静脉疾病家族史。

4. 相关治疗史　是否使用过弹力袜或紧身衣裤。

（四）心理社会状况

了解患者职业、文化程度、疾病相关知识的掌握状况、患者的自我概念、家庭经济与社会支持情况，患者是否出现不良心理反应如焦虑、紧张，以及出现不良心理反应的原因，如因慢性溃疡或创面经久不愈而紧张不安和焦虑，担心下肢静脉曲张影响生活与工作，担心家庭经济负担过重等。了解患者及家属对疾病的认知、反应及适应水平。这些都会影响患者对疾病的接受程度、治疗效果及术后康复情况。

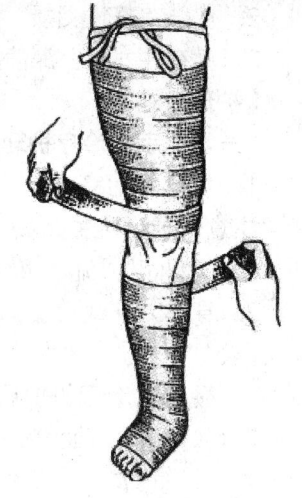

图 27-4　交通静脉瓣膜功能试验

（五）治疗原则

1. 非手术治疗　适用于病变局限、症状较轻者，或妊娠期间发病，症状虽然明显但不能耐受手术者。

(1) 促进静脉回流：避免久站、久坐，间歇性抬高患肢。患者穿弹力袜或用弹力绷带。

(2) 注射硬化剂和压迫疗法：适用于病变范围小且局限者，常用的硬化剂有鱼肝油酸钠、酚甘油液等。将硬化剂注入曲张的静脉后局部加压包扎，利用硬化剂造成的静脉炎症反应使其闭塞。

(3) 处理并发症

1) 血栓性浅静脉炎：给予抗菌药物及局部热敷治疗。

2) 湿疹和溃疡：抬高患肢并给予创面湿敷。

3) 曲张静脉破裂出血：局部加压包扎止血，必要时予以缝扎止血。

2. 手术治疗　适用于深静脉通畅、无手术禁忌证者，是治疗下肢静脉曲张的根本方法。

(1) 传统手术：大隐静脉或小隐静脉高位结扎剥脱术。

(2) 微创疗法：近年来出现了静脉腔内激光治疗、内镜筋膜下交通静脉结扎术、旋切刀治疗，以及静脉内超声消融治疗等微创疗法。

案例 27-1B

该患者明确诊断为大隐静脉曲张，行大隐静脉高位结扎剥脱术。

问题与思考：

1. 手术后，护士为何指导患者坚持使用弹力袜或弹力绷带？

2. 如何正确使用弹力袜或弹力绷带？

【主要护理诊断/合作性问题】

1. 活动无耐力　与下肢静脉回流障碍导致下肢沉重、酸胀、乏力有关。

2. 皮肤完整性受损　与皮肤营养障碍、慢性溃疡有关。
3. 潜在并发症：深静脉血栓形成，创面感染。

【护理措施】

（一）非手术治疗护理/术前护理

1. 休息和抬高患肢　采取良好坐姿，坐时双膝勿交叉过久，以免压迫腘窝影响静脉回流。注意休息，避免久站，常变换体位，抬高患肢30°～40°，使患肢位置高于心脏水平，以利于静脉和淋巴回流，减轻患肢水肿。

2. 穿弹力袜或缚扎弹力绷带　指导患者坚持正确穿戴弹力袜或使用弹力绷带，阻止病情发展。

3. 硬化剂治疗的护理　硬化剂治疗后，从踝部到注射处近侧均匀螺旋式缠绕弹力绷带，并立即开始患肢主动活动。大腿部位病变需要压迫约1周，小腿部位病变压迫约6周。

4. 观察病情　观察患肢远端皮肤的温度、颜色，是否有肿胀、渗出，局部有无红、肿、压痛等感染征象。

5. 预防或处理创面感染　为避免手术后发生感染，对下肢、腹股沟部和会阴部皮肤应认真清洁和备皮，术前洗澡和更换清洁的内衣裤。预防下肢创面继发感染，做好皮肤湿疹和溃疡的治疗和换药，促进创面愈合。

（二）术后护理

1. 体位和活动　术后患肢抬高30°，以促进静脉回流；指导患者卧床期间做足部伸屈和旋转运动；术后24h鼓励患者下地行走，促进下肢静脉回流，避免深静脉血栓形成。

2. 弹力绷带包扎　大隐静脉高位结扎剥脱术后，即用弹力绷带从足趾至腹股沟部位加压包扎患肢1个月以上。

3. 观察病情　注意观察弹力绷带包扎效果。若患肢末端出现肿胀、疼痛、足背动脉搏动减弱或消失、皮温降低、颜色苍白或发绀等，可能是由于绷带包扎过紧引起，应及时报告医师，松开绷带重新包扎。

（三）健康教育

1. 弹力袜及弹力绷带的使用

（1）弹力袜的选择：在患者腿部肿胀消退之后，卧床测量踝部和小腿的周径，以及膝下1寸（短袜）或腹股沟下1寸（长袜）至足底的长度，根据测量结果选择合适的弹力袜。

（2）穿着时间：穿戴前应使静脉排空，故以清晨起床前为宜。

（3）弹力绷带包扎方法：应自下而上，从肢体远端向近端螺旋缠绕。

（4）弹力袜穿着方法：先将弹力袜从袜口卷到足趾，把脚尖伸入，然后以拇指为导引逐渐向上展开袜筒，使袜子平整无皱褶。

（5）松紧度：以能伸入一指为宜。

（6）持续时间：坚持每日使用或遵医嘱。

（7）效果判断：观察肢端皮肤色泽、感觉和肿胀情况，以判断效果。

2. 避免下肢静脉压力增加　避免久站或久坐，定时改变体位。维持良好的姿势，坐时避免双膝交叉过久。肥胖者有计划减肥。避免穿戴过紧的腰带和紧身衣物。保持排便通畅。治疗慢性咳嗽。

3. 保护下肢　防止足部及小腿部碰伤和过度搔抓，以免静脉破裂出血。

第二节 血栓闭塞性脉管炎

血栓闭塞性脉管炎（thromboangitis obliterans，TAO）简称脉管炎，又称 Buerger 病，是一种累及周围血管的慢性、进行性、非化脓性炎症和闭塞性病变，多发生在下肢中、小动脉，伴行静脉也常受累，病变呈节段性分布。早期以血管痉挛为主，继而血管内膜增厚，管腔内血栓形成。晚期血管壁和血管周围广泛纤维化并有侧支循环形成，以代偿血液供应。当动脉血管完全闭塞后，侧支循环失代偿时，最终可造成肢体远端坏疽或溃疡。血栓闭塞性脉管炎的病因一般认为与以下因素有关：长期吸烟、寒冷与潮湿的环境、感染和外伤、神经及内分泌功能紊乱和免疫功能异常、性激素和前列腺素失调等。

案例27-2A

男性，42岁，间歇性跛行、右下肢疼痛5年，伴右小腿溃疡3个月，吸烟史20年。
体检：T 37.2℃，P 80次/分，R 22次/分，BP 120/80mmHg。右下肢皮温较低，色素沉着，右小腿前内侧有一约 3cm×4cm 大小面积溃疡、坏疽，有少许渗液，右足背动脉搏动减弱。
问题与思考：
该患者护理评估内容有哪些？

【护理评估】
（一）临床表现

起病隐匿，临床表现取决于动脉阻塞的程度、范围和侧支循环失代偿情况。根据病程可分为三期：

1. 局部缺血期　表现为患肢麻木、发凉、针刺等异样感觉，患肢皮肤温度偏低，色泽苍白，足背动脉搏动减弱。患肢活动后出现间歇性跛行为突出症状，随病情发展，跛行距离逐渐缩短，休息时间延长。

2. 营养障碍期　以缺血性静息痛为主要症状，夜间更甚。为减轻疼痛，患者常将患肢垂于床下，以增加血供缓解疼痛。患侧足部和小腿皮肤苍白、干冷，肌萎缩，趾甲生长缓慢、增厚变形，患肢足背、胫后动脉搏动消失。

3. 组织坏死期　趾端发黑、干瘪、坏疽和溃疡为主要症状。此期临床症状继续加重，疼痛剧烈，患者常屈膝抚足而坐，肢体自远端逐渐向上发生干性坏疽。当继发感染时，成为湿性坏疽，常伴有全身感染中毒症状。

（二）辅助检查

1. 特殊检查

（1）测定皮肤温度：若双侧肢体对应部位皮肤温度相差2℃以上，提示皮温降低侧肢体动脉血流减少。

（2）肢体抬高试验（Buerger test）：患者平卧，患肢抬高70°~80°，持续60s，若出现麻木、疼痛、苍白或蜡黄色者为阳性，提示动脉供血不足。再嘱患者下肢自然下垂于床缘以下，正常人皮肤色泽可在10s内恢复正常，若超过45s且皮肤色泽不均匀，进一步提示患肢存在动脉供血障碍。

2. 影像学检查　患者可进行肢体血流图或超声多普勒等检查。准备手术治疗者还可行动脉造影，以明确动脉阻塞的部位、程度、范围及侧支循环建立的情况。

（三）与疾病相关的健康史

1. 性别和年龄　本病多见于青壮年男性。
2. 吸烟　主动或被动吸烟是本病发生和发展的重要因素，烟碱能使血管收缩。
3. 工作和生活环境　寒冷与潮湿的工作和生活环境可促使血管收缩。
4. 相关疾病史　有无感染和外伤、神经及内分泌功能紊乱和免疫功能异常、性激素和前列腺素失调等。

（四）心理社会状况

了解患者职业、文化程度、疾病相关知识的掌握状况，患者的自我概念、家庭经济与社会支持情况，患者是否出现不良心理反应，如焦虑、悲观、对治疗和生活丧失信心等，以及出现不良心理反应的原因，如因疾病引起的疼痛剧烈，一般止痛剂难以奏效，担心应用吗啡类药物成瘾，血管旁路移植术后人工血管形成血栓的危险，费用高，担心家庭经济负担重等。了解患者及家属对疾病的认知、反应及适应水平。

（五）治疗原则

重点防止病变进展，改善和促进下肢血液循环。手术是主要的治疗方法。

1. 非手术治疗

（1）一般处理：严格戒烟，防止受潮和外伤，肢体保暖但不作热疗，以免增加组织需氧量而加重症状。疼痛严重者可用止痛和镇静剂。

（2）药物治疗：主要有血管扩张剂、低分子右旋糖酐、广谱抗生素等。中药主要有活血化瘀、消炎止痛类药物。

（3）高压氧疗法：能提高血氧浓度，对减轻患肢疼痛和促进溃疡愈合有一定作用。

（4）创面处理：干性坏疽创面应在消毒后包扎，预防继发感染。感染创面应给予换药处理。

2. 手术治疗　目的是增加肢体血供和重建动脉血流通路。手术方法有多种，可根据病情选用，如腰交感神经节切除术，动脉重建术（包括旁路移植术和血栓内膜剥脱术），截肢（趾）术和分期动、静脉转流术等。

案例27-2B

该患者明确诊断为血栓闭塞性脉管炎，拟行自体大隐静脉旁路移植术。

问题与思考：

1. 手术后，患者可能出现哪些并发症？
2. 如何观察和护理？

【主要护理诊断/合作性问题】

1. 慢性疼痛　与患肢缺血、组织坏死有关。
2. 组织完整性受损　与肢端坏疽、脱落有关。
3. 焦虑　与患肢久治不愈、对治疗失去信心有关。
4. 潜在并发症：出血、栓塞。

【护理措施】

（一）非手术治疗护理／术前护理

1. 绝对戒烟。

2. 患肢护理　肢体保暖，防止外伤。保持足部清洁、干燥，有足癣者要及时治疗。已发生坏疽的部位，应保持干燥，每日用70%乙醇消毒包扎，同时应用抗菌药防治感染。已发生感染的创面，遵医嘱选用有效抗菌药湿敷。

3. 疼痛护理　早期，可应用血管扩张药物、中医中药等治疗，应用低分子右旋糖酐以减少血液黏稠度和改善微循环；中晚期，应用麻醉性镇痛药物，必要时可用硬膜外阻滞止痛。

4. 功能锻炼　指导患者进行Buerger运动，促进侧支循环建立。Buerger运动方法：平卧，抬高患肢45°以上，维持2~3min；再坐起，患肢自然下垂于床边2~5min，同时做足背屈、跖屈和旋转运动；恢复平卧，将患肢放平休息5min，每日重复运动数次。鼓励患者坚持每天多走路，行走时以出现疼痛的时间和距离作为活动量的指标，以不出现疼痛为度。告知患者，当动脉、静脉血栓形成或腿部发生溃疡及坏死时不宜运动。

5. 皮肤准备　如需植皮，注意供皮区的皮肤准备。

6. 心理护理　同情、关心、体贴患者，给患者以心理支持，帮助其树立战胜疾病的信心，积极配合治疗和护理。

（二）术后护理

1. 体位　分期动、静脉流转术后静脉血管重建，术后抬高患肢30°，并卧床制动1周。动脉重建术后动脉血管重建，术后平放患肢，并卧床制动2周。患者卧床制动期间，应做足部运动，促进局部血液循环。

2. 病情观察　①密切观察血压、脉搏及切口渗血等情况。②观察肢体远端血运情况、双侧足背动脉搏动、皮肤温度、皮肤颜色及感觉，并做记录。

3. 防治感染　密切观察患者体温和切口情况，若发现伤口红肿、渗出和体温升高，应及早处理，并遵医嘱合理使用抗菌药。

4. 并发症的观察与护理　若切口处、穿刺点出现渗血或血肿，提示切口处出血；若动脉搏动消失、皮肤温度降低、颜色苍白、感觉麻木，提示动脉栓塞；若重建动脉后出现肿胀，皮肤颜色发紫、温度降低，可能为重建部位的血管发生痉挛或继发性血栓形成。一旦出现，立即通知医生并协助处理。

（三）健康教育

1. 戒烟　劝告患者坚持戒烟。

2. 体位　患者睡觉或休息时取头高脚低位，使血液容易灌流至下肢。告知患者避免长时间维持同一姿势（站或坐）不变，以免影响血液循环。坐时应避免将一腿置于另一腿膝盖上，以防腘动、静脉受压和血流受阻。

3. 保护患肢　切勿赤足行走，避免外伤；注意患肢保暖，避免受寒；鞋必须合适，不穿高跟鞋；穿棉袜，勤换袜子，预防真菌感染。

4. 功能锻炼　指导患者进行Buerger运动，促进侧支循环建立。

5. 自我保健　遵医嘱服药，定期门诊复查。

小 结

一、原发性下肢静脉曲张

1. 病因　包括静脉壁薄弱、静脉瓣膜缺陷和浅静脉内压力持续升高。
2. 临床表现　主要表现为下肢浅静脉曲张、蜿蜒扩张、迂曲。
3. 治疗原则　包括非手术治疗和手术治疗。
4. 护理　非手术治疗护理/术前护理包括观察病情、预防和处理创面感染；术后护理包括观察病情、做好体位和活动，以及弹力绷带的包扎护理。此外应指导患者正确使用弹力袜及弹力绷带。

二、血栓闭塞性脉管炎

1. 病因　一般认为与长期吸烟、寒冷与潮湿、感染和外伤、神经及内分泌功能紊乱和免疫功能异常、性激素和前列腺素失调有关。
2. 临床表现　起病隐匿，可分为局部缺血期、营养障碍期和组织坏死期。
3. 治疗原则　包括非手术治疗和手术治疗。
4. 护理　非手术治疗护理/术前护理包括指导患者绝对戒烟、做好患肢护理、疼痛护理、皮肤准备、功能锻炼和心理护理；术后护理包括体位摆放、病情观察、防治感染和做好并发症的观察与护理。

自测题

一、选择题

1. 男性，58岁，下肢静脉曲张行高位结扎及剥脱术后4h，因站立排尿，小腿部伤口处突然出血不止。此时的紧急处理方法是
   A. 用止血带
   B. 于站立位包扎
   C. 钳夹结扎止血
   D. 指压止血
   E. 平卧抬高患肢

2. 某患者进行下肢静脉瓣膜功能试验，先平卧、抬高患肢，待曲张静脉淤血排空后在大腿根部扎止血带，患者站立后，放开止血带前，30s内曲张静脉迅速充盈，说明
   A. 交通支瓣膜功能不全
   B. 小隐静脉瓣膜功能不全
   C. 深静脉瓣膜功能不全
   D. 大隐静脉瓣膜功能不全
   E. 血管内膜增生

3. 血栓闭塞性脉管炎患者在营养障碍期特有的临床表现是
   A. 趾端坏死
   B. 静息痛
   C. 间歇性跛行
   D. 营养性改变
   E. 足背动脉搏动减弱

4. 对血栓闭塞性脉管炎患者的护理措施中**错误**的是
   A. 防止患肢外伤
   B. 每晚用40℃水浸泡患肢
   C. 绝对戒烟
   D. 适当保暖，避免受寒
   E. 局部保持清洁、干燥，及时治疗足癣

二、案例题

男性，42岁，吸烟15年，每日30支左右，冷库工作8年。近来，右小腿持续性剧烈疼痛，不能行走，夜间加重，到医院就诊。体检：右小腿皮肤苍白，肌萎缩，足背动脉搏动消失。被诊断为血栓闭塞性脉管炎，拟先行非手术治疗。护士告诉该患者应立刻戒烟，他表示无法理解和接受。

请问：

（1）该患者目前主要的护理诊断/合作性问题是什么？

（2）为促进侧支循环建立，应指导该患者如何进行功能锻炼？

（周雪妃）

第二十八章 泌尿系统损伤患者的护理

通过本章内容的学习,学生应能:
◆ 识记
列举泌尿系统损伤的相关因素及分类、常用辅助检查方法。
◆ 理解
比较肾损伤、膀胱损伤和尿道损伤的临床特点和治疗原则。
◆ 运用
评估泌尿系统损伤患者并为其制订护理计划。

泌尿系统损伤最多见的是男性尿道损伤,其次为肾、膀胱损伤,最少见的是输尿管损伤。泌尿系统损伤大多为胸、腹、腰部或骨盆严重损伤时发生的合并伤。因此,当上述部位严重损伤时,应注意是否合并泌尿系统损伤。同时,在确诊泌尿系统损伤时,也要特别注意是否合并其他脏器的损伤。泌尿系统损伤的共同临床表现为出血和尿外渗,大出血可引起休克,血肿和尿外渗可继发感染,严重时导致脓毒症、周围脓肿、尿瘘或尿道狭窄。因此,尽早确诊和正确处理对预后极为重要。

第一节 肾 损 伤

肾损伤(renal injuries)常合并有胸腹多脏器的复合伤。肾损伤可以根据病因不同分为两类。①开放性损伤:被弹片、枪弹、刀刃等锐器所伤,常伴有胸部、腹部等其他脏器的复合性损伤,病情复杂而严重。②闭合性损伤:因直接暴力(如撞击、跌打、挤压、肋骨骨折等)或间接暴力(如对冲伤、突然减速、暴力扭转、坠跌、负重和剧烈运动等)所致的损伤。直接暴力时上腹部或腰背部受到外力撞击或挤压是肾损伤最常见的原因。临床最常见的是闭合性肾损伤,根据闭合性肾损伤的程度分为肾挫伤、肾部分裂伤、肾深度裂伤、肾横断或粉碎伤、肾蒂损伤。肾损伤继发的病理改变包括血肿及尿外渗致继发感染;持续的尿外渗形成假性尿囊肿;血肿及尿外渗引起周围组织纤维化,压迫肾盂及输尿管导致肾积水;损伤致部分肾实质缺血,或肾蒂周围组织纤维化压迫肾动脉致其狭窄,继发血管性高血压;肾损伤有发生动静脉瘘或假性肾动脉瘤的可能。

案例 28-1A

男性，52岁，8h之前因盖房不慎从房上跌落在地，右腰部撞上一根木头，当即右腰腹部疼痛剧烈，伴恶心。伤后排尿一次，为全程肉眼血尿，伴血块。

体检：T 37.3℃，P 100次/分，BP 96/60mmHg。神志清，痛苦病容。腹部稍膨隆，上腹部压痛、反跳痛，未触及包块，移动性浊音（−），肠鸣音弱。右腰部大片皮下瘀斑，局部肿胀，右腰部触痛明显，膀胱区叩诊实音，尿道口有血迹。

血常规：WBC $10.2×10^9$/L，Hb 96g/L。

尿常规：RBC 满视野，WBC 0～2/HP。

B 超：右肾影增大，结构不清，肾内回声失常，包膜不完整，肾周呈现大片环状低回声。

问题与思考：

该患者护理评估内容有哪些？

【护理评估】

（一）临床表现

因损伤程度不同，肾损伤的临床表现差异很大，在合并其他器官损伤时，肾损伤的症状常被忽视。

1. 休克　严重肾裂伤、粉碎伤或合并其他脏器损伤时，严重失血常引起休克。

2. 血尿　大多肾损伤患者有血尿出现，但血尿与损伤程度并不一致。肾挫伤或轻微肾裂伤会导致肉眼血尿，而严重的肾裂伤可能会因为血块堵塞输尿管、肾盂或输尿管断裂、肾蒂血管断裂、肾动脉血栓形成，血尿可不明显甚至无血尿。

3. 疼痛　肾被膜下血肿致被膜张力增高、肾周围软组织损伤、出血或尿外渗等可引起患侧腰、腹部疼痛。如果血液、尿液进入腹腔或合并腹腔内器官损伤时，可出现腹膜刺激症状、腹痛等。血块通过输尿管时可引起同侧肾绞痛。

4. 腰腹部包块　出血及尿外渗可使肾周围组织肿胀，形成血肿或假性囊肿，从而形成局部包块，腰腹部可有明显触痛和肌紧张。

5. 发热　血肿及尿外渗吸收可致发热，但多为低热。若继发感染，形成肾周围脓肿或化脓性腹膜炎，可出现高热、寒战，并伴有全身中毒症状，严重者可并发感染性休克。

（二）辅助检查

1. 实验室检查　尿常规可见多量红细胞；有活动性出血时，血红蛋白与血细胞比容持续降低；周围血白细胞增多提示有感染。

2. 影像学检查　B超、CT、排泄性尿路造影、动脉造影可了解肾损害程度及对侧肾情况。

（三）与疾病相关的健康史

了解患者的受伤史，包括受伤的原因、时间、地点、部位、暴力性质、强度等。评估患者受伤时采取的急救措施以及受伤后的病情变化。

（四）心理社会状况

了解患者和家属对伤情的认知程度，对疾病治疗的知晓程度，以及对预后的承受能力。

（五）治疗原则

1. 非手术治疗　适用于肾挫伤、轻型肾裂伤及无其他脏器合并损伤的患者。

（1）紧急处理：密切观察生命体征，对有大出血、休克的患者，需积极抢救，以维持生命体征的稳定，并尽快进行必要的检查，确定肾损伤的范围、程度及有无其他器官合并损伤，同时做好急诊手术探查的准备。

> ### 知识链接
>
> **泌尿系统常见 X 线检查**
>
> 1. 尿路平片（plain film of kidney-ureter-bladder，KUB） 可显示肾轮廓、位置、大小，腰大肌阴影，不透光阴影以及骨性改变如脊柱侧弯、肿瘤骨转移、脱钙等。摄片前应做充分的肠道准备。
>
> 2. 排泄性尿路造影（excretory urogram） 即静脉尿路造影（intravenous urogram，IVU），静脉注射有机碘造影剂，肾功能良好者 5min 即显影，10min 后显示双侧肾、输尿管和部分充盈的膀胱。可显示尿路形态是否规则，有无扩张、推移、压迫和充盈缺损等，同时可了解分侧肾功能。造影前应做碘过敏试验。妊娠及肾功能严重损害为禁忌证。
>
> 3. 逆行肾盂造影（retrograde pyelography，RP） 经膀胱尿道镜行输尿管插管注入有机碘造影剂来显示输尿管和肾集合系统。适用于静脉尿路造影显示尿路不清晰或禁忌者。

（2）卧床休息：绝对卧床休息 2～4 周，待病情稳定、血尿消失后患者可离床活动。通常损伤后 4～6 周肾挫裂伤才趋于愈合，过早、过多下床活动，有可能再度出血。

（3）药物治疗

1）补充血容量：给予输液、输血等支持治疗。可选用代血浆扩容，必要时输血，以补充有效循环血量。

2）抗感染：应用广谱抗生素预防和治疗感染。

3）止血：根据病情选择合适的止血药，如酚磺乙胺等。

4）止痛：适量使用止痛药、镇静剂。

2. 手术治疗　开放性肾损伤、检查证实为肾粉碎伤或肾盂破裂、肾动脉造影示肾蒂损伤及合并腹腔脏器损伤等应尽早手术治疗。在非手术治疗中，出血加剧、腰腹部包块增大、疑有腹腔脏器损伤者均应手术治疗。

（1）开放性肾损伤：原则为手术探查，特别是枪伤或锐器伤。需经腹部切口进行手术，清创、缝合及引流并探查腹部脏器有无损伤。

（2）闭合性肾损伤：若明确诊断为严重肾裂伤、肾破裂、肾盂破裂或肾蒂伤，需尽早实施手术。手术方式包括肾修补术、肾部分切除术、肾切除术等。一旦被确诊为肾动脉损伤性血栓形成，应尽快行手术取栓或血管置换术，以挽救肾功能。

【主要护理诊断 / 合作性问题】

1. 恐惧 / 焦虑　与外伤打击、害怕手术和担心预后不良有关。
2. 组织灌注量改变　与创伤、肾裂伤引起的大出血、尿外渗有关。
3. 潜在并发症：感染。

案例 28-1B

该患者明确诊断为肾损伤（右肾），拟行手术治疗。

问题与思考：

该患者手术前的护理措施有哪些？

【护理措施】
（一）非手术治疗护理/术前护理

1. 心理护理　主动关心、帮助患者和家属了解治愈疾病的方法，解释手术治疗的必要性和重要性，减轻患者的应激反应，从而有效缓解其焦虑和恐惧。

2. 休息　受伤后绝对卧床休息2～4周，待病情稳定、血尿消失后可离床活动。通常损伤后4～6周肾部分裂伤才趋于愈合，因此过早、过多下床活动可能造成再次出血。恢复后2～3个月内不宜参加体力劳动或竞技运动。

3. 密切观察病情　定时测量体温、脉搏、心率、血压及尿量，并正确记录，随时注意患者腰、腹部包块的变化情况，观察尿液颜色深浅的变化，定期检查血红蛋白和血细胞比容。

4. 维持体液平衡　建立静脉通道，必要时输血，以维持有效循环血量。根据实验室检查结果，遵医嘱合理安排输液种类，以维持水、电解质平衡。

5. 伤口及引流管的护理　保持手术切口干燥，注意引流物的量、色、性状及气味。各引流管要保持通畅，根据引流物的量及性状决定拔管时间。

6. 抗感染　若患者体温升高、疼痛，并伴有白细胞和中性粒细胞升高，尿常规有白细胞或切口渗出物为脓性，多提示有感染。此时应遵医嘱应用抗生素。

（二）术后护理

术后严密观察病情，及早发现有无术后出血，并做好术后管道的护理，预防术后感染等并发症。肾部分切除术后患者绝对卧床1～2周，以防继发性出血。

第二节　膀胱损伤

膀胱损伤（bladder injuries）是指膀胱壁在受到外力的作用时发生膀胱浆膜层、肌层、黏膜层的破裂，引起膀胱腔完整性破坏、血尿外渗。

根据膀胱损伤是否与体表相通分为两类。①开放性损伤：膀胱损伤处与体表相通，多见于战伤，由弹片、子弹或锐器贯通所致，常合并其他脏器损伤，如阴道、直肠等，可形成腹壁尿瘘、膀胱直肠瘘或膀胱阴道瘘等。②闭合性损伤：膀胱损伤处不与体表相通，多因在膀胱充盈时，下腹部遭撞击、挤压，骨盆骨折的骨片刺破膀胱壁所致。产妇产程过长，膀胱壁被压在胎头与耻骨联合之间，引起缺血性坏死，可导致膀胱阴道瘘。医源性损伤多为闭合性损伤。

根据膀胱损伤的程度分两类。①膀胱挫伤：仅伤及膀胱黏膜或肌层，膀胱壁未穿破，局部有出血或形成血肿，无尿外渗，可出现血尿。②膀胱破裂：分为腹膜内型和腹膜外型（图28-1）。膀胱破裂伴腹膜破裂，形成腹膜内型膀胱破裂，尿液进入腹腔，引起腹膜炎，多见于膀胱后壁和顶部损伤。腹膜外型膀胱破裂常因外伤性骨盆骨折刺破膀胱前壁或底部，膀胱壁破裂而腹膜完整，尿液外渗进入盆腔内膀胱周围间隙。

【护理评估】
（一）临床表现

膀胱壁轻度挫伤时仅有下腹部疼痛，少量血尿，短期内可自行消失。膀胱全层破裂时症状明显，根据损伤

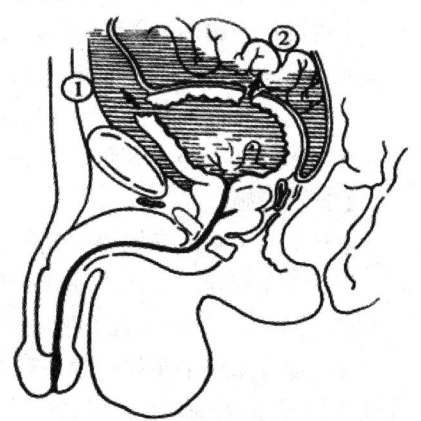

图28-1　膀胱损伤
①腹膜外损伤；②腹膜内损伤

类型不同各有其特殊表现。

1. 休克 多为合并骨盆骨折等引起大出血所致。患者表现为脸色苍白、皮肤湿冷和血压下降等。

2. 腹痛 腹膜外型膀胱破裂时，尿外渗及血液进入盆腔和腹膜后间隙，引起下腹部疼痛，可有压痛及腹肌紧张，直肠指检有触痛及饱满感。腹腔内型膀胱破裂时，尿液流入腹腔而引起急性腹膜炎，并有移动性浊音。

3. 血尿和排尿困难 膀胱壁轻度挫伤者可仅有少量血尿，而膀胱壁全层破裂时，由于尿外渗到膀胱周围，患者有尿意，但不能排尿或仅排少量血尿。

4. 尿瘘 开放性损伤时，因体表伤口与膀胱相通而有漏尿，若与直肠、阴道相通则经肛门、阴道漏尿。闭合性损伤时，在尿外渗继发感染后可破溃形成尿瘘。

（二）辅助检查

1. 实验室检查 尿常规可见肉眼血尿，镜下红细胞满视野。

2. 影像学检查 腹部X线检查可发现骨盆或其他部位骨折。膀胱造影可见造影剂漏至膀胱外。

3. 导尿试验 经导尿管注入无菌生理盐水200ml至膀胱，片刻后吸出。液体外漏时引流出的液体量明显少于注入量，腹腔液体回流时引流出的液体会明显增多。若液体进出量差异很大，提示膀胱破裂。

（三）与疾病相关的健康史

了解患者受伤史、损伤的程度及受伤时所采取的措施。

（四）心理社会状况

评估患者及家属对病情的认知程度及应对能力。

（五）治疗原则

1. 非手术治疗

（1）紧急处理：合并骨盆等损伤而致失血性休克时应积极抗休克治疗，如输血、输液、镇痛等，尽早使用抗菌药以预防感染。

（2）持续引流尿液：膀胱轻度损伤，特别是腹膜外型膀胱破裂时，可从尿道插入导尿管，持续引流尿液10日，保持尿管通畅，同时使用抗生素预防感染，破裂多可自愈。

2. 手术治疗 对开放性损伤、经非手术治疗无效及严重膀胱破裂伴有出血、尿外渗，病情严重者，应尽早施行剖腹探查手术。如为腹膜外破裂，手术修补膀胱裂口；如为腹膜内破裂，应行剖腹探查，修补膀胱。膀胱修补术后应留置导尿管或做腹膜外耻骨上膀胱造瘘，持续引流尿液2周。应使用足量抗生素，充分引流膀胱周围尿液。

【主要护理诊断/合作性问题】

1. 恐惧/焦虑 与外伤打击、害怕手术和担心预后不良有关。

2. 组织灌注量改变 与膀胱破裂、骨盆骨折损伤血管出血、尿外渗或腹膜炎有关。

3. 潜在并发症：感染。

【护理措施】

（一）非手术治疗护理/术前护理

1. 心理护理 加强入院宣教和沟通，主动关心、帮助患者了解病情，解释治疗方法的可行性，消除患者及家属的顾虑，减轻焦虑和恐惧。

2. 维持体液平衡和有效循环血量 密切观察患者的生命体征，根据患者内环境的变化情况遵医嘱给予合理输液，必要时输血。

3. 感染的预防和护理 患者因膀胱破裂行手术修补后不能自行排尿，需留置导尿管或膀胱造瘘。应定时清洁、消毒尿道外口，保持伤口清洁、干燥，保持引流管通畅。观察患者体温变化，及时了解血、尿常规检查结果，注意观察引流情况。若发生感染，应及时通知医师并遵医嘱应用抗生素。

(二) 术后护理

1. **并发症的观察及预防** 观察患者体温和血压变化、伤口愈合情况，预防术后出血、感染、切口裂开等并发症的发生。

2. **膀胱造瘘管护理** 对行膀胱造瘘者要做好造瘘管的护理，保持管道固定和通畅，观察记录引流液的颜色、性状和量。膀胱造瘘管一般留置10日左右拔除，拔管前应先夹管，确定患者可自行排尿、尿路通畅后方可拔除造瘘管。若同时留有尿管，应先拔除尿管，然后再考虑拔除膀胱造瘘管。拔管后用纱布堵塞并覆盖造瘘口。

第三节 尿道损伤

尿道损伤（urethral trauma）多见于男性。男性尿道以尿生殖膈为界，分为前、后两段。前尿道包括球部和阴茎体部，后尿道包括前列腺部和膜部，早期处理不当，常产生尿道狭窄、尿瘘等并发症。按尿道损伤是否与体表相通分为两类。①开放性损伤：因弹片、锐器伤所致，常伴有阴茎、阴囊、会阴部贯通伤。②闭合性损伤：常因外来暴力所致，多为挫伤和撕裂伤。会阴部骑跨时将尿道挤向耻骨联合下方，引起尿道球部损伤。骨盆骨折引起尿生殖膈移位，使膜部尿道撕裂或撕断。经尿道器械操作不当可引起球膜部交界处尿道损伤。按尿道损伤程度分为三类。①尿道挫伤：尿道内层损伤，阴茎筋膜完整；仅有水肿和出血，可以自愈。②尿道裂伤：尿道壁部分全层断裂，引起尿道周围血肿和尿外渗，愈合后可引起瘢痕性尿道狭窄。③尿道断裂：尿道完全离断，断端退缩、分离，血肿和尿外渗明显，可发生尿潴留。

【护理评估】

(一) 临床表现

1. **休克** 骨盆骨折所致后尿道损伤可引起损伤后失血性休克。

2. **疼痛** 尿道球部损伤时会阴部肿痛，排尿时加剧。后尿道损伤时表现为下腹部疼痛。伴骨盆骨折者，移动时疼痛加重。

3. **尿道出血** 前尿道破裂可见尿道外口流血，尿液可为血尿。后尿道破裂可无流血或少量出血。

4. **排尿困难** 尿道挫裂伤后因局部水肿或疼痛性括约肌痉挛，发生排尿困难。尿道断裂时可发生尿潴留。

5. **血肿及尿外渗** 尿道骑跨伤或后尿道损伤引起的尿生殖膈撕裂时，会阴、阴囊部出现血肿及尿外渗。尿道球部损伤，血液及尿液渗入会阴浅筋膜包绕的会阴浅袋，使会阴、阴茎、阴囊和下腹壁肿胀、淤血。处理不当或不及时，可发生广泛的皮肤、皮下组织坏死、感染和脓肿。尿道膜部断裂，骨折端及盆腔血管丛的损伤可引起大出血，尿液沿前列腺外渗至耻骨后间隙和膀胱周围，若同时有耻骨前列腺韧带撕裂，则前列腺向后上方移位。

(二) 辅助检查

1. **导尿试验** 严格无菌下插入尿管，若顺利进入膀胱，说明尿道连续而完整。一旦顺利插入导尿管，应留置导尿1～2周，以便充分引流尿液和支撑尿道。若插入困难，不应勉强反复插入，以防加重损伤和导致血肿感染。后尿道损伤伴骨盆骨折时一般不宜导尿。

2. **X线检查** 骨盆前后位片显示骨盆骨折。必要时从尿道口注入造影剂10～20ml，可确定损伤部位及造影剂有无外渗。

(三) 与疾病相关的健康史

了解患者受伤史，包括受伤的暴力大小、强度、作用的部位等。

（四）心理社会状况

了解患者及家属对尿道损伤的认知程度，提高应对能力。

（五）治疗原则

1. 非手术治疗

（1）急诊处理：损伤严重伴出血休克者，需给予输血、输液等抗休克治疗。骨盆骨折患者须平卧，勿随意搬动，以免加重损伤。尿潴留不宜导尿或未能立即手术者，可行耻骨上膀胱穿刺，吸出膀胱内液。

（2）对症处理：尿道挫伤及轻度裂伤，症状较轻，尿道连续性存在而排尿不困难者，无需特殊治疗。尿道损伤、插导尿管成功者，留置尿管引流1～2周。

（3）应用广谱抗菌药物预防感染。

2. 手术治疗

（1）前尿道裂伤导尿失败或尿道断裂：立即行经会阴尿道修补或断端吻合术，并留置导尿管2～3周。病情严重、会阴或阴囊形成大血肿及尿外渗者，行耻骨上方膀胱穿刺造瘘术，3个月后再修补尿道。

（2）骨盆骨折致后尿道损伤：经休克治疗病情稳定后，局麻下行耻骨上高位膀胱造瘘（或穿刺造瘘）。尿道不完全撕裂者，一般在3周内愈合，恢复排尿。但需经膀胱尿道造影明确尿道无狭窄及尿外渗后，方可拔除膀胱造瘘管。若不能恢复排尿，则留置导尿3个月，二期施行解除尿道狭窄的手术。对部分病情不严重、骨盆环稳定的患者，可施行尿道会师复位术，并留置导尿管3～4周。若恢复顺利，患者排尿通畅，可避免二期尿道吻合术。

（3）并发症的处理

1）尿外渗：在尿外渗区做多个皮肤切口，深达浅筋膜下，留置多孔引流管或行耻骨上膀胱造瘘，彻底引流外渗尿液。3个月后再修补尿道。

2）尿道狭窄：为预防尿道狭窄，拔管后需定期行尿道扩张术。对晚期发生的尿道狭窄，可用腔内技术，经尿道切开或切除狭窄部的瘢痕组织，或于伤后3个月手术切除尿道瘢痕组织，行尿道断端吻合术。

【主要护理诊断/合作性问题】

1. 恐惧/焦虑　与外伤打击、害怕手术和担心预后有关。
2. 排尿障碍　与尿道损伤引起的局部水肿，或尿道括约肌痉挛、尿道部分或完全断裂有关。
3. 组织灌注量改变　与骨折引起的大出血有关。
4. 潜在并发症：感染、休克、尿道狭窄。

【护理措施】

（一）非手术治疗护理/术前护理

1. 心理护理　对患者进行心理疏导，主动关心和安慰患者及家属，稳定情绪，消除焦虑，减轻恐惧，鼓励患者及家属积极配合各项治疗和护理，使患者树立治疗的信心。

2. 预防感染　保持伤口清洁、干燥，及时更换敷料；给予抗生素预防感染；鼓励患者多饮水以冲洗尿道、稀释尿液；早期发现感染征象，及时通知医师并予以处理；叮嘱患者勿用力排尿，避免尿外渗引起周围组织继发感染。

3. 维持体液平衡　迅速建立静脉通路，遵医嘱给予合理的输液、输血，保证组织有效灌注量。迅速止血是抢救的关键，骨盆骨折患者易发生出血，导致失血性休克，必须有效止血，及时处理骨折。

4. 密切观察病情　密切观察患者的生命体征，每隔1～2h测量1次血压、体温、脉搏、呼吸。注意尿量、腹肌紧张度、腹痛、腹胀等的变化，并详细记录。

5. 术前准备　有手术指征者，要在积极抗休克的同时做好各种术前准备。完善术前常规检查、备皮、配血和肠道清洁等。

（二）术后护理

1. 引流管的护理

（1）导尿管：尿道吻合术与尿道会师术后均应留置导尿管，引流尿液。①防止导尿管脱落：妥善固定导尿管，减缓翻身动作。②有效牵引：尿道会师术后要行尿管牵引，以利分离的尿道断面愈合。为了避免阴茎与阴囊交界处的尿道发生压迫性坏死，需掌握牵引的角度和力度。牵引角度以尿管与体轴呈45°为宜，尿管固定于大腿内侧，牵引力度以0.5kg为宜，维持1～2周。③保持引流管通畅：引起导尿管堵塞的常见原因是血块堵塞。可在无菌操作下用注射器吸取无菌生理盐水冲洗、抽吸血块，并及时清除。④预防感染：定期更换引流袋，严格无菌操作。留置导尿管期间，每日清洁导尿口。⑤拔管：导尿管留置时间一般为4～6周，创伤严重者可酌情延长留置时间。

（2）膀胱造瘘管：按常规引流管护理进行护理。膀胱造瘘管留置10日左右即可拔除。

2. 尿外渗区切开引流的护理　抬高阴囊，以利于外渗尿液吸收，促进肿胀消退；定期更换切开敷料；保持引流通畅。

（三）健康教育

经手术修复后，尿道损伤患者尿道狭窄的发生率较高，需要定期行尿道扩张术以避免尿道狭窄。

小　结

一、肾损伤

1. 病因　弹片、枪弹、刀刃等锐器损伤多导致开放性损伤，闭合性损伤多因直接暴力或间接暴力所致。直接暴力时上腹部或腰背部受到外力撞击或挤压是肾损伤最常见的原因。

2. 临床表现　主要为休克、血尿、疼痛、腰腹部包块、发热等症状。

3. 治疗原则　非手术治疗包括紧急处理、卧床休息、补液、抗感染、止血、止痛等药物治疗。肾损伤严重者尽早手术治疗。

4. 护理　非手术治疗护理/术前护理包括给予患者和家属心理支持，绝对卧床休息2～4周，密切观察病情，维持体液平衡，做好伤口和引流管护理，以及抗感染等。术后继续观察病情，做好管道的护理。肾部分切除术后患者绝对卧床1～2周。

二、膀胱损伤

1. 病因　开放性损伤多见于战伤，由弹片、子弹或锐器贯通所致。闭合性损伤多因在膀胱充盈时，下腹部遭撞击、挤压，骨盆骨折的骨片刺破膀胱壁所致。

2. 临床表现　主要有休克、腹痛、血尿和排尿困难、尿瘘等。

3. 治疗原则　非手术治疗包括紧急处理、持续引流尿液；手术治疗包括膀胱修补、耻骨上膀胱造瘘等。

4. 护理　非手术治疗护理/术前护理主要包括心理护理，维持体液平衡和有效循环血量，感染的预防和护理。术后护理重点是并发症的观察和预防，以及膀胱造瘘管的护理。

三、尿道损伤

1. 病因　开放性损伤多因弹片、锐器伤所致；闭合性损伤常因外来暴力所致。

2. 临床表现　主要有休克、疼痛、尿道出血、排尿困难、血肿及尿外渗等。

3. 治疗原则　非手术治疗包括急诊处理、对症处理和应用抗生素，损伤严重者需手术治疗。

> 4. 护理 非手术治疗护理/术前护理主要是给患者提供心理护理，预防感染，维持体液平衡，密切观察病情和做好术前准备；术后护理主要是做好引流管护理和尿外渗区切开引流的护理。

自测题

一、选择题

1. 肾损伤后应紧急手术的情况是
   A. 疼痛
   B. 明显血尿
   C. 尿外渗
   D. 合并肋骨骨折
   E. 严重休克不能纠正

2. 肾损伤保守治疗时，患者应绝对卧床至少
   A. 1周
   B. 2周
   C. 3周
   D. 4周
   E. 6周

3. 下列属于尿道损伤患者主要临床表现的是
   A. 尿瘘
   B. 膀胱刺激征
   C. 发热
   D. 尿外渗
   E. 腰腹部肿块

4. 骑跨伤造成尿道损伤部位通常在
   A. 尿道外口
   B. 尿道球部
   C. 尿道膜部
   D. 尿道前列腺部
   E. 尿道阴茎部

二、案例题

男性，48岁，因自二层楼脚手架上摔下6h就诊，右侧腰部胀痛，明显血尿。被诊断为右肾轻度裂伤，拟采用非手术治疗。患者看到血尿后非常紧张，询问护士这次受伤后是否会影响以后做重体力工作，他如何配合治疗和护理工作才能取得最好的治疗效果。

请问：
(1) 该患者目前主要的护理诊断/合作性问题有哪些？
(2) 非手术治疗期间的护理措施有哪些？

（尹崇高）

第二十九章 尿石症患者的护理

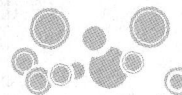
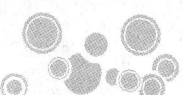

通过本章内容的学习，学生应能：
◆ **识记**
列出尿石症的病因、临床表现。
◆ **理解**
1．解释尿石症的病理特点。
2．说明尿石症患者的治疗原则。
◆ **运用**
评估尿石症患者并为其制订护理计划。

泌尿系结石即尿石症，又被称为尿路结石（urolithiasis），是泌尿外科最常见的疾病之一。根据结石所在的部位可分为上尿路结石和下尿路结石。上尿路结石包括肾结石（renal calculus）和输尿管结石（ureteral calculus），下尿路结石包括膀胱结石（vesical calculus）和尿道结石（urethral calculus），临床上以上尿路结石多见。根据结石成分进行的分类中，草酸钙结石最多见，磷酸盐、尿酸盐和碳酸盐结石次之，胱氨酸结石罕见。上尿路结石中以草酸钙结石多见，下尿路结石中以磷酸镁铵结石多见。

尿路结石的形成机制尚未完全清楚，可能是多种影响因素所致。①流行病学因素：如年龄、性别、职业；②尿液改变：如形成结石的物质排出增加、尿pH改变、尿液浓缩、尿中抑制晶体形成和聚集的物质不足；③泌尿系统局部因素：如尿液淤积、尿路感染、尿路异物等。

尿石症的病理生理

尿路结石可引起泌尿道直接损伤、梗阻、感染或恶性变，所有这些病理生理改变与结石的部位、大小、数目、继发炎症和梗阻程度等有关。

肾结石常先发生在肾盏，增大后向肾盂延伸。由于结石使肾盏颈部梗阻，会引起肾盏积液或积脓，进一步导致肾实质萎缩、瘢痕形成，甚至发展为肾周围感染。由于肾盏结石进入肾盂或输尿管，结石可自然排出，或停留在尿路的任何部位。一旦结石堵塞肾盂输尿管连接处或输尿管，可引起急性完全性尿路梗阻或慢性不完全性尿路梗阻。前者在及时解除梗阻后，不影响肾功能；后者往往导致肾积水，引起肾实质受损、肾功能不全。结石在肾盏内慢慢长大，充满肾盂及部分或全部肾盏，形成鹿角形结石。结石可合并感染，亦可无任何症状，少数继发恶性变。

案例 29-1A

男性，32岁。突发右腰部疼痛，阵发性加重2h余。疼痛呈绞痛样，伴恶心、呕吐，疼痛向中下腹放射，伴尿频、尿急。

体检：T 36.8℃，P 106次/分，R 24次/分，BP 120/80mmHg。神志清楚，表情痛苦，辗转卧位。右肾区叩击痛，右中腹有压痛，无反跳痛，无明显腹肌紧张，移动性浊音阴性，肠鸣音正常。

问题与思考：
该患者护理评估内容有哪些？

【护理评估】

（一）临床表现

1. **肾和输尿管结石** 主要症状是疼痛和血尿。其程度与结石的部位、大小、活动与否及有无损伤、感染、梗阻等有关。

（1）疼痛：肾结石可引起肾区疼痛伴肋脊角叩击痛。肾盂内的大结石和肾盏结石比较固定，可无明显症状，仅在活动后出现上腹或腰部钝痛。结石沿输尿管下行，多停留或嵌顿于3个生理狭窄处（即肾盂输尿管连接处、输尿管跨过髂血管处及输尿管膀胱壁段），以输尿管下1/3处最多见。输尿管结石嵌顿引起肾盂输尿管连接处或输尿管急性梗阻、扩张，可导致肾绞痛（renal colic）。典型的肾绞痛位于腰部或上腹部，沿输尿管走行向同侧下腹部和会阴部放射，可至大腿内侧。疼痛性质为刀割样阵发性绞痛，剧烈难忍，患者辗转不安、面色苍白、大汗、恶心、呕吐，伴明显肾区叩击痛。结石在中段输尿管，疼痛放射至中下腹部。结石位于输尿管膀胱壁段或输尿管口处时，可有尿频、尿急、尿痛等膀胱刺激征，男性患者可有尿道和阴茎头部放射痛。

（2）血尿：患者可出现活动后镜下血尿。部分患者活动后出现镜下血尿是其唯一的临床表现。

（3）并发症：上尿路结石伴感染时可有尿频、尿痛等症状。继发急性肾盂肾炎或肾积脓时，可有畏寒、发热、脓尿、肾区压痛等表现。双侧上尿路完全性梗阻时可导致无尿，甚至出现尿毒症。

2. **膀胱结石** 典型症状为排尿突然中断并疼痛，疼痛放射至阴茎头部和远端尿道，伴排尿困难和膀胱刺激症状（尿频、尿急和排尿终末疼痛）。小儿常用手搓拉阴茎，变换体位后疼痛缓解，又能继续排尿。

3. **尿道结石** 典型症状为排尿困难、点滴状排尿伴尿痛，重者可发生急性尿潴留及会阴部剧痛。

（二）辅助检查

1. **实验室检查**

（1）尿常规：可有镜下血尿，感染时可见较多的白细胞，有时可发现结晶。必要时测定尿钙、尿磷、尿酸、草酸和肌酐等。

（2）血液检查：测定肾功能、血钙、血磷、尿酸、草酸、碱性磷酸酶和蛋白等。

2. **影像学检查**

（1）X线检查：泌尿系统平片（KUB）能发现95%以上的结石。结石过小、钙化程度不高或纯的尿酸结石及基质结石则不显示。排泄性尿路造影可评价结石所致的肾结构和功能改变，有无尿路异常。在体外冲击波碎石时，逆行肾盂造影通过输尿管插管注入造影剂，可以帮助输尿管结石定位和碎石。

（2）B超：能显示结石的特殊声影，可发现KUB不能显示的小结石和X线透光结石，还能评价肾积水引起的肾包块或肾实质萎缩等。

3. 肾镜、输尿管镜和膀胱镜检查　可直接观察到结石，以明确诊断和进行治疗。

（三）与疾病相关的健康史

1. 年龄、性别　尿石症以25～40岁多见，男性多于女性。

2. 职业、生活环境　有资料显示，高温作业、飞行员、海员、外科医生、办公室工作人员发病率较高，山区、沙漠和热带地区尿石症发病率较高。

3. 饮食、饮水习惯　饮食中大量摄入动物蛋白、精制糖可增加上尿路结石的发生。动物蛋白过少时，尿酸成分增多，膀胱结石增加。饮食中含草酸食物摄入过多，易形成草酸钙结石。饮食中含嘌呤食物摄入过多，易形成尿酸结石。饮水过少或出汗过多，都会使尿液中钙和盐的过饱和度增加，利于结石形成。其他如脂肪、钙、磷、微量元素、维生素等都会影响尿结石的形成。

4. 家族史　了解患者与疾病相关的家族史，如胱氨酸尿症、家族性黄嘌呤尿等。

5. 相关疾病史　有无泌尿系梗阻、感染和异物史，有无甲状旁腺功能亢进、痛风、肾小管酸中毒、长期卧床病史。

6. 相关治疗史　了解是否有氨苯蝶啶、治疗HIV感染的药物（茚地那韦）、硅酸镁、磺胺类药物、乙酰唑胺、止痛药物、钙剂等的应用情况。

（四）心理社会状况

了解患者职业、文化程度、疾病相关知识的掌握状况，患者的自我概念、家庭经济与社会支持情况。患者是否出现不良心理反应如焦虑、紧张，以及出现不良心理反应的原因，如因疼痛时剧烈难忍，担心结石复发，担心家庭经济负担过重。了解患者及家属对疾病的认知、反应及适应水平。

（五）治疗原则

1. 非手术治疗　结石直径小于0.6cm，表面光滑，无尿路梗阻、无感染，纯尿酸或胱氨酸结石，可先采用保守疗法。

（1）饮食疗法

1）大量饮水和运动：大量饮水，增加尿量，有助于稀释尿液、减少晶体沉积，起到内冲刷的作用，同时结合跳跃性运动，可促进结石的排出。

2）调整饮食：根据结石成分、生活习惯及条件适当调整饮食，起到延缓结石增长速度及术后减少复发的作用。

（2）药物治疗

1）解痉止痛：主要治疗肾绞痛。常用药物有阿托品、哌替啶。此外，局部热敷、针刺穴位，应用钙离子阻滞剂、吲哚美辛、黄体酮等也可缓解肾绞痛。

2）抗感染：根据尿细菌培养及药物敏感试验选用合适的抗菌药物控制感染。

3）药物排石：通过中草药金钱草、滑石、车前子、鸡内金、木通、瞿麦等解痉、止痛、利水，促进小结石的排出。

4）调节尿液pH：磷酸钙及磷酸镁铵结石易在碱性尿中形成，尿酸结石和胱氨酸结石易在酸性尿中形成。因此可以口服枸橼酸钾、碳酸氢钠碱化尿液，有利于尿酸结石、胱氨酸结石溶解、消失；口服氯化铵使尿液酸化，有利于磷酸盐和磷酸镁铵结石溶解、消失，也有利于抑制感染性结石生长。

5）调节代谢：别嘌醇可减少尿酸结石生成，卡托普利可预防胱氨酸结石形成，α-巯丙酰甘氨酸、乙酰半胱氨酸有溶石作用。维生素B_6可减少尿中草酸盐排出，氧化镁可增加尿中草酸溶解度。

(3) 体外冲击波碎石术（extracorporeal shock wave lithotripsy，ESWL）：ESWL 是利用体外冲击波聚焦后击碎体内的结石，使之随尿液排出体外，已成为治疗尿石症的首选方法，碎石成功率可达 90% 左右。最适用于直径小于 2.5cm 的结石。

1) 适用范围：体外冲击波碎石设备分为 X 线定位碎石机和 B 超定位碎石机两种。X 线定位碎石机适用于肾、输尿管的阳性结石，碎石能量大，成功率较高。但由于 X 线看不到阴性结石，故不能用作阴性结石的碎石。B 超定位碎石机适用于肾的各类阴性结石和阳性结石。

2) 禁忌证：①严重心脏疾患，尤其应用心脏起搏器者；②结石以下尿路有梗阻病变者；③有出血性疾病者；④急性尿路感染者；⑤妊娠者。

2. 手术治疗

(1) 非开放手术治疗

1) 输尿管镜取石或碎石术：经尿道将输尿管镜插入膀胱，输尿管直视下采用套石或取石。适用于中、下段输尿管结石者。若结石较大，可用超声、液电、激光或气压弹道碎石。

2) 经皮肾镜取石或碎石术：经腰背部细针穿刺直达肾盏或肾盂，扩张并建立皮肤至肾内的通道，插放肾镜，直视下取石或碎石。适用于直径大于 2.5cm 的肾盂结石及下肾盏结石。

3) 腹腔镜输尿管取石：适用于直径大于 2cm 的输尿管结石，原来考虑开放手术，或经 ESWL、输尿管镜手术治疗失败者。

4) 其他：前尿道结石可在麻醉下，注入无菌液状石蜡，压迫结石近端尿道并轻轻向远端推挤，钩取和钳出结石；后尿道结石可在麻醉下用尿道探条将结石轻轻推入膀胱，再按膀胱结石处理。

(2) 开放手术治疗：目前仅少数患者需用此法。手术方式有肾盂切开取石术、肾盏切开取石术、肾实质切开取石术、肾部分切除术、肾切除术和输尿管切开取石术等。

【主要护理诊断/合作性问题】

1. 急性疼痛　与结石引起肾盂输尿管连接处或输尿管急性梗阻、扩张有关。
2. 知识缺乏：缺乏有关结石的病因、治疗及预防的知识。
3. 潜在并发症：血尿、感染。

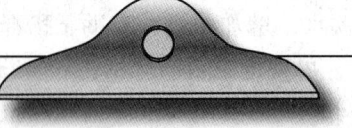

该患者明确诊断为肾结石，接受体外冲击波碎石术治疗。术后患者出现腰部疼痛，伴恶心、呕吐及尿频、尿急、尿痛和发热。

X 线检查：输尿管下段呈串珠状致密影。

问题与思考：

1．该患者出现了何种问题？
2．原因是什么？
3．如何护理？

【护理措施】

（一）非手术治疗护理

1. 减轻或消除肾绞痛　安置适当卧位，局部热敷，配合应用针刺。还可采用音乐疗法，或使患者深呼吸放松等非药物方法缓解疼痛。疼痛严重时可遵医嘱应用解痉镇痛药如哌替啶、阿托品等，也可用吲哚美辛栓塞入肛门以缓解疼痛。

2. 促进排石　鼓励患者多饮水，每日饮水量应在 3000～4000ml，保持尿量在 2000ml 以上，以达到内冲洗的目的。指导患者适当运动，如跳跃或其他体育活动，促进结石排出。联合应用利尿剂、中草药、解痉止痛药及针灸。

3. 饮食调节　①含钙结石：低钙、低蛋白[蛋白≤1g/（kg·d）]、低钠（氯化钠≤5g/d）饮食，少食牛奶、奶制品、豆制品、巧克力、坚果类食物。②草酸钙结石：不宜进食菠菜、番茄、花生、浓茶等含草酸丰富的食物。③尿酸结石：低嘌呤饮食，忌食动物内脏，限食各种肉类和鱼虾类等富含嘌呤的食物。④胱氨酸结石：限食含甲硫氨酸的食物，如蛋、奶、肉、花生、小麦等。⑤磷酸盐结石：宜用低磷、低钙食物，少食蛋黄及牛奶等。预防尿酸和胱氨酸结石时应经常检查尿液 pH，使其保持在 6.5。

4. 药物治疗　应详细向患者介绍各种药物的作用及不良反应，密切观察药物的疗效及不良反应，发现问题后，及时处理。

5. 观察排石效果　观察尿液内是否有结石排出，每次将尿液排于玻璃瓶或金属盆内，可看到或听到结石的排出。用纱布过滤尿液，收集结石碎渣做成分分析，以指导结石治疗与预防。定期拍摄腹部平片观察结石排出情况。

（二）体外冲击波碎石术的护理

1. 碎石术前护理　①术前宣教：向患者解释体外冲击波碎石的原理、方法、术中体位配合及治疗后可能出现出血、疼痛、石街等并发症。②完善各项检查：术日晨复查 KUB，了解结石是否移位或排出，注意复查后平车运送，避免结石因活动移位。③必要的治疗前准备：术前用药（使用镇静、止痛剂），肠道准备（术前 3 日忌进易产气食物，术前 1 日服用缓泻剂，以减少肠道积气，术日晨禁饮、禁食），术前排空膀胱等。

2. 碎石术后护理　①体位与活动：肾结石碎石后一般取健侧卧位，同时叩击腰部促进排石。若患者无不适，适当增加活动量，配合跳跃运动，经常变换体位，增加输尿管蠕动，以促进结石排出。一般结石位于中肾盏、肾盂、输尿管上段者，取头高脚低位；结石位于肾下盏取头低位。但巨大肾结石碎石后可因短时间内大量碎石突然聚集引起输尿管堵塞，导致"石街"和继发感染，因此碎石后宜取患侧卧位。②饮食饮水：术后若无不良反应可正常进食，鼓励患者多饮水，以利结石排出。③并发症的观察与处理：若出现肾绞痛，是碎石排出时经过输尿管引起，可遵医嘱用阿托品和哌替啶，达到解痉、止痛的目的；碎石后血尿较常见，不需要特殊治疗，常可自行消失，若出血过多，应遵医嘱应用止血药；若"石街"形成，引起继发感染，应立即通知医师处理；遵医嘱应用抗菌药物以防治感染。④观察排石情况：用纱布或滤网收集碎石，观察排石情况，必要时再次行冲击波碎石术，但间隔时间应不少于 7 日。

（三）非开放性手术的护理

1. 体位　取半坐卧位，有利于尿液由肾盏、肾盂进入输尿管。

2. 饮水　鼓励患者多饮水，每日摄入液体量为 3000～4000ml。

3. 观察尿液　经内镜取石或碎石术后，患者均有血尿，注意尿量及颜色的变化，若有异常及时送检。过滤所有尿液，以监测结石排出情况。

4. 引流管护理　①肾盂造瘘管应妥善固定，保持通畅，不做常规冲洗，必要时应低压冲洗（每次冲洗液量不超过 10ml），严格无菌操作，以免感染。肾盂造瘘管一般留置 12 日，拔管前先夹管 2～3 日，如无漏尿、腰部胀痛、发热或经造瘘管造影证实肾盂至膀胱通畅，可拔管。拔管后取健侧卧位，以防止尿液自瘘口流出，影响局部愈合。拔管后 3～4 日，督促患者每 2～4h 排尿 1 次，以免膀胱过度充盈。②行输尿管镜取石的患者，输尿管壁可能发生水肿或排尿功能障碍，需留置双"J"输尿管支架管引流，以保持引流通畅，并遵医嘱使用抗菌药物。术后指导患者尽早取半坐卧位，多饮水、勤排尿，勿使膀胱过度充盈引起尿液反流。鼓励患者早期活动，但避免过度弯腰、突然下蹲等动作，以免引起双"J"管移位。经B超或腹部X线摄片确定无结石残留后，膀胱镜下取出双"J"管。

（四）开放性手术的护理

1. 术前护理　向患者讲解有关手术方面的知识，消除其紧张、恐惧的心理，使其积极主动配合治疗。遵医嘱应用抗菌药物，鼓励患者多饮水，起到内冲洗的作用。根据手术部位备好皮肤，手术当天入手术室前再拍一张泌尿系平片，确定结石的位置，作为选择切开部位的参考。

2. 术后护理

（1）观察病情：密切观察生命体征、引流管的引流液及尿液颜色，了解有无出血征象。手术后12h内的尿液多带有血色，若出现鲜红而浓的尿液时，是出血征象，需立即通知医生处理。

（2）保持呼吸道通畅：肾和输尿管上部手术，手术切口常在横膈下方，呼吸时会引起疼痛，可导致肺扩张不全或坠积性肺炎。手术后24~48h，可遵医嘱给予止痛剂，用药后30min，指导患者做深呼吸、有效咳嗽及翻身。

（3）预防感染：术后遵医嘱应用抗菌药物以预防感染的发生。鼓励患者多饮水，可起到内冲洗的作用，也有利于感染的控制。

（4）切口及引流管的护理：保持切口敷料的清洁、干燥，注意无菌操作，防止切口感染。引流管要妥善固定，避免扭曲、受压、脱落。各种引流管保持引流通畅，无医嘱不可关闭引流管，尤其是肾造瘘管。引流袋的位置要低于肾，下床走路时要低于髋部，防止尿液逆流引起感染。观察引流液的量和颜色，判断有无出血现象。

（5）指导活动：鼓励患者早期离床活动。但肾部分切除和肾实质切开取石术的患者，需绝对卧床休息2~4周，以防止继发出血。

（五）健康教育

1. 多饮水　多饮水以增加尿量，稀释尿液，减少尿中晶体沉积，同时有利于结石的排出，减少感染机会。成人保持24h尿量在2000ml以上，对于任何类型的结石患者都是一项很重要而简便的预防措施。

2. 多活动　有结石的患者在饮水后多活动，以利结石排出。长期卧床患者多做床上运动，以减少骨质脱钙，减少结石的产生。

3. 解除危险因素　尽早解除尿路梗阻、感染、异物等因素，可减少结石形成。伴甲状旁腺功能亢进者，必须手术摘除甲状旁腺腺瘤或增生组织。鼓励长期卧床者多活动，防止骨质脱钙，减少尿钙含量。

4. 饮食指导　根据结石成分调节饮食。

5. 药物预防　根据结石成分，血、尿中钙磷、尿酸、胱氨酸的浓度和尿液pH，应用药物降低有害成分，碱化或酸化尿液，预防结石复发。

6. 复诊　定期进行尿液检查、X线检查或B超检查，观察有无复发及残余结石。若出现剧烈肾绞痛、恶心、呕吐、寒战、高热和血尿等症状，应及时就诊。对于带双"J"管出院的患者，指导其按时回院复查并拔除双"J"管。带管期间若出现排尿困难、尿频、血尿时，多为双"J"管刺激所致，多饮水和对症处理后可缓解。

小结

1. 病因　可能是多因素所致，包括年龄、性别、职业、饮食、水的摄入量、地理环境、气候、代谢紊乱和遗传性疾病等流行病学因素，以及尿液改变和泌尿系统局部因素等。

2. 临床表现　肾和输尿管结石表现为疼痛、血尿，膀胱结石表现为排尿突然中断并疼痛，尿道结石表现为排尿困难、点滴状排尿伴尿痛。

3. 治疗原则　包括非手术治疗和手术治疗，以非手术治疗中的体外冲击波碎石术为首选治疗方法。

4. 护理　非手术治疗护理包括减轻或消除肾绞痛、促进排石、饮食调节、药物治疗、观察排石效果。体外冲击波碎石术术前要做好宣教，完善各项检查，做好必要的治疗前准备；术后护理做好体位与活动、饮食饮水、并发症的观察与处理，观察排石情况。对于非开放性手术患者应做好体位、饮水、观察尿液和引流管护理。对于开放性手术患者应做好观察病情、保持呼吸道通畅、预防感染、切口及引流管的护理和指导活动。另外，还要做好健康教育，预防结石复发。

自测题

一、选择题

1. 男性，32岁，近2个月来腰部有隐痛，今晨突然出现阵发性刀割样疼痛，患者辗转不安，呻吟呼痛，面色苍白，有镜下血尿。应考虑为
   A．肾肿瘤
   B．肾结石、肾绞痛
   C．阑尾炎
   D．肠扭转
   E．胆囊炎

2. 膀胱结石的典型症状是
   A．排尿中断
   B．腹部绞痛
   C．肉眼血尿
   D．恶心、呕吐
   E．会阴部下坠感

3. 尿路结石形成的相关因素**不包括**
   A．长期卧床
   B．少量多餐
   C．30岁左右的青年男性
   D．饮水过少
   E．患甲状旁腺功能亢进

4. 对于任何类型泌尿系结石都是一项很重要而简便的预防方法是
   A．多活动
   B．少吃菠菜
   C．控制尿路感染
   D．大量饮水
   E．调节尿液 pH

5. 体外冲击波碎石治疗肾结石的并发症**不包括**
   A．血尿
   B．梗阻
   C．肾蒂损伤
   D．继发性感染
   E．肾绞痛

二、案例题

男性，45岁，厨师，平素喜肉食，不喜蔬菜，不爱喝水。活动后突发腰部疼痛，向下腹、会阴及大腿内侧放射，伴肾区叩击痛，有镜下血尿。B超示右肾有一结石，直径约0.5cm×0.6cm。排泄性尿路造影示肾功能正常，双侧输尿管通畅。诊断为肾结石，拟采用非手术治疗。

请问：

（1）该患者肾结石发生的相关因素有哪些？

（2）目前主要的护理措施有哪些？

（周雪妃）

第三十章 良性前列腺增生症患者的护理

> **学习目标**
>
> 通过本章内容的学习，学生应能：
> ◆ 识记
> 1．列出良性前列腺增生症的病因。
> 2．概述良性前列腺增生症的临床特点。
> ◆ 理解
> 解释良性前列腺增生症的辅助检查、治疗原则。
> ◆ 运用
> 评估良性前列腺增生症患者并为其制订护理计划。

良性前列腺增生症（benign prostatic hyperplasia，BPH）简称前列腺增生，亦称良性前列腺肥大，是老年男性的常见病，占泌尿外科住院患者的8%～11%，发病率仅次于尿路结石，居第2位。

良性前列腺增生症的病因仍未完全清楚，目前一致公认的是老龄和有功能的睾丸两个重要因素，且二者缺一不可。前列腺随着年龄逐渐增长而增大，前列腺增生的发病率逐渐增加。但是，若在青春期前切除睾丸，前列腺由于缺乏雄激素的作用而停止发育，老年后也不会发生前列腺增生。前列腺增生的患者在切除睾丸后，腺体也会萎缩。前列腺间质细胞和腺上皮细胞的相互作用，各种生长因子的作用，随着年龄增长而出现的睾酮、双氢睾酮及雌激素水平的改变和失衡是前列腺增生的重要病因。

前列腺增生主要发生于前列腺尿道周围移行带。增生的腺体压迫后尿道，使前列腺尿道伸长、弯曲、受压、变窄，成为排尿困难的机械性因素（图30-1）。此外，在前列腺内（尤其是围绕膀胱颈部的平滑肌内）含有丰富的α肾上腺素受体，当这些受体被激活时，该处平滑肌收缩，是引起排尿困难的又一因素。由于长期膀胱出口梗阻，导致逼尿肌失代偿和膀胱收缩无力，患者出现残余尿甚至充盈性尿失禁。长期排尿困难使膀胱内压力升高，可发生尿液膀胱输尿管反流，最终引起肾积水和肾功能损

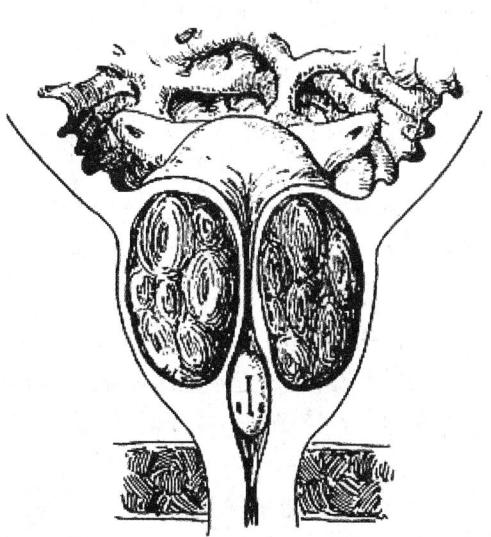

图30-1 前列腺增生
腺体凸向后尿道和膀胱颈

害。梗阻后膀胱内尿液潴留，容易继发感染和结石。

> **案例30-1A**
> 男性，62岁，进行性排尿困难伴尿频2年，尿潴留8h。
> 体检：T 36.4℃，P 80次/分，BP 140/90mmHg。神志清，表情痛苦。下腹饱满，可触及膨胀的膀胱。
> 直肠指诊：可触及前列腺增大，表面光滑、质韧、有弹性，中央沟消失。
> 问题与思考：
> 该患者护理评估内容有哪些？

【护理评估】

（一）临床表现

前列腺增生患者的症状取决于梗阻的程度、病变发展的速度以及是否合并感染等，症状时轻时重，与前列腺体积大小不完全成比例。

1. 症状

（1）尿频、尿急：尿频是指24h排尿多于8次，夜尿多于2次，是患者最早出现的症状，夜间更为明显。早期尿频是因增生的前列腺充血刺激引起，随着病情加重，残余尿量增多，膀胱有效容量减少，尿频逐渐加重。

（2）排尿困难：进行性排尿困难是患者最典型的症状。症状由轻至重，发展缓慢，经历排尿等待、迟缓、费力，逐渐发展为尿线细而无力、尿流断续、尿呈滴沥状。如梗阻严重，残余尿量较多，常需用力并增加腹压以帮助排尿。

（3）尿潴留、尿失禁：严重梗阻者，过多的膀胱残余尿可使膀胱逼尿肌功能受损，收缩力减弱，逐渐发生尿潴留并出现充盈性尿失禁。膀胱过度充盈致使少量尿液从尿道口溢出，称为充盈性尿失禁。在前列腺增生的任何阶段，患者可因受凉、劳累、饮酒、便秘等使前列腺突然充血、水肿，发生急性尿潴留。

2. 体征　直肠指诊可触到增大的前列腺，表面光滑，质韧有弹性，边缘清楚，中间沟变浅或消失。按照腺体增生的程度可分为三度。Ⅰ度：腺体增大，中央沟变浅；Ⅱ度：腺体明显增大，中央沟消失或略凸出；Ⅲ度：腺体显著增大，中央沟明显凸出，甚至手指不能触及腺体上缘。

3. 并发症　前列腺增生时因局部充血、血管破裂发生无痛性血尿。合并感染或结石，有尿频、尿急、尿痛等膀胱刺激症状。长期排尿困难者可引起腹外疝、内痔或脱肛。晚期可出现肾积水和肾功能不全。

（二）辅助检查

1. B超　经腹壁超声可显示前列腺体积的大小、增生的腺体是否凸入膀胱，还可测定膀胱残余尿量。经直肠超声检查对前列腺内部结构的分辨率更为精确。

2. 尿流动力学检查　尿流率检查可判断梗阻的程度。若最大尿流率＜15ml/s，提示排尿不畅；若＜10ml/s提示梗阻较为严重。

3. 前列腺特异性抗原（PSA）测定　前列腺体积较大、有结节或质地较硬时，应测定血清PSA以排除是否合并前列腺癌。血清PSA正常值为＜4ng/ml。

(三)与疾病相关的健康史

1. 年龄　35岁以上男性的前列腺均可有不同程度的增生,多在50岁以后出现临床症状。
2. 烟酒嗜好　吸烟、喝酒是前列腺增生患者发生急性尿潴留的诱发因素。
3. 饮水习惯　前列腺增生患者在夜间或出远门时,由于害怕频繁上厕所而减少饮水量,因此应评估其摄入液体是否足够。
4. 定时排尿或憋尿习惯　憋尿也是前列腺增生患者发生急性尿潴留的诱发因素。
5. 相关疾病史　既往有无尿潴留、尿失禁、腹股沟疝、内痔或脱肛等情况。

(四)心理社会状况

了解患者职业、文化程度、有关疾病知识的掌握状况,患者的自我概念、家庭经济与社会支持情况。患者是否出现不良心理反应如焦虑、紧张,以及出现不良心理反应的原因,如担心尿频、排尿困难影响睡眠,担心术后复发,担心家庭经济负担过重等。了解患者及家属对疾病的认知、反应及适应水平。

(五)治疗原则

前列腺增生未引起明显梗阻者,一般观察等待即可。若梗阻较轻或不能耐受手术,可采用药物治疗或非手术微创治疗。若梗阻严重、膀胱残余尿量超过50ml或既往出现过急性尿潴留、药物治疗效果不佳,应争取早日手术治疗。

1. 药物治疗　常用的药物有α_1受体阻滞剂、激素类、降低胆固醇药物以及植物类药物等。其中以α_1受体阻滞剂特拉唑嗪、5α还原酶抑制剂非那雄胺常用。α_1受体阻滞剂可降低膀胱颈及前列腺平滑肌的张力,减少尿道阻力,改善排尿功能。5α还原酶抑制剂在前列腺内阻止睾酮转变为双氢睾酮,使前列腺体积部分缩小,改善排尿症状。一般服药3个月后见效,停药后易复发,需长期服用。对于体积较大的前列腺,常将α_1受体阻滞剂与5α还原酶抑制剂联合应用。

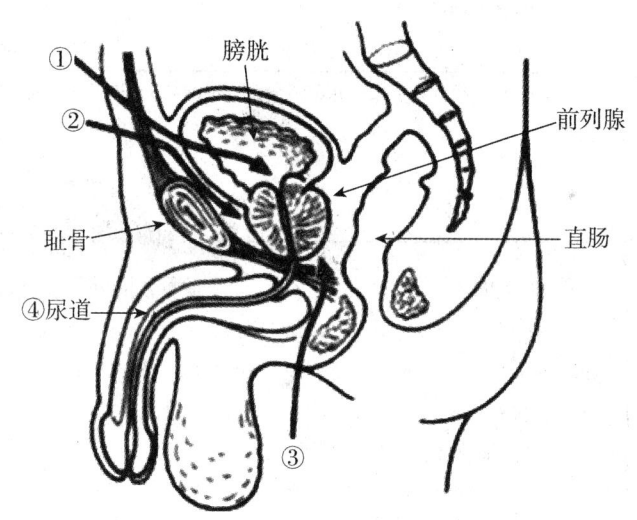

图30-2　前列腺手术方式
①耻骨上式;②耻骨后式;③会阴式;④经尿道内镜治疗

2. 手术治疗　手术方式有内镜治疗和开放性手术。内镜治疗主要有经尿道前列腺切除术(transurethral resection of prostate,TURP)。开放性手术包括耻骨上经膀胱前列腺切除术、耻骨后前列腺切除术和经会阴前列腺切除术(图30-2)。其中TURP是临床治疗的首选方法。

3. 其他疗法　包括激光治疗、经尿道气囊高压扩张术、经尿道高温治疗、体外高强度聚焦超声、前列腺尿道网状支架等,对缓解前列腺增生引起的梗阻症状有一定疗效。

【主要护理诊断/合作性问题】

1. 排尿障碍　与尿道梗阻、膀胱逼尿肌受损或手术等有关。
2. 急性疼痛　与手术后膀胱痉挛有关。
3. 潜在并发症:TUR综合征、尿频、尿失禁、出血。

知识链接

国际前列腺症状评分（I-PSS）

I-PSS 评分是良性前列腺增生下尿路症状严重程度的主观反映，与尿流率、残余尿量及前列腺体积无明显相关性。

最近1个月内，您是否有以下症状？	无	在5次中					症状评分
		少于1次	少于半数	大约半数	多于半数	几乎每次	
1. 是否经常有尿不尽感？	0	1	2	3	4	5	
2. 两次排尿间隔是否经常小于2h？	0	1	2	3	4	5	
3. 是否曾经有间断性排尿？	0	1	2	3	4	5	
4. 是否有排尿不能等待现象？	0	1	2	3	4	5	
5. 是否有尿线变细现象？	0	1	2	3	4	5	
6. 是否需要用力及使劲才能开始排尿？	0	1	2	3	4	5	
7. 从入睡到早起一般需要起来排尿几次？	没有 0	1次 1	2次 2	3次 3	4次 4	5次 5	
				症状评分=			

总分0~35分：轻度症状0~7分，中度症状8~19分，重度症状20~35分

案例 30-1B

该患者明确诊断为良性前列腺增生症，在硬膜外麻醉下行 TURP。术中出血 100ml。回病房后持续膀胱冲洗通畅，冲洗液呈淡红色。术日晚出现烦躁不安，不合作，BP 230/130mmHg，血红蛋白 150g/L，血 Na^+ 128mmol/L，K^+ 4.7mmol/L，Cl^- 112mmol/L。

问题与思考：
1. 该患者出现了何种问题？
2. 原因是什么？
3. 如何护理？

【护理措施】

（一）非手术治疗护理 / 术前护理

1. **心理护理** 向患者介绍良性前列腺增生症具有病程长、进展缓慢的特点，若用药物治疗需坚持长期服药；手术治疗的患者，术前大多会出现紧张、焦虑，可以采用支持治疗技术，例如向患者说明手术的必要性和重要性、手术的方法及注意事项，以消除其顾虑，增强治疗疾病的信心。对于焦虑严重者可以使用松弛治疗技术，选择安静、舒适、光线柔和的房间作为治疗室，通过肌肉紧张和松弛的转变来降低肌肉的张力，达到缓解焦虑的作用，每次治疗需要 20~30min。

2. **饮食与营养** 加强营养，宜进食易消化的高蛋白、低脂肪、高维生素、富含粗纤维的食物，保持排便通畅，忌烟酒及辛辣食物。

3. 急性尿潴留的护理 ①预防：避免因受凉、过度劳累、饮酒、便秘引起急性尿潴留。鼓励患者多饮水、勤排尿、不憋尿。冬天注意保暖，防止受凉。多摄入粗纤维食物，忌食辛辣食物，以防便秘。②处理：如发生急性尿潴留，应立即施行留置导尿术，必要时行耻骨上膀胱造瘘术，以引流尿液。留置导尿管或耻骨上膀胱造瘘引流期间，做好留置导尿或耻骨上膀胱造瘘患者的护理。为预防感染可进行膀胱冲洗。

4. 用药护理 $α_1$ 受体阻滞剂的副作用主要有头晕、直立性低血压等，应在睡前服药，用药后卧床休息，以防跌倒。$5α$ 还原酶抑制剂起效缓慢，需要服用 4～6 个月后才能有明显效果，告知患者应坚持长期服药，同时告知患者服用此药的重要性，有利于患者采纳劝告长期服药。

5. 术前准备 ①前列腺增生患者大多为老年人，常合并慢性病，术前应协助患者做好重要脏器功能的检查，评估患者对手术的耐受力。②对慢性尿潴留者，应先留置尿管引流尿液，改善肾功能；尿路感染者，应用抗生素控制感染。③术前指导患者有效咳嗽、排痰的方法；术前晚灌肠，以防术后便秘。④施行经尿道前列腺切除术的患者，其尿道须能通过 24F 尿道探子，如有尿道狭窄，术前应协助医生扩张尿道。

（二）术后护理

1. 病情观察 术后 24～48h 内应密切观察患者意识、生命体征和重要脏器功能状况。对于 TURP 患者，为避免术后发生 TUR 综合征，特别要观察患者的意识变化。观察导尿管引流尿液情况，如血尿明显，应检查并采取止血措施。

2. 体位 手术后取平卧位，3 日后可改为半坐卧位。

3. 饮食 术后 6h 无恶心、呕吐者可给予流质饮食，患者宜进食易消化、富含纤维素的食物，避免引起便秘。指导患者多饮水，起到内冲洗的作用，预防感染，必要时输液。

4. 预防感染 老年患者术后容易发生泌尿系、呼吸道等感染，因此应注意观察体温变化，监测血尿常规，同时加强对各种引流管的护理，严格无菌操作，指导患者术后多饮水，术前戒烟，遵医嘱应用抗菌药物。

5. 膀胱痉挛的护理 由于手术后逼尿肌不稳定、导管刺激、血块堵塞冲洗管等原因引起膀胱痉挛，从而导致阵发性剧痛。可遵医嘱给予口服或肌内注射止痛药物。术后留置连接硬膜外导管的镇痛泵，可有效缓解术后疼痛。

6. 引流管的护理 内镜手术后放置三腔气囊导尿管。开放性手术常放置三腔气囊导尿管、膀胱造瘘管、耻骨后引流管。

（1）三腔气囊导尿管的护理：开放性手术一般气囊内充水 15～30ml（此水囊放置在前列腺窝的上方），有压迫止血、引流尿液及冲洗膀胱的作用，术后需妥善固定。术后患者取平卧位，下肢保持伸直外展 15°，将 Foley 导尿管稍加牵拉并固定在大腿内侧，以压迫前列腺窝，达到止血目的。术后 3 日逐渐减少气囊内气体，注意不要一次放气过多以免再次出血。保持尿管引流通畅，防止受压、扭曲、折叠，保持会阴部清洁，用碘伏擦洗尿道外口，每日 2 次。

（2）拔管时间：不同类型的引流管留置的时间长短不一。TURP 术后 5～7 日尿液颜色清澈，即可拔除导尿管。耻骨上前列腺切除术后 7～10 日拔除导尿管。膀胱造瘘管通常在 10～14 日排尿通畅时拔除。耻骨后引流管于手术后 3～4 日引流量很少时拔除。

7. 膀胱冲洗的护理 前列腺切除术后都有肉眼血尿，术后需用生理盐水持续膀胱冲洗 3～7 日。手术后立即将三腔气囊导尿管连接于密闭式膀胱冲洗装置，进行持续冲洗，可防止血凝块形成堵塞导管和引起感染。

（1）冲洗速度：因早期出血较多，故冲洗速度要快，以后可根据尿色而定，色深则快、色浅则慢。随冲洗持续时间延长，血尿颜色逐渐变浅。若尿色深红或逐渐加深，说明有活动性出血，应及时通知医师处理。

（2）冲洗温度：控制在 25～30℃，可以有效预防膀胱痉挛的发生。

(3) 确保冲洗及引流管道通畅：若引流不畅，可能为血块堵塞，可用注射器冲洗或抽吸血块，以免造成膀胱充盈、痉挛而加重出血。

(4) 观察、记录：准确记录尿量、冲洗量和排出量。尿量=排出量-冲洗量。气囊导尿管一般在术后10日左右拔除。

8. 术后并发症的护理

(1) TUR综合征：在经尿道前列腺电切手术中，通常需要用大量的尿道冲洗液，冲洗液被吸收可致血容量急剧增加，出现稀释性低钠血症，在术后数小时内出现TUR综合征。表现为烦躁不安、恶心、呕吐、抽搐、昏迷，严重者出现肺水肿、脑水肿、心力衰竭等。术后应加强观察，一旦出现，立即吸氧，遵医嘱给予利尿剂、脱水剂，减慢输液速度并对症处理。

(2) 尿频、尿失禁：为减轻拔管后出现尿频或尿失禁，一般在术后第2~3日教患者练习收缩腹肌、臀肌及肛门括约肌，也可辅以针灸或理疗等。尿频或尿失禁一般在术后1~2周可缓解。

(3) 出血：观察生命体征、尿液及冲洗液颜色的变化，了解出血情况。指导患者在术后1周逐渐离床活动。术后早期禁止灌肠或肛管排气等引起腹内压增高的因素，以免造成前列腺窝出血。

(三) 健康教育

1. 生活指导　采用非手术治疗的患者，避免因受凉、劳累、饮酒、便秘而引起急性尿潴留。术后1~2个月内避免剧烈活动，如跑步、骑自行车、性生活等，防止继发性出血。

2. 康复指导

(1) 排尿功能训练：若有溢尿现象，患者应有意识地经常锻炼肛提肌，以尽快恢复尿道括约肌功能。

(2) 自我观察：应告知患者，TURP术后若尿线逐渐变细，甚至出现排尿困难，应及时到医院检查和处理，以确定是否有尿道狭窄。有狭窄者，定期行尿道扩张，效果较满意。附睾炎常在术后1~4周发生，故出院后若出现阴囊肿大、疼痛、发热等症状，应及时去医院就诊。术后前列腺窝的修复需3~6个月，因此，术后可能仍会有排尿异常现象，应多饮水。

3. 性生活指导　前列腺经尿道切除术后1个月、经膀胱切除术后2个月，原则上可恢复性生活。前列腺切除术后常会出现逆行射精，不影响性交。少数患者可出现阳痿，可先采取心理治疗，同时查明原因，再进行针对性治疗。

4. 门诊随访　定期行尿液检查，复查尿流率及残余尿量。

1. 病因　尚未完全清楚。老龄和有功能的睾丸是缺一不可的两个重要因素。

2. 临床表现　尿频是最早期的症状，进行性排尿困难是最典型的症状。

3. 治疗原则　前列腺增生是一种老化现象，只有发展为良性前列腺增生症才需要治疗，治疗原则包括药物治疗、非手术介入治疗和手术治疗。其中经尿道前列腺切除术是临床治疗的首选方法。

4. 护理　术前护理要做好心理护理、营养与饮食、急性尿潴留的护理、用药护理和术前准备。术后护理措施包括病情观察、体位、饮食、预防感染、膀胱痉挛的护理、引流管的护理、膀胱冲洗的护理和术后并发症的护理。另外，还要做好健康教育，提高患者的生活质量。

自测题

一、选择题

1. 前列腺增生最早出现的症状为
   A. 尿潴留
   B. 排尿困难
   C. 血尿
   D. 尿频
   E. 尿急

2. 前列腺切除术后行膀胱冲洗的主要目的是
   A. 防止组织腐肉脱落
   B. 保持膀胱充分膨胀
   C. 防止血凝块形成
   D. 防止结石形成
   E. 促进膀胱收缩

3. 男性，65岁，近2个月来排尿次数增多，尤以夜间明显，并有进行性排尿困难。应考虑是
   A. 膀胱结石
   B. 泌尿系感染
   C. 膀胱肿瘤
   D. 前列腺增生
   E. 膀胱结核

4. 男性，70岁，因前列腺增生造成排尿困难，尿潴留，已15h未排尿。应采取的护理措施是
   A. 让患者坐起排尿
   B. 让患者听流水声
   C. 用温水冲洗会阴部
   D. 热敷下腹部
   E. 行导尿术

二、案例题

男性，70岁，排尿困难5年，夜尿3～5次。一般情况好，直肠指诊示前列腺明显增大。B超示前列腺5.0cm×5.0cm×4.5cm。在硬膜外麻醉下行耻骨上经膀胱前列腺切除术。术后第3日，将三腔气囊导尿管内气体放出10ml，发现膀胱冲洗液颜色加深，引流出鲜红色血性液体。

请问：
(1) 该患者可能出现何种并发症？可能的原因是什么？
(2) 如何护理该患者？
(3) 如何做好膀胱冲洗护理？

（周雪妃）

第三十一章 泌尿系统肿瘤患者的护理

学习目标

通过本章内容的学习,学生应能:

◆ 识记

列举肾癌、膀胱癌的病因和治疗原则。

◆ 理解

概括肾癌、膀胱癌的临床特点。

◆ 运用

评估泌尿系统肿瘤患者并为其制订护理计划。

泌尿系肿瘤是泌尿外科的常见病,大多为恶性。在我国,成人最常见的泌尿系恶性肿瘤是膀胱癌,其次为肾癌。

第一节 肾 癌

肾癌(renal carcinoma)又称肾腺癌或肾细胞癌(renal cell carcinoma,RCC),占成人恶性肿瘤的2%～3%。发病高峰在50～60岁,男女之比为2∶1,无明显的种族差异。引起肾细胞癌的病因至今尚未明确。其发病可能与吸烟、肥胖、职业接触(如长期接触石棉、皮革等)、遗传因素(如抑癌基因缺失)等有关。肾癌常累及一侧肾,多单发。肾癌有三种基本细胞类型,即透明细胞型、颗粒细胞型和梭状细胞型。临床以透明细胞癌最多见,梭状细胞癌的恶性程度高、预后差。肾癌有三种转移途径。①直接浸润:最多见,除侵及肾周筋膜和邻近器官组织,向内侵及肾盂、肾盏引起血尿外,还可直接扩展至肾静脉、下腔静脉形成癌栓。②血行转移:经血液转移至肺、肝、骨、脑等。③淋巴转移:最先转移到肾蒂淋巴结。

案例31-1A

女性,53岁,血尿1周。

体检:T 36.8℃,P 86次/分,R 18次/分,BP 150/85mmHg。身高168cm,体重48kg,腹壁软,无压痛、反跳痛,肠鸣音正常,无移动性浊音,余未见异常。

B超:右肾上极有一个直径约3cm的占位性病变。

问题与思考:

该患者护理评估内容有哪些?

【护理评估】
(一)临床表现
1. 症状
(1)血尿、疼痛和肿块：即肾癌三联征。间歇性无痛性肉眼血尿是肾癌的主要症状和早期症状，表明肿瘤已侵入肾盏、肾盂。疼痛为腰部钝痛或隐痛，多由于肿瘤生长牵张肾包膜或侵犯腰肌、邻近器官所致，血块通过输尿管时可发生肾绞痛。肿瘤较大时在腰部或腹部可触及肿块，质坚硬。多数患者仅出现上述一项或两项症状，三项都出现者仅占10%左右，但出现上述任何一项症状都是病变发展到较晚期的临床表现。
(2)副癌综合征：10%～40%的肾癌患者可出现副癌综合征。表现为发热、高血压、红细胞沉降率增快等，其他表现有高钙血症、高血糖、红细胞增多症和肝功能异常等。
(3)转移症状：临床上有25%～30%的患者因出现转移症状，如病理性骨折、咳嗽、咯血、神经麻痹及转移部位出现疼痛等而就医。
2. 体征　主要表现为肾增大，消瘦。触诊可扪及肿瘤边缘清楚，质坚硬，表面隆起有结节感。未侵及周围组织，肿瘤随呼吸上下移动。叩诊肾区有叩击痛。

(二)辅助检查
1. B超　能鉴别肿瘤与囊性病变，查出直径1cm以上的肿瘤，目前已经作为普查肾肿瘤的首选方法。
2. X线检查　泌尿系统平片（KUB）可见肾外形增大、不规则，偶有钙化影。排泄性尿路造影可见肾盏、肾盂因受肿瘤挤压而有不规则变形、狭窄、拉长或充盈缺损。
3. CT、MRI　CT是肾肿瘤最可靠的影像学诊断方法，能明确肿瘤大小、部位、邻近器官、静脉和淋巴受累情况。MRI对肾癌诊断与CT相仿，但在显示邻近器官有无侵犯、肾静脉或下腔静脉内有无癌栓方面优于CT。

(三)与疾病相关的健康史
1. 年龄和性别　肾癌发病高峰在50～60岁，男女之比为2：1。
2. 职业　在石油精炼厂和石油化工厂工作20年以上的男性、报纸印刷工人、长期接触石棉或皮革的工作者，其肾癌发病率增加。
3. 吸烟史　吸烟人群患肾癌的概率是不吸烟人群的2倍。
4. 饮食和肥胖　女性患者的肾癌可能与长期饮用咖啡有关。有研究发现，体重增加，发生肾癌的危险性也上升，提示肥胖是肾癌的危险因素。
5. 家族史　肾癌也有家族性，因此应了解患者家族中有无肾癌发病者。
6. 相关疾病史　有报告显示糖尿病患者比无糖尿病者更容易发生肾癌。肾功能不全的患者长期透析后可以发现肾囊性变，容易发生肾肿瘤。
7. 用药史　利尿药可能是促进肾癌发生的因素。滥用止痛药，尤其含非那西汀的药物易诱发肾盂癌。

(四)心理社会状况
了解患者职业、文化程度、有关疾病知识的掌握情况，患者的自我概念、家庭经济与社会支持情况。在得知肾癌诊断后，患者是否出现紧张、焦虑、恐惧等不良心理反应及其原因。了解患者及家属对疾病的认知、反应及适应水平。

(五)治疗原则
1. 根治性肾切除术　是肾癌最主要的治疗方法。手术切除范围包括患肾、肾周围的正常组织、同侧肾上腺、近端1/2输尿管、肾门旁淋巴结。
2. 部分肾切除术　肾癌直径小于3cm，可以行保留肾组织的局部切除术。
3. 免疫治疗　肾癌对化疗和放疗不敏感，免疫治疗对预防和治疗转移癌有一定疗效。

案例31-1B

该患者明确诊断为肾癌，拟行根治性肾切除术。

问题与思考：
1. 该患者术后可能出现哪些并发症？
2. 如何观察及护理？

【主要护理诊断/合作性问题】
1. 营养失调（低于机体需要量）　与长期血尿、癌肿消耗有关。
2. 焦虑/恐惧　与对癌症和手术的恐惧有关。
3. 潜在并发症：感染、出血。

【护理措施】

（一）术前护理

1. 心理护理　消除患者紧张、悲观的情绪。如采用现身说法，使患者了解手术治疗的良好疗效，使其树立治疗的信心，主动配合治疗和护理。

2. 营养支持　指导患者选择营养丰富的食品，贫血患者保证营养的摄入，遵医嘱给予肠内或肠外营养支持治疗。

（二）术后护理

1. 体位　根治性肾切除术麻醉清醒、血压平稳后，取健侧卧位。避免过早下床，一般卧床3～5日。肾部分切除的患者应卧床1～2周，以防出血。

2. 病情观察　根治性肾切除术后，应严密观察患者的生命体征。由于手术创面大，渗血较多，应注意观察患者有无出血倾向，做好止血工作及保证输血、输液通畅。准确记录24h尿量以监测肾功能情况。

3. 饮食与营养　术后禁食，待肠道功能恢复后进食，并注意加强营养，增强机体抵抗力，促进康复。

4. 引流管护理　术后注意观察引流液的颜色、量和性状等，并保持引流通畅。若患者术后引流液量较多、色鲜红且很快凝固，同时伴血压下降、脉搏增快，常提示有活动性出血，应立即通知医师处理。

5. 预防感染　监测体温变化和血常规检查结果。遵医嘱应用抗菌药物，预防感染的发生。

（三）健康教育

1. 康复指导　保证充分的休息、适度的身体锻炼及娱乐活动。加强营养，增强体质。
2. 用药指导　免疫治疗期间，患者可能有低热、乏力等不良反应，应及时就医，在医生指导下用药。
3. 定期复查　本病的近、远期复发率均较高，患者需定期复查B超、CT和血尿常规，以便及时发现肿瘤的复发或转移。

第二节　膀　胱　癌

膀胱癌（carcinoma of bladder）是泌尿系统最常见的肿瘤。好发于50～70岁，男性多于女性。大多数患者的肿瘤仅局限于膀胱，只有＜15%的病例出现远处转移。

引起膀胱癌的病因很多，一般认为与下列危险因素有关：①致癌物质的长期接触史；②吸烟；③膀胱慢性感染与异物长期刺激；④长期大量服用镇痛药，不排除与内源性色氨酸代谢异常等有关。膀胱癌以上皮细胞恶性肿瘤占绝大多数，其中以移行上皮细胞癌为主，鳞癌和腺癌较少。移行上皮细胞癌易复发，分化差者可高达80%~90%。癌肿最多发生在膀胱侧壁及后壁，其次为三角区和顶部。生长方式有原位癌、乳头状癌和浸润性癌。膀胱癌的转移方式有：①直接浸润，向膀胱壁内浸润，直接累及膀胱外组织及邻近器官。②淋巴转移是最主要的转移途径，主要转移到盆腔淋巴结。③血行转移多在晚期，主要转移至肝、肺、骨和皮肤等处。

膀胱的解剖

膀胱为锥体形囊状肌性器官，分尖、底、体、颈四部分。成年人膀胱位于骨盆腔前部，容量为300~500ml。膀胱空虚时呈锥体形，位于骨盆深处，受到周围筋膜、肌肉、骨盆及其他软组织保护；充满时形状变为卵圆形，壁紧张而薄，顶部可高出耻骨联合，易受损伤。膀胱底的内面位于两个输尿管口和尿道口连线之间的三角形区域，称为膀胱三角。

案例31-2A

男性，72岁，发现全程无痛肉眼血尿伴血凝块1周。吸烟史50年，20支/日。

膀胱镜检查：膀胱三角区有一直径约2cm的凸出物。

问题与思考：

该患者护理评估内容有哪些？

【护理评估】

（一）临床表现

1. 症状

（1）血尿：是膀胱癌最常见和最早出现的症状，多数为全程无痛肉眼血尿，间歇出现，偶见终末或镜下血尿，血量多少不一。出血可自行停止，容易造成"治愈"或"好转"的错觉而贻误治疗。

（2）膀胱刺激症状：尿频、尿急、尿痛，多为膀胱癌的晚期表现，常因肿瘤坏死、溃疡或并发感染引起。

（3）转移症状：骨转移患者有骨痛，腹膜后转移或肾积水患者可出现腰痛。

2. 体征　多数患者无明显体征。当肿瘤增大到一定程度，在下腹部耻骨上区可以触到肿块，质坚硬。发生肝或淋巴结转移时，可扪及肿大的肝或锁骨上淋巴结。

（二）辅助检查

1. 实验室检查　尿常规检查可见血尿或脓尿。大量血尿或肿瘤侵犯骨髓可致贫血，血常规见血红蛋白和血细胞比容下降。

2. B超　能发现直径0.5cm以上的肿瘤，可作为患者体检筛查的首选方法。在膀胱充盈情况下可以看到肿瘤的位置、大小等。

3. CT、MRI　可了解肿瘤浸润深度及局部转移病灶。

4. X线检查 排泄性尿路造影可了解肾盂、输尿管有无肿瘤，膀胱造影可见充盈缺损。

5. 膀胱镜检查 是诊断膀胱癌最重要的检查手段，能直接观察肿瘤的数目、大小、形态、浸润范围、外观和部位等。膀胱镜观察到肿瘤后应取活组织做病理检查。

6. 尿脱落细胞学检查 在患者的新鲜尿液中易发现脱落的肿瘤细胞，由于其简便易行，可作为肿瘤的初步筛选方法。检查的准确率与取材方法、肿瘤大小、肿瘤分期关系密切。

（三）与疾病相关的健康史

1. 年龄和性别 膀胱癌好发于50～70岁，男性多于女性。

2. 吸烟史 主动或被动吸烟是本病发生和发展的重要因素，有资料显示大约1/3的膀胱癌与吸烟有关。

3. 工作环境 了解患者是否长期从事染料、橡胶、皮革、塑料及有机化学加工等相关工作。因其容易接触到联苯胺、α萘胺、β萘胺、4-氨基双联苯等致癌物质，使膀胱癌的发病率显著增加。

4. 相关疾病史 有无膀胱结石、膀胱憩室、埃及血吸虫膀胱炎、内源性色氨酸代谢异常等容易诱发膀胱癌的疾病。

5. 相关治疗史 是否长期大量服用镇痛药，如非那西汀等。

（四）心理社会状况

了解患者职业、文化程度、疾病相关知识的掌握状况，患者的家庭经济与社会支持情况，患者是否出现不良心理反应如焦虑、悲观，以及出现不良心理反应的原因，如担心膀胱癌复发。了解患者及家属对疾病的认知、反应及适应水平。

（五）治疗原则

以手术治疗为主的综合治疗。

1. 手术治疗

（1）经尿道膀胱肿瘤切除术（transurethral resection of bladder tumor，TURBT）：是所有膀胱肿瘤治疗的首选方法。如果肿瘤为单发、分化较好，且属非浸润型，单纯采用TURBT治疗即可。

（2）膀胱部分切除术：适用于肿瘤比较局限、呈浸润性生长，病灶位于膀胱侧后壁、顶部等，膀胱憩室内的肿瘤，离膀胱三角区有一定的距离。

（3）根治性膀胱全切术：是膀胱浸润性癌的基本治疗方法，除切除全膀胱、盆腔淋巴结外，男性还包括前列腺和精囊（必要时全尿道），女性包括子宫、宫颈、阴道前穹窿、卵巢和尿道等。对切断的输尿管必须做输尿管移植等尿流改道手术。常用的改道手术有：①输尿管皮肤造口术；②直肠、膀胱、乙状结肠造口术；③直肠膀胱术；④回肠膀胱术；⑤可控回肠代膀胱术。尿流改道、肠代膀胱等手术方式的问世，既提高了治疗效果，也提高了患者的生活质量。

2. 化学治疗 有全身化疗及膀胱灌注化疗。①全身化疗：多用于有转移的晚期患者，浸润性肿瘤即使接受根治性膀胱切除术，也有30%～40%的病例会出现远处转移。常用的药物有顺铂、甲氨蝶呤、长春新碱、表柔比星、环磷酰胺、氟尿嘧啶、长春碱等，多联合应用。②膀胱灌注化疗：因绝大多数的膀胱肿瘤会复发，对保留膀胱的患者，术后应经导尿管给予化疗药物膀胱灌注，以消灭残余的肿瘤细胞和降低术后复发的可能性。目前膀胱化疗药物分为两种：一种为生物制剂，包括卡介苗、干扰素等；另一种为化学药物，如丝裂霉素、多柔比星（阿霉素）等。前者可以通过诱导机体的免疫功能，预防肿瘤的复发和浸润；后者可以延长肿瘤复发的时间。

3. 放射治疗 作为辅助治疗，但其治疗方案和效果尚难定论。

【主要护理诊断/合作性问题】

1. 恐惧/焦虑 与担心肿瘤预后不良、害怕手术、担心如厕方式改变有关。

2. 营养失调（低于机体需要量） 与长期血尿、癌肿消耗有关。

3. 自我形象紊乱 与膀胱全切术后尿流改道、存在造瘘口或引流装置以及不能主动排尿有关。

4. 潜在并发症：出血、感染、尿瘘等。

案例 31-2B

该患者明确诊断为膀胱癌，拟行根治性膀胱全切术+腹壁造瘘术。

问题与思考：

手术后，面对排尿方式的改变应如何做好护理工作？

【护理措施】

（一）术前护理

1. 心理护理 患者可出现否认、恐惧、绝望等情绪反应，甚至不接受尿流改道。因此，应向患者解释手术和尿流改道对治疗疾病的重要性，告知其尿流改道后可自行护理，不影响日常生活，同时鼓励家属多关心、支持患者，以消除其恐惧、绝望的心理，配合治疗。

2. 饮食与营养 嘱患者进高蛋白、高维生素、易消化、营养丰富的食物，贫血者纠正贫血。必要时遵医嘱给予营养支持，改善全身营养状况，以提高机体抵抗力及增强对手术的耐受力。

3. 肠道准备 行膀胱全切肠代膀胱术的患者，按肠切除术做好充分的肠道术前准备。

4. 造瘘患者准备 对拟行造口的患者，协助造口治疗师选好造口位置，并做好标记。

（二）术后护理

1. 观察病情 注意密切观察患者的生命体征、意识和尿量的变化。

2. 饮食与营养 膀胱癌电切术后 6h 即可进食，以营养丰富、富含粗纤维的饮食为主，忌辛辣刺激，以防止便秘。膀胱全切行膀胱替代术后应持续胃肠减压，待胃肠道功能恢复拔除胃管后，开始从流质饮食逐渐过渡到普食。密切观察进食后有无恶心、呕吐、腹泻、腹胀、腹痛和肠梗阻症状。

3. 膀胱冲洗 膀胱癌电切术后常规膀胱冲洗 1～3 日，应密切观察引流液的颜色，根据颜色调整冲洗速度，防止血凝块堵塞引流管。停止冲洗后应指导患者多饮水，起到内冲洗的作用。

4. 代膀胱冲洗 为预防代膀胱的肠道黏液过多引起管道堵塞，一般术后第 3 日开始行代膀胱冲洗，每日 1～2 次。患者取平卧位，用生理盐水或 5% 碳酸氢钠冲洗，温度在 36℃ 左右，每次 30～50ml，用注射器低压缓慢冲洗，直至冲洗液澄清为止。

5. 造瘘口的护理 回肠膀胱术后，应密切观察造瘘口的大小、性状和颜色。手术后造瘘口肿胀、鲜红、潮湿，如果出现灰暗且发绀，则可能是由血液供应受阻造成的，应立即通知医生行对症处理。保持切口、造瘘口处敷料清洁干燥。

6. 引流管的护理 分清各种引流管，贴标签记录，并保持引流通畅。膀胱全切除、尿流改道术后留置的引流管较多，包括：①输尿管支架管，注意引流袋位置低于膀胱以防尿液反流。一般术后 10～14 日后拔除。②代膀胱造瘘管，定时挤捏代膀胱的引流管以保持引流通畅，术后 2～3 周，经造影新膀胱无尿瘘、吻合口无狭窄后可拔除。③导尿管，待新膀胱容量达 150ml 以上可拔除。④盆腔引流管：引流盆腔的积血、积液，一般术后 3～5 日拔除。

7. 并发症的观察与护理

（1）出血：膀胱全切术创伤大，术后易发生出血。密切观察患者血压、脉搏情况，引流管内若引流出鲜血，每小时超过 100ml 且易凝固，提示有活动性出血，应及时报告医师处理。

（2）感染：定时监测体温及白细胞变化，保持切口及造瘘口敷料清洁干燥，保持引流管引流通畅，更换引流袋时严格执行无菌技术，遵医嘱应用抗菌药物以预防和控制感染的发生。若患者有体温升高、伤口处疼痛、引流液有脓性分泌物或有恶臭，并伴有血象升高、尿常规示有白细胞时，多提示有感染，应及时通知医师处理。

（3）尿瘘：与代膀胱分泌黏液过多堵塞导尿管，以及手术操作和腹压增高等因素有关。表现为盆腔引流管引流出尿液、切口部位渗出尿液、导尿管引流量减少，以及患者出现体温升高、腹痛、白细胞计数升高等感染征象。嘱患者取半坐卧位，以利伤口引流和尿液引流，盆腔引流管可行低负压吸引，同时遵医嘱使用抗生素。

8. 膀胱灌注化疗的护理　主要适用于保留膀胱的患者。膀胱灌注应在早晨进行，嘱患者灌注前 4h 禁饮水，排空膀胱。常规消毒外阴及尿道口，置入导尿管，将化疗药物或卡介苗溶于生理盐水 30～50ml 注入膀胱，再注入 10ml 空气冲注管内残留药液，钳夹导尿管或拔出。药物需保留在膀胱内 1～2h，协助患者每 15～30min 变换一次体位，分别取俯、仰、左侧、右侧卧位。灌注后嘱患者多饮水，每日饮水 2500～3000ml，起到内冲洗的作用，减少化疗药物对尿道黏膜的刺激。术后早期每周 1 次，共 8 次，然后改为每月 1 次，共 1～2 年。

（三）健康教育

1. 康复指导　适当锻炼，加强营养，增强体质。

2. 自我护理　尿流改道术后腹部佩戴接尿器者，应学会自我护理，避免接尿器的边缘压迫造瘘口。保持清洁，定期更换尿袋。可控膀胱术后，开始每 2～3h 导尿 1 次，逐渐延长间隔时间至每 3～4h 1 次，导尿时要注意保持清洁，定期用生理盐水及开水冲洗集尿袋，清除黏液及沉淀物。

3. 原位新膀胱训练　新膀胱造瘘口愈合后指导患者进行新膀胱训练，包括：①贮尿功能：夹闭导尿管，定时放尿，初起每 30min 放尿 1 次，逐渐延长至 1～2h。放尿前收缩会阴，轻压下腹，逐渐形成新膀胱充盈感。②控尿功能：收缩会阴肛门括约肌 10～20 次／日，每次维持 10s。③排尿功能：定时排尿，一般白天每 2～3h 排尿 1 次，夜间 2 次。

4. 定期复查　保留膀胱手术后，每 3 个月进行 1 次膀胱镜检查，2 年无复发者，改为每半年 1 次。根治性膀胱手术后，终生随访。

小　结

一、肾癌

1. 病因　可能与吸烟、肥胖、职业接触、遗传因素等有关。

2. 临床表现　典型表现为血尿、疼痛和肿块，被称为肾癌三联征。

3. 治疗原则　以手术治疗为主。

4. 护理　术前护理应注意心理护理和营养支持护理；术后护理包括安置适当体位、病情观察、饮食与营养、引流管的护理、预防感染。

二、膀胱癌

1. 病因　可能与职业接触、吸烟、膀胱慢性感染、异物长期刺激、长期大量服用镇痛药等有关。

2. 临床表现　典型表现为全程无痛肉眼血尿，常间歇出现。

3. 治疗原则 以手术治疗为主,辅以化疗和放疗。

4. 护理 术前护理包括心理护理、饮食与营养、肠道准备、造瘘患者准备;术后护理包括观察病情、饮食与营养、膀胱冲洗、代膀胱冲洗、造瘘口护理、引流管的护理、并发症的观察与护理,以及膀胱灌注化疗的护理。另外,还要做好健康教育,促进患者适应术后生活,防止癌症复发。

一、选择题

1. 提示肾癌病变发展到中、晚期的临床表现是
   A. 血尿
   B. 血压升高
   C. 尿频
   D. 发热
   E. 乏力

2. 膀胱癌最具意义的临床症状是
   A. 尿频
   B. 尿急
   C. 尿痛
   D. 无痛性肉眼血尿
   E. 下腹疼痛

3. 泌尿系统发病率最高的恶性肿瘤是
   A. 肾癌
   B. 肾盂癌
   C. 膀胱癌
   D. 输尿管癌
   E. 肾上腺皮质癌

4. 在下列因素中,最可能引起膀胱癌患者"自我形象紊乱"的是
   A. 手术损伤较大
   B. 出血较多
   C. 继发感染
   D. 营养不良
   E. 尿流改道造瘘

二、案例题

男性,48岁,因膀胱癌行经尿道膀胱癌电切术。术后第3日患者出现下腹胀痛,留置导尿管引流不畅,量少,引流尿液为黄白色,患者体温升高达39.0℃,体检示下腹压痛。实验室检查:白细胞 18×10^9/L,中性粒细胞比例0.92。尿常规镜检:白细胞满视野。临床诊断:经尿道膀胱肿瘤切除术后膀胱感染。

请问:

(1) 导致膀胱感染的原因是什么?依据是什么?

(2) 在膀胱感染控制后,拟对该患者行膀胱灌注化疗,化疗期间的护理要点有哪些?

(周雪妃)

第三十二章 骨折患者的护理

学习目标

通过本章内容的学习，学生应能：

◆ 识记
1．列举骨折、常见四肢骨折、骨盆骨折的常见原因及辅助检查方法。
2．描述骨折、常见四肢骨折、脊柱骨折、脊髓损伤及骨盆骨折的临床表现和治疗原则。

◆ 理解
1．解释骨折常见的早期和晚期并发症。
2．举例说明常见四肢骨折患者患肢功能锻炼方法。

◆ 运用
评估骨折患者并为其制订护理计划。

第一节 概 述

骨折（fracture）是指骨的完整性或连续性中断，是人体运动系统的一种常见损伤，可单发，也可与其他部位的损伤合并存在。骨折轻者愈合后对机体的形态和功能不造成影响，重者可因严重并发症而导致患者死亡或遗留终生残疾。骨折可由创伤和骨骼病变引起，后者如骨肿瘤导致骨质破坏，轻微外力作用即可发生骨折，即病理性骨折。本章重点讨论创伤性骨折，其病因包括直接暴力、间接暴力和积累性劳损。根据骨折端是否与外界相通可分为闭合性骨折和开放性骨折；根据骨折的程度及形态可分为不完全骨折和完全骨折，前者如裂缝骨折、青枝骨折，后者如横骨折、斜骨折、螺旋骨折、粉碎骨折、T形骨折、嵌插骨折、压缩骨折等（图32-1）；根据骨折端稳定程度可分为稳定性骨折和不稳定性骨折；根据骨折时间的长短分为新鲜骨折（2周以内）和陈旧骨折（2周以上）。由于暴力作用、肌肉牵拉、骨折远端肢体重量牵拉、错误搬运或治疗等原因，大多数骨折均有不同程度的移位。常见的移位有成角移位、侧方移位、缩短移位、分离移位和旋转移位五种（图32-2）。

案例32-1A

女性，65岁，晨练时不慎跌倒，左手掌撑地后出现手腕部剧烈疼痛，局部肿胀、压痛，明显餐叉畸形。入院时意识清楚，面色苍白，痛苦面容。

X线检查：左侧桡骨远端伸直型骨折。

问题与思考：

该患者护理评估内容有哪些？

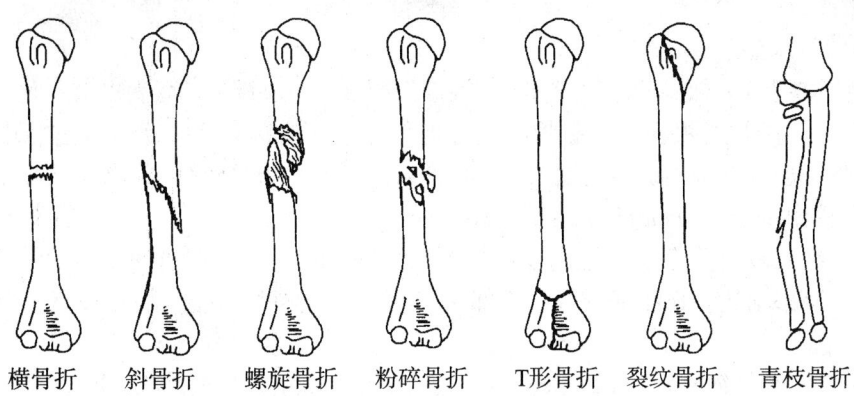

图 32-1 骨折的程度和形态

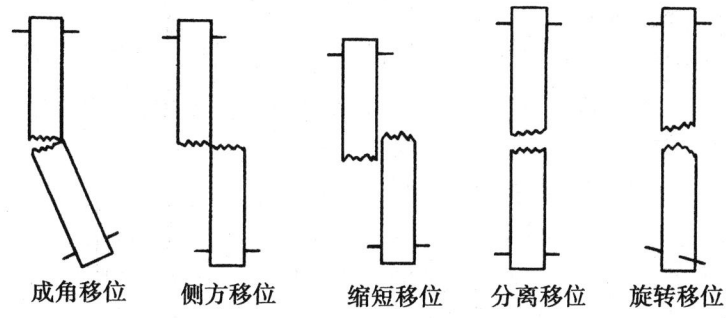

图 32-2 骨折段五种不同移位

【护理评估】

（一）临床表现

1. 全身表现　大多数骨折只有局部症状，但是严重损伤时可有休克和发热的全身表现。

（1）休克：骨折导致的大出血和剧痛是主要原因，在股骨骨折、骨盆骨折、严重的开放性骨折或并发重要脏器损伤时容易出现。

（2）发热：合并有大出血的骨折，如骨盆骨折，由于血肿吸收和损伤组织的吸收反应可使体温升高，一般不超过38℃。开放性骨折合并感染时体温会升高。

2. 局部表现

（1）一般表现：主要有局部疼痛和压痛、肿胀或瘀斑、功能障碍。

（2）专有体征：①畸形，骨折端移位后，受伤局部出现短缩、成角、弯曲等畸形；②反常活动，又称假关节活动，在骨折处出现类似关节样的活动；③骨擦音或骨擦感，骨折断端相互摩擦时可听到摩擦声或有摩擦感。以上三项中只要具备一项即可确诊。但不完全骨折、嵌插骨折时常不出现骨折专有体征。

3. 并发症

（1）早期并发症

1）休克：如股骨干骨折、骨盆骨折等，因创伤严重、出血量大，可表现出失血性休克症状。

2）血管、周围神经损伤：如肱骨髁上骨折，骨折近端易造成肱动脉、正中神经的损伤；股骨髁上骨折，远侧骨折端易造成腘动脉的损伤；腓骨颈骨折易致腓总神经损伤。

3）脂肪栓塞综合征（fat embolism syndrome）：可见于成人长管状骨（如股骨干）骨折。骨折后脂肪可进入破裂的静脉窦内引起脂肪栓塞，常发生在骨折后48h内。肺栓塞表现为呼吸困难、发绀、心率增快、血压降低等，胸部X片可见广泛性肺实变。脑栓塞表现为意识障碍、烦躁、谵妄、抽搐等。

4）骨筋膜室综合征(osteofascial compartment syndrome)：骨筋膜室是由骨、骨间膜、肌间隔和深筋膜形成的密闭腔隙。骨筋膜室综合征是四肢骨筋膜室内的肌肉和神经组织因急性严重缺血而发生的一系列病理改变。好发于前臂和小腿骨折，表现为伤肢持续性剧烈疼痛且进行性加剧、麻木、指（趾）呈屈曲状态、肌力减退、被动牵伸产生剧痛等，当肌肉广泛坏死时可有发热、脉快、血压下降等休克表现，严重者可出现肾衰竭。

5）感染：骨折后可并发化脓性感染和芽胞厌氧菌感染，以开放性骨折多见。

（2）晚期并发症

1）缺血性肌挛缩：是骨折后重要血管损伤或骨筋膜室综合征处理不当的后果，引起相关肌群的缺血、坏死、机化而发生的挛缩畸形，是骨折晚期最严重的并发症。多见于前臂和小腿骨折。如肱骨髁上骨折和桡骨骨折可造成前臂缺血性肌挛缩，形成特有的爪形手畸形。

2）缺血性骨坏死：是指骨折后骨折段的血液供应遭到破坏而使该段骨组织发生的缺血性坏死改变，常见于股骨颈骨折。

3）关节僵硬：多因伤肢长时间固定，导致静脉和淋巴回流不畅，关节周围组织中浆液性纤维蛋白渗出和沉积、发生纤维粘连，并伴有关节囊和周围肌挛缩而引起的关节活动障碍，是骨折晚期最常见的并发症。

4）损伤性骨化：常因骨折后骨膜掀起形成骨膜下血肿，较大血肿发生机化和骨化后，在附近的软组织内形成较广泛的异位骨化。多见于关节附近骨折，影响关节的活动功能。

5）创伤性关节炎：多因骨折累及关节面，骨折复位后关节面未能准确复位而引起。愈合后关节可出现疼痛、肿胀、活动后加重等症状。

（二）辅助检查

1. X线检查　可明确骨折的部位、类型，以及有无移位和畸形等。

2. CT和MRI　对于诊断复杂性骨折或合并关节、脊髓等组织损伤的骨折能提供准确、有效的帮助。

（三）与疾病相关的健康史

1. 受伤情况　患者受伤的时间、原因（包括直接暴力、间接暴力和积累性劳损）和经过（包括暴力的大小、方向、性质，受伤时身体的姿势，伤后处理情况等）。

2. 愈合情况

（1）骨折的愈合过程

1）血肿炎症机化期：骨折后局部形成血肿，血肿机化、吸收，并逐渐转变为纤维结缔组织。骨折断端可由纤维组织连接，称纤维愈合。此期约在伤后2周完成。

2）原始骨痂形成期：在骨折断端和内外骨膜处形成骨样组织，并逐渐钙化而形成新生骨即原始骨痂，原始骨痂不断加强，使骨折处能抗拒由肌肉收缩引起的各种应力时，骨折即达到临床愈合。此期成人一般需4~8周。

3）骨痂改造塑形期：随着肢体的活动和负重，在应力轴线上的骨痂不断得到加强，其余骨痂逐渐被清除，骨髓腔沟通，骨的原形和结构恢复，骨折部位形成坚强的骨性连接。此期需8～12周甚至更长时间。

(2) 影响骨折愈合的因素

1) 全身因素：如年龄过大、慢性疾病、营养不良、使用糖皮质激素和免疫抑制剂等。

2) 局部因素：如骨折局部血液供应差，周围软组织损伤严重，骨折断端有软组织嵌入，骨折断端成角、错位、分离或骨缺损严重，局部感染等。

3) 医源性因素：如清创不当、多次手法复位、过度牵引、固定不当、不适当的功能锻炼等。

(3) 骨折的临床愈合标准：临床愈合是骨折愈合的重要阶段，此时患者已可拆除外固定，通过功能锻炼逐渐恢复患肢功能。其标准为：①局部无压痛及纵向叩击痛；②局部无异常活动；③X线片显示骨折处有连续性骨痂，骨折线已模糊。临床愈合时间为最后一次复位至观察达到临床愈合所需的时间。

(四) 心理社会状况

观察患者的心理反应，有无骨折早期由于意外事件的刺激及治疗带来的痛苦、恐惧、烦躁、易激惹的情绪反应；后期有无由于长期卧床、肢体功能障碍或残疾等而产生的焦虑、悲观、绝望、厌世等心理反应。了解患者的家庭经济状况及家庭对患者的支持程度，有无可利用的社会资源等。

(五) 治疗原则

骨折的治疗原则为复位、固定和功能锻炼，三者有机联系，缺一不可。

1. 复位　复位(reduction)是通过手法或手术使骨折部位恢复到正常或接近正常的解剖关系，是治疗骨折的首要步骤，也是骨折固定和功能康复的基础。

(1) 复位标准：①解剖复位，复位后完全恢复了正常的解剖关系；②功能复位，复位后虽未达到正常解剖关系的对合，但愈合后对功能无明显影响。

(2) 复位方法：有手法复位和手术复位两种方法。

1) 手法复位：又称闭合性复位，是指应用手法使移位的骨折恢复原状的方法，以功能复位为主。大多数骨折均可采用手法复位矫正其移位。

2) 手术复位：也称切开复位，即手术切开骨折部位的软组织，暴露骨折端，在直视下将骨折复位。适用于手法复位失败、骨折端有肌肉或肌腱等软组织嵌入、关节内骨折手法复位后达不到解剖复位、骨折并发主要血管和神经损伤、多处或多段骨折、陈旧性骨折不能手法复位者。

2. 固定　固定(fixation)是骨折愈合的关键之一。固定的方法包括内固定和外固定。

(1) 外固定：常用的方法有小夹板固定、石膏绷带固定、持续牵引固定以及外固定器固定等。

1) 小夹板固定：小夹板是用柳木、竹板或塑料板等制成的与四肢各部位相适应的外固定器材。临床上主要用于四肢管状骨闭合性骨折，使用时将其置于骨折处肢体的四周，必要时在适当的部位加垫，外用绷带捆扎。固定范围不包括骨折的上下关节，利于早期功能锻炼。

2) 石膏绷带固定：使用时先将石膏绷带卷浸入40℃水中，待气泡消失后挤出水分，再制成石膏托、石膏夹或石膏管型。主要用于骨折、关节脱位及畸形的预防和矫正等。优点是可按肢体的形状塑形，固定可靠。

3) 持续牵引固定：是通过机械装置，利用牵引力和反牵引力对骨折部位施加外力，达到复位和维持固定的一种方法。适用于不宜手法复位、小夹板固定或石膏固定者。常用方法有三种。①皮牵引：将宽胶布粘贴于患肢皮肤上，或用乳胶海绵条和尼龙泡沫套固定在肢体上，通过皮肤牵拉肌肉带动骨骼，对骨折进行复位和固定(图32-3)。此法牵引重量小，力量弱，仅适用于老年、小儿等肌肉不发达的患者。皮牵引重量一般为2～5kg。②骨牵引：将不锈钢针贯穿于骨质坚硬部位，通过重量牵引钢针带动骨骼对骨折进行复位和固定的方法。此法牵引重量大，力量强，适用于青壮年等肌肉发达的患者。骨牵引的重量依骨折部位而定，一般颅骨牵引为6~8kg，一般不超过15kg；尺骨鹰嘴牵引为2~4kg，股骨髁上牵引为体重的1/10~1/7，跟骨结节牵引为4~6kg（图32-4）。③兜带牵引：用特制的兜或带对骨折部位进行牵引。常用的有颌枕带牵引、骨盆牵引带牵引、骨盆吊兜牵引等（图32-5）。

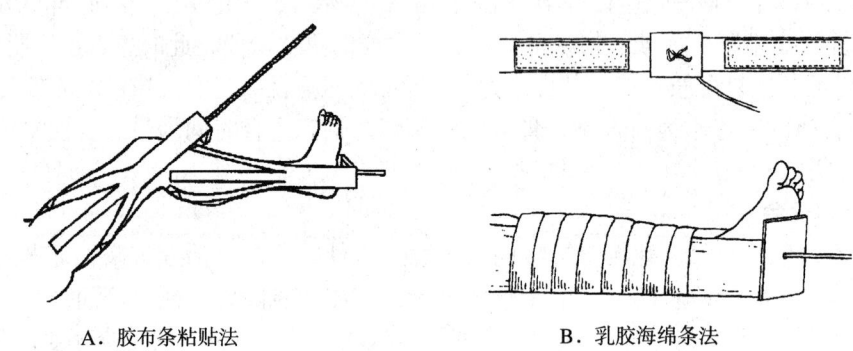

A．胶布条粘贴法　　B．乳胶海绵条法

图32-3　皮牵引

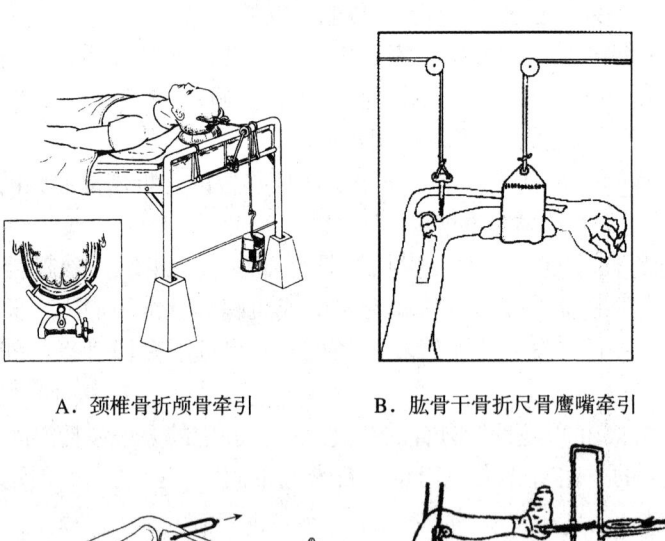

A．颈椎骨折颅骨牵引　　B．肱骨干骨折尺骨鹰嘴牵引

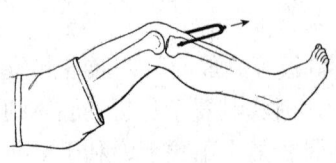

C．股骨干骨折胫骨结节牵引　　D．胫腓骨干骨折跟骨结节螺旋牵引

图32-4　骨牵引

4）外固定器固定：骨折复位后，经皮肤将多根钢针穿入骨骼，再接外在装置对钢针进行固定，可通过调节外在装置控制内固定器材的作用（图32-6）。

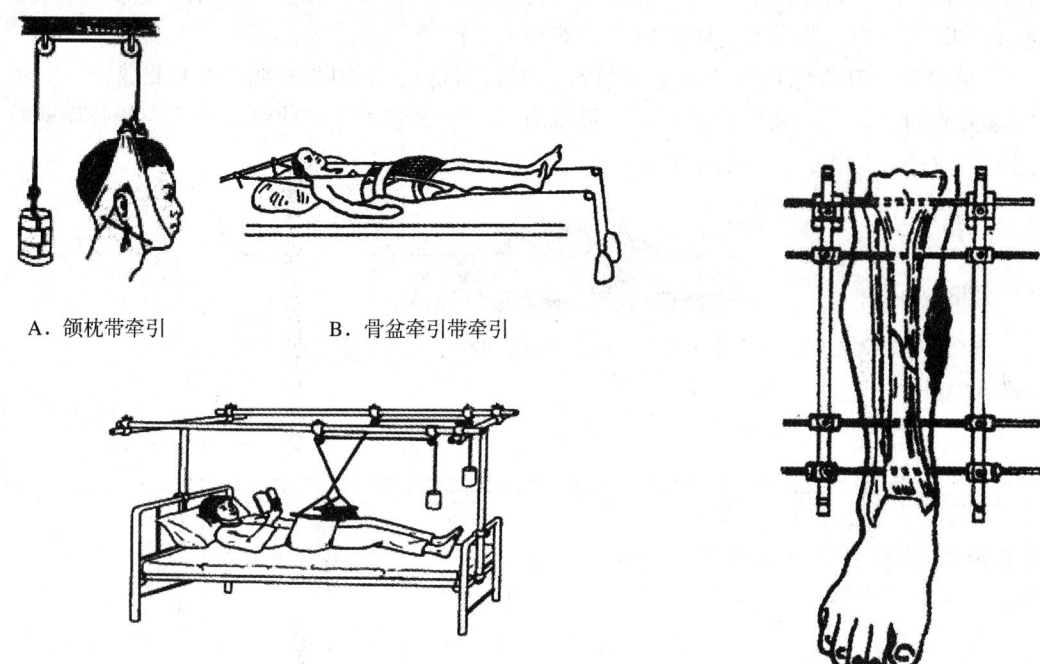

图32-5 兜带牵引　　　　　图32-6 胫腓骨干骨折经皮穿针外固定器固定

A．颌枕带牵引　　B．骨盆牵引带牵引　　C．骨盆吊兜牵引

（2）内固定：用于切开复位后的患者。优点是复位准确，固定可靠；缺点是手术损伤骨折周围软组织和骨膜，使局部血液循环破坏，可影响骨折的愈合，手术使骨折开放，可能发生感染，多需二次手术去除内固定物。适用于开放性骨折、骨折断端有软组织嵌入、手法复位失败、合并重要血管或神经损伤、陈旧性骨折者。常用的固定器材有钢针、钢板、螺丝钉、髓内钉等（图32-7）。

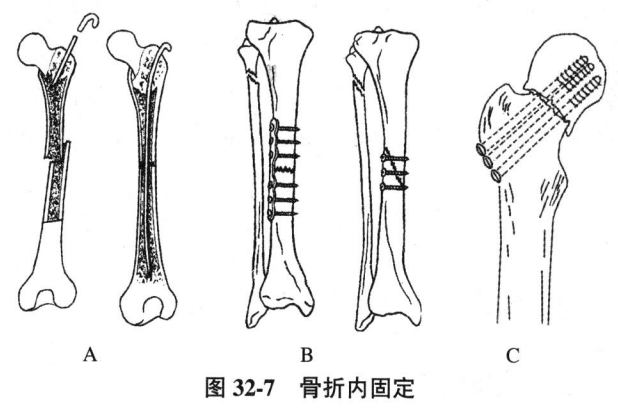

图32-7 骨折内固定

A．股骨干骨折髓内针固定；B．胫骨干骨折钢板、螺丝钉固定；
C．股骨颈骨折加压螺丝钉内固定

3．功能锻炼　功能锻炼是骨折治疗的重要阶段，目的是及早促进功能恢复并防止并发症的发生。

（1）骨折早期：骨折后1～2周内，功能锻炼以骨折部肌肉的等长舒缩运动为主，主要目的是促进伤肢血液循环，消除肿胀，防止肌肉萎缩。骨折部上、下关节暂不活动，身体其他部位均应进行正常活动。

(2) 骨折中期：骨折2周后，局部疼痛消失，骨折处已有纤维连接，并逐渐形成骨痂，除继续骨折部肌肉的主动舒缩运动外，还应进行骨折部上、下关节活动，逐渐扩大活动范围和力量。此期功能锻炼的主要目的是防止肌肉萎缩和关节僵硬。

(3) 骨折晚期：骨折已达到临床愈合标准，通过锻炼可消除肢体肿胀和关节僵硬。此期应加强伤肢关节的主动活动和负重锻炼，增强肌力，克服挛缩，并可辅以物理治疗和外用药物熏洗，使关节活动范围和肌力逐渐恢复至正常水平。

> **案例32-1B**
> 该患者明确诊断为左侧桡骨远端伸直型骨折，拟行手法复位+石膏绷带固定术。
> **问题与思考：**
> 该患者复位固定后的护理重点有哪些？

【主要护理诊断/合作性问题】

1. 急性疼痛　与软组织损伤、骨折等有关。
2. 焦虑　与担心骨折影响正常学习、生活和工作及预后不良等有关。
3. 有失用综合征的危险　与长期卧床、制动、畸形等有关。
4. 有皮肤完整性受损的危险　与长期卧床和使用外固定有关。
5. 潜在并发症　休克、血管损伤、周围神经损伤、内脏损伤、脊髓损伤、脂肪栓塞、骨筋膜室综合征、感染等。

【护理措施】

（一）现场急救

1. 抢救生命　首先抢救危及患者生命的紧急情况，如心搏和呼吸停止、开放性气胸、休克、大出血、颅脑损伤等。
2. 止血和包扎　开放性骨折可采用绷带加压包扎止血，合并大血管损伤时也可结扎止血带止血。露出伤口的骨折端不应轻易回纳，以免将污物带入伤口导致感染。
3. 妥善固定　采用专用夹板、树枝、木棍、木板等固定受伤肢体。在找不到任何固定材料的情况下，可利用患者的躯干或肢体进行固定，如将受伤的上肢绑在胸部，将受伤的下肢与健侧捆绑在一起。
4. 安全转运　搬运时，应妥善保护患者，避免加重或引起新的损伤。对脊柱骨折者，应多人联合将患者平放于硬板上，并保持脊柱伸直；颈椎骨折者，还应安排专人扶持头部。四肢骨折经固定后，可用普通担架运送。运送途中应观察患者全身和受伤局部情况，若发现危及生命的征象，应及时处理。

（二）非手术治疗护理/术前护理

1. 病情观察　监测生命体征、意识、尿量及伤肢肿胀、颜色、温度、感觉、运动、动脉搏动等情况，若发现异常情况，应及时通知医生，并协助处理。
2. 心理护理　对患者进行有针对性的宣传教育，适当介绍病情及医院的救治经验，使患者建立安全感，自觉配合治疗护理。鼓励患者从事力所能及的活动，使其树立生活的信心和勇气。
3. 疼痛护理　针对引起疼痛的不同原因对症处理。轻度疼痛者可采取局部制动、转移注意力等方法缓解疼痛。若上述方法无效或疼痛剧烈，应遵医嘱应用镇痛剂。若为伤口感染，应及时清创并遵医嘱使用抗生素。若因石膏或小夹板等外固定包扎过紧导致患肢末端组织缺血疼痛，应及时报告医师，调整和放松外固定，预防骨筋膜室综合征的发生。护理操作时应动作轻柔，严禁粗暴搬动骨折部位。

4. 生活护理 保持病室空气新鲜、床单整洁，以增加患者的舒适感。满足患者的基本生活需求。注意调节饮食，伤后或手术后早期供给较清淡的饮食，病情稳定后提供高蛋白、高热量、高维生素饮食，保持机体营养代谢需要。鼓励患者多饮水，以防止便秘和增加尿量。定时为长期卧床患者翻身、叩背，鼓励患者深呼吸、有效咳嗽、咳痰，预防坠积性肺炎和压疮等并发症的发生。

5. 小夹板固定的护理

（1）配合固定：根据骨折的部位选择相应规格的小夹板，准备衬垫物、固定垫和捆绑绷带等。复位后保持患者肢体于固定位，便于医生固定。

（2）固定后护理

1）抬高患肢：以利于肢体静脉、淋巴回流，减轻肿胀和疼痛。

2）固定后观察：注意捆绑绷带的松紧，以绷带结能向近、远端方向各移动1cm为宜。观察患肢远端的颜色、感觉、运动、肿胀、温度及动脉搏动等，以判断有无神经、血管受压或骨筋膜室综合征。若患肢远端出现肿胀、发凉、疼痛、麻木、青紫、活动障碍、脉搏减弱或消失，应及时通知医生。若发现小夹板过松或过紧，应请医生调整。遵医嘱定期拍摄X线片复查，骨折愈合后拆除小夹板。

6. 石膏绷带固定的护理

（1）配合固定：清洗患肢皮肤，如有伤口先更换敷料，准备石膏绷带、温水（40℃左右）、棉织套等衬垫物，用手掌扶托或固定肢体于所需位置。

（2）固定后护理

1）加快干固：可通过提高室温、灯泡烤照、红外线照射等促进石膏干固。但应注意局部加温，温度不宜过高，以防石膏传热导致灼伤。

2）安置体位：石膏干燥之前应维持在要求体位，不要过早搬动患者，必须搬动时应用手掌平托石膏固定的肢体，以防石膏变形或折断。石膏干燥后应抬高患肢，以利于肢体静脉、淋巴回流，减轻肿胀和疼痛。在保证患处固定的前提下，指导患者进行患肢功能锻炼。

3）病情观察：①观察固定局部有无疼痛或压迫感，肢体远端有无肿胀、发凉、疼痛、麻木、苍白或青紫、活动障碍、脉搏减弱或消失等血运障碍表现，必要时协助拆除石膏固定或行石膏管型"开窗"。②观察石膏有无污染、松脱、折断等，若有污染可用毛巾蘸少许肥皂液轻轻擦拭，若有松脱或折断，应协助重新固定。③观察有无血液或渗液渗出石膏外，并定时观察渗出范围有无扩大，必要时协助"开窗"检查。④观察躯体石膏包扎后有无持续恶心、反复呕吐、腹胀及腹痛等石膏综合征表现。

4）保护患肢皮肤：皮肤出现瘙痒时不可用指甲或锐利物搔抓。石膏松脱或局部有压迫感时，不可自行填塞物品。

（3）拆除石膏：骨折愈合后，配合医生拆除石膏。石膏拆除后，用温水清洁皮肤，涂擦皮肤保护剂，并指导患者继续进行功能锻炼，尽快恢复患肢各关节的功能。

7. 牵引的护理

（1）配合牵引：备皮，准备牵引用物，如牵引架、牵引绳、牵引弓、滑轮装置、牵引砝码等。此外，皮牵引还应准备纱布垫、胶布、绷带、扩展板等；骨牵引还应准备消毒用品、不锈钢针、骨钻、骨锤等。摆好并扶持肢体于要求体位，配合牵引。骨牵引装置连接成功后，钢针的两端穿套胶盖小瓶，以防钢针刺伤对侧肢体或划破被服。

（2）牵引后护理

1）安置体位：按照牵引复位和固定要求，将床头或床尾抬高15～30cm，利用患者体重形成与牵引力方向相反的对抗牵引。下肢牵引时，应在膝外侧加棉垫，防止腓总神经受压，应用足底托板固定踝关节，防止足下垂。骨突部位应用棉垫、气圈、气垫等加以保护。

2）保持有效牵引：牵引绳应始终在滑轮的滑槽内且中途无阻力（如被服阻挡或压迫等），牵引砝码重量适宜且处于悬空状态，不受阻力或限制（如触地或中途搁置），牵引肢体远端离开床栏且不受枕褥等阻挡。皮牵引者应确保胶布贴敷和固定牢靠。

3）牵引后观察：①观察牵引肢体远端的感觉、运动和血液循环情况，皮牵引尤应注意有无血管、神经受压，皮肤水疱或皮炎等症状；②定期测量患肢长度，并与健侧比较，以防过度牵引；③颅骨骨牵引时应每日检查和旋紧牵引弓螺母，防止牵引脱落；④肢体骨牵引时应注意钢针有无左右移位，若有移位应通知医生处理；⑤胶布牵引时注意胶布边缘皮肤有无水疱或炎症改变，若有则根据情况抽吸水疱或换药处理，必要时改用其他牵引。

4）预防感染：骨牵引时穿针处皮肤应保持清洁，用无菌敷料覆盖。针孔处滴70%乙醇，每日1～2次，若有血痂不可随意清除，以防发生感染。

8. 手术切开复位内固定的护理　开放性骨折者应按急症手术做好术前准备，并遵医嘱给予抗菌药物和破伤风抗毒素预防感染。有休克者应先抗休克，休克纠正后再行手术。限期或择期手术者按手术前常规准备。

（三）术后护理

1. 保持适当体位　卧硬板床，四肢骨折手术后，肢体置于抬高位或根据治疗要求安置于合适的体位，并维持肢体于治疗所需体位。脊柱手术后取俯卧位或仰卧位，翻身时应保持脊柱处于一条直线。

2. 病情观察　观察敷料有无渗血，切口有无疼痛、红肿等感染征象。若有引流管应观察引流液的性状和量，并保持引流通畅。观察伤肢末端的颜色、肿胀、温度、感觉、运动及动脉搏动情况，一旦发现异常，及时报告医生，并协助处理。

3. 防治感染　手术后常规应用抗菌药物，防治感染。

4. 石膏绷带固定的护理　骨折复位内固定术后常配合石膏绷带外固定，参见本节非手术治疗护理/术前护理中石膏固定的护理。

（四）健康教育

1. 功能锻炼　根据骨折的部位和类型，指导患者在骨折早期、中期、后期循序渐进地进行功能锻炼。①解释功能锻炼的目的：促进局部和全身血液循环，防止肌肉萎缩和关节周围软组织粘连，有利于功能恢复，并预防并发症的发生。②教会功能锻炼的方法。③说明功能锻炼的注意事项：应主动锻炼与被动锻炼结合，不受治疗限制的肌肉和关节均应坚持锻炼。功能锻炼应循序渐进，强度从弱到强，时间从短到长，以不感到疲劳和明显疼痛为宜。锻炼后患肢轻度肿胀，休息后能够消肿者可以坚持锻炼，若肿胀较重并伴有疼痛，则应减少活动，抬高患肢，待肿胀疼痛消失后再恢复锻炼。若锻炼时突然出现骨折部位疼痛，应暂停锻炼并做进一步检查，以确定有无新发生的损伤。

2. 饮食指导　指导患者进食高蛋白、高维生素、高热量和高钙的食物，增加晒太阳时间，适当补充鱼肝油滴剂、维生素D片和强化维生素D牛奶等。

3. 定期随访　遵医嘱定期复查，评估功能恢复情况。

第二节　常见四肢骨折

一、锁骨骨折

锁骨骨折（fracture of clavicle）多发生于儿童及青壮年。间接暴力造成骨折多见。跌倒时手或肘着地，外力自前臂或肘部沿上肢向近端冲击，因肌肉牵拉和肢体重力骨折断端重叠移位。近段受胸锁乳突肌牵拉向上，远段因上肢重量及胸大肌牵拉向下、向前及向内移位。部分患者为肩部着地撞击锁骨外端造成骨折。

【护理评估】

（一）临床表现

局部肿胀、压痛或有畸形，可能摸到骨折断端。伤肩下沉并向前内倾斜，上臂贴胸不敢活动，健侧手托扶患侧肘部，以减轻上肢重量牵拉引起的疼痛。幼儿多为青枝骨折，因皮下脂肪丰满，畸形不明显，患儿不能自述疼痛位置，可只表现为啼哭，头多向患侧偏斜，颌部转向健侧，此为其临床特点。

（二）辅助检查

X线检查可确定骨折的类型及断端移位方向，有合并伤者必要时加做CT或MRI检查。

（三）与疾病相关的健康史

评估患者受伤的原因和急救过程，了解是否有影响愈合的因素，如年龄大小、是否缺钙等。

（四）心理社会状况

若患者为儿童，家长可因孩子哭闹而心情烦躁，希望尽快诊断和治疗，并担心骨折是否会影响孩子正常的生长发育。若患者为青壮年，可担心骨折固定会造成活动不便，从而影响其生活、学习和工作。

（五）治疗原则

1. 非手术治疗　成人无移位骨折或幼儿青枝骨折，仅用三角巾悬吊患侧上肢2～3周，外用跌打损伤药物即可。少年或成年人有移位骨折，可用手法复位，"8"字绷带固定，使两肩固定在高度后伸、外旋和轻度外展位置。卧木板床休息，肩胛区可稍垫高，保持肩部后伸。3～4周后可拆除外固定。

2. 手术治疗　锁骨骨折合并神经或血管损伤、开放性骨折、陈旧性骨折不愈合或畸形愈合影响功能者，可采用手术切开复位，钢针或钢板内固定，术后三角巾悬吊患肢5～6周。

【主要护理诊断/合作性问题】

1. 急性疼痛　与锁骨骨折有关。
2. 潜在并发症：肌萎缩、关节僵硬。

【护理措施】

1. 病情观察　手法复位固定后，应经常检查固定情况，一旦出现患肢麻木、发凉、运动障碍，说明固定过紧，有血管神经受压，应及时调整固定的松紧度。术后2周内应经常检查固定是否可靠，及时调整固定的松紧度，以免由于骨折区肿胀消失或绷带张力降低，使固定的绷带松弛而发生再移位。

2. 保持正确体位　复位后站立时保持挺胸提肩，卧位时应去枕仰卧于硬板床上，两肩胛间垫一窄枕以使两肩后伸外展，维持良好的复位和固定位置。

3. 功能锻炼　固定早期（1～2周）可练习手腕、肘关节的各种活动，中期做肩部后伸运动，后期可逐渐做肩关节的全方位运动。

二、肱骨髁上骨折

肱骨髁上骨折（supracondylar fracture of humerus）指肱骨远端内外髁上方的骨折，多见于5～12岁儿童。多由间接暴力所致，根据暴力来源和移位方向，可分为伸直型和屈曲型骨折。若受伤时肘关节伸直，手掌着地，暴力传导可致伸直型骨折，临床上常见；若受伤时肘关节屈曲，肘后着地，暴力传导可致屈曲型骨折，临床上较少见。

【护理评估】

（一）临床表现

伤处疼痛、肿胀、压痛，伤侧肘关节功能丧失。骨折近端向前移位，可压迫或刺伤肱动、静脉和损伤正中神经，引起前臂缺血性肌挛缩，造成爪形手畸形。合并骨骺损伤者，以后可出现肘内翻畸形，但肘后三角关系正常；若合并血管、神经损伤，则出现桡动脉搏动减弱或消失，手部的感觉减弱和运动功能障碍。

（二）辅助检查

X线检查可明确骨折的类型和移位方向。

（三）与疾病相关的健康史

了解患儿年龄、受伤和急救过程，患肢正常情况下的活动能力等。

（四）心理社会状况

患者多为幼儿，不能清楚描述主观感受，且由于局部疼痛而哭闹不止。家属希望尽快解除患儿的疼痛，并有效处理骨折部位，担心骨折愈合后遗留患肢功能障碍。

（五）治疗原则

多采用手法复位小夹板或石膏外固定，维持屈肘90°悬吊于胸前4~5周。局部肿胀严重者，可先行尺骨鹰嘴牵引3~5日，待肿胀消失后再行手法复位固定。对手法复位失败或合并神经、血管损伤者，宜行切开复位，用加压螺钉或交叉钢针行内固定。

【主要护理诊断/合作性问题】

1. 不依从行为　与患儿年龄小、缺乏自我管理能力有关。
2. 潜在并发症：神经、血管功能障碍。

【护理措施】

1. 心理护理　对患儿要态度和蔼，年龄小的患儿需要适当哄逗，年龄较大者要讲道理。向家长询问病情和交代注意事项，告知其密切观察病情、牢固固定和积极功能锻炼等都是取得良好治疗效果的保证，以取得家长的理解和配合。

2. 病情观察　观察患儿有无患侧桡动脉搏动减弱或消失，手部皮肤苍白、发凉、麻木、被动伸指疼痛等前臂缺血表现，早期发现前臂骨筋膜室综合征并及时处理。观察有无拇指对掌功能丧失，拇、示、中指末节屈曲功能丧失，呈"猿手"状等正中神经损伤症状。一旦发现异常，及时报告医师并协助处理。

3. 尺骨鹰嘴骨牵引护理　参见本章第一节牵引的护理。

4. 功能锻炼　1周内避免活动，1周后进行手指和腕关节的活动，2周后进行肩关节的活动，解除固定后进行肘关节的伸屈功能锻炼。

三、桡骨远端伸直型骨折

桡骨远端伸直型骨折指距桡骨下端关节面3cm范围内的伸直型骨折，以中老年人多见。多由间接暴力所致。受伤时腕部背伸手掌着地，又称Colles骨折，临床上多见，骨折远端向背侧及桡侧移位（图32-8）。

【护理评估】

（一）临床表现

伤侧腕关节疼痛、肿胀、活动障碍。Colles骨折的典型畸形为侧面观呈"餐叉"畸形，正面观呈"枪刺刀"畸形。

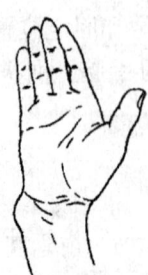

图32-8　伸直型桡骨远端骨折（Colles骨折）畸形

（二）辅助检查
X线检查可明确骨折的部位、类型和移位方向。

（三）与疾病相关的健康史
本病以老年女性多见，患者多在跌倒后双手掌着地造成骨折。评估患者的年龄、性别，是否有骨质疏松病史，是否服用钙剂等。

（四）心理社会状况
本病患者多为中老年女性，多担心骨折会影响工作和做家务。年轻患者可能希望治疗达到解剖复位，以保持手腕部外形美观。

（五）治疗原则
多采用手法复位，小夹板或石膏绷带固定，固定后进行功能锻炼。

【主要护理诊断/合作性问题】

1. （沐浴、如厕、进食）自理缺陷　与骨折后医嘱患肢固定有关。
2. 潜在并发症：周围神经、血管功能障碍。

【护理措施】

1. 病情观察　观察手部肿胀、温度、感觉、运动等情况，必要时调整小夹板捆扎带或石膏的松紧度。
2. 保持正确体位　复位固定后，屈肘、前臂置于功能位，用悬吊带悬吊于胸前3～4周。
3. 生活护理　与家属沟通，为患者提供适当的生活护理，满足患者基本生活需求。鼓励患者在治疗允许范围内进行适当的自理活动。
4. 功能锻炼　2周内进行手指伸屈活动，2周后可进行腕关节的背伸和桡侧偏斜活动及前臂旋转活动，解除固定后加强腕关节全活动范围锻炼。身体其他部位可正常活动。

四、股骨颈骨折

股骨颈骨折（fracture of femoral neck）常发生于老年人，以女性多见。主要因摔倒时扭转伤肢，暴力传导至股骨颈而引起骨折。根据发生的部位可分为股骨头下骨折、经股骨颈骨折和股骨颈基底骨折。前两种类型的骨折由于局部血供遭到破坏，容易发生股骨头缺血性坏死和骨折不愈合。按X线表现分为内收骨折和外展骨折，前者远端骨折线与两侧髂嵴连线的夹角（Pauwells角）大于50°，属于不稳定骨折；后者Pauwells角小于30°，属于稳定骨折。

案例32-2A

女性，65岁，2h前走路不慎摔倒，当时感觉右下肢剧痛，不能站起。入院时意识清楚，痛苦面容。
体检：右侧髋部有压痛，叩击足跟导致髋部疼痛加重，大转子明显突出，右下肢缩短、外旋。
X线检查：右侧股骨颈骨折。
问题与思考：
该患者护理评估内容有哪些？

【护理评估】
（一）临床表现
伤侧髋部疼痛，移动患肢时疼痛加重，不敢站立或行走。外展骨折患者在伤后可能仍可行走，但数日后髋部疼痛加重甚至不能行走，常提示由稳定骨折变为不稳定骨折。体检可见伤侧

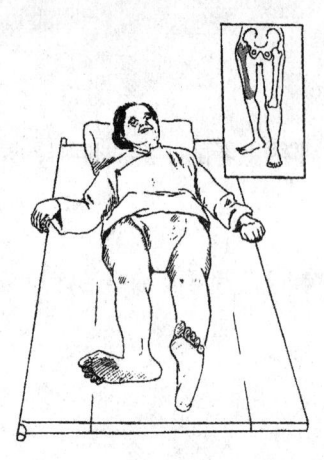

图32-9 股骨颈骨折伤肢呈短缩和外旋畸形

髋部有压痛,叩击足跟导致髋部疼痛,大转子明显突出。内收骨折患者下肢呈内收、缩短、外旋畸形(图32-9)。

（二）辅助检查

X线检查可确定骨折的部位、类型和移位方向。

（三）与疾病相关的健康史

老年患者骨折时暴力不一定严重,但多有扭转伤力。评估患者受伤过程和急救措施,了解是否有骨质疏松,是否合并有心脏病、高血压、糖尿病等伴发疾病。

（四）心理社会状况

老年患者可能担心骨折后生活上无人照顾,或给子女添麻烦。需要长期卧床者可由于生活方式改变而烦躁,或者因担心骨折移位而不敢适度活动,增加了发生坠积性肺炎、压疮和深静脉血栓等并发症的危险。部分患者对再次行走产生畏惧心理,病愈后不敢独立行走或感觉双下肢不等长等。

（五）治疗原则

嵌插或无移位的稳定性骨折,可行持续皮牵引;有移位或不稳定的骨折,可在X线监测下行经皮或切开加压螺纹钉固定术。并发股骨头坏死或不愈合的骨折,应行人工股骨头置换或全髋关节置换术。

案例 32-2B

该患者明确诊断为右股骨颈骨折,拟行手术复位内固定术。

问题与思考:

该患者术后护理要点有哪些?

【主要护理诊断/合作性问题】

1. 有失用综合征的危险　与长期卧床造成肢体活动减少有关。
2. 知识缺乏:缺乏与骨折后功能锻炼有关的知识。

【护理措施】

1. 保持正确体位　持续牵引、内固定或人工股骨头置换术后均应穿丁字鞋,保持患肢外展中立位。变动体位时,应保持肢体伸直,避免出现内收、外展及髋部屈曲动作,以防骨折移位。

2. 卧床期间护理　股骨颈骨折卧床时间较长,可出现压疮、坠积性肺炎、泌尿系感染等并发症,应做好皮肤护理,帮助患者定时翻身、定时叩背、指导深呼吸和有效咳嗽,促进排痰,鼓励患者多饮水,以增加尿量,冲刷尿路,预防泌尿系感染。

3. 功能锻炼　牵引治疗8周后可在床上坐起,3个月后可扶拐下地不负重行走,6个月后逐渐弃拐行走。手术内固定治疗后3周可坐起,活动髋、膝关节,6周后扶拐下地不负重行走,骨折愈合后可弃拐行走。人工股骨头置换术后,1周开始进行髋关节活动,2～3周可扶双拐下地不负重行走,3个月后弃拐行走。恢复期不可盘腿,不可坐矮板凳,以防发生髋关节脱位。

五、股骨干骨折

股骨干骨折(fracture of femoral shaft)指股骨小转子以下、股骨髁以上部位的骨折,多见于青壮年。多由强大的直接或间接暴力造成，因创伤较重、出血较多，容易发生休克。直接暴力常引起股骨横断或粉碎性骨折，间接暴力多引起股骨的斜形或螺旋形骨折。股骨干不同部位骨折可引起不同的移位（图 32-10）。

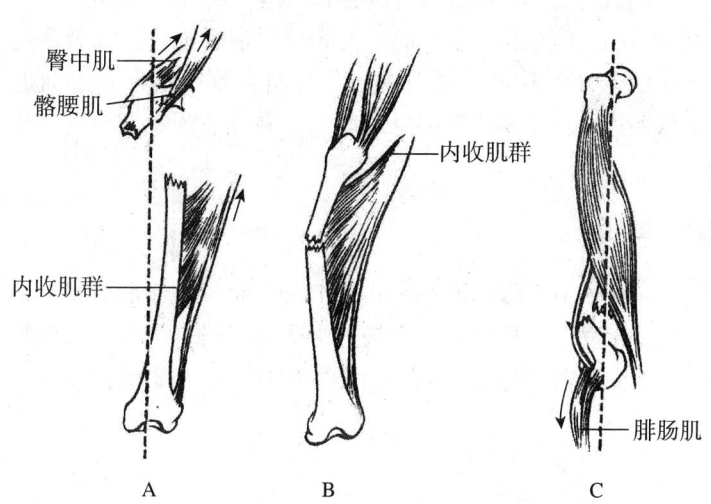

图 32-10 股骨干不同部位骨折的移位情况

A. 上 1/3 骨折，骨折近段屈曲、外旋、外展；B. 中 1/3 骨折，骨折移位与暴力方向有关；C. 下 1/3 骨折，骨折远段向后移位，损伤腘、动静脉和坐骨神经

【护理评估】

（一）临床表现

伤侧大腿疼痛、肿胀、活动障碍，局部有畸形、反常活动、骨擦音或骨擦感，股骨干下 1/3 骨折可伴腘、动静脉和坐骨神经损伤。损伤严重时可有失血性休克的症状和体征。

（二）辅助检查

X 线检查可确定骨折的部位、类型和移位方向。

（三）与疾病相关的健康史

本病患者多在严重的交通事故或高处坠落后受伤。评估患者有无心、脑、肺、肾等重要脏器的合并损伤，有无其他部位骨折，有无贫血病史等。

（四）心理社会状况

重大事故的刺激、伤口剧痛和手术打击等，都可使患者情绪烦躁，身心疲惫。年轻患者还可担心骨折恢复后无法再进行高强度运动。

（五）治疗原则

3 岁以内儿童可采用垂直悬吊皮牵引（图 32-11），成人可使用骨牵引复位和固定，也可采用切开复位，髓内针、钢板螺丝钉或角状钢板内固定。

【主要护理诊断/合作性问题】

1. 有感染的危险　与骨牵引有关。
2. 潜在并发症：神经血管损伤、失血性休克。

【护理措施】

1. 病情观察　观察有无坐骨神经损伤和腘动脉损伤的症状和体征，观察患者神志、脉搏、

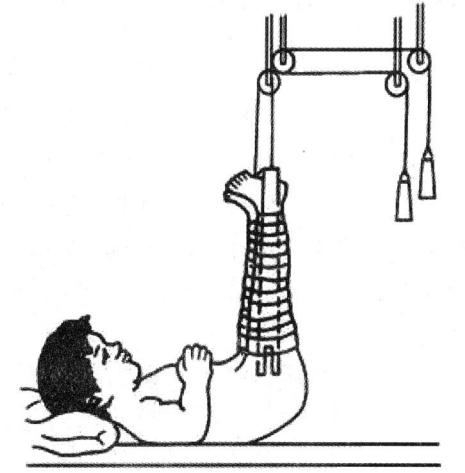

图 32-11 小儿股骨干骨折垂直悬吊皮牵引

血压、伤口出血、敷料渗血等情况，及时发现失血性休克。

2. **保持正确体位** 肢体放置并保持固定于所要求的位置，保持牵引的有效性。

3. **牵引的护理** 参见本章第一节皮牵引和骨牵引患者的护理。

4. **功能锻炼** 2周内进行股四头肌等长收缩训练和踝、趾伸屈活动，2周后开始膝关节伸直活动，5～6周后可扶拐下地不负重行走，去除外固定后进行膝关节和髋关节全活动范围锻炼，直至伤后3个月复查X线片显示骨折愈合后才可弃拐行走，并逐渐进行负重行走。小儿行双下肢垂直悬吊皮牵引时，应保持臀部悬离床面，并注意观察双侧下肢末梢血运、感觉和运动情况。

六、胫腓骨干骨折

胫腓骨干骨折（factures of shaft of tibia and fibula）指发生于胫骨平台以下至踝以上部分的骨折。多见于青壮年和儿童，为长骨骨折中最为多见的一种。大多由直接暴力造成，因胫骨前内侧及腓骨下段都处于皮下表浅部位，故常呈开放性骨折。小腿肌肉丰富，骨折后可并发骨筋膜室综合征。

【护理评估】

（一）临床表现

伤侧小腿疼痛、肿胀、压痛、功能障碍，局部有畸形、反常活动、骨擦音或骨擦感。开放性骨折时可见刺破皮肤的骨折端。合并骨筋膜室综合征时，可出现急性神经、肌肉缺血的症状和体征。

（二）辅助检查

X线检查可明确骨折部位、类型及移位情况。

（三）与疾病相关的健康史

患者多在重物撞击、车轮碾压、高处坠落等情况下因直接暴力受伤，评估患者受伤时的情况、急救措施，以及可能影响骨折愈合的因素。

（四）心理社会状况

因患者多为青壮年，可能担心预后不良会影响行走和负重，也可能担心手术费用较高而经济压力较大。

（五）治疗原则

横骨折和短斜骨折，可采用手法复位，小夹板固定或石膏固定；不稳定的长斜和螺旋骨折，可采用切开复位，螺丝钉、交锁髓内钉或钢板内固定；较为严重的开放性或粉碎性骨折，可用外固定支架复位和固定。

【主要护理诊断/合作性问题】

1. （沐浴、如厕）自理缺陷 与骨折后医嘱患肢固定有关。
2. 潜在并发症：神经、血管损伤，伤口感染。

【护理措施】

1. **病情观察** 观察有无伤肢剧烈疼痛，足趾皮肤苍白、发凉、麻木，被动伸趾疼痛，足背动脉搏动减弱或消失等小腿缺血及骨筋膜室综合征表现；有无足下垂、小腿外侧及足背感觉障碍等坐骨神经或腓总神经损伤症状；观察伤口有无红肿、较多渗液、流脓、异味等感染征象。一旦发现异常，及时报告医师并协助处理。

2. **保持正确体位** 抬高伤肢，保持有效牵引和固定。

3. **生活护理** 为患者提供适当的生活护理，协助患者沐浴、如厕，满足患者基本生活需求。鼓励患者在治疗允许范围内进行适当的自理活动。

4. **功能锻炼** 2周内进行足趾伸屈活动。2周后进行踝关节和膝关节的伸屈活动，禁止在膝关节伸直状态下旋转大腿，以免影响骨折固定。6周后进行扶拐下地不负重行走，解除外固定后进行患侧下肢全活动范围锻炼，并逐渐进行负重活动。

第三节　脊柱骨折和脊髓损伤

一、脊柱骨折

脊柱骨折（fracture of spine），又称脊椎骨折，占全身骨折的5%～6%。脊柱骨折往往病情严重而复杂，常合并脊髓损伤或马尾神经损伤，特别是颈椎骨折-脱位合并脊髓损伤时，可严重致残，甚至危害生命。绝大多数由间接暴力引起，如自高处坠落时，头、肩或足、臀部着地，地面对身体的阻挡使身体猛烈屈曲所产生的垂直分力可导致椎体压缩性骨折，若水平分力较大则可同时发生脊椎脱位；弯腰时重物落下打击头、肩或背部，也可发生同样的损伤。少数由直接暴力所致，如撞击、锐器、火器、爆炸物等可直接作用于脊椎而引起脊椎骨折。

【护理评估】

（一）临床表现

受伤局部疼痛、肿胀，脊柱活动受限，骨折处棘突明显压痛和叩痛。胸、腰段损伤时，常有局部后突畸形。由于腹膜后血肿刺激自主神经，可出现腹胀、肠蠕动减弱等症状。

（二）辅助检查

X线检查可确定损伤的部位、类型和移位情况；CT扫描可显示骨折情况及椎管内有无出血及碎骨片；MRI能显示脊髓损伤的程度及范围。

（三）与疾病相关的健康史

1. 受伤情况　了解受伤的时间、原因和部位，受伤时的体位，伤后急救、搬运和运送方式等。

2. 脊椎疾病史　有无脊椎疾病史，如结核、肿瘤、腰椎间盘突出、腰椎管狭窄、颈椎病、腰椎骨折等。

（四）心理社会状况

了解患者和家属对疾病的认识及对治疗的态度，长期卧床患者和家属容易产生焦虑、无能为力、悲观失望等心理反应。还应了解患者的家庭经济状况及有无可利用的社会资源等。

（五）治疗原则

1. 抢救生命　脊柱骨折伴有颅脑损伤、胸部或腹部脏器损伤及休克时，应优先处理，以挽救生命。

2. 颈椎骨折　轻者可用颌枕带卧位牵引复位；有明显压缩脱位者，采用持续颅骨牵引复位，牵引重量3～5kg，牵引4～6周后改用头颈胸石膏固定3个月。损伤严重者应手术治疗。

3. 胸、腰椎骨折　单纯压缩性骨折，椎体压缩不到1/3者，应平卧硬板床，骨折部位垫厚枕使脊柱过伸，伤后1～2日逐渐进行腰背肌后伸锻炼，6～8周后戴腰围下床活动。椎体压缩超过1/3和后突畸形明显的青少年和中年受伤者，可采用两桌复位法（图32-12）或双踝悬吊复位法（图32-13），随后行石膏背心固定3个月。对复位后不稳定或关节交锁者，可行手术治疗，做植骨和内固定术。

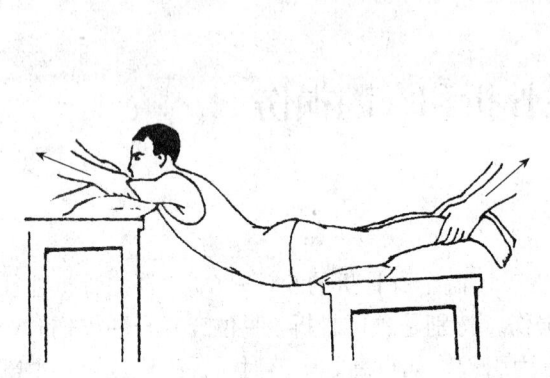
图32-12 两桌复位法

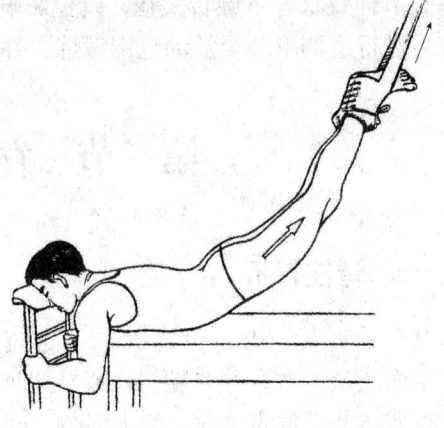
图32-13 双踝悬吊复位法

【主要护理诊断/合作性问题】

1. （进食、沐浴、如厕）自理缺陷　与脊柱骨折后医嘱制动有关。
2. 有失用综合征的危险　与骨折后长期卧床有关。
3. 潜在并发症：脊髓损伤。

【护理措施】

1. 心理护理　患者容易出现情绪波动，应主动关心和安慰患者，满足其心理需求。肯定患者与疾病做斗争所付出的努力，指导其不但要调整心态，面对现实，适应新的健康状况，还要树立必胜信心，积极配合治疗和护理，争取早日康复。
2. 病情观察　密切观察患者伤口有无出血、渗液、血肿等情况，观察躯干和四肢感觉、运动、反射和括约肌等功能，及时发现脊髓损伤表现，及时报告医师处理。
3. 安置卧位　安置患者卧硬板床，取脊柱过伸位或俯卧位。
4. 生活护理　为患者提供适当的生活护理，协助患者沐浴、如厕、进食，满足患者基本生活需求。鼓励患者在治疗允许范围内适当进行自主活动患肢。对长期卧床患者更应加强护理，帮助患者拍背，促进咳嗽咳痰，每2～3h进行一次轴式翻身，并保持床单清洁干燥、无皱褶等，以预防压疮、坠积性肺炎等并发症。
5. 康复训练　指导患者进行腰背肌训练和日常生活能力训练。

二、脊髓损伤

脊髓损伤（spinal cord injury）是脊柱骨折脱位最严重的并发症，多发生在颈椎下部和胸腰段。

【护理评估】

（一）临床表现

胸、腰段骨折合并脊髓损伤，可出现受伤平面以下的感觉、运动、反射及括约肌功能完全或部分丧失，临床上称为截瘫（paraplegia）。完全丧失时称完全截瘫，部分丧失时称不完全截瘫。颈椎骨折合并颈髓损伤，可出现四肢瘫（quadriplegia）。颈脊髓损伤时，肋间肌完全麻痹，胸式呼吸消失。当$C_{1～2}$损伤时，由于膈神经中枢（即$C_{3～5}$）受影响，腹式呼吸也消失，患者往往在现场即已死亡；$C_{3～4}$损伤时，患者常在早期就因呼吸衰竭而死亡。

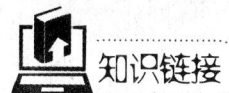

脊髓损伤程度评估

脊髓损伤严重度分级可作为脊髓损伤的自然转归和治疗前后对照的观察指标。依据脊髓损伤的临床表现进行分级，目前较常用的是 Frankel 功能分级。

Frankel功能分级

级别	功能
A	完全瘫痪
B	感觉功能不完全丧失，无运动功能
C	感觉功能不完全丧失，有非功能性运动
D	感觉功能不完全丧失，有功能性运动
E	感觉、运动功能正常

（二）辅助检查

参见脊柱骨折部分。

（三）与疾病相关的健康史

参见脊柱骨折。

（四）心理社会状况

患者担心治疗效果、长期卧床、生活不能自理等，表现为焦躁不安，性格改变，甚至出现轻生念头。要加强对其心理支持，主动关心患者，使其正视现实，增强治疗信心。

（五）治疗原则

治疗措施包括：①用颌枕带牵引或持续颅骨牵引，适当固定脊柱；②减轻脊髓水肿和继发性损害，如静脉滴注地塞米松、静脉滴注 20% 甘露醇、甲泼尼龙冲击疗法或高压氧疗；③手术治疗，可以解除对脊髓的压迫和恢复脊柱的稳定性。

【主要护理诊断/合作性问题】

1. 清理呼吸道无效　与肌肉瘫痪、无力咳嗽、痰液黏稠等有关。
2. 体温过高/体温过低　与高位颈髓损伤、自主神经系统功能紊乱有关。
3. 尿潴留　与脊髓损伤导致排尿肌无力有关。
4. 有皮肤完整性受损的危险　与肢体感觉异常、活动障碍导致皮肤长期受压有关。
5. 便秘　与脊髓神经损伤、液体摄入不足、活动减少有关。
6. 自我形象紊乱　与受伤后身体活动受限、肌肉萎缩、肢体变形有关。

【护理措施】

1. 心理护理　发病早期帮助患者正视现实，允许其表达内心感受。鼓励患者积极配合治疗、护理和康复锻炼，争取更多地恢复自理能力。后期鼓励患者勇于面对身体外形的改变，在适度自理活动中逐渐恢复自信，重新规划工作和生活方式。
2. 生活护理　提供全面周到的生活照顾，做到"四到床边"，即饭、药、水、便器到床边。指导患者摄取营养丰富、易于消化的饮食，多食新鲜水果和蔬菜，多饮水，以保持排便通畅。根据病情做好口腔、头发、皮肤、会阴的清洁护理和晨晚间护理。
3. 遵医嘱用药　脊髓损伤者，遵医嘱给予地塞米松、20% 甘露醇静脉滴注，以减轻脊髓水肿和继发损伤。
4. 病情观察　注意观察体温、呼吸、脉搏、血压、感觉、肌力、肢体活动等变化，观察

有无压疮、肺部感染、尿路感染、便秘等并发症，发现异常及时通知医生，并协助处理。

5. 预防并发症

（1）维持正常体温：高热者采取降温措施，如降低室内温度、采用物理降温等，因脊髓受损后交感神经功能抑制，发汗功能障碍，故药物降温效果不佳。对体温过低者采取保温措施，如提高室内温度、加盖棉被，或使用热水袋或电热毯等，但应注意预防烫伤。

（2）坠积性肺炎：①翻身叩背，每2h为患者翻身、叩背1次，促进痰液的松动与排出；②辅助咳嗽排痰，若患者呼吸肌有功能，应指导其进行深呼吸、用力咳嗽和排痰，促进肺膨胀和排痰，必要时辅助排痰；③雾化吸入，痰液黏稠者，给予雾化吸入（溶液中加入抗生素、地塞米松、糜蛋白酶等），以稀释分泌物，使之易于排出；④吸痰，不能自行咳嗽排痰或有肺不张时，应行鼻导管吸痰，必要时协助医生采用气管镜吸痰；⑤气管切开，对呼吸肌无功能或有肺不张、呼吸困难者，应配合气管切开和（或）人工呼吸，这是预防肺部并发症的重要措施，同时做好气管切开的护理。

（3）尿路感染：①导尿，截瘫早期常规留置导尿管持续引流膀胱，2周后改为间隔4～6h放尿一次，以训练膀胱反射或自律性收缩功能；做好导尿管和会阴部护理，并遵医嘱实施膀胱冲洗，以冲出膀胱内积存的沉渣。②人工排尿，4周后拔出尿管，改为挤压排尿。③鼓励患者多饮水，保证每日尿量在1500ml以上，以冲刷尿路。④每周1次尿培养，以及时发现感染。⑤遵医嘱使用抗菌药物。

（4）便秘：鼓励患者多食富含膳食纤维的新鲜水果和蔬菜等，多饮水；指导或协助患者在饭后30min从右至左沿大肠走行方向做腹部按摩，以刺激肠蠕动。顽固性便秘者，遵医嘱给予灌肠或缓泻药物。

（5）压疮：协助卧床患者每2～4h翻身1次，以减轻对某一部位的长时间压迫，翻身时切忌拖、拉、推，以防擦破皮肤。受压的骨突处要用海绵或海绵圈垫空，避免受压。

6. 体位与功能锻炼　对完全瘫痪的患者，应保持髋、膝伸直位，用枕头托垫于腋下，用防垂足板固定踝关节，并定时进行肌肉和关节的被动锻炼，以预防关节畸形，促进康复。对不全瘫痪的患者，应鼓励其加强功能锻炼，提高生活自理能力。

7. 健康教育　脊椎损伤和脊髓损伤病情稳定后，可离院在家中康复，此时重点是做好家庭护理，预防并发症。护士应根据患者需要，指导家属为患者安置卧位、翻身、喂饭、喂水、喂药、使用便器的方法，口腔、皮肤、头发、外阴护理的方法，挤压排尿的方法，关节和肌肉功能锻炼的方法，以及使用轮椅或其他助行器具的方法等。告知患者及其家属若发现皮肤受压发红和肿胀、体温过高、呼吸困难、痰液黏稠不易咳出、尿液混浊或排便困难等情况，应及时与医院取得联系，以利及早诊治。

第四节　骨盆骨折

骨盆骨折（fracture of pelvis）是一种严重的损伤，多由压、砸、碾轧、撞击或坠落等暴力所致，也可因肌肉剧烈收缩而发生撕脱骨折，多见于交通事故或塌方。骨盆骨折患者半数以上伴有合并症或多发伤，其中最严重的是创伤性、失血性休克及盆腔脏器合并伤，患者可因严重合并症或合并伤而死亡。

【护理评估】

（一）临床表现

1. 症状和体征　表现为骨盆部及下腹部疼痛，活动下肢或坐位时加重，局部肿胀，压痛明显。会阴部瘀斑是耻骨和坐骨骨折的特有体征。从两侧髂嵴部位向内挤压或向外分离骨盆环，骨折处均产生疼痛，称为骨盆挤压分离试验阳性。有移位时可出现患侧肢体缩短，双下肢长度不对称。

2. 并发症　骨盆骨折时常伴严重合并症，且常较骨折本身严重，应引起重视。常见并发症包括：①腹膜后血肿：患者常有休克，并伴腹痛、腹胀、肠鸣音减弱及腹肌紧张等腹膜刺激症状。②腹腔内脏损伤：实质性脏器损伤表现为腹痛和失血性休克，空腔脏器损伤可有急性弥漫性腹膜炎表现。③后尿道或膀胱损伤：患者可有排尿困难、血尿等症状。④直肠损伤：较少见。⑤神经损伤：主要是腰骶神经丛和坐骨神经损伤，患者可出现相应的临床症状和体征。

（二）辅助检查

X线检查或CT可确定骨折的类型、程度及移位情况等，必要时可应用B超诊断是否合并盆腔脏器损伤。

（三）与疾病相关的健康史

了解受伤的时间、原因和部位，受伤时的体位，伤后急救、搬运和运送方式等。

（四）心理社会状况

观察患者的心理反应，了解患者的家庭经济状况及家庭对患者的支持程度，有无可利用的社会资源等。

（五）治疗原则

应根据全身情况，首先处理休克及各种危及生命的合并症，再处理骨折。

1. 非手术治疗

（1）卧床休息：对骨盆边缘骨折、骶尾骨骨折等稳定性骨盆骨折患者，卧硬板床休息3～4周，以保持骨盆的稳定性。

（2）复位与固定：单纯性耻骨联合分离等移位较轻的骨折，可采用骨盆兜悬吊牵引、髋人字石膏固定、骨牵引等方法进行复位和固定。

2. 手术治疗　对骨盆环两处以上骨折伴骨盆环断裂、有移位的边缘性骨盆骨折、较重的耻骨联合分离骨折等，可行手术切开复位内固定或采用骨盆外固定器固定治疗。

【主要护理诊断/合作性问题】

1.（沐浴、如厕、进食）自理缺陷　与骨折后医嘱患肢固定有关。

2. 有皮肤完整性受损的危险　与长期卧床、局部组织受压有关。

3. 潜在并发症：腹膜后血肿、尿道或膀胱损伤、直肠损伤、神经损伤等。

【护理措施】

1. 生活护理　提供全面周到的生活护理，满足患者的基本需求。伤后早期尽量少搬动患者，必须搬动时需将患者放置于平板担架上，以免增加出血。指导患者摄入富含纤维素饮食，多饮水，多食水果和蔬菜，以保持排便通畅，对便秘者给予开塞露等通便。保持皮肤清洁，定时协助患者翻身，防止压疮的发生。

2. 牵引护理　参见本章第一节石膏固定、骨盆兜带牵引、骨牵引的护理。

3. 并发症护理　观察病情变化，了解患者有无腹痛、腹胀、血压下降、排尿异常、肌力或感觉改变等，出现异常及时通知医生处理，并观察处理后效果。

4. 指导功能锻炼　卧床期间坚持练习深呼吸和有效咳嗽，进行肢体肌肉和关节锻炼。病情许可后，指导患者下床活动，必要时使用助行器或拐杖等，以使上下肢共同分担体重。

5. 健康教育

（1）预防：教育人们安全生产，做好劳动保护，注意交通安全，防止意外伤害事件的发生。一旦发生意外伤害，及时到医院就诊。

（2）康复：教育患者卧床期间坚持固定部位肌肉的舒缩运动和非固定部位的关节锻炼。允许下床后，教会患者和家属助行器或拐杖等的使用方法，并鼓励患者利用这些辅助器材进行功能锻炼，以促进全面康复。

小 结

一、概述

1. **病因** 创伤性骨折的病因主要为直接暴力、间接暴力和积累性劳损。骨骼病变可引起病理性骨折。

2. **临床表现** 少数损伤严重的骨折患者会有休克和发热等全身表现。骨折局部一般表现包括局部疼痛和压痛、肿胀或瘀斑、功能障碍；局部专有体征包括畸形、反常活动、骨擦音或骨擦感。骨折后可出现多种早期并发症和晚期并发症。

3. **治疗原则** 包括复位、固定、功能锻炼，三者有机联系，缺一不可。

4. **护理** 重点应掌握现场急救的方法。非手术治疗护理/术前护理主要包括病情观察、心理护理、控制疼痛、生活护理、小夹板固定的护理、石膏绷带固定的护理、牵引的护理、手术切开复位内固定的术前护理等。术后护理重点是保持适当体位、病情观察、防治感染、石膏绷带固定的护理等。功能锻炼是骨折患者康复的重要手段，应做好相关健康教育。

二、常见四肢骨折

1. **病因** 骨折多因间接暴力造成，少数也可由直接暴力引起。

2. **临床表现** 锁骨骨折时患者的头多向患侧偏斜，颌部转向健侧；肱骨髁上骨折时应警惕前臂正中神经和肱动脉损伤。Colles 骨折典型体征是"餐叉"畸形和"枪刺刀"畸形。股骨颈骨折时患者髋部疼痛，不敢站立或行走，外展骨折患者此表现可不典型，内收骨折患者可有下肢内收、缩短、外旋畸形。股骨干骨折时可合并腘动静脉损伤、坐骨神经损伤以及失血性休克。胫腓骨骨折容易形成开放性骨折，可并发骨筋膜室综合征。

3. **治疗原则** 非手术治疗主要为手法复位，"8"字绷带、小夹板、石膏或牵引固定，功能锻炼；手术治疗主要为内固定术。

4. **护理** 主要包括心理护理、严密观察病情、保持正确体位、生活护理、牵引护理和指导患者进行功能锻炼。

三、脊柱骨折和脊髓损伤

1. **病因** 脊柱骨折多由间接暴力引起，少数由直接暴力引起。脊髓损伤主要是脊柱骨折的并发症。

2. **临床表现** 脊柱骨折时可有局部疼痛、肿胀和活动受限等表现，也可出现腹胀、肠蠕动减弱等。脊髓损伤患者可出现截瘫和四肢瘫，颈髓损伤时患者可能出现呼吸功能受损。

3. **治疗原则** 首先抢救生命。颈椎骨折时，轻者可用颌枕带卧位牵引复位或骨牵引复位，重者手术治疗。胸腰椎骨折时，可采取脊柱过伸位复位、两桌复位法或双踝悬吊复位法，严重者需手术治疗。脊髓损伤时主要是适当固定颈部、减轻脊髓水肿和继发性损害并行手术治疗。

4. **护理** 脊柱骨折的护理重点是心理护理、病情观察、安置卧位、生活护理和康复训练。脊髓损伤的护理重点是心理护理、生活护理、遵医嘱用药、病情观察、预防并发症、体位与功能锻炼，以及做好健康教育。

四、骨盆骨折

1. 病因　多有强大暴力外伤史。
2. 临床表现　骨盆部及下腹部疼痛。会阴部瘀斑是耻骨和坐骨骨折的特有体征。骨盆挤压分离试验阳性。部分患者肢体长度不对称。骨盆骨折时常伴严重合并症，且常较骨折本身严重。
3. 治疗原则　首先对休克及各种危及生命的合并症进行处理，其次处理骨折。
4. 护理　重点是生活护理、牵引护理、并发症护理、指导功能锻炼和健康教育。

自测题

一、选择题

1. 属于骨折晚期并发症的是
   A．休克
   B．感染
   C．脂肪栓塞
   D．关节僵硬
   E．骨筋膜室综合征

2. 肢体石膏绷带包扎后的护理措施**不正确**的是
   A．石膏干燥后患肢放平
   B．可用烤灯或电吹风促使石膏干固
   C．搬动患肢时用手掌平托石膏
   D．石膏污染时用毛巾蘸少许肥皂液轻轻擦拭
   E．石膏松脱时不可自行填塞物品

3. 女性，65岁，因右侧Colles骨折行闭合复位、石膏绷带固定，伤后第1周应鼓励其进行的患肢功能锻炼方法是
   A．写字
   B．握拳
   C．屈腕
   D．梳头
   E．炒菜

4. 某前臂骨折患者行前臂石膏绷带包扎后1h，自觉手指疼痛加重，观察发现手指发凉、发绀，不能自主活动。首先应考虑的可能原因是
   A．室内温度过低

   B．神经损伤
   C．石膏绷带包扎过紧
   D．体位不当
   E．静脉损伤

5. 股骨干骨折患者行持续骨牵引的护理措施中**不妥**的是
   A．抬高床尾15～30cm
   B．每天用乙醇滴牵引针孔处
   C．牵引砝码保持悬空
   D．定期测量肢体长度
   E．除去针孔的血痂

6. 某患者高处取物时从桌子上摔下，发生腰椎单纯压缩骨折，椎体压缩1/5，遵医嘱卧床休息。此时他应采取的体位是
   A．平卧位
   B．脊柱过伸位
   C．头颈过伸位
   D．俯卧位
   E．半坐卧位

7. 提示耻骨和坐骨骨折的特有体征是
   A．会阴部瘀斑
   B．骨盆部疼痛
   C．会阴部肿胀
   D．骨盆挤压分离试验阳性
   E．双下肢不等长

二、案例题

男性，30岁，12h前骑自行车不慎摔倒，当即感到右小腿疼痛剧烈，移动肢体时疼痛加重。检查：右小腿肿胀明显，肢体畸形，压痛明显，活动受限。X线检查显示右胫腓骨中段骨折。经闭合复位后右小腿管型石膏固定。目前患肢肿胀严重，趾端苍白、发凉，患肢疼痛剧烈且进行性加重。

请问：

（1）此时应警惕该患者出现哪种并发症？

（2）如何处理？

（3）石膏固定后的护理要点有哪些？

（沙凯辉　庞　冬）

第三十三章 关节脱位患者的护理

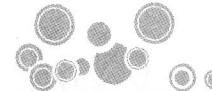
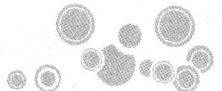

学习目标

通过本章内容的学习，学生应能：
◆ 识记
1. 列举关节脱位的病因、分类、概念、临床表现和治疗原则。
2. 描述肩关节、肘关节、髋关节脱位的临床表现和治疗原则。
◆ 理解
举例说明常见关节脱位患者患肢功能锻炼方法。
◆ 运用
评估关节脱位患者并为其制订护理计划。

第一节 概 述

关节脱位（dislocation of joint）是指由于暴力作用于关节，或关节遭到病理性破坏，使组成关节各骨关节面失去正常的对合关系。失去部分正常对合关系的称半脱位（subluxation of joint）。常见脱位的关节有肩关节、肘关节及髋关节。关节脱位发生的原因包括创伤、疾病因素、关节先天性发育不良和习惯性脱位。按照关节面对合关系丧失程度，分为全脱位和半脱位；按照脱位发生的时间，分为新鲜脱位（2周内）和陈旧性脱位（2周以上）；按照脱位后关节腔是否与外界相通，分为开放性脱位和闭合性脱位。

女性，40岁，因车祸伤导致左髋部疼痛、肿胀、畸形和功能障碍1日。
体检：左下肢呈屈曲、内收、内旋及短缩畸形，臀部可触及向后上方突出的股骨头。
X线检查：左髋关节脱位合并髋臼骨折。
问题与思考：
该患者护理评估内容有哪些？

【护理评估】
（一）临床表现
1. 一般症状 关节处疼痛和压痛，局部肿胀，关节失去正常活动功能，出现功能障碍。

2. 特有体征

(1) 畸形：关节脱位后肢体出现旋转、内收或外展，外观变长或缩短等畸形。

(2) 弹性固定：关节脱位后，由于关节囊周围韧带及肌肉的牵拉，使患肢固定于异常位置，被动活动时感到弹性阻力。

(3) 关节盂空虚：脱位后关节部位触及空虚感，移位的骨端在异常位置触及。

（二）辅助检查

1. X 线检查　是关节脱位的常用检查，确定有无脱位、脱位的方向和程度，以及有无合并骨折等。

2. CT　髋关节脱位行 CT 检查，了解关节内有无残留的骨软骨碎片，以及有无髋臼骨折等情况。

3. MRI　肩关节脱位行 MRI 检查，了解关节囊、韧带和肩袖的损伤情况。

（三）与疾病相关的健康史

1. 年龄　创伤性关节脱位多见于青壮年。

2. 外伤史　牵拉、撞击等暴力作用于正常关节是导致脱位最常见的原因。评估患者有无外伤史、外伤的原因和部位、受伤时体位、受伤后的处理、有无其他部位复合伤。

3. 关节相关疾病　疾病可导致关节结构发生病变，骨端遭到破坏，不能维持关节面正常的对合关系，受到轻微外力即可发生脱位，如关节结核所致的脱位，属于病理性脱位。因此应评估患者既往有无骨骼和关节的感染、结核、肿瘤等病理改变。

4. 先天性关节异常　因关节先天性发育不良或机械因素等可导致关节脱位，表现为出生后即发生脱位且逐渐加重，如发育性髋关节脱位。

5. 关节脱位史　创伤性关节脱位后，关节囊及韧带松弛或在骨附着处撕脱，关节结构不稳定，遭受轻微外力即可发生再脱位，如习惯性颞下颌关节脱位。评估患者既往有无发生反复关节脱位，以及脱位后的治疗和愈合情况。

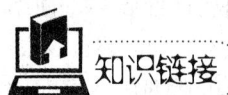

发育性髋关节脱位

发育性髋关节脱位过去称为先天性髋关节脱位，主要是髋臼、股骨近端和关节囊等均存在结构性畸形而致关节的不稳定，直至发展为髋关节脱位。若矫正和恢复关节组成的正常关系，关节会随生长而正常发育。患儿在站立前出现两侧大腿内侧皮褶不对称，会阴部增宽，患侧髋关节活动少且受限，患肢缩短，牵拉患侧下肢时有弹响声或弹响感，髋关节屈曲外展试验、Allis 征、弹入及弹出试验均为阳性，患侧股内收肌紧张等。脱位期表现为行走时间晚，站立时腰部前凸，鸭步，单足站立试验阳性等。治疗原则包括 6 个月内固定患侧下肢于外展屈曲位；6～18 个月首选麻醉下闭合复位，"人字位"石膏裤固定；18 个月～6 岁应手术治疗。

（四）心理社会状况

了解患者职业、文化程度，患者的自我概念，对疾病相关知识的掌握程度，对疾病康复的期望，对治疗有无信心。

（五）治疗原则

1. 复位　复位方法包括手法复位和手术切开复位。以手法复位为主，新鲜的关节脱位尽早进行手法复位。手术切开复位适用于合并关节内骨折、经手法复位失败、有软组织嵌入、陈旧性脱位经手法复位失败者。

2. 固定　关节脱位复位后，为了使撕裂的关节囊及软组织得到修复，以免发生再脱位或习惯性脱位，需将复位后的关节固定于适当位置 2～3 周，陈旧性脱位复位后，固定时间应适当延长。

3. 功能锻炼　指导患者在固定期间要早期进行脱位关节周围肌肉和患肢其他关节的主动活动，待固定解除后，逐步扩大活动范围，逐渐恢复关节功能。

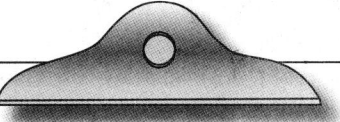

案例 23-1B

该患者明确诊断为左髋关节脱位合并髋臼骨折，入院后行左髋关节切开复位内固定术。
问题与思考：
1. 该患者手术后如何进行患肢固定？
2. 如何进行功能锻炼指导？

【主要护理诊断/合作性问题】

1. 疼痛　与关节脱位引起局部组织损伤及神经受压有关。
2. （进食、卫生、如厕）自理缺陷　与关节脱位后功能障碍、疼痛、制动有关。
3. 潜在并发症：血管、神经损伤。

【护理措施】

1. 心理护理　患者对意外伤痛及相关疾病知识的缺乏，会导致其产生恐惧、焦虑等心理反应。护士要安慰和鼓励患者，耐心做好解释工作，及时解决患者生活方面的困难。

2. 病情观察　密切观察患肢末梢的皮肤颜色、温度、肿胀情况、动脉搏动等有无异常，若发现患肢苍白、发冷、大动脉搏动消失，提示有大动脉损伤的可能，应及时协助医师处理。观察患肢的感觉和运动，了解有无神经损伤及损伤的程度和恢复情况。观察切口敷料有无松脱、渗血，切口有无红、肿、热、痛等感染征象。

3. 妥善的复位和固定　向患者解释复位和固定的目的、方法及注意事项。固定期间，保持固定的有效性，告知患者不能随意拆除外固定，观察患肢位置是否正确。使用石膏固定或牵引患者的护理，参见第三十二章第一节中石膏固定和牵引患者的护理。

4. 缓解疼痛　①解除疼痛刺激源：早期有效的复位固定，可使疼痛缓解或消失。②一般方法：应用心理暗示、转移注意力或松弛疗法等缓解疼痛。③物理止痛：受伤 24h 内局部冷敷，24h 后热敷，以达到止痛的目的。④药物止痛：遵医嘱应用止痛剂，解除患者疼痛。⑤避免加重疼痛的因素：移动患者时，帮助患者托扶、固定患肢，动作轻柔。

5. 生活护理　为患者提供必要的帮助，满足其进食、卫生、如厕等方面的基本生活需求。

6. 指导正确的功能锻炼　向患者及家属讲解关节脱位功能锻炼的重要性和必要性，防止过早锻炼或锻炼不当引起习惯性脱位。早期进行关节周围肌肉的舒缩活动和邻近关节的主动活动，固定解除后，逐步进行肢体的全范围功能锻炼，切忌用被动手法强力拉伸关节，以防加重关节损伤。

7. 健康教育　向患者或家属讲解关节脱位的相关知识。介绍复位固定的方法、意义和注意事项。讲解功能锻炼的重要性，指导患者正确地进行功能锻炼。指导患者出院后规范复诊和自我护理的方法。教育患者在工作生活中注意安全，尽量减少或避免事故的发生。

第二节 肩关节脱位

肩部关节包括肩关节、肩锁关节和胸锁关节，肩关节由肩胛骨的关节盂和肱骨头构成，关节盂小而浅，肱骨头大、呈球形，是人体运动范围最大、最灵活的关节，但关节结构不稳定，容易发生脱位。肩关节前下方肌肉较少，关节囊松弛，是关节稳定性最差的薄弱点。肩关节脱位（dislocation of shoulder joint）占全身关节脱位的40%以上，常合并肱骨大结节撕脱性骨折，严重者可合并肩袖的撕裂及臂丛神经损伤。肩关节脱位发生的原因包括两种。①间接暴力：通过传导、杠杆等作用，是引起肩关节脱位的常见原因。②直接暴力：暴力从肱骨头外后部直接撞击，使肱骨头向前脱位，临床较少见。肩关节脱位分为前脱位、后脱位、下脱位和上脱位，以前脱位多见。

【护理评估】

（一）临床表现

1. 症状　伤侧肩部疼痛，周围软组织肿胀，主动和被动活动受限。为减轻因活动或肌肉牵拉而导致的疼痛，就诊时患者常用健侧手托患侧前臂，头偏向患侧。

2. 体征　因肱骨头向前脱出，三角肌塌陷，肩部失去正常圆形轮廓，肩峰明显突出，形成典型的"方肩"畸形。上臂有明显的外展内旋畸形，并弹性固定于畸形位置。关节盂空虚，在空虚的关节盂外可触及肱骨头。搭肩试验阳性，即患侧手掌搭到健侧肩部时，肘部不能贴近胸壁；反之，当患侧肘部贴近胸壁时，手掌不能触摸健侧肩部。

（二）辅助检查

1. X线检查　确定肩关节脱位的方向，有无合并骨折，检查肩关节脱位整复后的情况。

2. MRI　了解关节囊、韧带和肩袖损伤的情况。

（三）与疾病相关的健康史

1. 年龄和性别　肩关节脱位多发生在青壮年，男性多于女性。

2. 外伤史　了解患者受伤的时间、原因和部位，受伤时的体位，受伤后的处理，有无合并神经和血管损伤。比如当身体侧方位跌倒，手掌着地，躯干倾斜，肩关节呈外展、外旋位时，或上臂过度外展、外旋、后伸时，均可导致肩关节前脱位。

3. 既往史　对习惯性脱位的患者，了解患者既往脱位的次数和愈合情况。

（四）心理社会状况

评估患者的心理反应，有无焦虑、急躁的心理，对本病相关知识的了解程度，对疾病康复的期望，以及患者的家庭和社会支持系统对患者治疗的支持和依从性如何。

（五）治疗原则

1. 复位　①手法复位：新鲜肩关节前脱位后，要尽快行手法复位。常用的手法复位方法有手牵足蹬复位法（图33-1）和牵引回旋复位法。②手术切开复位：严重肩关节脱位合并肩部骨折、软组织嵌入等，行切开复位。

2. 固定　①固定的方法：采用三角巾、绷带、石膏或外展架固定，固定前在腋窝处垫棉垫，保护腋窝部皮肤。②固定的体位：手法复位后采用三角巾、绷带或石膏将患肢固定于内收、内旋

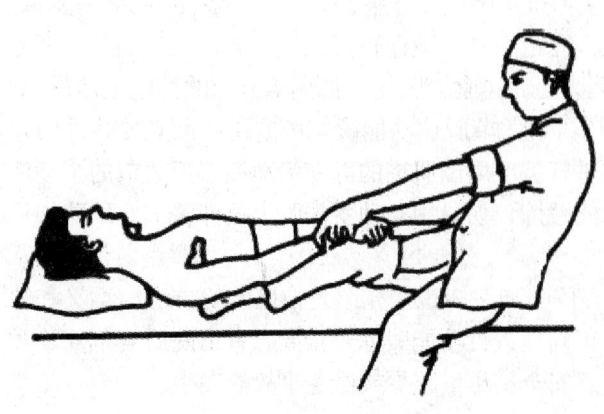

图33-1　手牵足蹬法复位

位，屈肘90°，关节囊破损明显或仍有肩关节半脱位者，应将患侧手置于对侧肩上贴胸固定。手术切开复位术后，用外展架将肩关节固定于外展60°、前屈30°~45°位置。③固定的时间：一般为3~4周，避免过早去除外固定，否则损伤的关节囊修复不良，易导致习惯性关节脱位的发生。习惯性脱位和陈旧性脱位患者适当延长固定时间。

3. 功能锻炼　固定期间指导患者活动患肢腕部和手指，用力握拳，双手对掌练习腕关节背伸活动，在外固定的保护下进行肘关节的屈伸练习。去除固定后，逐步练习患肢内收、外上举运动。6~8周开始进行弯腰垂臂、甩肩锻炼，逐步增加肩关节的活动度。

【主要护理诊断/合作性问题】
参见本章第一节。

【护理措施】
参见本章第一节。

第三节　肘关节脱位

肘关节脱位（dislocation of elbow joint）是肘部常见的损伤，多为运动损伤，脱位容易合并周围骨折和神经及血管损伤。肘关节脱位主要由间接暴力所引起，根据脱位的方向，分为：①后脱位，最常见，尺骨鹰嘴向后移位而肱骨远端向前移位；②侧方脱位，肱骨远端向尺侧或桡侧移位；③前脱位，尺骨、桡骨向肱骨前方移位，相对少见。

【护理评估】

（一）临床表现

1. 症状　肘关节局部肿胀、疼痛，伸屈活动受限。
2. 体征　肘关节后脱位，肘后方空虚，鹰嘴向后突出明显；侧方脱位时，肘部呈现肘内翻或外翻畸形，肘后三角关系改变。肘关节弹性固定于半伸直位，患者以健手支托患肢前臂。若合并肱动脉、正中神经、尺神经或桡神经损伤，局部可出现肿胀、剧痛、皮肤苍白、发凉、麻木，桡动脉搏动减弱或消失。

（二）辅助检查

进行X线检查，确定肘关节脱位的方向及有无合并骨折，亦可明确肘关节脱位整复后的情况。

（三）与疾病相关的健康史

1. 年龄　多发生于10~20岁的青少年。
2. 外伤史　详细了解患者受伤的时间、原因和部位，受伤时的体位，受伤后疼痛、肿胀的程度，有无关节功能障碍，有无合并血管和神经损伤等。当跌倒时手掌着地，肘关节处于半伸直位，可造成肘关节后脱位。当肘关节处于内翻或外翻位时遭受暴力，使肘关节的侧副韧带和关节囊撕裂，可发生肘关节侧方移位。当肘关节处于屈曲位时，受到肘后方由后向前的暴力，可导致肘关节前脱位。

（四）心理社会状况

了解患者对疾病的认知程度，有何思想负担，了解家属对患者的关心、支持程度，评估患者对康复训练和早期活动是否配合。

（五）治疗原则

1. 复位　新鲜肘关节脱位的主要治疗方法为手法复位。复位方法是嘱患者取坐位，助手双手紧握患肢腕部，沿前臂纵轴方向牵引，术者用双手拇指按压尺骨鹰嘴，沿前臂纵轴方向持续推挤，即可使之复位。手法复位失败者行手术切开复位。

2. 固定 ①固定的方法：采用超肘关节夹板、长臂石膏托固定。②固定的体位：将患肢固定于屈肘 90°位，用三角巾悬吊于胸前。③固定的时间：一般情况下固定的时间为 3 周，3 周后拆除固定。

3. 功能锻炼 早期指导患者进行伸掌、握拳、手指屈伸等活动，在外固定保护下做肩、腕关节及手指活动。去除外固定后，逐步练习肘关节的屈伸、前臂旋转活动及锻炼肘关节周围肌力。

【主要护理诊断/合作性问题】

参见本章第一节。

【护理措施】'

参见本章第一节。

第四节 髋关节脱位

髋关节由髋臼和股骨头构成，是全身最大的杵臼关节。髋臼为半球形，深而大，关节囊坚韧，周围有韧带加强，只有遭受强大的暴力才会发生脱位。约 50% 髋关节脱位（dislocation of hip joint）同时合并有骨折。髋关节脱位多由间接暴力引起，根据股骨头的移位方向，可分为前脱位、后脱位、中心脱位，其中以后脱位最常见。

【护理评估】

（一）临床表现

1. 症状 髋关节疼痛、肿胀、活动受限。

2. 体征 不同方向的脱位其体征有所区别。

（1）前脱位：患肢轻度屈髋，明显外旋、外展畸形。偶尔可引起股动、静脉的压迫症状。

（2）后脱位：患肢呈屈曲、内收、内旋及短缩畸形，臀部可触及向后上方突出的股骨头。约有 10% 髋关节后脱位患者的坐骨神经可能被向后、上方移位的股骨头或髋臼骨块挫伤，从而引起患侧坐骨神经麻痹。

（二）辅助检查

1. X 线检查 确定髋关节脱位的方向，有无合并髋臼或股骨头骨折。

2. CT 了解关节内有无残留的骨软骨碎片及有无髋臼骨折等情况。

（三）与疾病相关的健康史

1. 年龄和性别 髋关节脱位多发生在青壮年，男性多于女性。

2. 外伤史 详细了解患者受伤的时间、原因和部位，受伤时体位，受伤后疼痛、肿胀的程度，有无关节功能障碍，有无合并血管和神经损伤等。当髋关节处于过度外展、外旋位时遭到外展暴力，可造成髋关节前脱位。当髋关节于屈曲、内收、内旋位时，暴力由前向后冲击膝部，并经股骨干传导至股骨头，可造成后脱位。由于暴力作用于大转子外侧，使股骨头冲击髋臼底部，引起髋臼底部骨折，如暴力继续作用，股骨头连同髋臼骨折片一齐向盆腔内移位，可发生中心脱位。

（四）心理社会状况

了解患者对疾病的认知程度，有何思想负担，家属对患者的关心、支持程度。评估患者对康复训练和早期活动是否配合。

（五）治疗原则

1. 复位 ①手法复位：新鲜髋关节脱位，应立即实施手法复位。最常用的方法是提拉法（Allis 法）（图 33-2）。②手术切开复位：闭合复位失败和陈旧性脱位采用手术切开复位。

2. 固定 ①固定的方法：采用持续皮牵引或穿丁字鞋、单侧髋人字石膏固定。②固定的体位：复位后将患肢固定于伸直、外展位，防止髋关节屈曲、内收、内旋。③固定的时间：复位后固定患肢 3～4 周。3 个月内不负重。

3. 功能锻炼 早期指导患者进行患肢股四头肌收缩锻炼和踝关节的活动，同时指导患者利用双上肢和健腿的力量，在床上进行抬臀练习及未固定关节的活动。去除外固定后，可持双拐逐渐下地活动。

【主要护理诊断/合作性问题】
参见本章第一节。

【护理措施】
参见本章第一节。

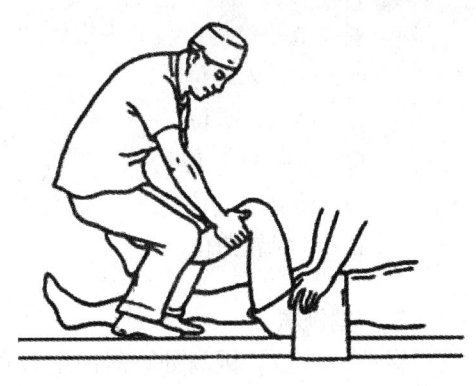

图 33-2　Allis 法复位

小　结

1. 病因　与创伤、疾病因素、关节先天性发育不良和习惯性脱位有关，创伤是最常见的发生原因。

2. 临床表现　关节部位疼痛、肿胀、功能障碍，局部畸形、弹性固定和关节盂空虚。肩关节脱位后呈"方肩"畸形，上臂有明显的外展、内旋畸形，搭肩试验阳性；肘关节脱位时肘后三角关系改变，肘关节弹性固定于半伸直位；髋关节后脱位时患肢呈屈曲、内收、内旋及短缩畸形。

3. 治疗原则　复位，以手法复位为主，固定及功能锻炼。

4. 护理　护士要关注患者的心理反应。妥善复位和固定。观察患肢末梢皮肤颜色、温度、肿胀情况、感觉和运动情况等有无异常。加强术后切口的观察护理。缓解患者疼痛和保持皮肤完整性，促进其舒适。指导患者正确的功能锻炼，恢复自理能力。向患者或家属讲解关节脱位的相关知识，使其了解并主动配合。

自测题

一、选择题

1. 关节脱位特征性的表现是
   A. 疼痛
   B. 肿胀
   C. 淤血
   D. 弹性固定
   E. 活动受限

2. 关节脱位最主要的治疗方法是
   A. 手术切开复位
   B. 手法复位
   C. 小夹板固定
   D. 石膏固定
   E. 持续牵引固定

3. 肩关节脱位后典型的阳性体征是
   A. 肘后三角关系失常
   B. "餐叉"畸形
   C. "枪刺刀"畸形
   D. 压头试验阳性
   E. 搭肩试验阳性

4. 肘关节脱位后患肢的固定体位是
   A. 内收内旋位
   B. 自然下垂位
   C. 屈肘 90° 位
   D. 伸直外旋位
   E. 外展屈曲位

5. 髋关节脱位最常见的脱位类型是
   A. 前脱位
   B. 后脱位
   C. 中心脱位
   D. 下脱位
   E. 侧方脱位

二、案例题

男性，46 岁，因高处坠落伤致右肩关节疼痛、肿胀、功能障碍 4h。X 线检查提示右肩关节脱位，入院后行手法复位和三角巾悬吊固定。患者在固定期间，多次自行拆除三角巾固定，因害怕疼痛而拒绝进行功能锻炼。

请问：

（1）如何向患者解释复位后有效固定的作用？

（2）患肢固定后如何指导患者进行患肢功能锻炼？

（王文杰）

第三十四章 颈椎病患者的护理

学习目标

通过本章内容的学习，学生应能：

◆ 识记
1. 列举颈椎病的病因和主要辅助检查。
2. 描述颈椎病患者的临床表现和治疗原则。

◆ 理解
1. 解释颈椎病患者出现颈肩痛的原因。
2. 比较不同类型颈椎病的特点。

◆ 运用
评估颈椎病患者并为其制订护理计划。

颈椎病是因颈椎间盘退行性变及其继发关节、韧带的变性、增生、钙化造成颈段脊柱不稳定，刺激或压迫脊髓、神经根、椎动脉和交感神经，出现相应的临床表现。颈椎病多见于50岁以上的人群，男性多见，好发部位依次为 $C_{4\sim5}$、$C_{5\sim6}$ 和 $C_{6\sim7}$。

知识链接

颈项部神经结构

颈项部神经结构复杂。①脊髓的3个生理性膨大中，以下颈段的颈膨大最为明显，使椎管变得相对狭窄，内部的神经结构更易受到压迫。②颈丛由 $C_{1\sim4}$ 神经的前支组成，支配颈部肌肉、膈肌，以及颈、枕、面部感觉。$C_{1\sim4}$ 神经的后支形成颈后丛，C_2 后支发出的枕大神经受刺激时，可出现枕下肌痛及同侧头皮感觉异常。③ $C_5\sim T_1$ 脊神经前支组成臂丛，其分支支配肩胛、肩、胸肌、上肢肌肉及皮肤。④颈脊髓没有交感神经的节前纤维，而是从上胸段脊髓发出，并上升、换元后形成颈交感神经节和链。以后发出节后纤维，分别与颈脊神经吻合，有的尚与脑神经连接。颈部交感神经支配范围广，受到刺激可表现出多器官、多系统症状和体征。

【护理评估】

颈椎病临床表现多样，根据受压部位和临床表现不同可分为以下四种类型，也可有两种或两种以上类型同时存在，称为混合型。

1. **神经根型颈椎病** 该类型颈椎病的发病率最高，占50%~60%。主要是由于椎间盘向侧后方突出，钩椎关节或关节突关节增生、肥大，刺激或压迫神经根所致。患者多先有受压神经根支配区域的颈肩痛和颈部僵直，短期内疼痛加重并向上肢放射，放射痛范围为受压神经根所支配的皮肤区域,皮肤可有麻木、过敏等感觉异常。疼痛以单侧为多,与头部或上肢姿势有关,咳嗽、打喷嚏或用力时加重,可伴麻木感。同时可有上肢肌力下降、握力减弱、手指动作不灵活等表现。

> **案例34-1A**
>
> 女性,53岁,颈肩痛伴左手麻木半年,疼痛向左上肢放射,近1年用左手持物时经常出现持物不稳,物品掉落。
> 体检:颈部活动受限,左手及前臂感觉减退,上肢牵拉试验(+)、压头试验(+)。
> X线检查:颈椎曲度变直。
> MRI:$C_{4\sim7}$椎间盘向椎管内突出,压迫左侧神经根。
> **问题与思考:**
> 该患者护理评估内容有哪些?

体检可见患侧颈部肌肉僵硬,棘突、棘突旁和受累神经根所支配的肌肉有压痛,患肢上举、外展和后伸会有不同程度受限。上肢牵拉试验(又称臂丛神经牵拉试验)阳性:患者端坐,检查者一手扶患侧颈部,另一手握患侧腕部,两手向相反方向牵拉,此时,臂丛神经被牵张,刺激已经受压的臂丛神经根而出现上肢放射痛和麻木感(图34-1)。压头试验阳性:患者端坐,头后仰并偏向患侧,检查者用手掌在其头顶加压,出现颈痛并向患侧上肢放射(图34-2)。

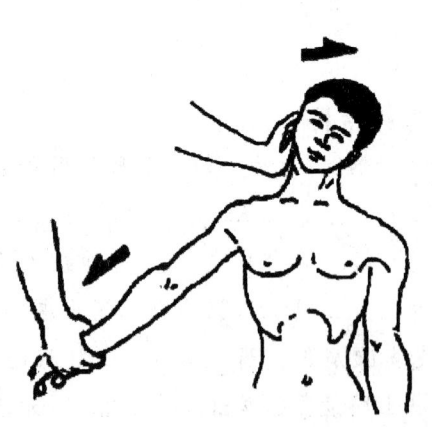 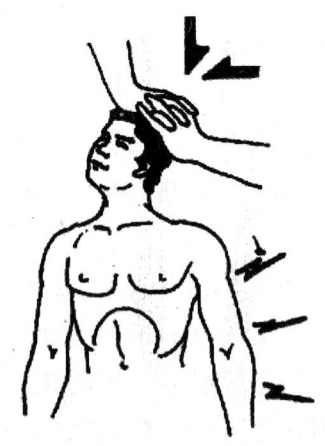

图34-1 上肢牵拉试验　　　　　　图34-2 压头试验

2. **脊髓型颈椎病**　发病率次之,占10%~15%。主要由于各种病变压迫或刺激脊髓引起发病。脊髓受压早期,多为脊髓前方受压,临床以侧束、锥体束损害表现突出,患者多先出现一侧或双侧下肢乏力,行走、持物不稳,有踩棉花样感觉,但颈部疼痛不明显。病情逐渐加重,病变累及上肢,出现手部发麻,握力减退,精细活动失调。患者还可有躯体感觉障碍,躯干有束带感。部分患者还有二便困难、性功能减退、病理反射阳性等表现。

3. **椎动脉型颈椎病**　当椎动脉受到直接压迫,或者由于交感神经受刺激而引起椎动脉痉挛时,可出现椎-基底动脉供血不足表现。常见的临床表现包括以下几种。①眩晕:是主要症状,可为旋转性、浮动性或摇晃性,头部活动到某一位置时可诱发或加重。②头痛:由于椎动脉短暂缺血，侧支循环血管代偿性扩张引起发作性胀痛。③视觉障碍：患者可有突发性弱视、复视或失明，但大脑血液供应恢复后短期内可自愈。④猝倒：患者多在头部快速旋转或屈伸时下肢突然无力而跌倒，倒地后再站起即可继续正常活动，意识始终清楚。

4. 交感神经型颈椎病　主要由于颈交感神经受周围病变组织刺激所引起。多表现为交感神经兴奋症状，如头痛、头晕、恶心、呕吐、视物模糊、畏光、心悸、血压升高、面部麻木或耳鸣等；少数患者表现为交感神经抑制症状，如头昏、眼花、鼻塞、心动过缓、血压下降以及胃肠胀气等。

（二）辅助检查

1. X线检查　正侧位，左、右斜位和前屈、后伸位X线片检查对诊断有重要参考价值。可见颈椎生理性前凸消失，椎间隙变窄，椎体前、后缘骨质增生，关节增生，椎间孔狭窄等退行性改变征象。

2. CT、MRI　可见椎间盘突出、椎管及神经根管狭窄，以及脊神经、椎动脉、脊髓受压情况。

需要注意的是，仅有影像学改变而无临床表现者只能视为颈椎退行性变，而不能诊断为颈椎病。

（三）与疾病相关的健康史

1. 年龄　随着年龄增加出现的颈椎间盘退行性变是导致颈椎病最基本的原因。随年龄增长，髓核含水量下降，纤维环发生纤维变性、分离或断裂，进而出现椎间隙狭窄，关节囊和韧带松弛，椎间盘膨出或突出，脊柱稳定性下降。脊柱不稳定又加速了椎骨和韧带的变性、增生和钙化。二者形成恶性循环，最后压迫或刺激脊髓、神经或血管导致发病。

2. 损伤　在退行性变的基础上，急性损伤可诱发颈椎病，而慢性损伤可加速颈椎的退变过程，使症状提早发生。评估患者是否有颈肩部急、慢性损伤史，是否经常使用电脑或伏案工作，或者有其他颈部不良姿势、习惯等。

3. 发育性颈椎管狭窄　部分患者先天性椎弓根过短，使颈椎管的矢状径小于正常（14～16mm），而颈膨大的左右径约为前后径的1倍，因此轻微的椎管退行性变也可压迫或刺激脊髓、神经或血管而引起发病。

（四）心理社会状况

由于长时间颈肩部疼痛或四肢运动障碍，患者的生活质量受到很大影响，会出现焦急或烦躁。患者及家属会对手术寄予很大希望，若术后疗效不能马上显现，可有明显的失望情绪。

（五）治疗原则

1. 非手术治疗　大部分患者经非手术治疗即可取得较好的治疗效果。

（1）枕颌带牵引：坐位、卧位均可进行牵引，头前屈15°左右，牵引重量2～6kg。牵引时间以项、背部肌肉能耐受为限，每日数次，每次1h。也可行持续牵引，每日6～8h，2周为1个疗程。此法可缓解肌肉痉挛，增大椎间隙，减少椎间盘压力，减轻对神经根的压迫和对椎动脉的刺激。脊髓型颈椎病不宜采用此法。

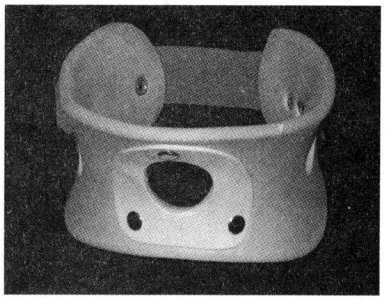

图 34-3　围领

（2）戴颈托或围领：主要用于限制颈椎过度活动（图34-3），但患者的行动不受影响。

（3）推拿、按摩和理疗：可减轻肌肉痉挛，改善局部血循环，加速炎性水肿消退。推拿和按摩时手法应轻柔，避免暴力对神经、血管造成进一步的压迫和刺激，此法禁用于脊髓型颈椎病患者。理疗方法包括热疗、磁疗、超声疗法或电刺激等。

(4) 药物治疗：可给予非甾体抗炎药、肌肉松弛剂和镇静药等以缓解症状。由于长期使用药物会产生一定的副作用，因此一般在症状剧烈、严重影响生活和睡眠时才短期、交替使用。若患者颈部有局限、固定的痛点时，可采用局部注射皮质类固醇制剂。典型神经根痛患者可行颈硬膜外封闭注射。

2. **手术治疗** 经非手术治疗无效的神经根型、椎动脉型和交感型颈椎病患者，或脊髓型颈椎病症状进行性加重者，可手术治疗。根据手术入路不同可分为前路手术、前外侧手术和后路手术三种，以前路和后路手术多见。

> **案例34-1B**
>
> 该患者明确诊断为颈椎病，并拟行颈椎前路手术治疗。
> **问题与思考：**
> 1．该患者术后可能出现最危急的并发症是什么？
> 2．术后主要的护理措施有哪些？

【主要护理诊断/合作性问题】

1．疼痛　与颈部肌肉痉挛，脊髓神经根受压迫或刺激有关。
2．有受伤的危险　与步态不稳、椎动脉供血不足引起的眩晕或猝倒有关。
3．（进食、沐浴、如厕）自理缺陷　与颈肩部活动受限、握力减弱或精细动作失调有关。
4．潜在并发症：脊髓损伤、呼吸困难。

【护理措施】

（一）非手术治疗护理/术前护理

1．**心理护理** 对患者的焦虑和烦躁心情应表示理解，向患者介绍手术的必要性和目的。向患者和家属说明颈椎病的发病和康复都是长期的过程，手术只能防止病变进一步发展，但已经受损的神经根和脊髓需要长期治疗和康复锻炼才能恢复，因此需要患者有充分的耐心和信心。脊髓型颈椎病若术前脊髓压迫明显，术后患者的肢体功能恢复程度有限，应嘱患者及家属做好充分的思想准备。

2．**缓解疼痛** 遵医嘱给予局部制动、牵引或理疗等，对颈肩部进行热敷或适当按摩能促进血液循环和肌肉放松，必要时给予药物缓解疼痛。

3．**选择和佩戴围领** 围领可维持颈椎于中立位，防止颈脊髓或神经根的进一步损伤。对于颈椎不稳者，在非手术治疗期间，或患者在手术前，均应帮助其选择合适的围领，在起床活动时佩戴。围领上缘应抵住下巴，下缘达胸骨，并保证在站立或坐位时颈部均不能伸屈活动。

4．**预防外伤** 颈椎不稳者活动时应戴围领，保持颈椎稳定性。避免危险运动，乘坐高速交通工具时为预防急刹车时颈部剧烈摆动，应与行驶方向垂直而坐，或平卧车上并弯腿。有痉挛步态者行走时应有人陪伴，或提供手杖或助行器等辅助行走。床上加装床挡，嘱患者减少下床活动，保持房间地面干燥，减少障碍物。有颈性眩晕或交感神经受刺激症状者应避免突然转头动作。

5．**鼓励自理** 自理活动能减缓病变的发展，避免失用性萎缩。可指导患者练习手指精细动作，如穿针、系衣扣、拿筷子和握笔等。也可相应改变生活方式，如衣服改用搭扣，用勺进餐，用吸管喝水等。

6．**术前训练** 为了减少术中、术后并发症，并且保证在术中充分暴露手术野，术前应要求患者严格戒烟,并进行以下训练。

(1) 前路手术:术前3~5日进行气管、食管推移训练。方法为用右手拇指将气管自右向左推过中线,开始为15~20分/次,以后逐渐增至每次30~60min。

(2) 后路手术:练习俯卧位。方法为胸下垫枕20~30cm,头部顶书本样硬物,收下颌,根据手术需要坚持2~3h为宜。

(二) 术后护理

1. 保护颈部　术后即应用围领固定,搬运时一人专门保护颈部。回病房后患者取去枕平卧位,可不戴围领,但颈部两侧应垫枕以制动,或者垫枕侧卧,以避免引流管被压迫。无论采取何种体位或如何翻身,始终应使头部与躯干成一轴线。术后3日可侧身坐起或侧身卧床,以免颈部受力。一般术后戴围领12周或遵医嘱执行。

2. 病情观察　密切观察患者生命体征、四肢感觉、反射和运动功能,引流管有无脱出,是否通畅,引流液的颜色、性质和量,一般24~48h拔除引流管。呼吸困难是前路手术最危急的并发症,多发生在术后1~3日。常见原因有:①切口内出血;②痰液阻塞;③喉头水肿,如术前推拉气管练习不充分,术中牵拉过度或时间过长,导致气管黏膜受损、水肿;④术中损伤脊髓;⑤植骨块松动、脱落压迫气管。患者可表现为进行性呼吸困难或发绀,伴有敷料渗血、渗液过多,或痰鸣,或颈部肿胀等,处理不当可死亡。此时应对因、对症处理,必要时剪开缝线,清除血肿,或者做气管切开和再次手术。因此颈椎手术患者床旁应常规放气管切开包备用。行前路手术者还应注意观察有无声音嘶哑或饮水呛咳等,具体预防和护理内容参见甲状腺疾病患者的护理。

3. 拆线　前路手术颈部一般5日拆线,髂骨取骨处11日左右拆线,后路手术一般12日拆线。拆线后颈椎拍片时去掉围领,保持颈部不动,拍片后再戴上围领。一般拆线后即可出院。

4. 功能锻炼　不仅能够促进脊髓功能恢复,而且可以改善血液循环,增强肌肉力量,维持颈椎稳定性。在围领保护下,术后第1日开始握拳,活动上肢肩、肘和腕关节,下肢练习勾脚尖、股四头肌舒缩和直腿抬高等。

(三) 健康教育

1. 保持颈部平直,避免长时间低头,如伏案工作或使用电脑等。因长期低头可使颈部肌肉和韧带受到牵拉而发生劳损,进而引起颈椎不稳,促使颈椎间盘发生退行性变。

2. 平日主动加大头颈部活动范围,避免颈部固定在一种姿势时间过长。方法为将头慢慢转向一侧,转至最大旋转度时停留数秒,然后缓慢转向对侧,每日重复数十次;或做缓慢前屈、后伸和侧屈等动作。长期低头工作者应定期远视,以放松颈部肌肉。

3. 睡眠时枕头宜中间低两侧高,头颈部压下后应与一侧肩宽相平,长度超过肩宽10~16cm,卧床时不使头部过伸或过屈。

4. 项背肌锻炼可加强颈肩部肌肉力量,避免由于颈椎不稳造成颈椎间盘退行性变。指导患者做头向后顶墙动作,或者双手十指交叉放在头后向前推,同时头向后用力,每个动作用力5s,休息5s,每次做20~30遍动作,每2h练习1次。颈椎病患者术后1个月以后在围领保护下开始练习,正常人在日常生活中即可练习,坚持长期锻炼。

小 结

1. **病因** 颈椎间盘退行性变是最基本原因。
2. **临床表现** 颈椎病分为神经根型、脊髓型、椎动脉型、交感神经型四种,其中神经根型最为多见,以颈肩痛和颈部僵直表现突出,颈肩、上肢皮肤可有麻木、过敏等感觉异常,上肢牵拉试验和压头试验均为阳性。
3. **治疗原则** 非手术治疗包括牵引、戴颈托或围领、推拿按摩和理疗、药物治疗等,手术方式包括前路手术、前外侧手术和后路手术。
4. **护理** 非手术治疗护理/术前护理重点是提供心理支持、缓解疼痛、佩戴围领、预防外伤、鼓励自理等,根据手术入路做好术前训练。术后应保护颈部,做好病情观察及护理,指导功能锻炼。另外,对于健康人和颈椎病患者均应进行相关健康教育。

自测题

一、选择题

1. 发病率最高的颈椎病类型是
   - A. 神经根型
   - B. 脊髓型
   - C. 椎动脉型
   - D. 交感型
   - E. 混合型

2. 压头试验阳性主要是由于试验时压迫或刺激了患者的
   - A. 颈肩部神经根
   - B. 脊髓
   - C. 椎动脉
   - D. 颈交感神经节
   - E. 气管

3. 眩晕和猝倒主要见于
   - A. 神经根型颈椎病
   - B. 脊髓型颈椎病
   - C. 椎动脉型颈椎病
   - D. 交感型颈椎病
   - E. 混合型颈椎病

4. 颈椎病发生的基本原因是
   - A. 颈椎不稳
   - B. 发育性颈椎管狭窄
   - C. 急性颈部损伤
   - D. 颈部肌肉痉挛
   - E. 颈椎间盘退行性变

5. 臂丛神经牵拉试验阳性常见于
   - A. 神经根型颈椎病
   - B. 椎动脉型颈椎病
   - C. 脊髓型颈椎病
   - D. 交感型颈椎病
   - E. 混合型颈椎病

6. 脊髓型颈椎病患者可能出现的临床表现是
   - A. 猝倒
   - B. 视觉障碍
   - C. 踩棉花感和束带感
   - D. 压头试验阳性
   - E. 心律不齐和血压升高

7. 颈椎前路手术后最危急的并发症是
   - A. 饮水呛咳
   - B. 呼吸困难
   - C. 声音嘶哑
   - D. 伤口出血
   - E. 植骨块脱出

8. 护士对颈椎病患者进行术后出院指导,正确的是
   - A. 每天做快速转头运动锻炼
   - B. 1个月后疾病症状可完全消失
   - C. 减少颈部活动,保持颈部姿势固定
   - D. 枕头应在头颈部压上时与一侧肩宽相平
   - E. 坚持项背肌锻炼至术后3个月

二、案例题

男性,60岁,2年前出现双下肢无力且逐渐加重,偶感颈部不适。1年前开始行走不稳,有踩棉花样感觉,曾因"腿软"跌倒1次。3个月前出现双手发麻,握力减弱,端碗和水杯不稳,进食、沐浴、如厕等生活自理能力下降。查体:颈部有压痛,病理征阳性。MRI 显示 $C_{3\sim6}$ 节段椎管狭窄,脊髓受压。诊断为脊髓型颈椎病,拟行颈椎后路手术治疗。

请问:

(1) 该患者目前主要的护理诊断/合作性问题是什么?

(2) 住院后如何预防患者外伤?

(3) 该患者术前主要的护理措施是什么?

(杨　萍)

第三十五章 腰椎间盘突出症患者的护理

通过本章内容的学习，学生应能：

◆ 识记
1. 列举腰椎间盘突出症的病因和主要辅助检查。
2. 描述腰椎间盘突出症患者的临床表现和治疗原则。

◆ 理解
解释腰椎间盘突出症患者出现腰腿痛的原因。

◆ 运用
评估腰椎间盘突出症患者并为其制订护理计划。

腰椎间盘突出症是指由于椎间盘变性、纤维环破裂和髓核突出，刺激或压迫神经根或马尾神经所引起的一种综合征，是腰腿痛最常见的原因之一。腰椎间盘突出症可发生于任何年龄，20～50岁多发，男性多于女性。当直立活动时，各种负荷应力均集中在腰骶段，尤其是腰段和骶段两个相反生理弯曲的交界处，故临床上以 $L_{4～5}$、$L_5～S_1$ 椎间盘突出多见。患者多有弯腰或长期坐位工作史，首次发作多在弯腰负重或突然扭转腰部后出现。

腰椎间盘的解剖生理

椎间盘组成包括：①软骨终板：连接椎体与椎间盘，是椎间盘内水分、营养物质和代谢产物的交换通道。②髓核：含水量约80%，并有丰富的蛋白多糖，故具弹性和膨胀性。③纤维环：横断面上呈环型层状排列，前方及两侧较厚，后外侧薄。各层纤维环由粗大的胶原纤维以45°附着于椎体边缘，且相互呈90°交织，故承受纵向压力的能力较强，但易于受反复的扭转应力而撕裂。

通过椎间盘测压发现，站立位脊柱负荷如以100%计算，在坐位增加到150%，而站立前屈位为210%，坐位前屈达270%。当站立持重20kg时，腰椎负荷为210kg，弯腰持同一重量，腰段脊柱负荷增加到340kg。说明前屈位活动或负重是导致腰段脊柱退变或损伤的不良姿势。

案例 35-1A

男性，42岁，建筑工人，既往体健，2周前弯腰搬重物时突然出现腰背部疼痛，平卧休息后好转，弯腰时加重。近2日腰部疼痛加剧并向左下肢放射。遂来医院就诊。

体检：弯腰活动受限，$L_{4\sim5}$棘突上和棘突间有压痛。直腿抬高试验（+）。

X线检查：$L_{4\sim5}$椎体间隙变窄。

问题与思考：

该患者护理评估内容有哪些？

【护理评估】

（一）临床表现

1. 症状

（1）腰痛：最常见，且多在发病早期即出现。可无明显诱因突然发生，亦可在腰部外伤后出现。弯腰、咳嗽或排便等增加腹压的动作均可使疼痛加剧。

（2）坐骨神经痛：$L_{4\sim5}$和$L_5\sim S_1$椎间盘突出者的髓核突出可刺激或压迫坐骨神经引起疼痛。典型表现是疼痛从下腰部向臀部、大腿后方和小腿外侧放射，直至足背或足外侧，并可伴麻木感。腹压增高时疼痛可加剧，卧床休息时减轻。病情严重者常取健侧卧位，屈髋、屈膝的"虾米状"强迫体位，以减轻坐骨神经所承受的张力和由此引起的疼痛。病程长者可出现神经源性间歇性跛行，即行走一段距离后出现下肢疼痛、麻木和无力，休息后可减轻或缓解，之后仍可继续行走，直至再次出现下肢症状。

（3）马尾神经受压：向正后方突出、脱垂、游离的椎间盘组织可压迫马尾神经，引起二便障碍，鞍区感觉异常。

（4）其他：由于神经根受压，部分患者可有下肢麻木、发凉、肌肉萎缩或肌力减退等表现。

2. 体征

（1）腰椎侧凸：为了缓解神经根受压和减轻疼痛，患者常有姿势性代偿畸形。患者腰椎生理前凸往往减少甚至变得平直，同时还可发生侧凸，侧凸方向与髓核和神经根之间的位置关系有关（图35-1）。

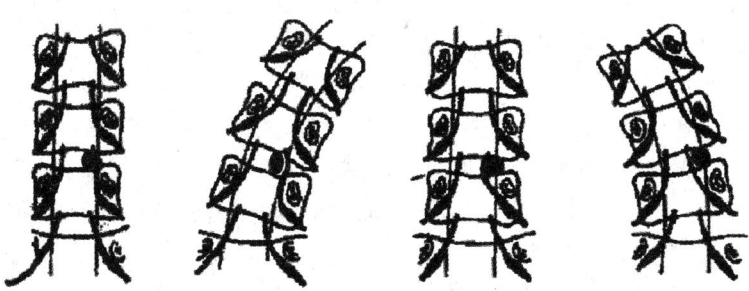

图35-1 脊柱侧凸与缓解神经根受压的关系

（2）腰部活动受限：患者可有不同程度的腰部活动受限，以前屈受限最明显。身体前屈时髓核向后移位，会加重对神经根的压迫，导致下肢疼痛出现或加重。

（3）压痛及骶棘肌痉挛：病变间隙的棘突间有压痛，其旁侧1cm处有深压痛，并沿坐骨神经走行放射。为了增加脊柱稳定性，约1/3的患者有腰部骶棘肌痉挛，使腰部固定于强迫体位。

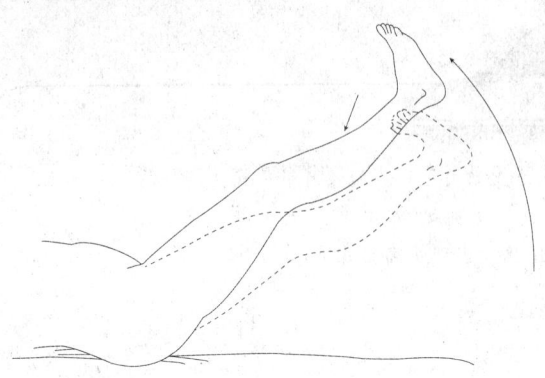

图 35-2 直腿抬高试验（实线）与加强试验（虚线）

(4) 直腿抬高试验及加强试验：正常人腰骶神经根有 4mm 的活动范围，单腿在伸直状态下抬高 60°～70° 才会感到不适。当椎间盘突出时神经根处于固定或半固定状态，此时若患者仰卧，被动直腿抬高在 60° 以内即出现坐骨神经痛，称直腿抬高试验阳性。此时，若缓慢降低患肢至放射痛消失，再被动背屈踝关节，如又出现坐骨神经痛，称为加强试验阳性（图 35-2）。

(5) 神经系统表现：绝大部分患者可有感觉异常、肌力下降和反射改变。$L_{4～5}$ 椎间盘突出可压迫 L_5 神经根，导致患者小腿前外侧和足背内侧的痛觉和触觉减退，踝和踇背伸肌力减弱。$L_5～S_1$ 椎间盘突出可压迫 S_1 神经根，导致患者外踝附近及足外侧痛觉和触觉减退，趾及足跖屈力减弱，跟腱反射减弱或消失。如马尾神经受压，则可有肛门括约肌张力下降，肛门反射减弱或消失。

（二）辅助检查

1. X 线检查　可见脊柱侧凸、椎间隙变窄等改变。
2. CT　可显示骨性椎管形态、黄韧带增厚及椎间盘突出的大小和方向等，对本病有较大诊断价值。
3. MRI　可全面观察各腰椎间盘是否存在病变，从矢状面了解髓核突出的程度和位置。

（三）与疾病相关的健康史

1. 年龄　随着年龄增长，本病的发生率会增加。主要是因为随着年龄的增加，纤维环和髓核内的含水量、蛋白多糖和胶原等生化成分发生较大改变，造成髓核弹性下降，椎间盘变薄，结构松弛。在同样压力下，退行性变以后的椎间盘更容易破损，导致椎间盘突出。
2. 损伤　腰部急、慢性损伤是本病的常见诱因。在椎间盘退行性变的基础上受到积累损伤可导致发病，而积累伤又可加速椎间盘的退变。尤其是反复弯腰和扭转动作，最易引起椎间盘损伤。
3. 其他　遗传因素、妊娠等与本病的发生也有关系。

（四）心理社会状况

急、慢性腰腿痛和麻木可严重影响患者正常的工作和生活，因此患者可出现急躁或焦虑等情绪。同时应评估患者对预防腰腿痛知识的掌握情况。

（五）治疗原则

1. 非手术治疗　绝大部分患者经非手术治疗缓解或治愈。其目的是使椎间盘突出部分和受到刺激的神经根的炎性水肿加速消退，从而减轻或解除对神经根的刺激或压迫，缓解患者的症状。非手术疗法主要适用于年轻、初次发作或病程较短者、休息后症状可以缓解者，以及 X 线检查无椎管狭窄者。

(1) 绝对卧硬板床：卧床可缓解脊柱旁肌肉痉挛，使椎间盘承受的压力下降，并减少活动带来的损伤。症状初次发作时应立即卧硬板床 3～4 周，二便均不应下床或坐起，卧床 3 周症状缓解后可戴围腰下床活动，3 个月内不做弯腰持物的动作。

(2) 骨盆牵引：骨盆牵引可使椎间隙增宽，扩大椎管容积，从而减轻髓核突出对神经根的刺激或压迫。牵引期间抬高床腿做反牵引，采用持续牵引或间断牵引方法，牵引重量根据个体差异进行调整，一般在 7～15kg（图 35-3）。

(3) 推拿、按摩和理疗：适当的方法可使痉挛的肌肉松弛，减轻椎间盘压力，但应避免暴力按摩，否则会加剧椎间盘突出。

（4）硬膜外注射皮质激素：皮质激素可减轻神经根周围的炎症和粘连。常用长效皮质类固醇制剂加2%利多卡因行硬膜外注射，每7~10日1次，3次为1个疗程。穿刺或给药时可有一定并发症，使用时应慎重。

2. 经皮髓核切吸术　通过椎间盘镜或特殊器械在X线监视下直接进入椎体间隙，将部分髓核绞碎吸出，从而达到缓解症状的目的。主要适用于椎间盘膨出或轻度突出的患者。

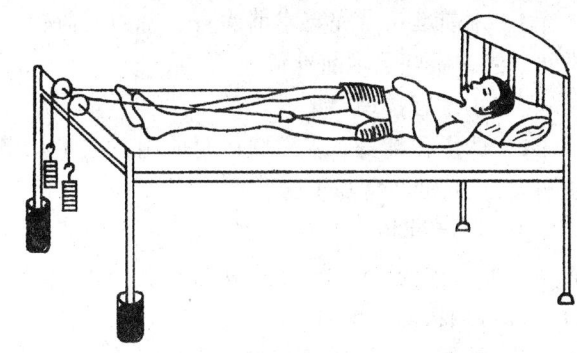

图35-3　骨盆牵引

3. 手术治疗　对已确诊患者，经严格的非手术治疗无效或症状严重者，应考虑行髓核切摘术。

案例35-1B

该患者明确诊断为腰椎间盘突出症，拟进行非手术治疗。

问题与思考：

该患者非手术治疗期间主要的护理措施有哪些？

【**主要护理诊断/合作性问题**】

1. 疼痛　与椎间盘压迫和刺激神经根有关。
2. （进食、卫生、如厕）自理缺陷　与腰背部疼痛、医嘱卧床有关。
3. 潜在并发症：肌肉萎缩、神经根粘连等。

【**护理措施**】

（一）非手术治疗护理/术前护理

1. 减轻疼痛

（1）卧硬板床：卧硬板床时可变换不同姿势，以减少脊柱前凸，放松背部肌肉。侧卧位时屈髋、屈膝，上腿下垫枕；仰卧位时在肩、膝和腿下垫枕；俯卧位时在腹部及踝部垫枕。卧床期间应尽量减少起床洗漱和吃饭等活动。

（2）牵引护理：在牵引带压迫的髂缘部位加衬垫以预防压疮，持续观察治疗效果，加强牵引期间的生活护理。具体内容参考第三十二章第一节中牵引的护理。

（3）用药和理疗护理：疼痛严重者可遵医嘱给予消炎镇痛药。热敷、推拿或按摩等理疗可促进局部血液循环，减轻肌肉痉挛，也可起到缓解疼痛的作用。

2. 活动与功能锻炼

（1）侧身起床和卧床：起床时，指导患者把身体移向床边，抬高床头，腿垂到床边的同时胳膊支撑身体坐起，脚着地，利用腿部肌肉收缩使自己站起。卧床顺序与之相反。

（2）功能锻炼：急性期过后，应帮助患者做肢体被动活动，如被动直腿抬高练习，并指导其逐渐进行三点式、五点式和飞燕点水等腰背肌锻炼。功能锻炼可促进局部血液循环，预防关节僵硬，锻炼腹肌、背肌和臀肌，增强脊柱稳定性。

3. 术前准备　完善术前检查，练习俯卧位以适应术中体位要求，指导正确的翻身和床上排便方法，做好手术前准备。

（二）术后护理

1. 体位和翻身　术后搬运时应由三人平托患者，保持其身体轴线平直。患者平卧硬板床期间应每2h轴线翻身1次。

2. 引流管护理　保持引流管固定和通畅，观察引流液的颜色、性状和量。若引流液清亮，要考虑是否为脑脊液漏出；若引流出较多新鲜血液，要警惕活动性出血。一般术后24～48h内拔除引流管。

3. 并发症的预防和护理　术后并发症可有伤口血肿和神经根粘连等，应积极观察治疗。若伤口渗血、渗液过多或疼痛加剧，下肢感觉和运动障碍加重，可能为伤口血肿，应及时报告医师。为预防神经根粘连，防止或减轻肌肉萎缩，手术后24h开始做主动或被动直腿抬高练习，5～7日后根据患者情况开始腰背肌练习，坚持锻炼半年以上。

4. 腰部保护　单纯性椎间盘切除患者在拔出引流管后可戴围腰下床。腰椎内固定患者要适当延长卧床时间。术后坚持戴围腰3个月，以限制弯腰和扭转动作，避免腰部再次受损。

（三）健康教育

1. 有脊髓受压者应戴围腰3～6个月，直至神经压迫症状解除。

2. 日常生活中的正确姿势

（1）保持良好姿势：正确的姿势不仅可以保护腰部不受损伤，而且可以显示个人良好的形象和气质。如站立或行走时应抬头、挺胸、收腹，坐位应有扶手和靠背，膝与髋在同一水平，腰部衬一靠垫。

（2）经常变换体位：避免长时间固定于一种体位，常弯腰者应经常伸腰、挺胸活动，避免长时间穿高跟鞋站立或行走。

（3）避免腰部损伤：正确应用人体力学原理，减少运动或工作中的积累损伤。搬运重物时应使物体贴近身体，腰背部伸直，尽量背负物品，必要时可戴宽腰带保护。进行剧烈运动前应做好准备活动，避免腰部突然扭转或屈伸动作。

3. 增强腰背肌力量　为了避免腰背肌失用性萎缩，增强脊柱稳定性，应在医务人员指导下坚持腰背肌锻炼，如五点式、三点式、四点式和飞燕点水式等（图35-4）。

图35-4　腰背肌锻炼方法

小 结

1. 病因　椎间盘退行性变是最基本的原因。
2. 临床表现　最常见为腰痛，可有神经源性间歇性跛行，大多数患者有坐骨神经痛，部分患者有马尾综合征。体检可有直腿抬高试验和加强试验阳性。
3. 治疗原则　绝大部分患者经非手术治疗都可治愈，严重者可手术。
4. 护理　做好卧床、牵引患者护理。术后重点观察和预防伤口血肿和神经根粘连等并发症，恢复期注意保护腰部。

自测题

一、选择题

1. 腰椎间盘突出症最基本的发病原因是
   A. 妊娠
   B. 腰椎急性损伤
   C. 腰椎慢性积累损伤
   D. 遗传因素
   E. 椎间盘退行性变

2. 腰椎间盘突出症的好发部位是
   A. $L_{1\sim2}$ 椎间盘和 $L_{2\sim3}$ 椎间盘
   B. $L_{2\sim3}$ 椎间盘和 $L_{3\sim4}$ 椎间盘
   C. $L_{3\sim4}$ 椎间盘和 $L_{4\sim5}$ 椎间盘
   D. $L_{4\sim5}$ 椎间盘和 $L_5\sim S_1$ 椎间盘
   E. $L_5\sim S_1$ 椎间盘和 $S_{1\sim2}$ 椎间盘

3. 腰椎间盘突出症患者腰部活动时，最容易受限的动作是
   A. 后伸
   B. 前屈
   C. 患侧倾斜
   D. 健侧倾斜
   E. 左右旋转

4. 为了避免诱发下肢放射痛，腰椎间盘突出症患者直腿抬高一般**不能**超过
   A. 60°
   B. 50°
   C. 40°
   D. 30°
   E. 20°

5. 下列腰椎间盘突出症患者中，适于保守治疗的是
   A. 出现足下垂
   B. 合并椎管狭窄
   C. 出现马尾神经损伤
   D. 初次发作症状较轻
   E. 症状明显，影响工作

6. 腰椎间盘突出症手术治疗患者出院后应坚持戴围腰活动
   A. 1个月
   B. 2个月
   C. 3个月
   D. 4个月
   E. 5个月

二、案例题

老年男性，多年前曾有过腰部外伤史，2个月前腰部受伤后出现腰部疼痛。近1周出现右下肢放射痛，步行300m左右出现疼痛加重伴有跛行，休息后可好转。被诊断为"腰椎间盘突出症"，拟行手术治疗。该患者向护士询问术前有哪些准备内容，并表示自己会尽量配合。

请问：
（1）该患者目前主要的护理诊断/合作性问题是什么？
（2）该患者术前主要的护理措施有哪些？

（杨　萍）

第三十六章　骨与关节感染患者的护理

学习目标

通过本章内容的学习，学生应能：

◆ **识记**

1．列举化脓性骨髓炎的感染途径。
2．分别描述化脓性骨髓炎、化脓性关节炎、骨与关节结核的临床表现和治疗原则。

◆ **理解**

比较化脓性骨髓炎、化脓性关节炎、骨与关节结核的好发年龄、部位、病因和病理改变。

◆ **运用**

评估骨与关节感染患者并为其制订护理计划。

第一节　化脓性骨髓炎

化脓性骨髓炎（pyogenic osteomyelitis）是由化脓性细菌感染引起的骨膜、骨质和骨髓组织的炎症。感染途径有以下三种。①血源性感染：细菌从体内其他感染灶经血液循环播散至骨骼，即血源性骨髓炎。②创伤后感染：细菌从伤口侵入骨组织而发生的感染。③蔓延性感染：邻近组织化脓性感染直接蔓延至骨骼，如脓性指头炎引起指骨骨髓炎。

一、急性血源性骨髓炎

急性血源性骨髓炎（acute hematogenous osteomyelitis）最常见于儿童和少年，儿童长骨干骺端有很多终末小动脉，循环丰富，血流缓慢，细菌易于繁殖。因此，儿童长骨干骺端是急性血源性骨髓炎的好发部位，如胫骨上端、股骨下端、肱骨等。急性血源性骨髓炎最常见的致病菌是金黄色葡萄球菌，其次是乙型链球菌和白色葡萄球菌，其他还有大肠埃希菌、肺炎双球菌等。在全身抵抗力下降的情况下，身体其他部位感染病灶（如疖、痈、扁桃体炎等）内的细菌，经过血流播散至骨髓导致感染。急性血源性骨髓炎的病理特点是早期以骨质破坏和坏死为主，晚期以骨质增生为主。大量菌栓在长骨的干骺端沉积，生成脓肿。经过哈佛管蔓延进入骨膜下间隙，将骨膜掀起，引起外层骨密质缺血坏死；也可穿破骨膜成为深部脓肿或穿破皮肤形成窦道。脓肿也可进入骨髓腔，破坏骨组织，造成大片骨坏死。在坏死骨的周围形成炎性肉芽组织，病灶周围的骨膜因炎性和脓液的刺激而产生新骨，包在骨干的外层，形成骨性包壳。

案例 36-1A

患儿，男，8岁，活动后左小腿疼痛1周，高热1日。

体检：T 39℃，P 102次/分。膝关节屈曲，左小腿靠近膝关节处皮肤发红、肿胀，局部皮温高，压痛明显，被动活动时疼痛加剧。

血常规和血细菌培养：白细胞计数和中性粒细胞比例均增高，血培养阳性。

CT：骨膜下脓肿。

问题与思考：

该患儿护理评估内容有哪些？

【护理评估】

（一）临床表现

1. 全身症状 起病急，开始即有明显的全身中毒症状，体温达39℃以上，可并发寒战、脉搏快、食欲不振、呕吐或惊厥，重者有昏迷与感染性休克。

2. 局部症状 早期患肢局部剧痛，肌肉有保护性痉挛，患者因疼痛而抗拒做主动与被动运动。形成骨膜下脓肿时，疼痛剧烈。当局部疼痛减轻，但红、肿、热均加重时，可能是脓肿穿破骨膜形成软组织深部脓肿。脓液进入骨髓腔后，整个肢体剧痛、肿胀，骨质破坏，易发生病理性骨折。

（二）辅助检查

1. 实验室检查 白细胞计数和中性粒细胞比例均增高，血培养可阳性。

2. 局部分层穿刺 在肿胀和压痛最明显的部位穿刺，若抽出脓液、混浊液即可早期确诊。

3. 影像学检查

（1）X线检查：起病2周后X线片上出现干骺区散在虫蛀样骨破坏，以及骨膜反应和层状新骨形成。

（2）CT：可较早发现骨膜下脓肿。

（3）MRI：可早期显示病变部位的骨髓破坏、骨膜反应等。

（4）放射性核素骨显像：对早期诊断有重要价值，48h内可发现感染灶核素浓聚。

（三）与疾病相关的健康史

1. 年龄和性别 本病多发生于3～15岁的儿童和少年，男性多于女性。

2. 其他部位感染 身体其他部位存在感染病灶，如疖、痈、扁桃体炎、咽喉炎等。

3. 饮食习惯 挑食、饮食不均衡导致营养不良。

4. 外伤史 有无外伤史，外伤的原因和部位。

（四）心理社会状况

评估患者和家属对疾病的了解程度，对疾病康复的期望，患者对疾病预后的心理承受能力如何。

（五）治疗原则

治疗成功的关键是早期诊断、早期应用有效抗生素和适当的局部处理，防止炎症扩散和转为慢性骨髓炎。

1. 抗感染治疗 早期、联合、足量应用抗生素治疗，直至症状和体征完全消失后3周左右才可停药。

2. 局部制动 早期应用夹板、石膏托或皮牵引抬高患肢并保持功能位，有利于减轻疼

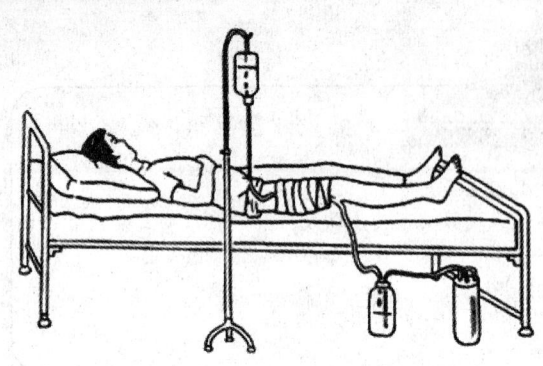

图 36-1 闭式冲洗及吸引装置

痛,防止发生病理性骨折或关节挛缩畸形。

3. 全身支持治疗　高热时采取降温、补液,维持水、电解质和酸碱平衡。给予易消化的高蛋白、高维生素饮食。必要时少量多次输血,以增强机体抵抗力。

4. 手术治疗　局部钻孔引流或开窗减压引流,手术后留置引流管,行闭式灌洗引流(图 36-1),目的是引流脓液以减轻毒血症症状,阻止急性骨髓炎转变为慢性骨髓炎。闭式灌洗引流是在骨腔内放置两根引流管行连续冲洗与吸引,关闭切口。置于高处的引流管以 1500～2000ml 抗生素溶液连续 24h 滴注;置于低位的引流管接负压吸收瓶。

案例 36-1B

该患儿明确诊断为左胫骨急性血源性骨髓炎,给予抗生素治疗和全身支持治疗,局部行钻孔引流术,术后留置引流管闭式灌洗引流。

问题与思考:
如何对该患儿进行引流管护理?

【主要护理诊断 / 合作性问题】

1. 体温过高　与化脓性感染有关。
2. 疼痛　与急性感染和手术有关。
3. 潜在并发症:病理性骨折。

【护理措施】

(一)术前护理

1. 维持正常体温　①严密观察患者生命体征及神志变化,定时监测体温,高热者给予降温处理。②卧床休息,减少消耗。

2. 用药护理　①及时抽取血培养,明确致病菌和敏感抗生素。②合理安排用药顺序,注意药物输入速度。③注意观察药物过敏反应及不良反应。④警惕双重感染的发生,如真菌性口腔炎。⑤遵医嘱使用止痛药物缓解疼痛。

3. 患肢护理　患肢固定抬高并维持功能位,观察患肢有无肿胀、疼痛、感觉减退等异常情况。减少患肢活动和负重,预防病理性骨折的发生。

(二)术后护理

1. 引流管护理

(1)术后伤口留置引流管持续冲洗,一般选用生理盐水加庆大霉素,或根据药敏结果选用敏感抗生素。

(2)保持引流管通畅:①滴入管应高出创面 60～70cm,引流瓶处于低位。②防止管道打折、扭曲、受压,每班检查并定时挤压引流管。③术后 1～2 日,冲洗速度应较快,防止血凝块堵塞,根据引流液的颜色和清亮度调节灌注速度。

(3)观察引流液的量、颜色和性状,如出入量差别较大,应怀疑管道阻塞或有渗漏,需及时处理。

(4) 妥善固定，防止引流管滑脱。搬动患者或患者变换体位时，先妥善放置好引流管，避免因牵拉而致脱管。

(5) 严格执行无菌操作规程，及时倾倒引流液，防止逆流。

(6) 拔管指征：连续冲洗3周，体温正常，引流液清亮，连续3次细菌培养阴性。

2. 观察伤口敷料渗液情况　敷料是否清洁干燥，若冲洗液外渗导致敷料潮湿，应立即通知医生处理。

3. 功能锻炼　固定期间，指导患者行患肢肌肉舒缩活动和未固定的关节活动。待炎症消退以后可行关节功能锻炼。

（三）健康教育

1. 注意休息，合理功能锻炼，加强营养，增强机体抵抗力。

2. 向患者解释保持引流管通畅的重要性。

3. 出院后遵照医嘱，规范用药，定期来院复查。

二、慢性血源性骨髓炎

慢性血源性骨髓炎大多是由于急性血源性骨髓炎在急性感染期治疗不当、不及时或不彻底，致反复发作，在病变处遗留死骨、无效腔和窦道所致。此外，低毒性细菌感染，在发病时即可表现为慢性骨髓炎。慢性血源性骨髓炎的基本病理变化是病灶区域内有死骨、无效腔、窦道和骨性包壳。因骨质感染破坏和吸收，致局部形成无效腔。大片死骨不易被吸收，骨膜下新骨不断形成，将死骨包裹，形成死骨外包壳，包壳被脓液侵蚀，形成瘘孔，脓性分泌物自窦道流出，局部皮肤色素沉着，少数患者皮肤可能发生恶变。当患者抵抗力下降时，无效腔内残留的致病菌重新活动，使急性炎症再次发作。

【护理评估】

（一）临床表现

1. 静止期　在病变静止期症状较轻。患肢局部增粗、变形。患处皮肤菲薄、色泽暗，稍有破损即引起经久不愈的溃疡窦道，窦道口流出臭味脓液。窦道口皮肤反复受到脓液刺激会发生癌变。幼年期发病者，肢体呈短缩或内外翻畸形，出现肌肉萎缩和关节功能障碍。

2. 急性发作期　抵抗力低时诱发，有急性血源性骨髓炎表现，出现局部红、肿、热、痛，体温可升高1～2℃，原已闭塞的窦道口可开放，脓液和死骨经窦道排出后症状减轻。患者伴消瘦和贫血。

（二）辅助检查

1. X线检查　可见骨质增生、硬化，骨腔不规则，有大小不等的死骨。

2. CT　可显示脓腔和小死骨。

（三）与疾病相关的健康史

1. 年龄和性别　本病多发生于3～15岁的儿童和少年，男性多于女性。

2. 骨髓炎病史　有无急性血源性骨髓炎病史，有无慢性骨髓炎反复发作病史，以及既往发作时的全身和局部表现。

3. 营养状况　患者食欲情况，有无消瘦、贫血等。

（四）心理社会状况

患者因疾病迁延不愈，容易出现焦虑、恐惧、紧张心理。了解患者对疾病相关知识掌握程度，对疾病康复的期望，对治疗有无信心。

（五）治疗原则

以手术治疗为主，目的是彻底清除死骨、刮除炎性肉芽组织和消灭无效腔。手术前取窦道附近分泌物做细菌培养和药物敏感试验。最好在术前2日即开始应用抗生素，使手术部位组织有足够的抗生素浓度。手术需要解决的问题包括：①清除病灶；②消灭无效腔，包括碟形手术、肌瓣填塞、闭式灌洗、庆大霉素-骨水泥珠链填塞和二期植骨或缺损骨修复等；③伤口闭合，伤口应该一期缝合，并留置负压吸引管，一般术后2~3日内吸引量逐渐减少，可拔除引流管。

【主要护理诊断/合作性问题】

1. 皮肤完整性受损　与长期炎症刺激造成皮肤溃疡、窦道或癌变有关。
2. 自我形象紊乱　与长期反复感染造成肢体畸形、脓液有臭味等有关。

【护理措施】

1. 心理护理　向患者和家属讲解慢性骨髓炎的发病过程缓慢，鼓励患者坚持治疗和积极锻炼身体，树立战胜疾病的信心。在参加社交活动前，帮助患者选择宽松服装，提前进行伤口换药和更换敷料，使用除味剂保持空气清新等，以减少患者不安，增强自信。

2. 皮肤护理　按时给患者伤口换药，勤换敷料，严格无菌操作，避免交叉感染。指导患者保持个人卫生，进食高营养食物，加强肢体活动，以促进局部血液循环，增强皮肤抵抗力。观察皮肤变化，若有窦道流脓、皮肤癌变倾向等都应及时向医师汇报，尽早处理。

3. 围术期护理　参见本节中急性血源性骨髓炎患者的护理。

4. 手术治疗

（1）病灶清除术：切除窦道，清除死骨和肉芽组织。①滴注引流法：清除病灶，无效腔碟形化后，置入冲洗引流管，持续滴注1~2周。②带蒂肌瓣填充：骨腔边缘略作修整后，将附近肌肉作带蒂肌瓣填塞。

（2）骨移植术：适用于大块的骨缺损者。

庆大霉素-骨水泥珠链填塞和二期植骨

在彻底清创、清除死骨异物后，将庆大霉素粉剂放入骨水泥（即聚甲基丙烯酸甲酯，PMMA）中，制成直径7mm左右的小球，以不锈钢丝串联起来，聚合化后成为庆大霉素-PMMA珠链，每一颗小球约含庆大霉素4.5mg。将珠链填塞在骨腔内，有一粒小珠露于皮肤切口外。珠链在体内会缓慢释放出有效浓度的庆大霉素，持续约2周，此时珠链的缝隙内会有肉芽组织生长。2周后即可拔去珠链。小型骨腔去除珠链后迅速被肉芽组织所填满，中型骨腔尚需换药一段时间后才有闭合的可能，大型骨腔拔去珠链后尚需再次手术植入自体骨松质。

第二节　化脓性关节炎

化脓性关节炎（suppurative arthritis）指化脓性细菌引起的关节内感染。多见于儿童，男性多于女性。好发部位是髋、膝关节。化脓性关节炎最常见的致病菌为金黄色葡萄球菌，其次为白色葡萄球菌、淋病双球菌、肺炎球菌和肠道杆菌等。多由身体其他部位或邻近关节附近的化脓性病灶内的细菌通过血液循环播散或直接蔓延至关节腔所致，也可由开放性关节损伤、关节手术、关节腔穿刺继发感染而来。化脓性关节炎的病变发展可分为三个阶段，是一个逐渐演变的过程，有时无明确界限。①浆液性渗出期：关节软骨没有破坏，如治疗及时，渗出液完全被吸收，不遗留任何关节功能障碍。②浆液纤维素性渗出期：病变造成关节软骨面破坏，并形成纤维性粘连，引起功能障碍。③脓性渗出期：关节周围发生蜂窝织炎或形成脓肿，甚至穿破皮肤，形成窦道。病变严重者，遗有重度关节功能障碍。

【护理评估】

（一）临床表现

1. 全身症状　起病急，寒战、高热，体温达 39℃ 以上，甚至出现谵妄、昏迷，小儿因高热可引起抽搐，全身中毒症状明显。

2. 局部症状　病变关节剧痛。浅表关节如膝关节，局部红、肿、热、痛明显，浮髌试验阳性，关节常处于半屈曲位以减轻疼痛；深部关节如髋关节，局部红、肿、热不明显，关节处于屈曲、外旋、外展位。

（二）辅助检查

1. 实验室检查　血白细胞计数和中性粒细胞比例增高，红细胞沉降率加快，C 反应蛋白阳性。

2. X 线检查　早期 X 线检查见关节间隙增宽，后期关节间隙变窄或消失，软骨下基质疏松、破坏，出现关节畸形或骨性强直。

3. 关节腔穿刺　关节腔穿刺和关节液细菌培养检查是确定诊断和选择治疗方法的重要依据。病变不同阶段，关节液可为浆液性、黏稠混浊或脓性。

（三）与疾病相关的健康史

1. 年龄和性别　本病多发生于儿童，男性多于女性。
2. 外伤史　成年人关节的开放性损伤，伤口未予正确处理。
3. 邻近部位感染　若患者患有急性血源性骨髓炎，可直接蔓延至关节。
4. 营养状况　患者的食欲情况，有无消瘦、贫血等。
5. 其他　有无关节疾病史，如慢性关节病。有无关节内注射药物，但无菌要求不严。

（四）心理社会状况

由于病情较重，变化快，关节活动受限，治疗费用较高，患者和家属可产生紧张、焦虑心理，同时担心病愈后会遗留关节活动功能障碍。

（五）治疗原则

1. 非手术治疗

（1）抗感染治疗：选用对致病菌敏感的抗生素，早期足量全身性使用。

（2）全身支持疗法：加强全身支持治疗，改善营养状况，提高机体抵抗力。

（3）关节腔内注射抗生素：局部关节穿刺，抽出关节液后注入抗生素（图 36-2）。每日 1 次，直至关节积液消失，体温正常。

（4）关节腔持续性灌洗：适用于表浅的大关节，在关节的两侧穿刺，留置灌注管和引流管。每日经灌注管滴入抗生素溶液 2000～3000ml，直至引流液清澈、细菌培养阴性后停止灌洗。但引流管仍继续吸引数日，待无引流液吸出，且局部症状和体征都消失即可拔管。

（5）关节运动和固定：为防止关节内粘连，尽可能保留关节功能，可行持续性关节被动活动。至急性炎症消退时，一般在 3 周后可鼓励主动锻炼。

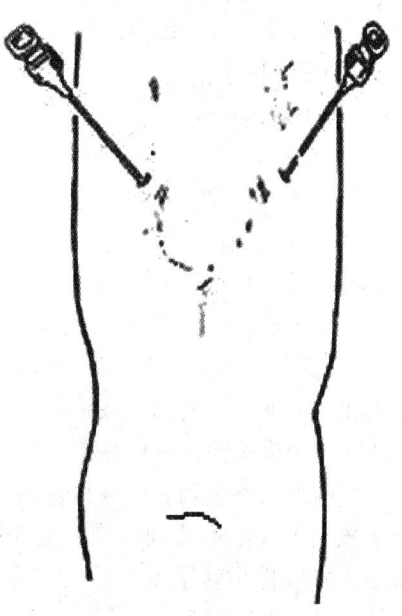

图 36-2　膝关节穿刺和冲洗

2. 手术治疗

（1）经关节镜治疗：可在关节镜直视下反复冲洗关节腔，处理腔内病变，留置敏感抗生素，必要时置管持续灌洗。此法比传统开放手术创伤小，术后关节粘连少。

（2）关节切开引流：经治疗，患者的全身和局部情况仍不见好转，或关节液已成为稠厚的脓液，应行切开引流术。术后关节腔留置灌注管和引流管，进行持续灌洗。

（3）关节矫形手术：关节功能严重障碍者，须行矫形手术。常见手术为关节融合术或截骨术。

【主要护理诊断 / 合作性问题】

1. 体温过高　与关节腔感染有关。
2. 潜在并发症：关节功能障碍。

【护理措施】

1. 关节功能锻炼　为防止关节内粘连，在局部治疗后即可将肢体置于肢体功能锻炼器上做 24h 持续性被动运动，开始时可有疼痛，很快便可适应。若无锻炼器，应将肢体适当固定，用石膏托固定或皮牵引以防止或纠正关节挛缩。至急性炎症消退时，一般在 3 周后可鼓励主动锻炼，如关节屈伸、内收和外旋运动等。若锻炼开始太晚，关节功能恢复往往不够满意。

2. 围术期护理　参见本章第一节中急性血源性骨髓炎患者的护理。

第三节　骨与关节结核

骨与关节结核（bone and joint tuberculosis）多继发于呼吸系统结核，少数继发于消化道结核或淋巴结核。好发于儿童和青年，最常见的是脊柱结核，几乎均为椎体结核，以腰椎最多见，其次是膝关节、髋关节和肘关节。

骨与关节结核的病原菌是结核分枝杆菌，继发于肺结核的病例占绝大多数。结核分枝杆菌由原发病灶经血液循环到达骨与关节部位，当机体抵抗力下降时被诱发，结核分枝杆菌迅速繁殖，形成骨与关节结核。发病早期，其病理变化为单纯性滑膜结核或单纯性骨结核，关节软骨面完好，如被有效控制，关节功能不受影响。病变进一步发展，结核病灶可破坏关节腔，使关节软骨面受到不同程度损害，称为全关节结核，此期必留关节功能障碍。如全关节结核未被控制，继发感染，甚至破溃产生瘘管或窦道，此时关节已完全毁损。

【护理评估】

（一）临床表现

1. 全身表现　起病缓慢，症状轻重不一。患者有低热、乏力、盗汗、食欲不振、消瘦及贫血等症状。少数患者起病急，出现高热等症状，多见于儿童。

2. 局部表现

（1）脊柱结核：以椎体结核占大多数，其中腰椎发病率最高，胸椎次之，颈椎和骶尾椎少见。①疼痛：多为隐痛或钝痛，劳累、咳嗽、打喷嚏或持重物时疼痛加重，儿童常有"夜啼"。病变椎体棘突处有压痛和叩击痛。②姿势异常和活动受限：颈椎结核患者可有斜颈畸形，双手托住下颌，头前倾稳住头颈以减轻疼痛；胸椎结核患者脊柱后凸或侧凸畸形；腰椎结核患者从地上捡拾东西，需屈膝、屈髋、挺腰、下蹲才能完成，即拾物试验阳性。③寒性脓肿与窦道：颈椎结核发生咽后壁或食管后脓肿，妨碍呼吸和吞咽；胸椎结核多表现为椎旁脓肿；胸腰段结核会出现椎旁脓肿和腰大肌脓肿；腰椎结核脓肿聚集于腰大肌周围间隙，并沿髂腰肌向腹股沟、股骨小转子流注，形成腹股沟脓肿；腰骶段结核有腰大肌脓肿和骶前脓肿。脓肿若向外溃破，则形成窦道；若向食管、胸腔、肺及肠道穿破，则形成内瘘。④截瘫或四肢瘫：因脓液、死骨、干酪样坏死物和坏死的椎间盘压迫脊髓导致。

(2) 髋关节结核：①疼痛，早期髋部疼痛较轻，活动及劳累后加重。疼痛沿闭孔神经放射至膝部，可出现膝部疼痛，但膝关节检查无异常。患儿常有夜啼。②跛行和活动受限，随着病情进展，出现跛行。患肢肌肉痉挛，髋关节活动受限。③畸形，髋关节出现屈曲、内收、内旋、短缩畸形，易发生髋关节病理性脱位。④特殊体征，"4"字试验阳性（图 36-3）、髋关节过伸试验阳性和托马斯（Thomas）征阳性（图 36-4）。⑤寒性脓肿和窦道，病变后期腹股沟内侧和臀部出现寒性脓肿，破溃后形成慢性窦道。

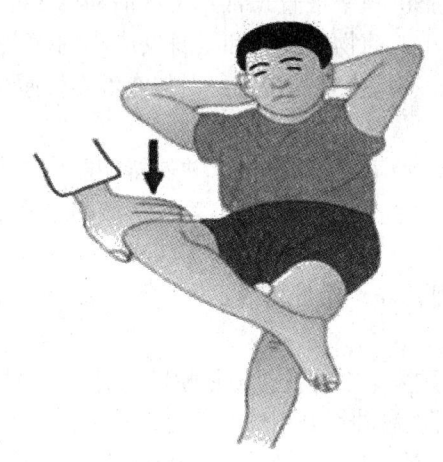

图 36-3 "4"字试验

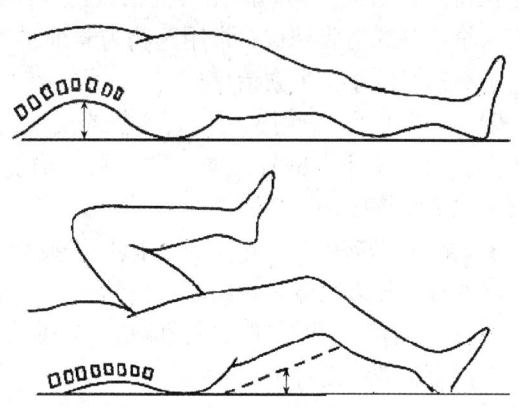

图 36-4 托马斯征试验

(3) 膝关节结核：①疼痛，单纯滑膜结核和单纯骨结核疼痛多不明显，全关节结核疼痛加重，局部有压痛，小儿有夜啼。②肿胀，膝关节呈梭形肿胀（俗称"鹤膝"），浮髌试验阳性，局部皮温高。③跛行和活动受限，程度和关节破坏程度一致，膝关节伸直受限。④畸形，因骨质破坏，膝关节可形成纤维性或骨性强直，常有屈曲或内外翻畸形，可发生病理性脱位。⑤寒性脓肿和窦道，常见于腘窝和膝关节两侧，破溃后形成慢性窦道，迁延不愈。

（二）辅助检查

1. 实验室检查　血红蛋白降低，白细胞计数一般正常，有混合感染时白细胞计数增高。红细胞沉降率增快是结核病活动期的一种表现。结核菌素试验对 5 岁以下儿童在早期诊断上有帮助。脓液结核分枝杆菌培养阳性率约 70%。对于早期和不易诊断者可以取活组织做病理检查。

2. 影像学检查

（1）X 线检查：早期 X 线检查显示周围软组织肿胀，关节间隙增宽；后期可见关节间隙变窄或消失，以及骨质疏松和钙化的破坏性病灶。

（2）CT：确定软组织病变程度，清晰显示死骨、病骨和寒性脓肿。

（3）MRI：脊柱 MRI 片可发现脊髓有无受压与变性。

（4）B 超：可探查寒性脓肿的位置和大小。

3. 关节镜检查及滑膜活检　对确诊滑膜结核有较大价值。

（三）与疾病相关的健康史

1. 年龄　10 岁以下儿童和青壮年最多见，脊柱结核以青壮年最多。
2. 既往史　个人和家庭有无结核病史和结核病接触史。
3. 营养状况　患者的食欲情况，有无消瘦、营养不良、贫血等。
4. 其他　有无其他慢性劳损、过度劳累和外伤等。

（四）心理社会状况

了解患者有无急躁、悲观情绪，对疾病相关知识的掌握程度，对疾病康复的期望，对治疗有无信心。了解家属对患者的态度和家庭经济状况。

（五）治疗原则

骨与关节结核应采取综合治疗，兼顾整体和局部，提高治疗效果。

1. 抗感染治疗　①抗结核药物的使用：原则是早期、联合、适量、规律、全程。痊愈停药标准为全身情况良好，体温正常；局部症状消失，无疼痛，窦道闭合；X线检查提示脓肿消失或钙化，无死骨，病灶边缘轮廓清晰；连续3次红细胞沉降率检查正常；下床活动已1年，仍能保持上述指标。②局部注射抗结核药物：具有药量小、药物浓度高和全身反应小的优点，适用于早期单纯滑膜结核，常用药物为异烟肼和链霉素。③抗生素的使用：对伴有混合性感染者，急性期可给予抗生素治疗。

2. 局部制动　应用夹板、石膏托或皮牵引等方法制动病变关节部位，并保持功能位，有利于解除肌肉痉挛，减轻疼痛，防止发生病理性损伤和挛缩畸形。一般小关节结核固定1个月，大关节结核固定3个月左右。

3. 全身支持治疗　注意充分休息，避免劳累。加强营养，每日摄入足够的蛋白质和维生素。必要时少量多次输血，纠正贫血情况，以增强机体抵抗力。

4. 手术治疗　可预防或矫正畸形，减少肢体致残，防止结核复发。①脓肿切开引流：寒性脓肿有混合感染，全身中毒症状明显，全身状况差者，可做脓肿切开引流，但可形成慢性窦道。②病灶清除术：术前全身使用抗结核药物2~4周，彻底清除脓液、死骨、结核性肉芽组织与干酪样坏死物质，局部放入抗结核药物。③其他手术：如关节融合术、截骨术、关节成形术。

【主要护理诊断/合作性问题】

1. 焦虑/恐惧　与病程缓慢、担心预后有关。
2. 疼痛　与感染和手术有关。
3. 营养失调（低于机体需要量）　与长期慢性消耗性疾病有关。
4. 潜在并发症：病理性骨折、截瘫、抗结核药物不良反应等。

【护理措施】

（一）术前护理

1. 心理护理　针对患者不同时期产生的急躁、悲观等情绪进行疏导。注意观察患者情绪变化，解除顾虑，给予心理支持。

2. 合理休息和营养　指导患者注意休息，必要时卧床休息，防止发生病理性损伤。给予患者高蛋白、高热量、高维生素饮食。如患者食欲差、经口摄入困难，遵医嘱行肠内或肠外营养支持。对有贫血或严重低蛋白血症的患者，遵医嘱分次、少量输入新鲜血，改善营养状况。

3. 用药护理　①遵医嘱及时、正确使用抗结核药物，做好用药指导，合理安排给药时间。②注意观察药物的效果和毒副作用，观察有无听神经、视神经损害的症状，若有异常及时报告医师尽早处理。③抗结核药物一般用药满2年、达到痊愈标准、在医生的指导下方可停药。④患者疼痛严重时，遵医嘱使用止痛药物缓解疼痛。

4. 患肢护理　患肢固定、抬高并维持功能位，观察患肢有无肿胀、疼痛、感觉减退等异常情况。搬动患肢或协助患者翻身时动作宜轻柔，防止病理性骨折或截瘫。对患肢行石膏、牵引或支具固定的患者应做好相应护理。患肢窦道处定时换药，做好皮肤护理。

（二）术后护理

1. 病情观察　①术后严密监测生命体征，观察患者有无呼吸困难或发绀，胸椎结核术后注意有无气胸表现。保持呼吸道通畅，指导患者有效咳嗽和咳痰方法，协助患者翻身叩背，必要时行雾化吸入或氧气吸入。严重呼吸困难者，行气管插管或气管切开，保持呼吸道通畅。②

密切观察患肢血液循环情况，并与健侧比较。观察伤口敷料渗血、渗液情况，是否清洁干燥，若有异常立即通知医生处理。

2. 体位　脊柱结核术后患者卧硬板床，定时轴线翻身，保持脊柱伸直，避免扭曲。防止胸腹部屈曲，以免术后植骨块脱落或移动。髋关节结核术后保持患肢外展中立位。膝关节结核术后患肢抬高，促进血液循环，减轻局部肿胀。

3. 引流管护理　①观察引流液的颜色、性状和量。②保持引流管通畅，定时挤压引流管，防止引流管堵塞。③患者变换体位时妥善放置好引流管，避免因牵拉致引流管滑脱。

4. 用药护理　术后遵医嘱继续应用抗结核药物。

5. 功能锻炼　根据患者情况适量活动。术后当日麻醉清醒后，被动按摩下肢以促进血液循环。术后第2日，行直腿抬高练习，同时行下肢各关节的主动功能锻炼，防止关节僵硬。术后长期卧床者，主动活动非制动部位。合并截瘫或脊柱不稳制动者，鼓励患者做扩胸、深呼吸、抬头和上肢活动。

(三) 健康教育

1．指导患者和家属合理安排休息和饮食，增加营养，增强抵抗力。

2．讲解功能锻炼的重要性，指导正确的功能锻炼，在锻炼过程中避免疲劳和早期负重。

3．说明坚持长期、规范用药的目的，教会患者或家属自我观察药物的毒副作用。用药过程中定期来院复查，若出现耳鸣、听力异常改变应立即停药并及时复查。

小　结

一、化脓性骨髓炎

1. 病因　急性血源性骨髓炎因细菌经血流播散至骨髓所致，金黄色葡萄球菌是最常见的致病菌。慢性血源性骨髓炎多因急性血源性骨髓炎未能有效控制而导致。

2. 临床表现　急性血源性骨髓炎全身中毒症状明显，出现局部红、肿、热、痛。慢性血源性骨髓炎有局部畸形、肌肉萎缩和关节功能障碍，急性发作期有急性血源性骨髓炎表现，易形成溃疡和窦道，少数可恶变。

3. 治疗原则　急性血源性骨髓炎治疗主要包括抗感染治疗、局部制动、全身支持治疗和手术治疗。慢性血源性骨髓炎治疗以手术治疗为主，目的是彻底清除死骨、刮除炎性肉芽组织和消灭无效腔。

4. 护理　术前护理重点是维持正常体温、用药护理和患肢护理。术后护理重点是引流管护理、伤口护理和功能锻炼。除上述措施外，对慢性骨髓炎患者还应注意心理护理和皮肤护理。

二、化脓性关节炎

1. 病因　多由细菌通过血液循环播散或直接蔓延至关节腔所致。金黄色葡萄球菌是最常见的致病菌。

2. 临床表现　全身感染中毒症状，同时伴有病变关节红、肿、热、痛，浮髌试验阳性，关节处于异常体位。

3. 治疗原则　非手术治疗包括抗感染、全身支持疗法、关节腔内注射抗生素、关节腔持续性灌洗、关节运动和固定等。手术治疗包括经关节镜治疗、关节切开引流和关节矫形手术。

4. 护理　指导患者尽早开始关节功能锻炼。其他措施参见本章第一节中急性血源性骨髓炎患者的护理。

三、骨与关节结核

1. **病因** 结核分枝杆菌是导致骨与关节结核感染的原因。患者机体抵抗力下降是诱发因素。

2. **临床表现** 患者均有结核的全身表现，如低热、盗汗、消瘦等。局部均有疼痛、畸形、姿势或活动异常、特殊体征、寒性脓肿和窦道等，但具体表现不一。例如，颈椎结核患者可有斜颈畸形，胸椎结核患者可有脊柱后凸或侧凸畸形，腰椎结核患者拾物试验阳性，部分患者可继发截瘫或四肢瘫。髋关节结核患者有跛行，髋关节屈曲、内收、内旋、短缩畸形，"4"字试验、髋关节过伸试验和托马斯征阳性。膝关节结核患者有"鹤膝"，浮髌试验阳性，膝关节屈曲或内、外翻畸形等。

3. **治疗原则** 包括抗感染治疗、局部制动、全身支持治疗和手术治疗。

4. **护理** 术前护理重点是心理护理、合理休息和营养、用药护理和患肢护理。术后护理重点是病情观察、体位摆放、引流管护理、用药护理和功能锻炼。

一、选择题

1. 急性血源性骨髓炎的辅助检查中可早期明确诊断的是
   A．X 线检查
   B．CT
   C．MRI
   D．骨膜下分层穿刺
   E．血常规

2. 属于髋关节结核的阳性体征是
   A．托马斯征阳性
   B．杜加征阳性
   C．墨菲征阳性
   D．浮髌试验阳性
   E．拾物试验阳性

3. 10 岁男孩，有近期胫骨骨折史。突发寒战、高热，T 39℃，右下肢近关节处剧痛，活动受限。检查：局部深压痛，白细胞 20×10^9/L。最有可能的诊断是
   A．胫骨结核
   B．膝关节缺血性坏死
   C．慢性血源性骨髓炎
   D．一过性滑膜炎
   E．急性血源性骨髓炎

4. 儿童急性血源性骨髓炎最好发的部位在长骨的
   A．骨髓腔
   B．骨干
   C．干骺端
   D．骨皮质
   E．骨膜下

5. 男性，20 岁，消瘦，脊椎后凸畸形，弯腰动作受限，腹股沟有肿物，行局部穿刺抽出灰白色的脓液。应考虑是
   A．股疝
   B．腹股沟脓肿
   C．化脓性关节炎
   D．脊椎结核
   E．化脓性骨髓炎

6. 骨与关节结核患者抗结核治疗方法正确的是
   A．体温正常可以停药
   B．术后即可停药
   C．满 3 个月达到痊愈标准可以停药
   D．满 2 年达到痊愈标准可以停药
   E．满 1 年达到痊愈标准可以停药

二、案例题

女性，40岁，既往有肺结核病史，近2个月感到腰部疼痛，高热，夜间盗汗。体检：$L_{2\sim3}$棘突有叩击痛。X线片示$L_{2\sim3}$椎间盘破坏，椎间隙变窄，腰椎旁有一较大脓肿，诊断为腰椎结核。入院后抗结核治疗1周，行病灶清除、植骨内固定手术。

请问：

（1）如何进行用药护理？

（2）术后如何给该患者取合适的体位？

（王文杰）

第三十七章 骨肉瘤患者的护理

学习目标

通过本章内容的学习，学生应能：

◆ 识记

列举骨肉瘤的发病特点和临床表现。

◆ 理解

1．区分骨肉瘤 Codman 三角和日光射线现象。
2．阐述骨肉瘤治疗原则。

◆ 运用

1．评估骨肉瘤患者并为其制订护理计划。
2．能运用护理程序为骨肉瘤患者提供手术前后护理。

骨肿瘤以良性肿瘤多见，其中骨软骨瘤发病率最高，恶性肿瘤中骨肉瘤发病率最高。骨肉瘤（osteosarcoma）也称为成骨肉瘤，在原发骨肿瘤中居第二位，仅次于浆细胞骨髓瘤，其组织学特点是肿瘤细胞形成骨样组织或者不成熟骨。发病年龄多见于 10～20 岁，男性多于女性，约为 2∶1。好发于长骨的干骺端，最常见的部位是股骨远端、胫骨近端和肱骨近端，50%～70% 患者病变发生在膝关节周围，此为青少年生长发育最快的部位，提示肿瘤病理与骨的生长发育紧密相关。骨肉瘤的病因目前尚不清楚，有研究显示可能与遗传学因素、病毒感染、放射线损伤有关。骨肉瘤以血行转移为主，肺转移发生率较高，大部分患者死于肺转移。预后较差。

目前常用的是 G-T-M 外科分期系统。G（grade）表示病理分级，共分三级，G_0 为良性，G_1 为低度恶性，G_2 为高度恶性。T（tumor）表示肿瘤与解剖学间室的关系，T_0 为肿瘤局限于囊内，T_1 为囊外、间室内，T_2 为间室外。M（metastasis）表示远处转移，M_0 表示无远处转移，M_1 有远处转移。

案例 37-1A

患儿，女，10 岁，1 月余前出现左大腿持续性隐痛不适，左大腿中段肿胀。

体检：左大腿中段稍肿大，触及肿块约 4cm×3cm 大小，局部压痛，皮肤无破溃，无静脉曲张，左下肢感觉正常。

X 线检查：左股骨中段有骨破坏病灶，局部骨皮质增厚，骨膜反应呈日光样表现，软组织肿大。

实验室检查：碱性磷酸酶 493IU/L（38～126IU/L），乳酸脱氢酶 347IU/L（98～192IU/L）。

问题与思考：

该患儿护理评估内容有哪些？

【护理评估】
（一）临床表现
1. 疼痛　是最早出现的症状，多为隐痛，表现为间歇性疼痛，逐渐转为持续性疼痛，活动后加重，晚期发展为持续性剧烈疼痛，以夜间为重。肿块局部伴有压痛，触之硬度不一，局部皮肤温度增高。
2. 肿块　病变通过骨皮质可在软组织中形成大小不同的肿块，并且明显增大，增长速度常以月计，瘤体较大时可出现皮肤表面血管怒张。
3. 活动受限　肿块增大伴随出现邻近关节的反应性积液，关节活动受限。
4. 全身症状　疾病发展到后期可出现发热、体重减轻、贫血等中毒症状，肺转移晚期有咯血、憋气、呼吸困难。溶骨性病变为主的骨肉瘤多伴有病理性骨折。

（二）辅助检查
1. X线检查　是诊断骨肉瘤的重要手段。患者就诊时X线片已有明显异常，显示成骨性、溶骨性或混合性破坏。肿瘤生长顶起骨外膜，骨膜下产生新骨，表现为三角状骨膜反应阴影，形成骨膜三角，称为Codman三角（图37-1）。当恶性肿瘤生长迅速，超出骨皮质范围，伴随血管的长入，肿瘤骨与反应骨沿放射状血管方向沉积，形成"日光射线"现象（图37-2）。

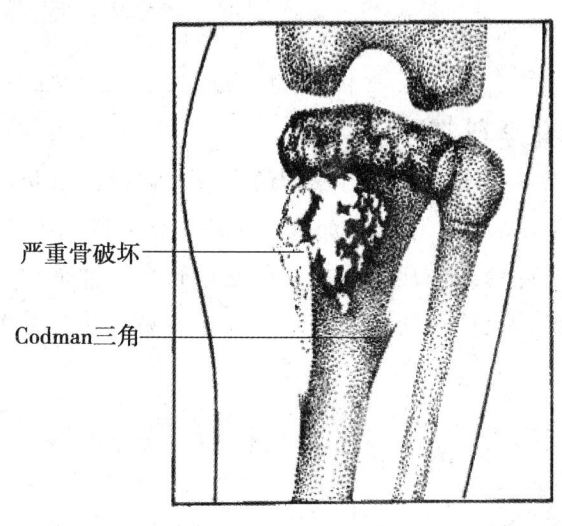

图37-1　Codman三角

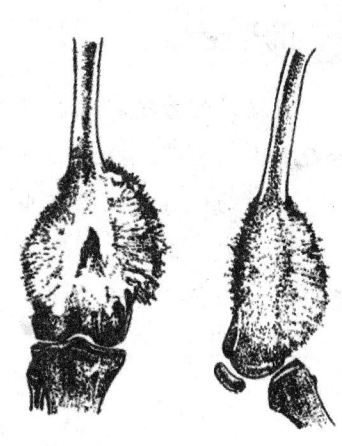

图37-2　"日光射线"现象

2. CT　用于检测肺转移情况。
3. MRI　可确定髓腔内肿瘤侵犯的范围。
4. 骨扫描　有利于显示骨内的跳跃和转移灶。
5. 实验室检查　①红细胞沉降率：骨肉瘤早期、硬化型骨肉瘤、分化较好者其红细胞沉降率可正常，瘤体过大、分化差、有转移者红细胞沉降率加快。②碱性磷酸酶：碱性磷酸酶主要由成骨细胞产生，在骨肉瘤中有新骨形成，瘤体较大，出现转移者，血清碱性磷酸酶大幅升高，化疗及手术后此指标可下降，但是肿瘤复发或者转移后又可再度升高。③血清铜、锌及铜锌比值：有助于骨肉瘤的诊断、疗效观察和预后估计，血清铜含量增高的程度代表了肿瘤在体内的活动程度，血清锌含量通常降低。

（三）与疾病相关的健康史
1. 年龄和性别　骨肉瘤大多发生于10～20岁的青少年，男性多于女性。
2. 遗传　视网膜母细胞瘤基因突变或缺失的遗传性视网膜母细胞瘤患者，发生骨肉瘤的危险性远远高于一般人。

3. 生活和工作环境　有无长期接触化学致癌物质、放射线等与肿瘤发生相关的因素。
4. 既往史　既往曾患多发性骨软骨瘤、骨纤维结构不良等。
5. 家族史　家族中有无肿瘤患病史。
6. 外伤史　评估患者有无外伤史和骨折病史。

（四）心理社会状况

骨肉瘤多发生于青少年，评估患者对疾病的认知、接受和配合程度如何，患者是否有焦虑、恐惧、孤独、无助等不良心理。由于对治疗寄予很高期望，评估患者及家属对治疗方法、预后的认知程度和心理承受能力，家庭对患者的手术、化疗和放疗费用的经济承受能力，患者对术后肢体外观改变和缺失能否承受，患者及家属对术后健康教育内容的掌握程度和出院前的心理状况。

（五）治疗原则

1. 化疗　全身化疗，特别是新辅助化疗的应用，使骨肉瘤患者的预后得到较大的改善。一般术前进行化疗，术后根据情况选择治疗方案。
2. 手术治疗　手术方式包括截肢术、改良截肢术、半关节移植术等，可选用人工关节置换、肿瘤段截肢、体外灭活回植、局部原位热疗等保留肢体。无条件者行截肢术，截肢平面应超出患骨的近侧关节。

知识链接

新辅助化学药物治疗

新辅助化疗是指在恶性肿瘤局部实施手术或放疗前应用的全身性化疗。在局部治疗前先以全身化疗为第一步治疗，局部治疗（手术或加放疗）后完成全程化疗。

新辅助化疗有以下优点：①根据获得的组织反应率确定肿瘤的预后。②杀灭可能存在的微小转移灶。③缩小原发肿瘤的大小，使保肢手术更易于实施。④外科医生有充足的时间设计保肢手术方案。

案例37-1B

该患儿明确诊断为骨肉瘤。施行化疗后肿瘤继续增大，影像学检查示股骨广泛病灶，予以髋关节离断术。

问题与思考：

该患儿术后的护理要点有哪些？

【主要护理诊断/合作性问题】

1. 恐惧/焦虑　与担心肢体功能丧失、预后不良有关。
2. 疼痛　与肿瘤压迫周围组织、病理性骨折、手术创伤有关。
3. 躯体活动障碍　与关节活动受限、制动有关。
4. 自我形象紊乱　与截肢和化疗副作用有关。
5. 潜在并发症：病理性骨折、幻肢痛等。

【护理措施】

（一）术前护理

1. 心理护理　观察并理解患者的心理变化。骨肉瘤患者多为青少年，一旦确诊，加之化疗和手术的刺激，特别是截肢术，身体外观的改变和功能的丧失，对患者造成心理严重挫折，患者多表现为焦虑、恐惧、预感性悲哀，甚至有轻生的念头。护士通过交谈、观察等方法密切关注患者的心理变化，了解患者的需求。解释病情时要注意保护性医疗措施，指导患者心理调节和适应。关心体贴患者，给予支持和鼓励，消除不良心理反应，有的放矢地疏导。详细讲解化疗、手术的目的、作用、效果等，帮助患者树立战胜疾病的信心。需要截肢者，应向患者及家属说明截肢的必要性，义肢的安装与功能重建。

2. 饮食护理　骨肉瘤患者行手术治疗前，因系统化疗，机体消耗大，免疫力低下，应加强全身营养补充，以增强体质。鼓励患者定时进餐，多食高蛋白、高热量、高维生素、易消化的食物，增加纤维素的摄入，多饮水，预防便秘。对经口摄入不足者，应根据医嘱提供肠内或肠外营养支持，并实施相应的护理措施。术前禁食 10～12h，禁饮 4～6h。

3. 疼痛护理　①动态评估患者的疼痛程度，采取合适的镇痛措施。②患肢制动：患肢限制活动或固定以缓解疼痛，预防病理性骨折。③非药物镇痛：应用心理暗示、转移注意力或松弛疗法等缓解疼痛，如提供舒适的体位，指导患者做肌肉松弛活动，安排消遣活动，以转移患者注意力，如看电视、阅读书报等。④避免加重疼痛的因素：移动患者时，帮助患者托扶、固定患肢，动作轻柔。⑤应用镇痛药物：采用世界卫生组织推荐的癌性疼痛三阶梯止痛疗法控制疼痛，第一阶梯采用非阿片类药物，如阿司匹林；第二阶梯采用弱阿片类药物，如可待因；第三阶梯采用强阿片类药物，如吗啡。根据患者的疼痛程度和使用药物的效果，选择合适的镇痛药物，并遵循用药剂量个体化、按时给药、以阶梯顺序给药等原则。⑥必要时应用自控镇痛泵或神经阻滞等方法缓解疼痛。⑦观察用药的反应：用药后动态观察患者的神志、呼吸、血压，有无呕吐、呼吸抑制，有无尿潴留等，一旦发生，立即处理。

4. 肿瘤局部护理　向患者讲解骨肉瘤不能用力按摩、挤压，不能热敷、理疗，不能涂药、油和刺激性药膏，不能随便用中草药外敷等，取得患者及家属的配合。

5. 化疗护理

（1）做好化疗前的准备工作：为患者解释化疗的目的、化疗时和化疗后可能出现的反应及预防措施，取得患者配合。测量体重，由于化疗药物大多是按体重计算的，应严格准确地测量体重。患者必须在清晨、空腹、排空二便后，只穿贴身衣裤，不穿鞋称量。

（2）用药观察及护理：①正确溶解及稀释药液，现用现配，避光药物在使用中采取避光措施。②注意保护静脉，从远端开始，有计划地进行穿刺。③用药前先注入少量生理盐水，确定针头在静脉后再注入化疗药物。④如发现药液外渗，应立即停止输入，根据药液对组织刺激强度的不同，给予局部冷敷，并用普鲁卡因进行局部封闭，再用金黄散外敷。⑤用药过程中遵医嘱调节给药滴速，以减少对静脉的刺激，并加强巡视。拔针后，应压迫针眼 5～7min，以保护血管。⑥给药后 2h 不宜进餐，如有恶心、呕吐等反应严重者，可在给药前使用止吐药物。

（3）化疗过程中的病情观察：①观察患者生命体征的变化。②观察有无牙龈出血、鼻出血、皮下淤血、阴道活动性出血等。③观察患者腹痛、腹泻的次数及性质，及时收集粪便标本并送检，警惕假膜性肠炎的发生。④观察患者有无肝损害、膀胱炎及神经系统副作用，如肢体麻木、肌肉柔软、偏瘫等，发现症状立即通知医生。⑤定期测定白细胞计数，若白细胞下降，应对患者进行保护性隔离，戴口罩，减少探视，禁止带菌者入室，注意病室空气的净化。

（4）化疗并发症的观察：注意胃肠道反应、心脏毒性、肾毒性、骨髓抑制、皮肤毒性反应、脱发等化疗药物的副作用并做好相应的护理。注意皮肤反应、骨髓抑制、口腔黏膜反应、营养状况的观察，并给予相应的护理措施。

6. 术前适应性训练　教会患者有效咳嗽、排痰的方法。指导患者术前2周戒烟，预防感冒。指导患者练习床上排尿、排便、翻身的方法。下肢截肢者学习拐杖、助行器等的使用方法。

（二）术后护理

1. 体位　保肢术后患者抬高患肢，促进静脉回流，减轻肿胀，采用支架、软枕等，使患肢高于心脏20～30cm。膝部手术后保持膝关节屈曲15°，距小腿关节屈曲90°。髋部手术后保持髋关节外展中立位。脊柱手术后患者取平卧位，采取轴线翻身法；骶骨肿瘤切除术后患者俯卧、侧卧交替，避免伤口受压。

2. 病情观察　①密切观察患者的体温、脉搏、呼吸、血压、尿量及患者的面色，皮肤黏膜色泽，有无恶心、头晕、出冷汗、脉搏细速等症状并及时记录；观察患肢有无疼痛及疼痛变化；全身状况是否正常。②密切观察患肢末端血运、感觉及运动情况。③观察伤口引流液的量、颜色、性状以及伤口敷料渗血情况，保持引流通畅，并准确记录。

3. 功能锻炼　手术后即开始进行被动和主动功能锻炼。早期指导患者正确进行肌肉的等长收缩和未固定的关节活动，以促进血液循环，防止关节粘连和血栓的形成。逐步增加活动范围，必要时行理疗和医疗器械协助活动。避免急于下地行走，患者开始站立或练习行走时要有专人守护，防止跌倒和病理性骨折。

4. 截肢术后护理

（1）体位：截肢术后24～48h应抬高患肢，预防肿胀，使残肢维持在伸展位或固定于功能位。此后，大腿截肢者应防止髋关节屈曲、外展、挛缩，每3～4h俯卧20～30min，并将残肢以软枕支托，压迫向下。仰卧位时，不可抬高患肢，以免造成膝关节的屈曲、挛缩。小腿截肢术后要避免膝关节屈曲、挛缩。

（2）并发症的观察和护理

1）出血和血肿的护理：是截肢残端最常见的并发症。由于术中止血不彻底，或残端血管结扎线脱落导致大出血，出血会造成失血、血肿，导致伤口延迟愈合甚至继发感染。妥善固定引流管，防止折叠、扭曲和滑脱，维持负压状态，定时挤压引流管，保持引流通畅，观察创口引流液的颜色、性状和量，并做好记录。床边备止血带，随时做好抢救准备，并向患者和家属解释备止血带的目的和意义。若发现血肿，在无菌条件下穿刺抽液，并加压包扎。残端骨突处用棉垫保护，然后用弹性绷带包扎，注意松紧合适，渗血较多者需加压包扎。

2）幻肢痛的护理：绝大多数截肢患者在术后相当长的一段时间内感到已切除的肢体仍然有疼痛或其他异常感觉，称为幻肢痛。幻肢痛特点和程度不一，夜间表现突出。①术前做好解释，使患者提前知晓并有思想准备，多关心患者，进行精神安慰和心理疏导。②早期装配假肢并下床活动锻炼，幻肢痛可减轻或消失。③使用理疗、封闭、神经阻断的方法消除幻肢痛。④采取增加舒适的措施如转身运动、放松运动、改变体位或轻叩残端等。⑤采用暗示的方法，尽量减少药物的使用，避免形成药物依赖。

（3）残肢功能锻炼：①术后残端给予均匀压迫，促进软组织收缩。②关节活动训练，关节活动从被动到主动，循序渐进地进行。如仰卧位练习大腿内收、后伸，肩关节进行外展、内收及旋转运动。③肌力训练，如下肢截肢患者，患者采取仰卧位，健侧肢体屈髋、屈膝，双手抱住健侧膝盖，将残肢屈曲，以锻炼残肢屈髋肌的肌力。④残端按摩、拍打及蹬踩，增加残端的负重能力。⑤鼓励患者拆线后尽早使用临时义肢，可消除水肿，促进残端成熟，为安装义肢做准备。鼓励患者使用辅助设备来协助运动（例如助行器、拐杖、手杖、吊架），以保持关节活动范围。鼓励患者早期下床活动，加强肌肉强度和平衡锻炼。

（三）健康教育

1. 指导患者树立平稳心态，消除心理顾虑，坦然接受形象的改变，尽快回归社会，从事力所能及的工作。

2．讲解功能锻炼的重要性，指导正确的功能锻炼，调节肢体适应能力，指导患者正确使用假肢，使用助行器，最大限度地恢复生活自理能力。

3．教会患者或家属自我检查和监测，需要继续化疗者，不要随意中断疗程，定期来院复查。

4．对仍有疼痛的患者，告知患者止痛药物的使用方法、注意事项，减少不良反应，提高舒适度。

1．**病因** 目前尚不清楚，可能与遗传学因素、病毒感染、放射线损伤有关。

2．**临床表现** 早期间歇性疼痛，晚期发展为持续性疼痛；可触及明显增大的肿块，瘤体表面血管怒张；肢体活动受限，易合并病理性骨折；晚期有肺转移表现。X线检查典型表现为Codman三角和"日光射线"现象。

3．**治疗原则** 全身化疗（特别是应用新辅助化疗）结合手术治疗。

4．**护理** 术前护理应加强患者及家属的心理疏导，饮食护理，采取适宜的措施控制和缓解疼痛，做好肿瘤局部护理，加强化疗过程的观察和护理，术前进行适应性训练。术后应采取正确的体位，严密观察病情，指导功能锻炼，对截肢患者应安置适当体位，观察出血和血肿、幻肢痛等并发症，指导患者进行残肢功能锻炼，尽快装配假肢，提高生活自理能力。

一、选择题

1．女性，18岁，右大腿下端肿痛2月余。摄片见股骨下端有境界不清的骨质破坏区，骨膜增生及日光放射状阴影，两端可见骨膜三角。最可能的诊断是
   A．骨结核
   B．骨髓炎
   C．骨肉瘤
   D．骨巨细胞瘤
   E．骨软骨瘤

2．最常见的恶性骨肿瘤是
   A．骨疣
   B．软骨瘤
   C．骨肉瘤
   D．骨巨细胞瘤
   E．骨样骨瘤

3．关于骨肉瘤的描述**错误**的是
   A．是原发性恶性骨肿瘤中最常见的肿瘤
   B．多见于年轻人
   C．红细胞沉降率增加、碱性磷酸酶增加
   D．肺部转移多见
   E．若X线检查示无转移病灶，可不用化疗，局部切除或截肢即可

4．骨肉瘤的诊断依据中，最重要的是
   A．好发于长骨干骺端
   B．好发于青少年
   C．肿瘤出血坏死
   D．肿瘤细胞产生骨组织
   E．肿块

二、案例题

男性，25岁，左大腿下端疼痛、活动障碍3月余，近1个月发现局部明显肿块，有压痛。X线检查显示骨膜下产生新骨，表现为三角状骨膜反应阴影，形成骨膜三角，诊断为左股骨下端骨肉瘤。入院后行左股骨下段截肢术。患者术后诉伤口疼痛，并且诉疼痛的部位是左足。

请问：

(1) 患者疼痛的原因是什么？应该如何处理？

(2) 截肢的肢体如何采取合适的体位？

（王文杰）

自测题参考答案

第二章

一、单选题

1. B 2. A 3. B 4. C 5. A 6. E 7. D

二、案例题

（1）等渗性缺水：该患者频繁呕吐、严重腹泻1天，伴随尿少、头晕、乏力，口渴不明显，发病后一直未进食进水。有口唇干燥、眼窝凹陷、皮肤弹性差等皮肤黏膜缺水表现。实验室检查示红细胞计数、血红蛋白、血细胞比容升高，血清 Na^+ 140mmol/L，尿比重增加。

低钾血症：该患者频繁呕吐、严重腹泻1天，四肢软弱无力，发病后一直未进食。实验室检查 K^+ 3.2mmol/L。心电图检查示T波低平，ST段降低，可见U波。

（2）①体液不足　与频繁呕吐、严重腹泻导致体液急性丧失有关。②疲乏　与低钾血症导致的肌肉无力有关。

（3）通常的补液原则为先晶后胶、先盐后糖、先快后慢，即输液速度应先快后慢、见尿补钾。

（4）①尿量正常：静脉补钾前应先确定患者每日尿量大于600ml，或每小时尿量大于40ml。②浓度不高：静脉输液钾浓度不能大于0.3%，禁止直接静脉推注氯化钾。③速度勿快：静脉滴注速度每分钟不宜大于60滴。④总量限制、严密监测：定时监测血钾浓度，并及时调整每日补钾总量，一般禁食患者，每日补钾量为2～3g，重症缺钾者24h补钾不宜超过6～8g。

第三章

一、选择题

1. A 2. D 3. D 4. C 5. D 6. D 7. D 8. C

二、案例题

（1）该患者行小肠部分切除、肠吻合术后第2天，机体仍处于应激状态，对葡萄糖溶液的利用不佳，在输注营养液过程中出现口渴、头痛、神志不清、尿量增多，可能因血糖过高导致高渗性非酮性昏迷。

（2）应立即停止营养液输注，测血糖，明确原因。若为高渗性非酮性昏迷，应输注低渗或等渗氯化钠溶液，以降低血浆渗透压，同时输入胰岛素，以降低血糖水平。

第四章

一、选择题

1. B 2. A 3. D 4. B 5. B 6. C

二、案例题

（1）患者为感染性休克，目前处于休克代偿期。

（2）患者目前应在抗休克的同时进行急症术前准备。

（3）观察要点包括体温、血压、脉率、呼吸、意识状态、末梢循环、尿量、颈静脉和周围静脉充盈情况、CVP等。

第五章

一、选择题

1．D　　2．B　　3．E　　4．C　　5．D

二、案例题

此时，保持呼吸道通畅是护理工作的重点。患者术后麻醉未清醒时应取去枕平卧位，头偏向一侧；一旦发生呕吐，立即清理口腔等处的呕吐物；误吸发生后，应重建通气道，使患者处于头低足高位，并转为右侧卧位，因受累的多为右侧肺叶，迅速用喉镜窥视口腔行气管插管，以便在明视下吸引。

第六章

一、选择题

1．C　　2．B　　3．A　　4．C　　5．D　　6．B　　7．E　　8．E　　9．B

二、案例题

（1）该患者目前最主要的护理诊断/合作性问题是：潜在并发症（肺部感染）。

（2）护理要点：①教会患者保护伤口和有效咳嗽、咳痰方法，必要时可在胸骨切迹上方用手指按压刺激气管咳嗽；②鼓励患者早期下床活动，协助患者取半坐卧位，行叩背排痰；③行雾化吸入，2～3次/日；④遵医嘱应用抗生素和祛痰药物，摄入足够的水分；⑤给予氧气吸入。

第七章

一、选择题

1．A　　2．D　　3．B　　4．E　　5．C　　6．C

二、案例题

该患者可能由于中心静脉导管感染引起了脓毒症。应采取以下措施：立即拔除TPN导管，停止输注营养液；剪下导管尖端送细菌培养；在寒战、高热时采血送细菌培养和药物敏感试验；严格无菌操作，避免继发其他感染；提供营养支持；充分休息，物理或遵医嘱降温；遵医嘱给予抗菌药物、镇静催眠药和静脉补液等治疗。

第八章

一、选择题

1．B　　2．A　　3．C　　4．C　　5．B　　6．D　　7．E

二、案例题

（1）该患者按照新九分法估算烧伤面积，头部、面部、颈部是9%，背部是13%，双手是5%，烧伤总面积是27%。烧伤深度为深Ⅱ～Ⅲ度混合（小水疱、皮肤红白相间、痛觉迟钝，为深Ⅱ度，皮革样为Ⅲ度）。烧伤严重程度：中度烧伤（Ⅱ度烧伤面积11%～30%，或Ⅲ度烧伤面积不足10%）。

（2）护理措施：将创面直接暴露于温暖、干燥、清洁的空气中，患者呈"大"字形，充分暴露创面；病室内温度为28～32℃，相对湿度40%，并有湿度监测仪、加热保暖措施（烤灯、电热吹风、红外线辐射）。另外还应具备通风设施和消毒隔离装置（紫外线消毒仪），建立病室消毒隔离制度。Ⅱ度创面可涂抹的药物有成膜剂、成痂的中药制剂、磺胺嘧啶银糊剂、磺胺嘧啶锌糊剂或0.5%碘伏。Ⅲ度创面可涂抹2%碘酊。患者要经常变换体位，大面积烧伤患者病情平稳后可应用翻身床。

第九章

一、选择题

1．D　2．B　3．B　4．A　5．C

二、案例题

（1）患者颅内压增高，行腰椎穿刺使椎管内压力骤然下降，部分脑组织由高压区向低压区移位，引起脑疝。呼吸停止出现早，最可能出现了枕骨大孔疝。

（2）主要的急救和护理措施：①立即脱水治疗，快速静脉输入20%甘露醇和呋塞米。②保持呼吸道通畅，吸氧。准备气管插管盘及呼吸机。③密切观察生命体征、意识、瞳孔变化。④做好紧急手术准备。

第十章

一、选择题

1．C　2．B　3．C　4．B　5．C

二、案例题

（1）患者头部有明显外伤史，意识轻度障碍，眼眶青紫，球结膜下有瘀斑，鼻腔有脑脊液流出，提示有颅前窝骨折。

（2）患者头部外伤4h，存在"疼痛　与损伤有关"；鼻腔有脑脊液流出，存在"有感染的危险　与脑脊液外漏有关"。该患者护理的重点是观察有无脑损伤和脑脊液漏。出现脑脊液漏应使用TAT和抗生素预防感染。详细护理措施参见本章第二节相关内容。

第十一章

一、选择题

1．B　2．E　3．C　4．C

二、案例题

（1）最可能的诊断为听神经瘤，根据病史、临床表现和影像学检查可诊断。

（2）术后注意观察患者的生命体征、意识状态、瞳孔及肢体活动状况，保持呼吸道通畅，观察伤口及引流管情况。及时发现颅内出血、感染等并发症，加强生活护理等。

第十二章

一、选择题

1．D　2．D　3．C　4．A　5．A　6．B　7．E

二、案例题

（1）该患者出现呼吸困难的原因是术后切口(创面)出血。

（2）须立即配合医生进行床边抢救，即剪开缝线，敞开伤口，除去血肿，结扎出血的血管或送手术室作进一步检查、止血和其他处理。

（3）预防措施：①加强生命体征观察的同时，注意对呼吸、发音和颈部粗细程度的观察。

②体位：患者回病室后取平卧位，血压平稳或全麻清醒后取半坐卧位。③引流：对手术野放置橡皮片或引流管者，应严密观察引流情况。④饮食：颈丛麻醉者，术后6h起可进少量温或凉流质食物，禁忌过热。⑤急救准备：常规在病床旁放置无菌气管切开包和手套。

第十三章

一、选择题

1. C 2. B 3. C 4. E 5. C 6. E 7. D 8. D

二、案例题

（1）术后常规放置负压引流管，可以引流皮瓣下的积液、积血，使皮肤紧贴创面，避免皮瓣坏死、感染，促进创腔闭合。

（2）该患者术后诉伤口疼痛，存在"疼痛 与乳腺癌改良根治术有关"。她不能自己洗漱、进餐、如厕，存在"（进食、卫生、如厕）自理缺陷 与留置引流管、伤口加压包扎、肢体制动有关"。此外，该患者诉说不能面对自己一侧乳房切除的身体，存在"身体意象紊乱 与手术切除一侧乳房有关"。

第十四章

一、选择题

1. D 2. B 3. E 4. E 5. D 6. A

二、案例题

（1）患者出现肋骨骨折、气胸、血胸。

（2）目前主要护理措施包括：吸氧，立即建立静脉通路，观察呼吸等的变化，配合医师进行胸腔闭式引流，做好术前各项准备。

第十五章

一、选择题

1. A 2. C 3. B 4. E 5. D 6. C

二、案例题

（1）避免完全患侧卧位，可取健侧或患侧1/4侧卧位。

（2）观察患者的气管是否居中，如出现呼吸困难、烦躁不安、出冷汗等情况，要立即通知医师；若气管明显向健侧移位，应立即听诊肺呼吸音，在排除肺不张后，可酌情放出适量的气体或引流液，维持气管、纵隔位置居中。但放气放液时速度宜慢，抬高引流管，每次放液不超过100ml，开放时禁止咳嗽，避免快速多量放液引起纵隔突然移位，导致心律失常，甚至心搏骤停。

第十六章

一、选择题

1. D 2. B 3. C 4. E 5. A

二、案例题

饮食指导：①禁饮禁食3~4日，持续胃肠减压，注意经静脉补充营养。②停止胃肠减压24h后，若无吻合口瘘的症状，可开始进食。应先饮少量水，若无不适，给予高热量、高蛋白、高维生素、易消化的流食，避免患者进食生、冷、硬食物，以防后期吻合口瘘。③逐渐减少静脉输液量，并嘱咐患者进食后不要平卧，保持半坐卧位，以防发生逆流及反流性食管炎。

第十七章

一、选择题

1．A 2．E 3．C 4．E 5．C 6．A 7．E

二、案例题

（1）该患者最可能的诊断是右腹股沟斜疝，目前已发展为嵌顿疝。

（2）目前应立即紧急手术。

（3）主要护理措施：

1）止痛：屈膝平卧，减轻腹壁张力，为了避免掩盖病情，不能使用吗啡类止痛剂，并给予心理支持。

2）术前准备：排空膀胱；皮肤准备，避免损伤皮肤；向患者及家属提供避免增加腹内压的方法及相关知识。

3）术后护理：指导患者活动及饮食；预防潜在并发症，如阴囊水肿、疼痛、切口感染等，保持切口敷料清洁干燥。

第十八章

一、选择题

1．D 2．B 3．B 4．D 5．A

二、案例题

（1）初步诊断为：肠破裂。

（2）术前护理措施

1）迅速安置好患者体位，采取仰卧位或半坐卧位，休克患者取休克体位。不随便搬动，以免加重伤情。

2）严密观察患者病情、腹部体征及全身变化。

3）扩充血容量，预防休克，给予广谱抗生素。

4）协助医生及时进行必要的辅助检查。

5）禁食、胃肠减压。

6）紧急术前准备。

第十九章

一、选择题

1．C 2．B 3．E 4．E 5．A

二、案例题

（1）主要护理诊断/合作性问题：①营养失调（低于机体需要量） 与消化吸收不良和癌肿导致的消耗增加有关；②疼痛 与胃部肿瘤有关；③焦虑 与担心预后不良和经济负担较重有关。

（2）术前护理措施包括缓解患者的焦虑和恐惧，改善患者的营养状况，做好胃肠道和呼吸道准备等。

第二十章

一、选择题

1．A 2．B 3．E 4．C 5．A

二、案例题

（1）该患者由于腹部持续性疼痛并阵发性加重，存在"疼痛 与肠扭转造成肠内容物不能顺利通过以及肠壁缺血有关";因频繁呕吐、禁食和胃肠减压,存在"有体液不足的危险 与频繁呕吐、禁食和胃肠减压有关";因不能自己洗漱和如厕,存在"(卫生、如厕)自理缺陷 与胃肠减压和输液的管道限制有关";此外,患者担心治疗费用问题,存在"焦虑 与担心经济压力大有关"。

(2)护理要点包括向该患者解释肠扭转是较严重的机械性肠梗阻,常可在短时间内发展为肠绞窄、坏死,甚至造成死亡,手术是挽救生命的重要手段;提供生活护理;指导患者禁食,做好胃肠减压护理;协助取半坐卧位;若呕吐,做好呕吐护理;遵医嘱执行补液和用药治疗,适当解痉止痛;严密观察病情变化,及时发现绞窄性肠梗阻征象,做好术前准备。

第二十一章

一、选择题

1. A　　2. C　　3. A　　4. D　　5. B　　6. A　　7. D

二、案例题

(1)根据患者切口的局部表现,结合患者出现体温升高、白细胞计数升高,考虑该患者出现了切口感染。

(2)先行穿刺抽出脓液,或于波动处拆除缝线,排出脓液,清除异物并充分引流,定期换药至伤口愈合。

第二十二章

一、选择题

1. C　　2. B　　3. E　　4. A　　5. D　　6. D

二、案例题

(1)该患者最有可能的诊断是混合痔。

(2)①饮食与活动:术后1～2日应以无渣或少渣流质、半流质饮食为主。术后24h内可在床上适当活动四肢、翻身等,24h后可适当下床活动,逐渐延长活动时间。伤口愈合后可以恢复正常生活,但要避免久站或久坐。②促进排便:术后早期患者会出现肛门下坠感或便意,可能是被用于创面压迫止血的敷料刺激所致,术后腹中气体过多时也可引起明显腹胀,通常适当放松肛门部的敷料压迫,可明显缓解或消除便意和腹胀。最好在术后24h正常排便,并保持排便通畅。若手术创面较大,可遵医嘱适当推迟排便时间。排便后需要立即清洗肛门部位,温水坐浴后换药,如有出血应予以止血处理。③疼痛护理:如果患者自述疼痛,首先判断疼痛原因,给予相应处理,如使用镇痛药、去除过多敷料等。④并发症的观察和护理:观察有无尿潴留、创面出血、切口感染、肛门狭窄等并发症,并给予相应护理。

第二十三章

一、选择题

1. A　　2. D　　3. B　　4. D　　5. C

二、案例题

(1)患者近3个月来体重下降5kg,存在"营养失调(低于机体需要量) 与恶性肿瘤高代谢率及长期腹泻有关";该患者在得知诊断和手术后情绪沮丧,沉默寡言,担心手术治疗效果不佳,害怕死亡,存在"焦虑/恐惧 与担心手术治疗效果不佳,害怕癌症预后不良有关"。

(2)心理护理、营养支持、肠道准备(包括饮食准备、肠道清洁、口服肠道抗生素)、术日晨常规置胃管及导尿管。

第二十四章

一、选择题

1. E　2. A　3. B　4. A　5. A　6. A

二、案例题

（1）该患者入院后情绪紧张，难以入睡，不断询问护士，存在"焦虑　与担心疾病预后不良或手术治疗效果不好有关"；患者不断询问该治疗的目的、注意事项以及治疗效果，存在"知识缺乏：缺乏与TACE治疗目的、注意事项以及治疗效果有关的知识"。

（2）栓塞后综合征的观察及护理：①发热，轻度发热不必处理，38.5℃以上的发热可给予物理降温或遵医嘱给予解热镇痛药。②腹痛，轻度可不处理，或给予少量对肝无损害的镇静剂，一般48h后腹痛可减轻或消失；重度持续疼痛，应考虑是否合并其他并发症，如胆囊动脉栓塞致胆囊炎性坏死，胃十二指肠动脉、肠系膜上动脉栓塞致肠坏死。③恶心、呕吐，可给予止吐药物，并注意避免误吸。④白细胞减少，若白细胞计数低于4×10^9/L，应遵医嘱暂停化疗并使用升白细胞药物。⑤肝、肾功能损害，术后应吸氧3日，大量饮水，监测肝功能，注意观察尿量及肾功能变化，以减轻化疗药对肝、肾功能的影响。

第二十五章

一、选择题

1. E　2. D　3. E　4. C　5. B　6. A　7. D

二、案例题

（1）该患者右上腹阵发性剧烈疼痛，向右肩、背部放射，右上腹部有压痛、肌紧张、反跳痛，Murphy征阳性，存在"疼痛　与胆囊管梗阻、胆囊炎症有关"。该患者有恶心、呕吐，存在"有体液不足的危险　与恶心、呕吐有关"。患者体温38.5℃，白细胞15×10^9/L，中性粒细胞0.83，存在"体温过高　与胆囊急性炎症有关"。

（2）护理措施

1）病情观察：密切观察患者的生命体征、腹部情况及腹痛变化，并做好记录。

2）禁食、胃肠减压：保证胃肠减压的通畅及有效。

3）止痛：根据疼痛的程度和性质，采取非药物或药物的方法止痛。可遵医嘱给予消炎利胆、解痉止痛药物，但不可使用吗啡止痛。

4）补液和抗感染：遵医嘱补液，纠正水、电解质失调。遵医嘱给予抗生素。

5）完善术前常规准备：包括相关检查、配血和手术野备皮等。

第二十六章

一、选择题

1. C　2. E　3. D　4. A　5. C

二、案例题

（1）该患者主诉有腹痛，存在"疼痛　与胰管梗阻、癌肿侵犯腹膜后神经丛有关"。体重下降明显，存在"营养失调（低于机体需要量）　与食欲下降及癌肿消耗有关"。此外，患者担心疾病预后，存在"焦虑　与担心疾病预后不良有关"。

（2）监测相关营养指标，如皮肤弹性、体重、血清蛋白水平等。指导患者进食高蛋白、高热量、高维生素、低脂饮食，维持和改善营养状态。必要时可遵医嘱经肠内营养或肠外营养途径改善患者营养状况。

（3）胰瘘多发生于术后3～7日。表现为腹痛、持续腹胀、发热、腹腔引流管或伤口流出无色清亮液体,可检测出淀粉酶。根据胰瘘程度,应采取禁食、胃肠减压、负压引流、静脉泵入生长抑素等措施,必要时做腹腔灌洗引流,防止胰液积聚,侵蚀内脏、血管等。如腹壁有瘘口,可用氧化锌软膏涂抹保护周围皮肤。

第二十七章

一、选择题

1．D 2．A 3．B 4．B

二、案例题

(1)该患者右小腿持续性剧烈疼痛,不能行走,夜间加重,存在"慢性疼痛 与患肢缺血、组织坏死有关";护士告诉该患者应立刻戒烟,他表示无法理解和接受,存在"知识缺乏:缺乏吸烟对血栓闭塞性脉管炎发生发展作用的知识"。

(2)①指导患者进行 Buerger 运动,促进侧支循环建立。Buerger 运动方法:平卧,抬高患肢45°以上,维持2~3min;再坐起,患肢自然下垂于床边2~5min,同时做足背屈、跖屈和旋转运动;恢复平卧,将患肢放平休息5min,每日重复运动数次。②鼓励患者坚持每天多走路,行走时以出现疼痛的时间和距离作为活动量的指标,以不出现疼痛为度。③告知患者,当动、静脉血栓形成或腿部发生溃疡及坏死时不宜运动。

第二十八章

一、选择题

1．E 2．B 3．D 4．B

二、案例题

(1)患者受伤后右侧腰部胀痛,存在"疼痛 与肾轻度裂伤有关";患者询问疾病和治疗相关情况,存在"知识缺乏:缺乏与治疗和护理有关的知识"。

(2)给患者提供心理支持;告知患者绝对卧床休息;在此期间密切观察病情;维持体液平衡;若有感染迹象,则遵医嘱应用抗生素。

第二十九章

一、选择题

1．B 2．A 3．B 4．D 5．C

二、案例题

(1)该患者肾结石发生的相关因素有高温环境下工作和生活,饮水少,尿液浓缩,饮食中蛋白质摄入过多。

(2)向患者解释疼痛与活动的关系,可采用药物和非药物方法控制疼痛;告知患者饮水和运动的方法和意义;指导平衡饮食;指导患者遵医嘱药物排石,并观察和记录治疗效果;告知患者出现肾绞痛及感染迹象时及时就诊。

第三十章

一、选择题

1．D 2．C 3．D 4．E

二、案例题

(1)该患者可能出现了出血。可能是三腔气囊导尿管内放气过多,不能起到压迫止血的作用。

(2)观察生命体征、尿液及冲洗液颜色的变化,了解出血情况。遵医嘱使用止血药物,调快膀胱冲洗速度。指导患者在术后1周逐渐离床活动。术后早期禁止灌肠或肛管排气等引起腹内压增高的因素，以免造成前列腺窝出血。

（3）保证冲洗速度，控制冲洗温度，确保冲洗及引流管道通畅，做好观察记录。

第三十一章

一、选择题

1．A　2．D　3．C　4．E

二、案例题

（1）导致膀胱感染的原因：术后导尿管引流不畅继发上行感染。依据为该患者自觉下腹胀痛，体温升高达39℃，导尿管引流不畅，量少，性状为黄白色，可能是脓尿，且尿液检查WBC满视野，符合膀胱感染的特点。

（2）膀胱灌注化疗护理措施：膀胱灌注应在早晨进行，嘱患者灌注前4h禁饮水，排空膀胱。常规消毒外阴及尿道口，置入导尿管，将化疗药物或卡介苗溶于生理盐水30～50ml注入膀胱，再注入10ml空气冲注管内残留药液，钳夹导尿管或拔出。药物需保留在膀胱内1～2h，协助患者每15～30min变换一次体位，分别取俯、仰、左侧、右侧卧位。灌注后嘱患者多饮水，每日饮水2500～3000ml，起到内冲洗的作用，减少化疗药物对尿道黏膜的刺激。术后早期每周1次，共8次，然后改为每月1次，共1～2年。

第三十二章

一、选择题

1．D　2．A　3．B　4．C　5．E　6．B　7．A

二、案例题

（1）应警惕该患者是否出现骨筋膜室综合征。

（2）若因石膏外固定包扎过紧导致患肢末端组织缺血疼痛，应及时报告医师，调整和放松外固定，预防骨筋膜室综合征的发生。

（3）石膏固定后，应加快石膏干固，安置适当体位，严格进行病情观察，保护患肢皮肤。骨折愈合后，配合医师拆除石膏。石膏固定期间和拆除石膏后都应指导患者进行患肢功能锻炼。

第三十三章

一、选择题

1．D　2．B　3．E　4．C　5．B

二、案例题

（1）肩关节脱位复位后避免过早去除外固定，否则损伤的关节囊修复不良，易导致习惯性关节脱位的发生。

（2）向该患者讲解关节脱位功能锻炼的重要性和必要性，鼓励患者积极进行锻炼。固定期间指导患者活动患肢腕部和手指，用力握拳，双手对掌练习腕关节背伸活动，在外固定的保护下进行肘关节的屈伸练习。去除固定后，逐步练习患肢内收、外上举运动。6～8周开始进行弯腰垂臂、甩肩锻炼，逐步增加肩关节的活动度。

第三十四章

一、选择题

1．A　2．A　3．C　4．E　5．A　6．C　7．B　8．D

二、案例题

（1）该患者行走不稳，有踩棉花样感觉，曾因"腿软"跌倒1次，存在"有受伤的危险 与步态不稳有关"；患者双手发麻，握力减弱，端碗和水杯不稳，生活自理能力下降，存在"（进食、沐浴、如厕）自理缺陷 与手部发麻、握力减弱、精细动作失调有关"。

（2）住院后应为患者选择佩戴合适的围领，保持颈椎稳定性；因行走不稳，行走时应有人陪伴，或提供手杖或助行器等辅助行走；床上加装床挡，嘱患者减少下床活动，保持房间地面干燥，减少障碍物。

（3）目前主要的护理措施包括心理护理、缓解疼痛、选择和佩戴围领、预防外伤、鼓励自理、术前训练俯卧位。

第三十五章

一、选择题

1. E 2. D 3. B 4. A 5. D 6. C

二、案例题

（1）该患者近1周出现右下肢放射痛和间歇性跛行，存在"疼痛 与椎间盘突出压迫神经有关"；向护士询问术前准备情况，存在"知识缺乏：缺乏腰椎间盘突出症术前准备相关知识"。

（2）术前主要的护理措施包括卧硬板床、牵引护理、用药和理疗护理等，以减轻疼痛，侧身起床和卧床，进行腰背肌功能锻炼，完善术前常规检查，练习俯卧位等。

第三十六章

一、选择题

1. D 2. A 3. E 4. C 5. D 6. D

二、案例题

（1）遵医嘱及时正确使用药物，做好用药指导，合理安排给药时间。注意观察药物的用药效果和毒副作用，观察有无听神经、视神经损害的症状，若有异常及时报告医师尽早处理。抗结核药物一般用药满2年、达到痊愈标准、在医生的指导下方可停药。遵医嘱使用止痛药物缓解疼痛。

（2）术后患者卧硬板床，定时轴线翻身，保持脊柱伸直，避免扭曲。防止胸腹部屈曲，以免术后植骨块脱落或移动。

第三十七章

一、选择题

1. C 2. C 3. E 4. D

二、案例题

（1）该患者的现象属于幻肢痛。术前做好解释，进行精神安慰和心理疏导；早期装配假肢并下床活动锻炼；使用理疗、封闭、神经阻断的方法；采取增加舒适的措施及暗示的方法等。

（2）截肢术后24~48h应抬高患肢，预防肿胀，使残肢维持在伸展位或固定于功能位。此后，大腿截肢者应防止髋关节屈曲、外展、挛缩，每3~4h俯卧20~30min，并将残肢以软枕支托，压迫向下。仰卧位时，不可抬高患肢，以免造成膝关节的屈曲、挛缩。

中英文专业词汇索引

A

癌胚抗原（carcino-embryonic antigen，CEA） 204

B

半脱位（subluxation） 301
闭合性气胸（closed pneumothorax） 139
臂肌围（arm muscle circumference，AMC） 19

C

Colles 骨折 288
肠梗阻（intestinal obstruction） 179
肠内营养（enteral nutrition，EN） 18
肠外营养（parenteral nutrition，PN） 18
创伤（trauma） 75
创伤指数（trauma index，TI） 76
雌激素受体（estrogen response，ER） 129

D

大细胞癌（large cell carcinoma） 144
单纯性甲状腺肿（simple goiter） 119
胆道感染（infection of biliary tract） 219
胆管结石（choledocholithiasis） 225
胆囊切除术（cholecystectomy） 222
胆囊造瘘（cholecystostomy） 222
胆石症（cholelithiasis） 219
等渗性缺水（isotonic dehydration） 4
低渗性缺水（hypotonic dehydration） 4
毒蛇咬伤（snake bite） 85
多器官功能障碍综合征（multiple organ dysfunction syndrome, MODS） 26
多系统器官衰竭（multiple system organ failure, MSOF） 26

F

非小细胞肺癌（non-small cell lung cancer，NSCLC） 144
肺癌（lung cancer） 144
肺段切除术（segmental resection） 146
肺叶切除术（lobectomy） 146
复位（reduction） 281
腹部损伤（abdominal injury） 166
腹股沟斜疝（indirect inguinal hernia） 159
腹股沟直疝（direct inguinal hernia） 159
腹腔镜胆囊切除术（laparoscopic cholecystectomy，LC） 224
腹腔镜疝修补术（laparoscopic inguinal herniorrhaphy） 162
腹外疝（abdominal external hernia） 159

G

肛瘘（anal fistula） 197
高功能腺瘤（hyperfunctioning thyroid adenoma） 114
高钾血症（hyperkalemia） 9
高渗性缺水（hypertonic dehydration） 5
格拉斯哥昏迷计分法（Glasgow coma scale，GCS） 93
肱骨髁上骨折（supracondylar fracture of the humerus） 287
谷氨酰胺（glutamine，Gln） 21
股骨干骨折（fracture of femoral shaft） 290
股骨颈骨折（fracture of femoral neck） 289
骨筋膜室综合征（osteofascial compartment syndrome） 280
骨盆骨折（fracture of the pelvis） 296
骨肉瘤（osteosarcoma） 334
骨与关节结核（bone and joint tuberculosis） 328
骨折（fracture） 278
固定（fixation） 281
关节脱位（dislocation） 301

H

化脓性骨髓炎（pyogenic osteomyelitis） 322
化脓性关节炎（suppurative arthritis） 326

J

急性胆管炎（acute cholangitis） 225
急性蜂窝织炎（acute cellulitis） 65
急性梗阻性化脓性胆管炎（acute obstructive suppurative cholangitis，AOSC） 225
急性呼吸窘迫综合征（acute respiratory distress syndrome, ARDS） 26
急性阑尾炎（acute appendicitis） 185
急性乳腺炎（acute mastitis） 125
急性肾衰竭（acute renal failure, ARF） 26

急性血源性骨髓炎（acute hematogenous osteomyelitis）322
脊柱骨折（fracture of spine）293
继发性甲亢（secondary hyperthyroidism）114
甲状腺功能亢进（hyperthyroidism）114
肩关节脱位（dislocation of shoulder joint）304
简明损伤定级（abbreviated injury scale，AIS）76
疖（furuncle）63
洁净手术室（clean operating room）48
结肠癌（carcinoma of colon）203
经肝动脉化疗栓塞（transcatheter arterial chemoembolization，TACE）215
经内镜逆行胰胆管造影（endoscopic retrograde cholangiopancreatography，ERCP）226
经尿道膀胱肿瘤切除术（transurethral resection of bladder tumor，TURBT）274
经皮肝穿刺胆管造影（percutaneous transhepatic cholangiography，PTC）226
精氨酸（arginine，Arg）21
胫腓骨干骨折（factures of shaft of tibia and fibula）292
菌血症（bacteremia）68

K

开放性气胸（open pneumothorax）139
髋关节脱位（dislocation of hip joint）306

L

肋骨骨折（rib fracture）138
良性前列腺增生症（benign prostatic hyperplasia，BPH）263
鳞状细胞癌（squamous cell carcinoma）144
颅骨骨折（fracture of skull）101
颅脑损伤（craniocerebral injury）98
颅内压增高（increased intracranial hypertension）90
颅内肿瘤（intracranial tumors）108
麻醉（anesthesia）34
慢性胆囊炎（chronic cholecystitis）224
脑挫裂伤（cerebral contusion and laceration）103
脑疝（brain hernia）90
脑损伤（brain injury）98，102
脑震荡（cerebral concussion）103
尿道结石（urethral calculus）255
尿道损伤（urethral trauma）251
尿路结石（urolithiasis）255

P

膀胱癌（carcinoma of bladder）272
膀胱结石（vesical calculus）255

Q

气胸（pneumothorax）139
倾倒综合征（dumping syndrome）177
全肺切除术（pneumonectomy）146
全营养混合液（total nutrient admixture，TNA）21

R

乳腺癌（breast cancer）126

S

三苯氧胺（tamoxifen，TAM）129
三头肌皮褶厚度（triceps skinfold，TSF）19
疝（hernia）159
烧伤（burn）79
肾癌（renal carcinoma）270
肾绞痛（renal colic）256
肾结石（renal calculus）255
肾损伤（renal injuries）246
肾细胞癌（renal cell carcinoma，RCC）270
食管癌（esophageal carcinoma）152
输尿管结石（ureteral calculus）255
损伤（injury）75
损伤严重度评分（injure severity score，ISS）76
锁骨骨折（fracture of clavicle）286

T

体质指数（body mass index，BMI）19
头皮损伤（scalp injury）、98

W

外科护理学（surgical nursing）1
完全胃肠外营养（total parenteral nutrition，TPN）18
围术期（perioperative period）44
围术期护理（perioperative nursing care）44
胃癌（gastric cancer）172
无张力疝修补术（tension-free hernioplasty）162

X

腺癌（adenocarcinoma）144
小细胞肺癌（small cell lung cancer，SCLC）144
楔形切除术（wedge resection）146
休克（shock）26
血胸（hemothorax）140
胰腺癌（pancreatic cancer）230

Y

营养支持（nutritional support，NS）18
痈（carbuncle）64

原发性肝癌（primary liver cancer） 212
原发性甲亢（primary hyperthyroidism） 114
原发性下肢静脉曲张（primary lower extremity varicose veins） 236
院前指数（prehospital index，PHI） 76

Z

张力性气胸（tension pneumothorax） 139

正电子发射型计算机断层显像（positron emission computed tomography PET） 145
肢体抬高试验（Buerger test） 241
脂肪栓塞综合征（fat embolism syndrome） 280
直肠癌（carcinoma of rectum） 203
直肠肛管周围脓肿（anorectal abscess） 195
痔（hemorrhoids） 192
肘关节脱位（dislocation of elbow joint） 305

主要参考文献

1. 李乐之,路潜. 外科护理学. 5版. 北京:人民卫生出版社,2012.
2. 熊云新. 外科护理学. 4版. 北京:人民卫生出版社,2006.
3. 熊云新,叶国英. 外科护理学. 3版. 北京:人民卫生出版社,2013.
4. 路潜. 外科护理学. 北京:北京大学医学出版社,2008.
5. 严鹏霄,王玉升. 外科护理. 2版. 北京:人民卫生出版社.2010.
6. 陈孝平,汪建平. 外科学. 8版. 北京:人民卫生出版社,2013.
7. 王兵,杨丽清. 外科护理学. 南京:江苏科学技术出版社,2011.
8. 姜贵云,张秀花. 康复医学. 北京:北京大学医学出版社,2008.
9. 龚仁蓉,张尔永,白阳静. 胸心血管外科护理手册. 北京:科学出版社,2011.
10. 李世荣. 实用结直肠癌外科学. 北京:人民卫生出版社,2012.
11. 何平先,袁杰,冯晓敏. 成人健康护理学. 北京:人民卫生出版社,2013.
12. 岑晓勇,叶宝霞,阎国刚. 外科护理学. 西安:第四军医大学出版社,2012.
13. 何庆. 危重急症抢救流程解析及规范. 北京:人民卫生出版社,2007.